Thomas Nipperdey

# Nachdenken über die deutsche Geschichte

Essays

Verlag C. H. Beck München

CIP-Kurztitelaufnahme der Deutschen Bibliothek

*Nipperdey, Thomas:*
Nachdenken über die deutsche Geschichte: Essays /
Thomas Nipperdey. – München: Beck, 1986.

ISBN 3 406 31545 3

ISBN 3 406 31545 3

© C. H. Beck'sche Verlagsbuchhandlung (Oscar Beck) München 1986
Satz: C. H. Beck'sche Buchdruckerei, Nördlingen
Druck und Bindung: May & Co., Darmstadt
Printed in Germany

# Inhalt

Neugier, Skepsis und das Erbe.
Vom Nutzen und Nachteil der Geschichte für das Leben  . . . . . . . . .  7

Die Aktualität des Mittelalters.
Über die historischen Grundlagen der Modernität . . . . . . . . . . . . .  21

Luther und die moderne Welt  . . . . . . . . . . . . . . . . . . . . . . . . . . .  31

Probleme der Modernisierung in Deutschland  . . . . . . . . . . . . . . .  44

Der Föderalismus in der deutschen Geschichte . . . . . . . . . . . . . . .  60

Auf der Suche nach der Identität: Romantischer Nationalismus  . . . . .  110

Christliche Parteien . . . . . . . . . . . . . . . . . . . . . . . . . . . . . . . . . . .  126

Preußen und die Universität  . . . . . . . . . . . . . . . . . . . . . . . . . . . .  140

Der Kölner Dom als Nationaldenkmal . . . . . . . . . . . . . . . . . . . . .  156

War die Wilhelminische Gesellschaft eine Untertanen-Gesellschaft?  . .  172

1933 und die Kontinuität der deutschen Geschichte . . . . . . . . . . . .  186

Die deutsche Einheit in historischer Perspektive . . . . . . . . . . . . . . .  206

Kann Geschichte objektiv sein? . . . . . . . . . . . . . . . . . . . . . . . . . .  218

Nachwort . . . . . . . . . . . . . . . . . . . . . . . . . . . . . . . . . . . . . . . . .  235

Drucknachweise . . . . . . . . . . . . . . . . . . . . . . . . . . . . . . . . . . . .  236

# Neugier, Skepsis und das Erbe

## Vom Nutzen und Nachteil der Geschichte für das Leben

### I

Wir alle erinnern uns. Der Mensch unterscheidet sich unter anderem dadurch vom Tier, daß er für den Hunger von morgen sorgt, und auch dadurch, daß er seinen Großvater kennt. Vielleicht hängen diese beiden Dinge, Sinn fürs Vergangene und fürs Zukünftige, zusammen. Wir erinnern uns; wir vergessen natürlich auch, aber wenn wir vergessen, erinnern wir uns dann wieder. Diese Erinnerung geht über unsere eigene persönliche oder familiäre Geschichte hinaus. Sie ist eine kollektive Erinnerung; sie ist oft auch davon bestimmt, daß Herrscher, Religionsgründer, Familiengründer Erinnerungswürdiges setzen und sagen: Daran sollt Ihr, Ihr Späteren, Euch erinnern. Jedenfalls, gemeinsame Erinnerung ist ein Stück unseres Lebens. Man kann wohl sagen, daß das gemeinsame Sich-Erinnern und die Tatsache, daß wir in einer Gemeinschaft leben, zusammenhängen und sich gegenseitig bedingen.

Die Erinnerung ist das Organ, mit dem Geschichte in jedem Leben präsent ist, hier hat Geschichte ihren Sitz im Leben. Das meint zunächst die vergangene Geschichte, die vergangenen Ereignisse und Zustände, aber dann natürlich auch die Geschichten, die wir von jener Vergangenheit berichten und erzählen. Geschichte hat in der deutschen und in vielen europäischen Sprachen ja diesen Doppelsinn. Die Lateiner unterscheiden die res gestae, die geschehene Geschichte, und die historia, die erzählte Geschichte. Beides hängt in der Erinnerung zusammen.

Erinnerung also macht Vergangenheit gegenwärtig, und wir nehmen an, daß sie damit unsere Weltauffassung und auch unser Handeln orientiert. Das Kennen der Großväter dient auch der Sorge für die Zukunft.

*Wie* Vergangenheit präsentiert wird und *wozu* sie präsentiert wird, das beides hängt miteinander zusammen. Dem wollen wir weiter nachdenken.

In der Alten Welt war das Wie und das Wozu der Vergangenheitspräsentation fest geordnet und selbstverständlich. Im Mythos der wiederkehrenden Geschehnisse und im Christentum dann in der Heilsgeschichte war in höchster Verkürzung Geschichte gegenwärtig. Sie gab dem Leben sein Gefüge.

Konkreter wurde das dann in den ›Gründungsgeschichten‹. Sie dienten der Legitimation für das Eigene, für den Bestand, den man hatte, zum einen, und für die Ansprüche, die man hatte, zum anderen. Karl der Große hat den Bauern dieses Dorfes diesen Wald geschenkt – das war für tausend Jahre die Geschichtserinnerung eines pfälzischen Dorfes. Und das war lebenswichtig genug. Bei den Städten mit ihren Freiheiten war es ganz ähnlich.

Solche Geschichten der Gründung und der Legitimation handeln von Toten, und sie sind von Lebenden geschrieben, Lebende erinnern daran. Sie sind Legitimationsgeschichten, sind die Geschichten der Sieger der jeweiligen Gegenwart, die nur das in Betracht nehmen, was sie wollen. Immerhin, es gab natürlich streitende Parteien – Städte, die miteinander stritten, den Kaiser und den Papst – und darum gab es natürlich verschiedene solcher Geschichten. Wollte man sie zusammenbringen, mußte man sich von der Legitimationsfunktion freilich lösen. Das erforderte eine gewisse intellektuelle Anstrengung.

Dazu gab es, wie wir alle wissen, seit den Griechen die Geschichten der freien Schriftsteller, die sozusagen nicht im Auftrag und mit Ansprüchen schrieben. In all diesen Geschichten, von Herodot und Thukydides angefangen, ist immer ein überschießendes Element der Neugier enthalten, das über die bloßen Legitimationen hinausgeht. Weil die Antike, wie jedermann weiß, für mehr als tausend Jahre die Basis der europäischen Kultur, und das heißt der Lese-Kultur, gewesen ist, stellten diese antiken historischen Schriftsteller die schöne Reihe der Beispiele, der ‹exempla› dar, aus denen man das richtige Handeln und auch das, was ein richtiger Charakter sei, lernte. «Historia magistra vitae», Geschichte war Lehrmeisterin für das Leben, das war eine andere Funktion von Geschichte.

Aber wichtiger für die Gegenwart der Vergangenheit als all dieses, als Erinnerung, Legitimation und ‹exempla›, war noch etwas anderes: Die Vergangenheit war gegenwärtig in den Institutionen, im Recht, in der Sitte, in der Kirche, ja – in den Dingen. Sie war, wie wir das nennen, Tradition; das alte Wahre, mit dem man lebte und an dem man sich orientierte, war ein Teil der Lebensselbstverständlichkeit. Dafür brauchte man keine Erinnerungsspezialisten. Wenn man einen Moment lang bewußtgemachte Geschichte und selbstverständliche Tradition als zwei verschiedene Weisen der Vergegenwärtigung von Vergangenheit unterscheidet – die eine hat es mit dem Wandel und die andere mit der Dauer der Vergangenheit zu tun –, dann lebte man in der Alten Welt mit viel Vergangenheit und mit wenig Geschichte.

Um 1800 ändert sich das Wie und das Wozu der Vergegenwärtigung von Vergangenheit – wir nennen das wissenschaftlich die Revolution des Historismus. Es entstehen zwei neue Dinge: Geschichte als Wissenschaft und Geschichte als Lebensmacht. Das hat einen doppelten Grund. Einmal gab es eine Revolution der Wissenschaft, die sich auf das Wie der Präsentation von Vergangenheit bezog. Man hielt sich nicht mehr an die überlieferten Bilder der Vergangenheit, sondern an die methodisch-kritische Bearbeitung von Quellen und Texten, selbst des heiligen Textes der Bibel, und prüfte das alles nach Wahrheit und Falschheit. Es kam nicht auf die Erinnerung an, so wie sie überliefert war, sondern auf die Frage, wie Ranke das gesagt hat, wie es eigentlich gewesen ist. Der Kampf um die Vergangenheit wurde den Maßstäben der Rationalität, der methodischen Vernunft unterstellt. Es gehört zur Größe der europäischen Freiheitsgeschichte, daß die Verfügung über die Vergangenheit nicht einer Priester- oder Mandarinenklasse anheim gegeben wurde, sondern der freien Diskussion der Wissenschaft.

Dazu kamen neue Ideen über die Vergangenheit, die sich zum Teil aus dem Nachdenken über Kunst entwickelt haben: Daß die Vergangenheit anders ist als die eigene Zeit, daß das Individuelle wichtiger ist als das Typische und Allgemeine und daß alle Bereiche des Lebens in einem wechselseitigen Zusammenhang stehen, daß man eine Verfassung z. B. nicht einfach daraus herleiten kann, daß ein weiser Verfassungsgeber wie Solon sie eben ersonnen hat oder daß das Klima in England sie verursacht hat, oder daß Kriege nicht einfach aus der Eifersucht von Herrschern entstehen, und was dergleichen ältere Erklärungsmodelle mehr waren.

Man sagt, und man kann sagen, daß die neuen historischen Wissenschaften sich gegen die Aufklärung gewandt haben. Aber das muß man spezifizieren: Sie haben sich gegen bestimmte Methoden der Aufklärer im Umgang mit der Vergangenheit gewandt. Was sie eigentlich wollten, war, die Probleme besser aufzuklären. Und insofern sind sie gewiß auch, wenn nicht eigentlich Erben der Aufklärung.

Die Vergangenheit wurde, kurz gesagt, eine Sache der Wissenschaft. Das hatte eine einschneidende Folge für den Gegenstand, die ich schon hier ganz kurz erwähne: Während vorher immer das Handeln von Menschen im Mittelpunkt des Interesses stand, geriet jetzt etwas ganz anderes in den Mittelpunkt: die Umstände, unter denen Menschen handeln, die Bedingungen, die sozusagen hinter dem Rücken der Handelnden und ihres Bewußtseins liegen und sich verändern. Alle Geschichtsbücher bekommen jetzt ausschließlich oder mindestens zusätzlich diese neue Thematik.

Aber nun gab es natürlich nicht nur diese Entwicklung der Wissenschaft, sondern es gab auch eine Revolution der Lebenswelt. Die Aufklärung, die großen Reformen, die Revolution von 1789 setzten alle die Veränderung der Welt auf die Tagesordnung. Die Tradition, das «So, wie es immer gewesen ist», wurde in Frage gestellt. Die Menschen sollten oder wollten nicht mehr leben, wie die Väter lebten. Sie konnten das auch gar nicht mehr, weil das Tempo der Veränderungen, die sowieso geschahen, die Tradition fragwürdig machte: Die Ausbreitung der Arbeitsteilung, die Tatsache, daß man beim Arbeiten die Zeit mit der Uhr maß oder daß die Mobilität größer wurde oder daß der Staat mit Hilfe seiner Bürokratie überall plötzlich präsent war, das sind ein paar verkürzte Beispiele.

Die alte Vorstellung vom Leben, daß es nämlich auf der *Dauer* der Dinge und der Welt beruht, zerfällt. Die Versuche der Revolutionäre, neue Dauer zu schaffen, scheitern; jede Verfassung der Französischen Revolution hält nur wenige Jahre, dann wird sie von einer neuen Verfassung abgelöst. Allgemein: man erfährt, daß man in einem Bruch mit der Vergangenheit lebt, und daß man unter einer merkwürdigen, einer unheimlichen Macht steht, der Macht der alles verändernden Zeit, wie man sagt. Das heißt aber auch: der Mensch tritt aus dem Griff und der Macht der Tradition, der Vergangenheit als Tradition heraus. Das ändert die Vergangenheit. Sie ist nicht mehr die *gegenwärtige Tradition,* sondern ist die *gewesene Geschichte.*

Aber diese gewesene Geschichte gewinnt nun eine nie geahnte Bedeutung; denn man faßt die Welt jetzt nicht mehr auf als ein System, das auf Dauer gestellt ist. Man faßt die Welt vielmehr auf als Geschichte, als Ergebnis der vergangenen Geschichte und Ort der geschehenden Geschichte. Die Welt ist geworden, sie ist veränderlich, und sie ist deshalb auch veränderbar. Nicht einfach Gott und Natur haben die Dinge geschaffen, vielmehr sind die Dinge geschichtlich bedingt. Sie sind an ihre Zeit gebunden. Wenn man darum die Gegenwart begreifen will, muß man sie aus ihrer Herkunft begreifen. Wenn man den Bruch zwischen der Gegenwart und der Vergangenheit überwinden will, wenn man dem Verlust der Sicherheiten, die doch das Dauernde jedem Menschen gewähren, entkommen will, greift man auf Geschichte zurück, auf Kontinuität und Stabilität. Wenn nicht mehr einfachhin Gott, die Natur, die Vernunft die Ziele des Menschen, die Normen setzen (und in der Französischen Revolution hatte man sich gerade im Namen der jeweiligen Vernunft gegenseitig die Köpfe abgeschlagen), wendet man sich an die Geschichte. *Sie* soll Ziele und Normen begründen. Aber das war ein langer Prozeß.

Wenn der Sinn des Lebens und das Heil nicht mehr allein in der Ewigkeit liegen, sondern in der Zukunft, dann wendet man sich wiederum an die Geschichte; sie soll diese Zukunft erleuchten. Das gilt für die Revolutionäre, die Progressisten, die Futuristen: die Anwälte der Zukunft und die Gegner der Vergangenheit. Sie greifen auf Vergangenheit zurück, um nachzuweisen, daß man in ihr eine Tendenz, den Fortschritt natürlich, entdekken kann, der ihre eigene Zukunftsvision unterstützt. Sie ersetzen die ältere rationalistische Vernunft durch eine empirische, auf historische Erfahrung sich gründende Vernunft. Das gilt für die Konservativen. Sie können nicht mehr einfach sagen: Tradition ist gut; sie müssen das begründen, legitimieren. Und das gilt für die Reformer, die Liberalen, die zwischen dem Strudel der Zukunft und der Erstarrung der Herkunft hindurchsteuern wollen; auch sie müssen wiederum die Geschichte in Anspruch nehmen. Kurz: Die Lösung aus den Fesseln der Tradition führt dazu, daß man sich nicht einfach auf den Standpunkt einer reinen Gegenwart oder gar den der Zukunft stellt, sondern in den Strom der Geschichte. Die Ansicht von der Vergangenheit und die Ansicht von der Welt haben sich geändert und damit natürlich das Wozu der Vergegenwärtigung von Vergangenheit: Sie begründet ein Stück Sinn des Handelns.

Das 19. Jahrhundert ist davon durchdrungen: Geschichte als Wissenschaft, Geschichte als Lebensmacht. Die Geschichte wird eine öffentliche Macht, über die Schule, die Denkmäler, die Vereine, die Festreden und so fort. Sie wird eine Zeitlang – nach dem Ende der Philosophie – eine Art geistiger Führungsmacht in der Weltinterpretation, jedenfalls der europäischen und nordatlantischen Menschen. Die Nationen begründen ihre Identität und ihre Ansprüche aus der gemeinsamen Geschichte. Die Historiker produzieren auch eine solche Geschichte für diese nationalen Ansprüche. Die Progressiven stützen sich auf eine Art Geschichtsphilosophie, die ihnen etwas über das Ziel und über das Ende – man denke an Marx – sagt oder über die Gesetze, nach denen Geschichte verläuft, die man nur erkennen muß. Die Normalhistoriker sprechen zwar nicht von Zielen und Gesetzen, sehen aber doch gewisse Tendenzen in der Geschichte, die auf Nation, Freiheit, Verfassung, Staat, Gleichgewicht der Klassen oder Emanzipation bestimmter Klassen zulaufen. Sie fühlen sich sozusagen getragen vom Rückenwind der Weltgeschichte. Man kann so merkwürdige Sätze sagen wie: «Die Geschichte will es», wenn man irgend etwas tut. Man beruft sich auf einen Willen der Geschichte. Aus ihr erfährt man, was man soll, was man will, was jetzt gilt, ja was wahr ist. Alle Oppositions- und Gegenkulturen verhalten sich noch ganz ähnlich. Die Historiker geraten in die Rolle, über den Schlüssel zu den Geheimnissen der Vergangenheit zu verfügen, die die Offenbarungen der Gegenwart sind.

Das heißt natürlich, um die Sache kritisch zu wenden: Geschichte verbindet sich mit Ideologien, mit ganz bestimmten Interessen, Ansichten und Wertungen. Geschichte wird in den Dienst solcher Ideologien gestellt.

Aber Geschichte war nun auch Wissenschaft. Alle jene Lebensantriebe, die der Geschichte zugute kamen, begründeten nicht nur Ideologien, sondern mündeten auch in Wissenschaft. Auch Motive, die national oder liberal oder sozialistisch waren, führten zur wissenschaftlichen Erkenntnis. Eine Erkenntnis der Wissenschaft ist unabhängig von den Motiven, aus denen sie gefunden worden ist. Also kann man auch aus ideologischen Motiven etwas finden, was gültig ist, und das geschieht. Die Wissenschaft löste sich sozusagen von ihren außerwissenschaftlichen Antrieben. Die Rationalität schlug auch die Lebensmächte in ihren Bann; denn auch die wollten ja wahres Wissen von der Vergangenheit, sie waren auf den methodischen Wahrheitsanspruch der Wissenschaft angewiesen. In diesem Hin und Her hat sich auf die Dauer die Indienstnahme der Geschichte durch die Ideologien, durch die Nationalismen, die Parteien, die Klassen aufgelöst. Es gab – und gibt – zwar immer wieder Rückfälle, aber im ganzen muß man sagen: Die Wissenschaft hat die geschichtlichen Ideologien relativiert.

## II

Die Verbindung von Geschichte als Wissenschaft und Geschichte als Lebensmacht also hat sich aufgelöst. Seit Nietzsches berühmtem Wort vom Nutzen und Nachteil der Historie für das Leben gibt es eine Krise im Verhältnis von Geschichte und Lebenswelt – bis hin zu den Kämpfen um die Rolle der Geschichte in Lehrplänen, wie sie uns alle bewegt haben oder noch bewegen. Der Grund dafür ist, daß die Geschichte immer mehr Wissenschaft wird und gerade darum nicht mehr Lebensmacht sein kann wie auf der Höhe des 19. Jahrhunderts. Das Wozu der Geschichte ist nicht mehr selbstverständlich, es gibt keinen emphatisch leidenschaftlichen Glauben mehr an die Geschichte. Die Geschichtswissenschaft relativiert die lebendige Verbindung mit der Vergangenheit, sie relativiert die Traditionen und die Bilder und Legenden, die wir uns von der Vergangenheit machen, von den Helden z. B., die unsere Urgroßväter alle noch kannten. Ja, sie relativiert auch unsere eigenen Erinnerungen; die Historiker belehren uns, daß unsere Erinnerungen an die Nazizeit oder an die Nachkriegszeit oder gar an die Weimarer Republik ‹falsch› sind und daß sie es besser wissen als wir, die sich noch erinnern. Die Wissenschaft relativiert sogar ihre eigenen Ergebnisse, weil sie diese ständig überprüft und verändert. Die geschichtlichen Erkenntnisse, die man z. B. in der Schule noch als wissenschaftlich erwiesen gelernt hat, werden ständig wieder revidiert. In diesem Prozeß der fortlaufenden rationalen Überprüfung wird die Vergangenheit sozusagen neutralisiert und objektiviert, ja entmoralisiert; und wir werden so ständig von der Vergangenheit distanziert, uns werden ständig andere Erinnerungen zugemutet als die, die wir haben, und diese anderen Erinnerungen vergessen wir dann auch wieder. Kurz: es schiebt sich eine sekundäre Welt von wissenschaftlich erzeugten Erinnerungen vor unsere Normalwelt, unsere primären Erinnerungen, die ja meistens bis zu den Großvätern und deren Erinnerungen zurückreichen.

Die Geschichtswissenschaft hat sodann die Geschichtsphilosophie zerstört, diese Konstruktion von einem Ziel und Ende der Geschichte, von Gesetzen, von einem Ganzen, das uns zugänglich wäre. Sie hat auch die Kryptometaphysik der Historiker zerstört, daß es Tendenzen gebe, die in irgend einem Sinne mit dem mythologisierten Willen der Geschichte zu tun hätten. Daraus folgt aber ganz fundamental, daß die Geschichte und die Historiker nicht mehr für die Zukunft zuständig sind. Die Berufung auf Geschichte als Legitimation, der politische Glaube an Geschichte relativiert sich. Wir leben eigentlich nicht mehr mit dem Rückenwind der Geschichte.

Das Absolute, von dem unsere Urgroßväter noch lebten, gilt uns weithin als historisch bedingt, die Normen, die Sinnsetzungen. Geschichte macht relativistisch; und wir können keinen Sinn aus der Geschichte mehr gewinnen, in der Reflexion auf unseren historischen Ort oder in Konfrontation mit der Vergangenheit.

Ja, die Geschichtswissenschaft orientiert uns nicht einmal mehr zureichend und zuverlässig über unsere Welt und unser Leben. Sie präsentiert uns ja dauernd ein Übermaß an Vergangenheit, ein imaginäres Museum, das zum bloßen Bildungsgut und zum Gegenstand des Überdrusses wird, das – nach dem Zerfall eines Begriffes von Allgemeinbildung – niemand mehr bewältigen kann.

Schließlich bedrückt und bedrängt uns Geschichte und vor allem unsere eigene Geschichte mit ihren Dunkelheiten und ihren Greueln: Die Progressiven fühlen sich gelähmt von der Last von Vergangenheiten, die Pragmatiker meinen, man könne doch auch ohne den ‹Unsinn› der Geschichte, ohne all das, was vorbei und vergangen ist, die Welt in Ordnung halten und vielleicht ein bißchen besser in Ordnung bringen.

Natürlich ist die Wissenschaft bei uns in den letzten hundert Jahren und erst recht in den letzten fünfzig Jahren eine Macht geworden. Unser Leben ist viel mehr von der Wissenschaft bestimmt als ehedem, und daran haben auch solche merkwürdigen Wissenschaften wie die Geschichtswissenschaft teil. Auch sie erzeugt die Heerscharen von Sinnvermittlern, die uns das Leben schwer machen. Aber Geschichte gilt nicht mehr als die zentrale Wissenschaft vom Menschen – wie Psychologie oder Soziologie. Vor allem: sie hat in besonderem Maß an der Krise der Wissenschaft teil, in der wir heute leben. Daß der Umgang mit der Vergangenheit uns, wenn nicht klug für ein andermal, so doch weise für immer mache, wie Burckhardt noch meinte, daran glauben wir nicht mehr. Daß Geschichte an Wichtigkeit, an Lebensmacht verloren hat, das hat natürlich auch ganz andere Gründe, die nicht in der Wissenschaft liegen, sondern im Leben selbst: Die Weltkriege, Hitler und Stalin, die Atombombe und die Grenzen des Wachstums haben den Fortschrittsglauben viel mehr erschüttert, der Relativismus und das pluralistische System die Absolutheit von Werten stärker ins Wanken gebracht als aller Relativismus der Geschichtswissenschaft. Alles verändert sich so rapide, so aufdringlich, daß das Vergangene, das noch in unserer Lebenswelt präsent ist und das unsere Neugier auf Geschichte weckt, weiter zurückgeht. Rationalisierungen und Errungenschaften, Utopien und Prognosen, neue Probleme – das Leben überholt die Geschichte. Geschichte erfahren wir als Verlust und Enttäuschung, sie gibt nichts, woran man sich halten kann, ja sie zerstört es. Das Unbehagen in der Kultur, die Orientierungs- und Sinnkrise ziehen auch unser Verhältnis zur Vergangenheit in ihren Bann.

Aber nicht nur das «Wozu Vergangenheit?» ist fraglich geworden. Auch die Art, *wie* Vergangenheit heute wissenschaftlich präsentiert wird, ist zum Problem geworden. Im vorigen Jahrhundert gab es ein klares Einverständnis zwischen den Vergangenheitsvermittlern, wenn ich die Historiker einmal so nennen darf, und der Gesellschaft darüber, *wie* die Vergangenheit repräsentiert wurde. Heute ist dieses Einverständnis weitgehend zerfallen. Das liegt an der Verwissenschaftlichung der Geschichte; sie hat ihre Kosten. Die Wissenschaft will die Gegenstände, die sie behandelt, erleuchten, aber de facto verdunkelt sie diese gleichzeitig. Ich nenne ein paar Phänomene dieser Art und ihre Gründe. Manche erinnern sich, daß es in der antiken Welt eine Muse gab, die für die Geschichte zuständig war, Klio geheißen. Das bedeutet: Geschichte war eigentlich eine Kunst, eine literarische Gattung. Mommsen hat noch den Nobelpreis für Literatur bekommen. Das erscheint uns heute, obwohl es in England und auch in Frankreich manche Reste davon gibt, im Grunde als Vergangenheit. Wir leben unter dem Anspruch: Wissenschaft gegen Kunst. Es werden immer neue, immer rigidere, immer komplexere Methoden bei der Suche nach der Wahrheit benutzt. Analyse und Abstraktion, Quantifizierung und Reflexion beherrschen historische Texte; die alten Stilformen Erzählen und Beschreiben sind altmodisch oder sogar trivial, sie verschwinden. Der gesunde Menschenverstand, der common sense, dem der Normalleser anhängt, soll in der Historie keine Rolle mehr spielen, er gilt als naiv, als vor- und unwissenschaftlich. Die Anschauung wird durch Begriffe abgelöst, und die Sprache wird unanschaulich, begriffslastig, sie verliert an Stil. Es gibt dabei auch viele, insbesondere deutsche Unarten, ein gewisses Imponiergehabe und bestimmte Karriererücksichten, die junge Menschen dazu zwingen, einen höchst komplizierten Stil zu schreiben. Das gehört in eine besondere Wissenschaftskritik, über die ich hier nicht weiter sprechen will. Altmodisch kann man sagen: Das Handwerk und die Gelehrsamkeit, die in der Beschreibung der Vergangenheit ihren Platz hatten und haben, drängen sich vor, während sie früher zurückstanden und irgendwie im Hintergrund blieben. Insofern wird die Verständlichkeit und die Lesbarkeit herabgesetzt, je wissenschaftlicher geschrieben wird. Bei historischen Büchern denkt der normale Leser im allgemeinen nicht mehr an eine Muse.

Dann gibt es, was auch jeder weiß, natürlich das schreckliche Problem der Spezialisierung. Wir wissen immer mehr von immer weniger. Wir liefern Fragmente. Die Historie, die eigentlich auf das Ganze der Vergangenheit konzentriert war, hat viele Spezialfächer aus sich entlassen. Und selbst Politik und Gesellschaft, die ihr verblieben sind, kann man nur selten und mit Mühe noch zusammenhalten. Der Laie stellt gerne große Fragen wie: «Was war denn eigentlich die Reformation, und warum hat sie sich ereignet?» Darauf geben die Historiker normalerweise keine rechte Antwort. Sie sagen vielmehr: Einerseits und andererseits und geben siebenundzwanzig Erklärungen dafür, daß man das alles nicht so einfach sagen könne. Es gibt wenig Synthesen, weniges, was über ein Zeitalter hinweggeht oder gar bis in die Weltgeschichte reicht. Statt dessen haben wir Sammelwerke, die denn auch nur eine Sammlung von Fragmenten sind. In der Masse des Wissenswerten, die immer weiter jenseits aller Aufnahmekapazität ansteigt, leben wir auch in einer Kultur der Überfütterung und Überfüllung. Sie führt eigentlich in ein

Chaos, in dem wir uns in unserem praktischen Leben zwar ganz gut einrichten, aber in dem uns der Überblick abhanden kommt.

Weiterhin: Die Wissenschaft hat die Eigentümlichkeit, daß sie sich dauernd selbst in Frage stellt, über sich selbst reflektiert. Was der Laie bemerkt, ist, daß es zunächst einmal immer einen Streit in der Wissenschaft gibt: Ein Wissenschaftler sagt etwas, ein anderer sagt etwas dagegen, und es ist schwierig für den normalen Menschen zu begreifen, daß die Wissenschaft nicht so sehr ein Bestand von Ergebnissen ist, sondern ein solcher Diskussionsprozeß, in dem sich die Wahrheiten erst sehr langsam herausfiltern. Ja, die Wissenschaft zieht ihre eigene Objektivität in Zweifel. Was wir eigentlich tun, so heißt es, ist, daß wir ein Bild von der Vergangenheit geben, das von unserer Perspektive bestimmt ist. Das endet dann in einem allgemeinen Perspektivismus («Jeder sein eigener Historiker» war die extremste Formel): Die Geschichte vermittelt eigentlich nur noch relative und subjektive Bilder von der Vergangenheit; sie sagt nicht mehr, wie es eigentlich gewesen ist.

Endlich: Wissenschaft ist wie alle menschlichen Veranstaltungen etwas Menschliches, ist darum den Moden unterworfen. Es gibt viele modische Gegenstände und modische Zugangsweisen, die im Zuge der Profilierungssucht und Ideologien gute Themen vorschnell in bengalische Beleuchtung setzen oder zu Tode reiten. ‹Alltagsgeschichte› ist im Moment so ein Stichwort. Es gibt Geschichte als Anklage, die Geschichte als Hadern mit der Geschichte – «Wie schlecht es immer gewesen ist» – oder, man kann sagen, eine Geschichte der Optative, nämlich eine Geschichte, die davon handelt, wie es «eigentlich nicht hätte gewesen sein sollen». So tief berechtigt das als Antrieb bei uns nach Hitler, nach 1945 gewesen ist: Indem es Routine wurde oder das Produkt einer Meinungsindustrie des schlechten Gewissens oder eines gewissen selbstgerechten Pharisäertums, wird das penetrant, abgedroschen, wirkungslos. Aber es zieht den Wissenschaftscharakter, den Erkenntnischarakter der Geschichte in Zweifel.

### III

Diese kritischen Bemerkungen über die Wissenschaft von der Geschichte und über die enttäuschten Erwartungen haben einen doppelten Zweck. Sie sollen uns an die Grenzen der Wissenschaft erinnern und an ihre Möglichkeiten. Die Wissenschaft ist eine moderne Erscheinung, sie ist komplexer, abstrakter, kälter, als sie es früher war. Daß die moderne Physik uns Laien unverständlich ist, nimmt jedermann hin und ebenso die Schwierigkeiten der modernen Kunst. Niemand erwartet, daß in einem modernen Roman erzählt wird wie bei Fontane oder seinen Vorgängern. Das sollte man auch der Geschichtswissenschaft einräumen. Die Wissenschaft kann die Welt nur noch in Fragmenten und über Dissense anbieten, sie hat nur Perspektiven auf die Vergangenheit, sie ist ohne endgültige Sicherheiten, sie bietet mehr Erkenntnisse als Einsicht. Sie vergrößert die Distanz zum Laien. Damit müssen wir notgedrungen leben. Aber damit können wir auch leben. Man darf die Wissenschaft eben nicht an alten Idealen messen, und man darf sie nicht überfordern. Sie hat ihre Grenzen. Aber man muß auch die Wissenschaft selbst daran erinnern, was ihre Pflichten gegenüber dem Laien, gegenüber dem Publikum und seinen legitimen Erwartungen sind: der Blick auf große Zusammenhänge und Probleme, die Pflicht zur Objektivität, zum besseren Wissen wenigstens.

Heute sehen wir ein großes neues Mißtrauen gegen Wissenschaft ansteigen, eine Abwendung von den rationalen Lebensorientierungen. Ein Grund dafür scheint mir eben zu sein, daß man lange Zeit die Grenzen der Wissenschaft aus dem Auge verloren, zuviel erwartet hat. Die Wissenschaft bietet nicht das Ganze der Welt. Sie kann, um das mit einem berühmten Satz von Max Weber auszudrücken, uns nicht sagen, was wir tun sollen. Im Streite der Götter entscheidet nicht sie, sie stiftet nicht Sinn und sie entdeckt auch keinen Sinn. Sie hat es zwar mit Sinn zu tun, mit vergangenem Sinn, mit den Zusammenhängen von Sinn und mit den Widersprüchen von Sinn. Das ist wichtig genug für unsere eigene Orientierung. Aber sie gibt selbst keinen Sinn. Sie schafft keine Tugend, sie bringt die Welt nicht in Ordnung, und auch ihre Orientierung ist etwas Relatives. Aber wenn man das alles gesagt hat und auf diese Grenzen der Wissenschaft hingewiesen ist, dann muß man doch angesichts der Flucht der Mystiker, Mythengläubigen und Aussteiger, derer, die die Leistungen der westlichen Kultur über ein oder zwei Jahrtausende nicht mehr wahrhaben wollen, an diesem Erbe festhalten. Überlebensfähig sind wir als Kultur nur, wenn wir der Wissenschaft verpflichtet bleiben. Indem wir ihre Grenzen bedenken, stärken wir ihre Leistung für das Leben.

## IV

Zum Ende komme ich auf die Grundfrage nach Sinn und Nutzen der Beschäftigung mit Geschichte, auf die Frage nach dem Zwielicht der Geschichte heute zurück. Es gibt unterschiedliche Antworten – wie könnte es anders sein – und es gibt einen gewissen Konsens darüber. Zuerst vom Konsens. Geschichte lehrt Gegenwart in ihren Grenzen und Möglichkeiten aus ihrer Herkunft zu verstehen. Sie klärt Erinnerungen auf und bewahrt uns vor Legenden und Manipulatoren. Sie sagt etwas darüber, was der Mensch ist, indem sie zeigt, was er jeweils gewesen ist. Sie zeigt Handeln und Verändern in Situationen, unter Bedingungen und in Grenzen, zeigt den wechselseitigen Zusammenhang der Lebensbereiche und die unbeabsichtigten Folgen absichtsgelenkten Handelns, und sie tut das besser als jede Gegenwartsanalyse, weil die Situationen abgeschlossen sind, weil wir das Ende kennen, weil wir nicht mehr vital daran interessiert sind, wie es ausgeht; wir lernen daraus. Geschichte erweitert unseren begrenzten Erfahrungsraum und unseren Kirchturmhorizont.

Wenn wir aber über den Konsens hinausgehen, so gibt es noch immer das gut Begründete, das Plausible. Geschichte antwortet auf die Frage, wer wir sind, warum wir anders sind als andere. Sie präsentiert uns unsere Identität (Hermann Lübbe); sie läßt uns den Zufall, daß wir anders sind als andere und die anderen anders sind als wir, gegen den wir uns so gerne auflehnen, hinnehmen, ertragen. Diese Hinnahme unseres Soseins und des Andersseins der andern ist eine moralische Wirkung des erkennenden Umgangs mit Geschichte.

Ich will zum Schluß drei Dinge hervorheben, von denen in der zunftmäßigen wie allgemeinen Diskussion dieser Fragen zumeist weniger die Rede ist, subjektiver und persönlicher, nicht mit dem Panzer der Wissenschaft, mit mehr Widerhaken als in allen glatten Aufrechnungen. Ich nenne drei Dinge, die im Umgang mit der Geschichte entstehen und die ich heute noch in unserer Welt für wichtig, ja – wenn ich mich so altmodisch ausdrücken darf – für Tugenden halte: die Neugier, die Skepsis und das Annehmen des Erbes.

Wenn man jemand fragt, warum er ein historisches Buch liest, so ist eine naive Antwort: Weil es ihm Spaß macht und weil es ihn interessiert. Es reizt seine Neugier. Das ist eine Antwort, die in der Wissenschaft und ihrer Theorie im allgemeinen nicht viel gilt, der Tatbestand findet allenfalls noch als Hobby in einer Freizeitgesellschaft Anerkennung. Aber hier steckt ein tieferer Sinn. Diese Antwort weist die aufdringliche und vorherrschende Frage nach dem sozialen Nutzen für uns heute zurück. Sie zielt auf etwas jenseits von Politik und Gesellschaft, überschreitet deren Grenzen. Da Politik und Gesellschaft die natürliche Tendenz haben, den Menschen zu vereinnahmen und völlig in sich einzubeziehen, das Ich zu sozialisieren, das Leben zu politisieren, sich selbst politisch-sozial zu rechtfertigen oder schlicht etwas zu leisten, scheint mir hier ein Stück Widerstand gegen solche Vereinnahmungstendenzen gesetzt zu sein. Das Unnütze steht für ein Stück Freiheit, eine Freiheit, die wir im Bereich der Phantasie, ja auch in der Kunst haben, eine Freiheit des Spieles. Das ist der Haltepunkt unserer kleinen Lebensfreiheit, unseres legitimen Wunsches nach Vielfalt und Anderssein. Solches Spiel ist eine Bastion der Freiheit, ist eine Erinnerung an die Grenzen unseres Machen- und Leisten-Könnens. Das macht auch unseren Eigensinn, unsere Ansprüche auf Absolutheit, auf richtige Zukunftsentwürfe ein wenig relativ; das hält die Zukunft offen und auch verfügbar für die, die nach uns kommen. Ohne das Unnütze sind wir keine nützlichen Glieder einer freien und menschlichen Gesellschaft. Was diesen Raum der Freiheit ausfüllt, das ist die Neugier, die Neugier auf die Vielfalt des Menschlichen. Das ist die *reine* Neugier, nicht die Neugier, die auf praktische Zwecke aus ist; die reine Neugier bedarf keiner Rechtfertigung. Sie ist in sich selbst legitim. Sie hat, seitdem die Griechen sie sozusagen in unsere Welt gebracht haben, unsere Welt auch entscheidend angetrieben. Es macht eigentlich die Größe unserer westlichen Tradition aus, daß die Neugier immer einen Raum gefunden hat, obwohl die Machthaber im allgemeinen kein Interesse daran haben, daß Neugier über das Bestehende hinaus auf andere Möglichkeiten zugeht. Das Klima einer intellektuellen, nicht fixierten, nicht geplanten Neugier hält unsere Welt gegen alle Erstarrungen in Gang, auf dem Pfad der Erprobungen und Entdeckungen und der anderen Möglichkeiten. Insofern kann man sagen, daß der Umgang mit der Vergangenheit ein Stück solcher kontemplativer Neugier vermittelt, von der unsere Welt lebt. (Die Kulturindustrie erzeugt auch Neugier, aber weil sie auf alles und nichts geht, immer befriedigt wird und immer unbefriedigt bleibt, darum ist die substantielle Neugier auf Geschichte um so notwendiger).

Der zweite Punkt ist die Skepsis. Wer sich mit Vergangenheit beschäftigt, erfährt, wie bedingt und abhängig die Menschen sind, die Handelnden und die Leidenden, wie die großen Tendenzen über sie hinweggehen, die Strukturen sie zwingen, wie fragil ihre Sicherheiten sind, wie brüchig die Mauer des Erreichten, wie die Folgen die Absichten hinter sich lassen, wie sie in ausweglosen Widersprüchen und unlösbaren Alternativen verstrickt sind, schwach, irrend, schuldlos schuldig, die Sieger wie die Besiegten, so gestern wie heute.

Er erfährt, wie die Härte der Realität sich all unserem Wünschen und Wollen widersetzt: wie mehr Freiheit nicht einfach mehr Glück bringt und Freiheit und Gleichheit sich widersprechen, wie der Wohlstand mehrende Kapitalismus zugleich Moral verzehrt, Freiheit in Bürokratie und manchmal in Terror endet, der Fortschritt die Unsicherheit vergrößert und alle Modernisierung Modernisierungsverluste bringt, wie das, was wir mögen, mit dem, was wir nicht mögen, in der Vergangenheit so schön zusammengeht, Demokratie und Krieg, Reaktion und Friede, wie die europäische Rationalität die Welt von der Magie befreit und zugleich entzaubert, wie Rationalität und Disziplin die religiösen Wurzeln, aus denen sie stammen, aufzehren. Wir erfahren die Endlichkeit des Menschen. Ich habe dafür in meinem Buch zur Geschichte des 19. Jahrhunderts gelegentlich das Wort Tragik gebraucht und bin dafür geprügelt worden. Aber der Tragik kann sich niemand entziehen.

Wir suchen die vergangenen Menschen zu verstehen, nach *ihren* Normen und nicht nach *unserer* Weisheit. Wir leihen den Toten unsere Stimmen und machen ihre Sache stark (auch wenn unsere Sympathie nicht mit ihnen ist). Wir lassen das Fremde und Befremdliche zur Geltung kommen, ohne unseren Eigensinn hineinzumengen; wir lernen zuhören – schon unsern Großvätern gegenüber; wir üben Gerechtigkeit gegen andere, lernen ein Mitgefühl mit anderem Leben, lernen das Zumutbare von unserem moralischen Eifer unterscheiden, lernen Toleranz und etwas von unserer eigenen Relativität. Die Tugend, die wir lernen, ist mitfühlende, verstehende, realistische Skepsis, Skepsis gegen alles Überschreiten der Grenzen des Menschlichen, Vollendungsansprüche und -planungen, gegen den Absolutismus radikaler Idealisten und aller ‹neuen Menschen›, den Absolutismus des Eigenen, gegen das Pathos der besseren Zukunft und, auch das muß hier gesagt werden, der besseren Vergangenheit. Das ist nicht die Skepsis des Nihilisten und nicht die des Pessimisten, nicht Burckhardts Glaube, daß alle Macht böse sei, sondern eben die Skepsis des Realismus, mißtrauisch gegen die großen Sprünge und Entwürfe, angeschmiedet an die mühsame Stückwerksarbeit der Erhaltung wie – nicht mehr, nicht weniger – der Verbesserung von Freiheit und Ordnung. Solches Beharren auf der Endlichkeit nicht anderer, sondern unserer selbst allein schützt die Menschlichkeit gegen die Absolutheiten der großen Versprechungen. Darum ist Skepsis eine Tugend. Wir haben da einen Nachholbedarf. Umgang mit Vergangenheit ist eine Schule solch aufgeklärter Skepsis.

Und endlich jetzt das Erbe. Wir haben heute ein großes Interesse an Geschichte, an Vergangenheit, an Altem, am Museum. Das kompensiert nostalgisch unser Unbehagen an der Modernität. Aber merkwürdig genug: Der geschichtlich-kulturelle, politisch-soziale Begriff des Erbes, gar des nationalen Erbes spielt in unserer Sprache keine Rolle. Das gibt es in anderen Ländern, in der DDR, in den USA, im jüdischen Volk, in der Dritten Welt. Bei uns ist das kein Begriff. Der Satz von Burke, eine Nation sei die Gemeinschaft der Lebenden, der Toten und der Kommenden, hat für uns keine Aktualität. Im vergangenen Lutherjahr ging bei uns das Reden immer darüber, ob Luther uns noch etwas zu sagen habe (eine wichtige Frage, gewiß). Für meine Kollegen aus der DDR und, im Unterschied von meinen mitdiskutierenden Kollegen aus der Bundesrepublik, für mich war es selbstverständlich, daß Luther zur Kontinuität, zum Erbe unserer Geschichte gehört, über das wir gar nicht verfügen können – als wenn es in unserem Belieben stünde, ob uns das etwas angeht.

Unsere Schwierigkeit mit dem Erbe hängt mit Hitler zusammen. Aber wir müssen die Wirklichkeit des Erbes wiedergewinnen. Geschichte ist auch Erbe, und Historiker sind auch Sachwalter des Erbes.

Wir leben aus Erbe und Tradition, wir haben nicht alles selber gemacht. Selbstverwirklichung und Spontaneität, die Träume von heute, haben ohne solchen Gegenhalt keine Substanz. Wir leben – auch – von unseren Vorgängern und Ahnen und brauchen ihre Hilfe; dazu bedarf es, provozierend unmodern gesagt, auch der angemessenen Tugend: der Pietät. Nur so ermöglichen wir im Maße der ungeheuren Veränderungen das notwendige Maß von Stabilität.

Wissenschaft kann Erbe nicht schaffen, nicht normieren, sie würde anders zur Magd der Ideologien. Aber sie kann es bewahren, reflektieren, präsentieren. Sie hat so sehr zur revolutionären Veränderung unserer Welt beigetragen und tut es Tag für Tag, sie hat so sehr die Welt dynamisch und veränderbar gemacht – daß sie heute guten Gewissens auch das Erbe als Sache ihres Geschäfts betonen kann. Geschichte als Wissenschaft hat sich gegen die Tradition durchgesetzt – das Alte als das Gute –, aber sie teilt nicht die Vermutung der Anti-Tradition, das Neue sei das Bessere. Hier steht sie quer. Und heute ist die Lage anders. Geschichte als Wissenschaft hat den Menschen aus dem Bann der Tradition befreit, aber das gerade ist seither selbst Tradition und Erbe geworden wie die Aufklärung. Erbe heißt heute zweierlei: Erbe der Modernität, der Kritik, der Aufklärung, der Emanzipation, der Unruhe, der Rationalität. Und heißt doch auch: Erbe der Gegenhalte, der Traditionen und Kontinuitäten älterer Herkunft (der Religion, der Familie z. B.), der Kritik der Modernität – da doch die Verluste der Modernisierung, die Dialektik der Aufklärung, die Selbstzerstörung der absoluten Emanzipation, der freigesetzten Egoismen, Hedonismen, Säkularismen, des grenzenlosen Szientismus, der Zerstörung alter wie neuer Bindungen nicht zu übersehen sind. Man muß hier beides hören. Man muß nun auch das Erreichte gegen den Sog des uferlosen Weitertreibens wie den neuen Sog des Aussteigens aus der Tradition des Westens verteidigen. Wir wollen uns nicht von unserer rationalen Kultur verabschieden. Unser Erbe ist vielfältig, gewiß auch auswählbar und streitig, aber es ist auch ein gemeinsames Erbe. In diesem aufgeklärten Sinne müssen wir Geschichte als Erbe wieder rehabilitieren. Erben ist eine vergessene Tugend. Es ist die konservative Tugend, die auch der Fortschritt braucht. Man kann das Erbe ausschlagen, aber geschichtlich wäre der Preis dafür das Ende der Vernunft.

Neugier, Skepsis, Erbe – das sind drei Momente, die in unserer heutigen Welt- und Seelenlage angemessenen erstrebenswerten Umgang mit Vergangenheit charakterisieren. Sie stehen in Spannung und Widerspruch zueinander, schränken sich ein und halten sich im Gleichgewicht, das ständige Fragen der Neugier: «Ist es so?» und das Verlangen des erbenden Lebens nach einem Stück Sicherheit: «So ist es. Und das ist gut so.» Das verhindert, daß daraus eine Ideologie wird, noch eine.

Ich bin nicht so optimistisch, daß wir in diesem Sinne viel aus der Geschichte lernen werden; die Mächte des Lebens und andere Lebensdeutungen sind stärker. Aber ich bin sicher, daß wir ohne die Stimmen der Vergangenheit, die die Historiker zu Gehör bringen und ohne meine drei Tugenden – Neugier, Skepsis, Sinn für das Erbe – keine *menschliche* Zukunft haben werden. Wir brauchen Vergangenheit und den Sinn für Vergangenheit.

# Die Aktualität des Mittelalters
## Über die historischen Grundlagen der Modernität

Im allgemeinen redet über die Bedeutung des Mittelalters im Rahmen der Weltgeschichte, und also auch seine Aktualität, jemand, der sich vornehmlich oder ausschließlich mit dem Mittelalter beschäftigt. Insofern grenzt es an Anmaßung und Hochstapelei, wenn ein Nicht-Fachmann, ein Neuhistoriker, über das Mittelalter redet, und ich bin mir des Risikos von Fehldeutungen aus Unwissenheit wohl bewußt. Dennoch versuche ich es, denn ich glaube, daß auch der Rückblick auf das Mittelalter von der Neuzeit her eine eigene Perspektive gibt, die manches mehr und manches anders sehen läßt, als es dem näherstehenden Beobachter möglich ist. Das ist der Vorteil der Fernperspektive. Diese Perspektive ergibt sich vor allem dann, wenn man universalgeschichtliche Fragen stellt, etwa die Frage nach dem Gang der Neueren Geschichte überhaupt, nach der «Modernisierung», die Frage nach den Unterschieden der west- und mitteleuropäischen Nationalgeschichten, die Frage nach der Sonderrolle Europas im Vergleich etwa mit asiatischen Kulturen, der Sonderrolle auch des protestantisch-katholischen Europas im Vergleich mit Rußland oder, wenn auch nicht so deutlich, mit Amerika.

Diese drei Fragenkomplexe haben mich persönlich jedenfalls beim Versuch, Ursachen und Bedingungen für das jeweils Besondere anzugeben, immer wieder an das Mittelalter herangeführt. Von daher stammt mein nachstehender Versuch. Ich tue damit etwas, vor dem ich an anderer Stelle gewarnt habe (s. unten S. 186ff.), ich sehe auf das Frühere, in unserem Fall: das Mittelalter, vom Späteren, der entfalteten Modernität des 19. Jahrhunderts her. Das gibt mir meine Perspektive, das Mittelalter rückt in die Position einer «Vorgeschichte». Ich habe gegen solches Vorgehen eingewandt, daß eine solche Perspektive die Eigenwirklichkeit der vergangenen Zeit verzerrt und daß jede Epoche mehr sei und anderes als Vorgeschichte, sie sei nicht nur mittelbar zu Hitler, sondern auch unmittelbar zu Gott. Dieses möchte ich in Erinnerung rufen, damit niemand meint, in meiner heutigen Perspektive auf das Mittelalter sei nun die Eigenwirklichkeit des Mittelalters präsent. Dennoch hat die Perspektive des Rückblicks und der Vorgeschichte – und das stand nie in Frage – auch ihr Recht, wenn man nur ihre Relativität ganz deutlich macht. Zudem glaube ich, daß die Frage nach den Bedingungen der Modernität weniger enge Pfade in die Vergangenheit schlägt als die Frage nach den Bedingungen für das Auftreten Hitlers. Aber das mag für diesmal dahinstehen.

Wir fragen, wie das Mittelalter unsere, die moderne Welt geprägt hat. Gewiß, das Mittelalter ist wie alle ältere Geschichte ein Stück in der Kette der Ursachen, die zur Neuzeit, zu uns führen – aber das ist eine leere und abstrakte, formale, ja triviale Feststellung. Gewiß, Kirchen und Burgen, Häuser, Stadt- und Dorfbilder, Flureinteilungen des Mittelalters reichen in unsere Welt noch hinein, hier mehr, dort weniger, machen sie vertraut und wohnlich vielleicht, aber sind das mehr als Reste, Museum, Fluchtpunkte der Nostalgie? Gewiß, das Mittelalter dauert lange, fast 300 Jahre, über die Zeit, die man schulmäßig sein Ende nennt, fort: Trotz Konfessionsspaltung, Absolutismus und moderner Wissenschaft ist Alteuropa bis zur Französischen und zur Industriellen Revolution in Wirtschaft, Gesellschaft, Wertsystem und Mentalität stark mittelalterlich bestimmt; schon Troeltsch hat darum Reformation und konfessionelles Zeitalter zum Mittelalter geschlagen, und der modernen Sozial- und Strukturgeschichte scheint der Bruch von 1800 zumeist wichtiger als der von 1500. Aber gerade dann scheint die neue Zeit, die um 1800 anfing, dadurch charakterisiert, daß sie Antimittelalter ist. Ist nicht diese Neuzeit im Gegensatz zum Mittelalter für das Neue, die Zukunft und das Machenkönnen, die Aktivität, die Ratioalität und die Effektivität, die säkulare Welt und die Politik, den Individualismus und den Sozialismus, für Freiheit und gegen Bindungen, für Gleichheit und gegen ständische Gliederung? Und so kann man lange fortfahren. Und die Neuzeit ist ja zum Teil wirklich und auch in ihrem Bewußtsein Aufstand gegen das Mittelalter – und Progressive sprechen noch heute, wenn sie etwas nicht mögen, von ‹mittelalterlichen Zuständen› oder von einem ‹Schritt zurück ins Mittelalter› –, oder die Neuzeit ist zu einem anderen Teil und in jedem Fall Abkehr vom Mittelalter. Zu dieser Geschichte des Aufstands und der Abkehr, des Bruches also, gehört dann seit 1789 die Gegengeschichte der romantischen Verklärungen des Mittelalters, die Vorstellung z.B. von einer Gemeinschaft, in der der Mensch nicht entfremdet, nicht heimatlos war; nicht nur Konservative haben seit Novalis so gedacht, sondern auch ein Mann wie Friedrich Engels, dessen Schilderung des agrarischen England in der «Lage der arbeitenden Klasse» ein harmonisch utopisches Idyll (und wie wir heute wissen, eine große Illusion) ist, wie es auch Konservative sahen; das Mittelalter ist dann die kritische Folie zum unglücklichen Bewußtsein der Moderne, aber der Bruch bleibt das Entscheidende, schmerzhaft jetzt, nicht befreiend.

Ich möchte hier etwas anderes machen. Ich möchte zurückfragen hinter diesen Bruch und diesen Gegensatz, also danach fragen, welche Strukturen des Mitteltalters gerade die Neuzeitlichkeit der Neuzeit bedingen, in Umbildung und dialektischem Umschlag. Und es scheinen mir gerade wesentlich mittelalterliche Strukturen, sozusagen das Mittelalterliche am Mittelalter, zu sein – das ist meine These –, die zu den Grundlagen des Neuzeitlichen der Neuzeit gehören. Dieser Zusammenhang wird besonders deutlich, wenn man von anderen Kulturen – dem Islam und Asien, aber auch Rußland und Amerika – auf Europa sieht. Die europäische Kultur der Neuzeit, die zur Weltkultur geworden ist, konnte – so meine ich – nur auf dem Boden des Mittelalters entstehen. Ich will das nun an sechs Punkten deutlich zu machen suchen.

1. Im Mittelalter ist, das war eine These meines großen Lehrers Hermann Heimpel, Europa entstanden, Europa als eine politisch-kulturelle Wirklichkeit, als der Westen, abgegrenzt gegen den Osten, Südosten und Süden, gegen den Islam, Byzanz, die russische Orthodoxie. Das Mittelmeer war nicht länger Zentrum der Weltgeschichte, das Schwergewicht wanderte, der Norden wurde bestimmend, und dann, seit den Entdeckungen und seit der politischen, ökonomischen und militärischen Lähmung der Mitte im 16. Jahrhundert, verlagert sich der Schwerpunkt der Weltgeschichte auf den westeuropäischen Raum. Bis ins Zeitalter der Weltkriege hinein bleibt dieses Europa die Mitte der Welt.

Dieses Europa nun ist im frühen und hohen Mittelalter schon, von der Völkerwanderung über die normannischen Eroberungen bis zur deutschen Ostsiedlung, zum Europa der Völker geworden. Die Sprachen werden zu eigenen Einheiten, es entsteht ein Bewußtsein der Unterschiedenheit und Zusammengehörigkeit der Großgruppen, der Völker: Das Mittelalter schafft Deutsche, Franzosen, Polen – mit breiten Zwischenzonen im Burgundisch-Niederländischen wie in Osteuropa und noch jenseits des modernen, des unbedingten und politischen Nationalismus. Dennoch, daß sich die großen Nationen voneinander abheben und abgrenzen, ein eigentümliches Mit- und Gegeneinander bilden – auch in den alten und neuen übernationalen Reichen –, das ist ein herausragendes Charakteristikum der europäischen Geschichte. Darum verselbständigen sich die ‹regna›, die Königreiche, gegenüber dem ‹imperium›, dem Kaiserreich, darum fangen am Ende des Mittelalters in Westeuropa die Nationalstaaten an. Europa, das sind seit dem Mittelalter kulturell selbständige und doch miteinander verbundene Völker, Staaten auf ethnischer Grundlage, die gleichzeitig mit den überethnischen dynastischen Reichen existieren: Darum ist das Europa der Neuzeit das Europa der Nationen, der Nationalitäten und der Nationalismen, darum ist die Welt heute, und die Dritte Welt zumal, in Nationen, alten und jungen, mit ihren nationalen Ansprüchen und Souveränitäten organisiert: Das ist Erbe des Mittelalters zuerst, Erbe Europas dann.

2. Das Selbstverständlichste von allem und uns doch Fremde: das Europa des Mittelalters ist christlich, und zwar in einem spezifisch westlichen Sinne, eben europäisch-christlich. Man kann in einer weithin areligiösen Zeit, in der Religion ein Sektor oder ein individueller Glaube ist, gar nicht nachdrücklich genug darauf hinweisen, wie ungeheuer die Religion, ihre Institutionen, Verhaltensnormen, ihre Vermittlung von Erfahrung und Sinn das Leben bestimmten. Sie war das Zentrum von Leben und Welt. Die mittelal-

terliche Christlichkeit nun hat die Moderne ganz entscheidend geprägt, hier liegen religionssoziologische Grundlagen unserer politischen, gesellschaftlichen wie geistigen Welt, die weithin unserem Bewußtsein entschwunden sind.

Zum einen: Weltliche Herrschaft und geistliche Gewalt stehen einander selbständig gegenüber, sie fallen nicht zusammen oder sind einander über- oder untergeordnet wie in anderen Systemen, im Bereich der Orthodoxie, des Islam, der asiatischen Religionen. Die Kirche ist seit Cluny freie Kirche, sie verteidigt ihre Freiheit, die ‹libertas ecclesiae›. Der Streit zwischen geistlichen und weltlichen Gewalten bleibt ein Charakteristikum des mittelalterlichen Europa, jedem historisch Gebildeten ist das so selbstverständlich, daß er darüber gar nicht nachdenkt; in diesem Streit aber erhält sich das Nebeneinander. Das europäische System ist, so kann man sagen, doppelpolig: das schafft sowohl Freiräume wie eine ganz außerordentliche Spannung und Dynamik und mit beidem immerhin Entwicklungsmöglichkeiten. Nur in einem solchen doppelpoligen System selbständiger Gewalten und ihrer Konflikte konnten sich Reformation und Absolutismus, ja Verfassungsstaat und liberal-säkulare Gesellschaft durchsetzen.

Zum zweiten: Das Chritentum hat den unendlichen Wert der Person des Einzelnen, der zu seinem Heil oder Unheil bestimmt ist, scharf eingeprägt und in – und trotz! – aller rituellen und institutionellen, von Herrschaft und Rechtssätzen erfüllten Kirchlichkeit doch niemals auf Dauer untergehen lassen. Das Christentum bleibt eine Gewissensreligion. Dieses Gewissen aber beruhigt sich nicht allein im Ritus und im Privaten, es wird ein Moment fortwährender Unruhe, das die Geschichte der Welt umgestaltet. Die Geschichte der großen Aufbrüche: der Ordensgründungen und Reformen zumal, auch der Kreuzzüge und Wallfahrten, ist dafür charakteristisch. Der Mensch bricht – angerührt von etwas anderem – aus aus der Welt des Gewohnten, aber er zieht sich nicht mystisch einfach aus der Welt zurück – was nur einen indirekten Effekt auf die Welt hätte –, sondern er greift wieder in die Welt ein. Dieses Modell, Ausbruch und Wiedereingriff, das ist ein mittelalterliches Modell des Lebens, und es hat in einer erstaunlichen Kontinuität Handeln und Verhalten von Menschen der Neuzeit immer wieder bestimmt, ja es hat die Dynamik der Neuzeit gerade mitbegründet. Zwei der klassischen Themen des europäischen Lebens der Neuzeit: das Gewissen gegen Tradition und Konsensus, und: der Einzelne und die Gemeinschaft sind damit in die Welt getreten. Man kann die Bedeutung der mittelalterlichen Gewissensreligion noch schärfer und noch konkreter wenden. Renaissance und Humanismus scheinen auch mit ihrem religiösen Versuch, Vernunft und Ethos mit Kirche und Frömmigkeit zu vermitteln, der individualistischen Modernität näher als Luther und die Reformation. Sie galten vielen Liberalen eher als Vorläufer als Luther. Denn Luther ist eigentlich ein ganz mittelalterlicher Mensch, ein Mönch und ein Mann des Volkes, kein Intellektueller und kein Bürger, ein Mensch mit einem ganz mittelalterlichen Problem, nämlich dem, wie ich einen gnädigen Gott kriege, dem Problem von Sünde und Gnade, von Gottes Allmacht und der Hinfälligkeit des Menschen. Aber nicht Humanismus und Renaissance, sondern gerade die lutherische Reformation, der Calvinismus und der – puritanische – Nonkonformismus haben die Massen bewegt, sie haben, indem sie den Einzelnen vor Gott wieder zum zentralen Thema machen, die neuzeitliche Subjektivität und Dynamik begründet. Nur weil der Ursprung der Reformation so mittelalterlich ist – so muß man paradox sagen –, ist sie eine Wurzel der Modernität geworden.

Sodann: Das neuzeitliche Verhältnis des Menschen zur Welt ist charakterisiert als die Beherrschung der Natur und das Ethos der Arbeit, als Aktivität. Dieses Verhältnis und die ihm komplementäre moderne Wissenschaft haben sicher spezifisch moderne – protestantische, bürgerliche, aufklärerische – Wurzeln, aber eben auch mittelalterliche. Wo die Welt entgöttert wird, steht sie dem planenden Zugriff des Menschen offen, wo es in Bächen und Flüssen keine Nymphen oder andere nicht-menschliche Wesen mehr gibt, kann man ohne Sorge Mühlen bauen. Die Kirche und die Theologie legitimieren Rationalität und damit Wissenschaft, die Benediktiner begründen das Ethos von «ora et labora». Es sind noch die mittelalterlichen Menschen, die von den Kreuzzügen bis zu den ungeheuren Wagnissen der Entdeckung und Erschließung der Erde in so staunenswertem Maße in die Welt ausgreifen – diese religiös wie säkular angetriebene schier irrationale Dynamik, die sich der rationalsten Mittel bedient.

Schließlich: Eine der großen, das moderne Europa bis ins Zeitalter der Weltkriege hin bewegenden Ideen, ist die Idee des Fortschritts, die die technische Zivilisation und die Wissenschaft wie die großen politischen Glaubensbewegungen seit Aufklärung und Französischer Revolution, Nationalismus und Liberalismus, Demokratie und Sozialismus, getragen hat. Diese Idee – wir können auch sagen: diese Geschichtsphilosophie – hat die Stellung der Menschen zwischen Vergangenheit und Zukunft, hat ihre Zeitvorstellung, ihren Erwartungs- und Hoffnungshorizont entscheidend geprägt. Und das gilt nicht etwa nur oder vornehmlich für eine intellektuelle Oberschicht, sondern gerade für die Massen und ihre Mentalität, vermittelt durch eine Reihe von Sozialisationsinstanzen und Lebensinterpretationen. Das ist das Erbe der jüdisch-christlichen Idee einer gerichteten, auf ein Ziel zulaufenden Geschichte, der Heilsgeschichte; dieser Grundtatbestand der Moderne ist säkularisierte Geschichtstheologie. Noch Hegel und Marx gehören in diese Linie. Das läßt sich noch einmal allgemeiner wenden: Es macht das Europäische aus, daß der Mensch seine eigene Welt in Gedanken und Erwartung auf eine andere Welt hin zeitlich überschreitet oder transzendiert. Das ist die Transzendenz des europäischen Menschen. So gewiß zwischen der Ewigkeit des Mittelalters und der Zukunft der Neuzeit ein entscheidender Unterschied besteht, diese Zukunftsorientierung des Menschen, der nie ganz im Hiesigen zuhause ist, aus ihm heraussteht, sie verbindet den mittelalterlichen mit dem neuzeitlichen Menschen, sie ist eine mittelalterliche Wurzel dessen, was wir für so spezifisch neuzeitlich halten: des Entschlusses zur Zukunft, wie Hans Freyer das genannt hat.

3. Mit der mittelalterlichen Christlichkeit hängt zusammen, daß Bildung und Wissenschaft, institutionalisiert in der Universität, zu einer fundamentalen Struktur Europas geworden sind. Es ist nicht die Betriebsblindheit eines Universitätslehrers, das so hervorzuheben. Universität und Wissenschaft hängen in unserer europäischen Tradition eng zusammen, und die moderne Wissenschaft ist ganz zweifelsohne eine der primären Grundlagen unserer Welt. Zunächst: Die Universität ist entstanden in dem mittelalterlichen System von Privilegien, Freiheiten und Immunitäten. Sie war eine eigenständige Organisation zwischen politischer Herrschaft und organisierter Kirche, zwischen ‹imperium› und ‹sacerdotium›, und insofern dem politischen und gesellschaftlichen, relativ auch dem kirchlichen Druck entzogen, relativ autonom, vielfältig und unterschiedlich, international über alle Herrschaftsgrenzen hinwegreichend. Die Autonomie und Vielfalt dieser Institutionen war eine der Grundlagen für die relative Freiheit und die Vielfalt der Wissenschaft. Daß es solche Institutionen gab, ist ein Kerntatbestand der Neuzeit und ist wiederum unmittelbar Erbe des Mittelalters.

Sodann: die mittelalterlichen Philosophen haben die frühchristlich-patristische Verbindung von christlicher Botschaft und griechischem Denken mit der Rezeption des Aristoteles neu aufgenommen. Das ist nicht moderne Wissenschaft, wohl aber ein entscheidendes Stück Rationalität, das weitertrieb. Als im 19. Jahrhundert die katholischen Gegenrevolutionäre seit Bonald und de Maistre der Reformation die Schuld an jeglicher Revolution überhaupt zusprachen, weil sie die Autorität durch den Aufstand der auf ihr Gewissen pochenden Subjektivität vernichtet habe, haben die russischen Slavophilen konservativ dagegengestellt, daß der Abfall Europas zum neuzeitlich modernen Ungeist eben mit der scholastischen Rezeption des Rationalitätspostulats begonnen habe. Das ist eine polemische orthodoxe Konstruktion, gewiß, aber sie hebt doch sehr scharfsichtig die mittelalterliche Wurzel des neuzeitlichen Denkens hervor. Und jedes Studium spätmittelalterlich-frühneuzeitlicher Wissenschaft zeigt die sehr konkreten Übergänge von mittelalterlicher und neuzeitlicher Rationalität.

Schließlich: Es entsteht die spezifisch europäische Wirklichkeit der Bildung: die Verbindung von Christentum und Antike mit der Sonderart der Völker, wie die Literatur sie überliefert; die Idee, daß der Mensch sich fortentwickelt, sich zivilisiert, sich findet, indem er anderes Menschliche sich aneignet, die überlieferten ‹humaniora›. Kultur wird ein eigener Bereich der Welt. Fundamentaler noch, das Mittelalter begründet die Rolle von Schule und Buch, Lesen und Schreiben, die für die moderne Welt so konstitutiv ist.

Und dazu gehört – wiederum unerhört wichtig – die Entwicklung einer eigenen Klasse der Gebildeten, aus dem Klerus zunächst und der Universität, die dann bei den Juristen zuerst über den Klerikerstand hinausreicht, dann die Beamten und die freien Berufe hervorbringt, von der Herkunft her die wichtigste Gruppe sozialer Mobilität (von unten nach oben), und zugleich ein Potential der Veränderung, weil diese Klasse nicht mehr in die rituelle Erhaltung der Tradition eingespannt, aber zugleich der Rationalität verpflichtet war.

4. Nun aber, nach soviel Reden über Ideen und Bewußtsein, über Religion und Wissenschaft – und da droht dann der Verdacht, das sei ein merkwürdig altmodischer Idealismus –, nun also die gesellschaftliche Realität des Mittelalters, mit der Kurzformel: der Feudalismus. Dieses soziale System, das hieß, um nur die dürftigsten Stichworte zu nennen: Adel und Bauern auf dem Lande in einem hierarchisch abgestuften System von Freiheiten, Abhängigkeiten und korporativen Bindungen; die Abgrenzung dieser Welt von Landadel und Dorf gegen Stadt und Bürger; diese wiederum korporativ und in einer Vielzahl rechtlicher Abstufungen organisiert; das Lehensrecht, das das Herrschaftsgefälle bestimmt, und die Stände, die die gesellschaftliche Gliederung ausmachen; dazu die Rolle der historischen Landschaften, der Regionen, der nicht zentralisierten Partikularitäten –, dieses System hat lang über das Mittelalter hinaus bis in die Zeit der Französischen Revolution hinein gedauert. Ist hier aber nicht der Bruch zwischen Mittelalter und Neuzeit, den die Revolution von 1789 bis 1917 und 1918 vollzieht, die einzig angemessene Kategorie? Ich stelle auch hier einige Sätze zur dialektischen Kontinuität auf.

Zunächst: die bedeutenden Unterschiede, die von der frühen Neuzeit bis zum Zweiten Weltkrieg die Verfassungs- und Gesellschaftsordnungen der europäischen Völker aufweisen, sind Folgen der unterschiedlichen Art, in der die Probleme des Feudalismus, zumal das Gegeneinander der Teile und das Gegeneinander von Teilgewalten und Zentralgewalt bewältigt wurden. Verkürzt gesagt: In Frankreich setzt sich das zentralisierende Königtum, in England Königtum und adliger Parlamentarismus, in Deutschland der Territorialismus durch. Die frühe Konsolidierung von Staat und Nation in Westeuropa und die lange Auflösung der Mitte Europas, Deutschlands und Italiens, die unterschiedlichen Stufen der Zentralisierung, die unterschiedliche Bedeutung repräsentativer Organe – das sind wesentliche Folgen der hoch- und spätmittelalterlichen Entwicklung, und damit zuletzt das unterschiedliche Schicksal der Demokratie in Europa. Denn die frühere Einwurzelung der Demokratie in West- (und dann auch in Nord-)europa – im Vergleich zu Mittel-, Süd- und Ost- und Südosteuropa –, die die westeuropäischen Demokratien die Krise des Faschismus im 20. Jahrhundert überstehen ließ, beruht auch auf den anderen Lösungen der Probleme des feudalen politischen Systems. Die lange Partikularisierung Deutschlands (im Unterschied zu Frankreich) und das Fehlen eines Adelsparlaments (im Unterschied zu England) wiederum hat bei uns die Einwurzelung der Demokratie im 19. Jahrhundert erschwert, die unglückliche Gleichzeitigkeit der zur Lösung anstehenden Fragen – der nationalen, der konstitutionellen, der sozialen – bewirkt und damit die Demokratie geschwächt.

Sodann: Von der ständischen Repräsentation der feudalen Systeme führt eine Linie in den modernen konstitutionell parlamentarischen Staat; das englische Parlament oder der württembergische Landtag sind bekannte Beispiele. Und allgemeiner: Ständisches Wesen und Regionalismus, mittelalterlich feudale Traditionen also, haben eine so spezifisch europäisch-neuzeitliche Erscheinung wie die gewaltenteilige Verfassung ganz entscheidend mitbedingt, und über die Theoretiker des 17. und 18. Jahrhunderts wie über die kolonialen Institutionen ist dieses Lebensprinzip des liberalen Verfassungsstaates dann gerade in den USA zur eigentlichen Entfaltung gekommen.

Schließlich: in den inneren Spannungen und Pluralitäten des feudalen Systems gerade entstehen die Kräfte, die es überwinden, die Beamten, die Gebildeten, die Bürger. Mehr noch: Man hat mit gutem Grund gesagt, daß die moderne Welt der Industrie sich nur in Europa und Japan ausbilden konnte, nämlich dort, wo es eine feudalistische Struktur gegeben hat: Gliederung, Vielfalt, Autonomie, Konflikte und Konfliktregelung, und damit ein Element forttreibender Dynamik, das wir in anderen Gesellschaften – in China, in Indien, im Islam – nicht finden. Die Doppelpoligkeit zweier relativ selbständiger Systeme von Staat und Gesellschaft, die die moderne Welt charakterisiert, ist in dieser Form ein klassisches Produkt des Feudalismus und seines Umschlagens.

5. Ein Element des mittelalterlichen Systems muß man besonders hervorheben: die Stadt. Daß die Stadt nicht nur eine Siedlungseinheit, sondern im Umkreis des römischen Rechtes und seiner mittelalterlichen Umformungen (der Immunitäten) eine Rechtsform ist, daß es städtische Selbstregierung und Autonomie gibt, daß Stadtluft frei macht, daß die Stadt darum ein spezifisches Sozialgebilde wird, daß hier die Bürger, Patrizier wie Zunftbürger, entstehen und eine Macht werden, daß sich eine spezifische Rationalität, etwa des Geld- und Buchführungswesens, ein Ethos von Arbeit und Verdienst, von friedlicher, nicht kriegerischer Tüchtigkeit, eine spezifische Kultur und Bildung entwickelt, daß die Stadt neben Königtum und Adel eine dritte Kraft wird – das ist ein entscheidendes Charakteristikum des mittelalterlichen Europa, das dann die Grundlage der Moderne geworden ist. Gewiß, das ständisch lebende Bürgertum hat sich eingehaust in seinen eigenen Institutionen, aber immer wieder bildet sich in der Stadt eine neue Schicht der «Beweger und Tuer». Ohne die mittelalterliche Stadt ist der Absolutismus schwer, die liberal-parlamentarische Entwicklung Europas und die Industrialisierung nicht zu erklären, so groß auch der Sprung zwischen mittelalterlicher Stadt und dem neuzeitlichen Bürger ist. Bei der Frage, warum sich

der Marxismus in seiner radikalen Form gerade in einem relativ zurückgebliebenen Land wie Rußland zuerst durchgesetzt hat, stößt man unmittelbar auf dieses Problem: die Schwäche des russischen Liberalismus und des Bürgertums, das Fehlen einer starken und kontinuierlichen mittelalterlichen Stadtkultur (und die besondere Rolle des orthodoxen Kirchentums).

6. Die Tatsache, daß die politisch-soziale Ordnung der Neuzeit auf Recht und Freiheit sich gründet, ist wiederum ein dialektisches Ergebnis des Mittelalters. Die mittelalterliche Kultur ist in ausgezeichnetem Maße eine Rechtskultur: Das Recht ist unverletzlich und dauernd, es hat seine eigene Souveränität, es durchdringt das kirchliche, das feudale, das herrschaftliche System. Dieses Recht ist, durch römisches Recht und Kirche geformt, mehr als Gewohnheitsrecht, mehr als archaisches Recht, so gewichtig dieses Moment ist, es ist auch rationales Recht. Zugleich ist die mittelalterliche Welt eine Welt der Freiheit und stärker noch der Freiheiten. Eine Welt der Freiheit, weil die Freiheit der Erlösten die transzendente Wurzel aller Einzelfreiheiten ist, und das ist – über viele Umwege hin – eine Wurzel der modernen Menschenrechte. Eine Welt der Freiheiten, altmodisch der Privilegien, das heißt der rechtlichen Verleihungen, Gewährleistungen, Verbürgungen, die Ursprung und Wurzel aller konkreten Freiheiten sind. So gewiß Freiheiten nicht identisch mit moderner Freiheit sind, so gewiß dieses System ein enormes Maß von Ungleichheiten und auch Unfreiheiten enthielt, es war ein System, das nicht in Unfreiheit aufging. Stände und Städte, Kirche und Adel, Universitäten und Zünfte, Landschaften und Regionen mit ihren Privilegien sind das Kernelement alteuropäischer Freiheiten; der Absolutismus hat es nicht völlig abschaffen können. Hier lag die Wurzel für die großen Revolutions- wie Reformbewegungen seit dem späten 18. Jahrhundert. Über eine dialektische Umbildung im Zeitalter der Revolution und des Liberalismus ist daraus die moderne Freiheit geworden.

Zum Schluß, wenn wir das Ganze des Mittelalters in den Blick nehmen: diese Welt ist pluralistisch. Sie ist nicht nur, wie alle uns bekannte menschliche Welt, von Konflikten bestimmt, sondern sie institutionalisiert und hegt Konflikte, sie kennt die Teilung der Gewalten, geistlicher und weltlicher, und wenn auch schwächer: geistiger, die Teilung der vielen weltlichen Gewalten, die Partikularisierung der Nationen und Territorien, die Immunitäten, das rechtlich gesicherte, in der Theorie legitimierte Neben- und Gegeneinander verschiedener Kräfte und Mächte, wie es in einer Hochkultur, außer der griechischen wohl, selten genug ist. Der wie immer interpretierte gegenseitige Bezug Aller auf einen transzendenten göttlichen Ursprung aller Ordnung, der alle Einzelordnungen gegeneinander relativiert, ist der religiös metaphysische Ursprung dieses Pluralismus. Es ist dieser Pluralismus, der die ungeheure Dynamik und Vitalität der europäischen Entwicklung vorangetrieben hat, das Bewegungsmoment, das das Wühlen des Geistes ermöglicht und die Freiheit zugleich. Hier liegt die eigentliche, die tiefste Kontinuität der europäischen Geschichte: Die moderne Welt mit ihrem Konfessions- und Weltanschauungspluralismus, Staatenpluralismus, Klassen- und Parteienpluralismus im Rahmen eines noch funktionierenden zusammengehörenden Systems und ihrer Dynamik ruht auf der Grundlage des vermeintlich so fernen Mittelalters.

# Luther und die moderne Welt

Luther ist ganz anders als wir. Das ist mehr als die Trivialität, daß Menschen des 20. Jahrhunderts anders sind als die des 16. Luther ist uns noch fremder, er lebt unmittelbar mit der Wirklichkeit Gottes, dem Zorn Gottes, der tötet, und der Gnade Gottes, die den Menschen leben läßt, und mit dem Teufel. Seine Lebensfrage war: Wie bekomme ich einen gnädigen Gott? Das war die Sache von Leben und Tod. Wer von uns könnte das noch sagen? Luther ging es um das Heil; uns geht es um das Glück. Unsere Welt ist eine säkulare, eine post-religiöse Welt. Darum ist Luther unmodern. Er gehört ins historische Museum. Wir können freilich versuchen, seine Fragen zu übersetzen. Wie gelingt dem Menschen sein Leben und sein Leben mit anderen so, daß er darin in Frieden mit sich selbst leben kann? Das verstehen wir vielleicht. Aber seine Antworten sind anders als die unseren, sie sind von der säkularen Individualreligion oder der säkularen Sozialreligion, jedenfalls von dem Traum der Selbsterlösung geprägt. Hier liegt dann die Aktualität des unmodernen Luther: Er stellt die Selbstsicherheit unserer modernen Existenz in Frage. Denn das Unmoderne muß nicht das Abgelebte sein. Aber das ist Sache unseres humanen Gespräches über das richtige Leben, nicht die Sache der Wissenschaft. Meine Sache als Historiker ist bescheidener, es ist die Frage: Welche Stelle hat Luther im Gang der Weltgeschichte, in der Entstehung unserer modernen Welt? Damit hängt dann freilich die existientielle Aktualität Luthers doch wieder zusammen.

In den ersten zweieinhalb Jahrhunderten nach Luther wäre kein Mensch auf die Idee gekommen, die Frage nach Luther und der modernen Welt zu stellen. Luther hatte ja die Wahrheit wieder ans Licht gebracht, oder er war der Verderber der Kirche; man stand zu ihm nicht in einem historischen, sondern in einem dogmatischen Verhältnis; er gehörte in die Heilsgeschichte und nicht in die säkulare Geschichte der Menschheit, und den messianisch-soteriologischen Klang der «Neuzeit» gab es nicht. Das ändert sich im 18. Jahrhundert. Die Reformation ist etwas Unvollendetes, so sagen zuerst die Pietisten, sie ist fortzuführen. Aufklärung, idealistische Philosophie und Liberalismus nehmen diese Thesen auf und säkularisieren sie. Luther wird aufgefaßt als Kämpfer gegen Tradition, Autorität und Hierarchie, gegen Mönchtum und Priesterherrschaft, als Apostel der intellektuellen Wahrhaftigkeit gegen alles Dogma, als Anwalt der Selbstbestimmung, der Autonomie, des Einzelnen, seiner Emanzipation und Mündigkeit. Und Luther hat die Welt, Arbeit, Familie, Staat, Kultur und Gesellschaft von klerikalen Bindungen befreit, auf sich selbst gestellt. Er ist ein Held in der Geschichte der Freiheit. So denken die Liberalen, die Kulturprotestanten, die Modernisten. So denkt auch Marx, trotz aller Religionskritik, und so denken, freilich nun ganz negativ gewendet, die Katholiken. Luther ist im guten und bösen der Vater der modernen Welt.

Diese Auffassung ist eine Ideologie, und sie ist seit Beginn unseres Jahrhunderts schon von der Wissenschaft außer Kurs gesetzt worden. Die Theologen haben den wirklichen Luther wieder entdeckt, der kein liberal-individualistischer Bürger, kein humanistischer Kultur- und Fortschrittsgläubiger war. Und die Historiker haben auf ihre Weise die Andersartigkeit des 16. Jahrhunderts und den Unterschied von Reformation und moderner Welt herausgearbeitet. Ernst Troeltsch hat 1906 zuerst mit Leidenschaft den Bruch zwischen Luther und der modernen Welt aufgezeigt: Luther gehört zum Mittelalter; die moderne Welt der Rationalität, des Individuums, der Demokratie, sie ist im 18. Jahrhundert entstanden, da liegt die große Epochenscheide der Weltgeschichte; und die Sozialgeschichte zeigt, daß sich erst damals (um 1800) das Leben und Denken der Menschen fundamental verändert hat, da fängt die Modernität an.

Luther also ist nicht der Vater der modernen Welt, die kann sich nicht auf ihn berufen. Ich will zunächst die Argumente der Historiker zu dieser These noch etwas explizieren, das ist für meine weiteren Überlegungen wichtig. Zuerst: Wir können die Geschichte nicht mehr so personalistisch sehen, eine neue Epoche der Geschichte beginnt nicht mit einem Mann; selbst die Reformation, die Kirchenspaltung ist nicht einfach die Sache Luthers: Seine Zeitgenossen haben seine Theologie nur zum Teil verstanden und übernommen. Daß er der Anfänger der Reformation wurde, hatte viele Gründe, und eben auch solche, die nicht bei ihm lagen. Ja noch mehr, die großen Wendepunkte der Geschichte lassen sich nicht auf nur einen Ursachenkomplex zurückführen, auf die Kirchen- und Geistesgeschichte etwa. Zu der neuen Zeit, die im 16. Jahrhundert beginnt, gehören Entdeckungen und Kolonisation, Frühkapitalismus, der Machtgewinn des Staates und die Entstehung eines Systems konkurrierender Machtstaaten in Europa, gehören Renaissancekultur und Individualisierung des Lebensgefühls und des Nachdenkens, also ein Bündel von Faktoren, die sich gegenseitig beeinflussen, aber voneinander unabhängig sind. Wenn es damals Väter der Neuzeit gibt, so gehören auch Columbus und Machiavelli, Kopernikus und Erasmus und die Medici-Bankiers und andere noch dazu.

Sodann: Je mehr man sich auf Luther und die Reformation eingelassen hat, desto deutlicher ist das Mittelalterliche daran geworden. Luther ist ein Sohn des Mittelalters und manchmal auch sein Repräsentant. Er antwortet auf eine Krise des Spätmittelalters, und seine Antworten sind neu, aber seine Fragen und Kategorien und sein Weltbild, sie wurzeln im Mittelalter. Das sieht man am besten, wenn man ihn mit seinen Zeitgenossen vergleicht. Luther war mittelalterlicher, weniger modern als andere, die auf die Krise der Zeit eine Antwort wußten: Humanisten mit ihrem Programm einer undogmatischen Frömmigkeit und einer vernünftig-humanen Ethik, Mystiker und Spiritualisten mit ihren Ansätzen zu Individualismus und Subjektivismus, bürgerliche Skeptiker, die Anwälte einer autonomen Renaissancekultur oder der Profanität von Staat und Gesellschaft. Zwar kann man im 16. Jahrhundert Mittelalter und Modernität nicht so säuberlich trennen, aber diese Modernitätskeime des späten Mittelalters sind Luther fremd. Sein Aufstand gegen das Mittelalter greift vor-modern hinter das Mittelalter zurück, auf Augustinus, auf Paulus. Ja man kann sagen, daß Luther eine um 1500 vorhandene Tendenz zur Modernität gerade abgeblockt hat: Er hat die religiöse Frage nach Gnade und Heil, die Frage eines mittelalterlichen Mönches eigentlich, in ihrer Urgewalt noch einmal ins Zentrum des Lebens gestellt, gegen alle rationalen, humanistischen, säkularen Tendenzen; deren Durchbruch hat er für zweieinhalb Jahrhunderte verzögert. Und auch unter den Reformatoren gab es Männer und Richtungen, die moderner waren (und heute als moderner gelten): Zwingli, weniger dogmatisch, mehr bürgerlich-moralisch, Calvin, rationaler und humanistischer, Täufer und Spiritualisten auch, die Gegner der institutionellen Großkirche und ihrer dogmatischen Festlegungen, Anwälte zuletzt individueller Frömmigkeit und der Toleranz. Die Entwicklung des schweizerischen und des angelsächsischen Protestantismus scheint diese größere Modernität auch der Gründungsväter schon zu bestätigen. Luther waren diese vielleicht moderneren Weggenossen fremd, er kämpfte nicht nur gegen Papst und Scholastik, sondern auch gegen Erasmus und die «Schwärmer», wie er die Radikalen nannte. Der Neuerer Luther ist im 16. Jahrhundert nicht ein spezifisch Moderner.

Schließlich die Wirkungen Luthers. Gewiß, es beginnt ein neues Zeitalter, aber es ist das der Konfessionen, dann des Absolutismus. Dogma und Kirche behalten ihren zentralen Platz, es bleibt die kirchliche Zwangskultur, die das Leben umfängt, das Individuum in neue Traditionen und Autoritäten bindet. Die lutherischen Kirchen sind in vieler Hinsicht altmodischer als Luther selbst; sofern es bei ihm moderne Ansätze gibt, haben sie sich nicht entfaltet, sondern eher eingekapselt. Die Menschen leben in der statischen und geschlossenen vor-modernen Lebenswelt der Stände, es gibt keine Emanzipation. Und politisch hat die Zerstörung der Glaubenseinheit den Staat, weil er jetzt für Religion und für den Frieden zuständiger wird, souveräner gemacht, die Konfessionen werden neutralisiert, das ist die Basis des Absolutismus. Das neue Zeitalter, das 16., 17. und zum Teil auch noch 18. Jahrhundert, hat seinen eigenen Charakter, vom Mittelalter so geschieden wie von der modernen Welt. Gewiß, wie fast immer in der Geschichte, sind auch in der Reformation die Ergebnisse des Handelns anders, als es in der Absicht des Handelnden lag. Daß die lutherischen Kirchen in Deutschland Teil des Obrigkeitsstaates geworden sind, die calvinistischen in der angelsächsischen Welt Vorläufer der modernen Freiheitsbewegungen, hängt viel weniger von den Theologien, von Luther oder Calvin ab, als von den politischen Umständen; und anderes ist weniger Ergebnis der Reformation als Ergebnis ihres Scheiterns: daß sie die Kirche spaltet, daß sie an den politischen Verhältnissen aufläuft. Darin sind z. B. die lutherischen Staaten altmodischer als Luthers Staatstheorie und altmodischer als katholische und calvinistische Staatswesen der Zeit. Auch wenn wir also die konkreten Wirkungen Luthers ins Auge fassen, das Zeitalter, das mit ihm anfängt – es ist das Vor- und Unmoderne, das wir betonen müssen.

Gewiß, die Reformation hat die Pluralität und die Gegensätzlichkeit Europas wesentlich verschärft, denn es gibt jetzt konkurrierende Kirchen. Das war die Basis weitertreibender Dynamik, die Basis der Emanzipation der Staaten, der Wissenschaft, der Kultur, der Individuen, die Basis von Freiheiten und Freiheit. Wenn Europa eine Einheitswelt gewesen wäre, wie die orientalischen Kulturen, wäre die moderne Welt nicht in Europa entstanden. Indem die Reformation die Pluralität Europas vermehrt, hat sie die Entstehung der modernen Welt begünstigt. Aber das ist doch keine Vaterschaft mehr, das ist ihr sinnvollerweise nicht zuzurechnen, das ist die allgemeine Weltkausalität: daß jede Epoche die folgenden mitbedingt.

Luther also ist nicht der Vater der Neuzeit, der Bannerträger der modernen Welt. Und die Historiker sagen heute: Wir wollen Luther und seine Zeit aus sich selbst verstehen und sie und ihre Fremdheit nicht zu einem Stück Vorgeschichte unserer Gegenwart degradieren, ihn für uns oder für unsere geschichtsphilosophischen Spekulationen und für unsere Wünsche und Vorstellungen vereinnahmen. Luther ist zuerst einmal Luther, und die Frage nach seinem Bezug zur Neuzeit führt in die Irre. Historiker sollen sich bescheiden.

Nach soviel Einleitung komme ich nun endlich zu meiner Hauptsache. Denn mit diesen Argumenten der spezialistischen Wissenschaft und des Historismus ist die Frage «Luther und die moderne Welt» als Frage nach dem Gang der Weltgeschichte über ein halbes Jahrtausend hin nicht aus der Welt geschafft. Vielleicht ist Luther der Großvater der modernen Welt? Wir kehren die Fragerichtung um: Wir fragen nicht zuerst, was war an Luther modern, denn das wird ihm nicht gerecht, aber wir fragen, was sind die Wurzeln unserer Modernität. Dabei stoßen wir dann auf Luther. Max Weber hat die berühmte These vom Zusammenhang von protestantischer Ethik und dem Geist des Kapitalismus aufgestellt. Man mißversteht die These, wenn man daraufhin endlos über Religion und Wirtschaftsformen diskutiert. Ich nehme die Frage so allgemein auf, wie Weber sie gemeint hat: Die moderne Welt, die Welt der Wissenschaften, der Wirtschaft, der Arbeit und Leistung, der Dynamik, der Demokratie ist stärker vom Protestantismus geprägt worden als vom Katholizismus, in gemischt konfessionellen Gesellschaften stellen Protestanten mehr Unternehmer und Professoren, mehr Beweger und Macher. Ist das ein innerer (und nicht nur zufälliger) Zusammenhang? Ich denke der Grundthese von Weber nach: daß es die Religion ist, die die menschlichen Antriebe und Verhaltensweisen am stärksten formt, die Lebensansichten prägt, in denen die Interessen, die unmittelbar unser Handeln leiten, sich artikulieren. Die Entzauberung der Welt und die Rationalisierung unserer Lebensführung sind, so können wir zuspitzen, nicht gegen die Religion, sondern umgekehrt durch die Religion selbst in Gang gekommen. Diese Hypothesen gilt es im Blick auf Luther zu prüfen. Luther hat Lebensthemen gesetzt, einen Zugriff auf die Welt, sozialmoralische Normen, ja Verhaltensweisen, die in allen Formen seiner Kirche virulent blieben. Gerade seine Intensivierung der Religion ist eine der wichtigsten Wurzeln der modernen Welt, des modernen Menschentyps.

Luther ist nicht der Vater der modernen Welt, so haben wir gehört. Aber, er hat etwas geschaffen, was wir mit dem Soziologen Eisenstadt ein «Modernisierungspotential» nennen: eine Mentalität, die die Entstehung und Durchsetzung der modernen Welt seit dem späteren 18. Jahrhundert stark begünstigte, dann nämlich, als andere ökonomische, politische, institutionelle Umstände eintraten, die auf Modernisierung hinausliefen, als die vormodernen Elemente der Welt und auch des Altprotestantismus schwächer wurden. In einer zweiten Phase des Protestantismus wird das lutherische Modernisierungspotential aktuell.

Ich vergegenwärtige zunächst schrecklich verkürzt einiges von dem, womit Luther in seiner Zeit religiös gewirkt hat. Seine Revolution gegen die alte Kirche beginnt mit dem Aufstand gegen den Mißbrauch des Ablaß, gegen Kommerzialisierung und Berechenbarkeit der Gnade, beginnt mit dem prophetischen Protest gegen die Kirche, die in die Welt verstrickt und ihr angepaßt ist. Luther hat gegen kirchliche Autorität und Tradition allein der Bibel Autorität zugesprochen: «sola scriptura». Er hat das Heil des Menschen allein auf die Gnade und allein auf den Glauben gestellt: «sola gratia, sola fide»; er hat den guten Werken, den frommen und moralischen Leistungen, mit denen der Mensch sich legitimiert, ihre Heilsbedeutung genommen. Er hat die Transzendenz Gottes so radikalisiert wie die Sündhaftigkeit und Verlorenheit des Menschen, es gibt nichts dazwischen. Er hat das Sakrament, das Meßopfer aus dem Zentrum des Heilsvorgangs gerückt, die sakramentale und ‹verdinglichte› Gnade, dies Übernatürlich-Natürliche und ihre quasi magischen Wirkungen. Es gibt keine Sonderstellung sakramentsverwaltender Priester mehr und keine fromme Sonderethik der Mönche; damit entfällt die kirchliche Hierarchie, ja die Kirche hört auf, eine sakramentale Heilsanstalt zu sein. Schließlich, er hat die große katholische Zwischenwelt zwischen Gott und Mensch, die Welt der Heiligen beseitigt, ja eigentlich das katholische System der Vermittlungen und Kompromisse zwischen Natur und Gnade, Mensch und Gott, Glaube und Welt, das System der Analogien und Synthesen des «Und» und des «Sowohl als auch». Luther ist ein Mann des «Entweder/Oder».

Soviel zur Einstimmung. Jetzt drehen wir endlich unsere Fragerichtung um. Ich nenne Leitprinzipien der modernen Welt und frage nach ihren religiösen Wurzeln.

1. Die moderne Welt ist individualistisch: Die Rechte, die Freiheit, das Glück, die Selbsterfüllung des Einzelnen, das ist es, worum es geht, und die Gesellschaft ist die Gesellschaft, die die Einzelnen, herausgelöst aus den alten überindividuellen Bindungen, nach dem Modell des Kontraktes bilden. Modernisierung ist Individualisierung, Modernität ist Subjektivismus. Diese Geschichte reicht lang zurück, zu den Griechen, den Juden und vor allem zum Urchristentum; in der christlichen Religion geht es ja um das Heil der einzelnen Seele. Aber Luther macht hier Epoche, er hat diese Geschichte mit einem Ruck vorangebracht. Luther ist kein moderner Individualist und kein Subjektivist, aber er ist personalistisch. Es ist der Einzelne, der allein vor Gott steht, ohne Sicherung durch Tradition und Institution, Natur oder Leistung: Es gibt nichts Objektivierbares, woran er sich halten kann. Luther hat den Glauben ganz personalistisch gefaßt, er ruht nicht auf dem übernatürlich-natürlichen Sakrament, er ist spiritualistisch, unsichtbar, ganz ‹innerlich›. Der Einzelne glaubt nicht mehr, was die Kirche glaubt, sondern er glaubt selbst, und glauben heißt nicht, eine metaphysische Wahrheit für wahr zu halten, sondern ist innere Überzeugung, Vertrauen, ist fides fiducialis. Glauben heißt – gegen alle Metaphysik – glauben, daß Gott ‹mich› erschaffen hat, Christus ‹für mich› gestorben ist. Luther spricht nicht von Sünden, die ich von mir unterscheiden könnte, sondern von der Sünde (der Selbstsucht), die meine Person ausmacht. Das ist der Sinn der Rede von der Erbsünde. Gerade das der Moderne so Anstößige, die Sünde, ist es, die personalisiert. Oder anders: Das Leben ist auf das Gewissen gegründet, und das Gewissen ist Gewissen des Einzelnen. Das bestimmt das Handeln: Es ist innengeleitet, Normen und kasuistische Regeln verlieren gegenüber diesem personalistischen Gewissen an Gewicht.

Dieser Personalismus ist gerichtet gegen die Tradition der Lehre und die Autoritäten bei der Auslegung des heiligen Textes, es ist der Einzelne, der in einem unmittelbaren Verhältnis zur Bibel steht und sie jeweils neu auslegt. Dieser Personalismus relativiert darum auch die Kirche als Institution. Luther hat die Kirche nicht in einen Verein der Frommen, in eine Sekte verwandelt, aber die Kirche ist unsichtbar, sie ist nicht mehr die Anstalt, die dem Einzelnen vor-, ja übergeordnet ist, ihn trägt und schützt. Seit Pietismus und Aufklärung ist das gebrochene Verhältnis des lutherischen Christen zur Institution Kirche endgültig lebenprägend.

Dieser personalistische Glaube, diese innere Freiheit hat den Einzelnen auf Dauer selbständig gemacht, hat das moderne Lebensprinzip der Innenleitung durchgesetzt. Nicht der esoterisch-elitäre Humanismus, sondern nur dieser religiöse Glaube konnte den modernen Individualismus als weltgeschichtliche Tatsache, als Massenphänomen hervorbringen, auch in seinen säkularen Formen. Freilich, das darf man nicht vergessen, Luthers Personalismus ist gegründet auf die Existenz des Einzelnen vor Gott, während der säkulare Individualismus sich davon gerade gelöst hat; für Luther ist ‹Freiheit› Gebundenheit an Gott.

In Deutschland hat sich dieser Personalismus auch zu einem Phänomen entwickelt, das wir die deutsche, die lutherische ‹Innerlichkeit› nennen. Das Lebensthema Luthers und der lutherischen Christen ist Gott und die Seele, nicht wie bei den Calvinisten Gott und die Welt. Innerlichkeit und christliche Gesinnung sind abgehoben vom äußeren Tun und Treiben der Welt, von der Welt der Institutionen, des Rechtes, der Taten. Das säkulare Lebensideal der Deutschen, die ‹Bildung› als Selbstkultivierung und Selbstverwirklichung ist eine Folge dieser Lebensorientierung geworden. Eine andere Folge war die Neigung zu Quietismus und Resignation, Ergebung ins Gegebene, in Leiden und Unrecht, unpolitische Passivität. Das ist seit langem Gegenstand heftiger Kritik und Selbstkritik, und zu Recht. Aber, die lutherische Konzentration auf Person und Seele, auf Innerlichkeit, hat heute ihre legitime Aktualität: Der Mensch geht nicht in seinen Leistungen auf, und er kann und soll dem ungeheuren Druck unserer Zeit auf Konformität, auf ‹Sozialisierung der Person› widerstehen. Das ist ein aktuelles Erbe Luthers.

2. Die moderne Welt ist eine Welt der Reflexion und des Wissens. Das gehört gewiß zur christlichen Tradition, aber es ist wiederum Luther gewesen, der lange vor der Aufklärung dieses Element der Geschichte wesentlich gesteigert eingeprägt hat, und das, obwohl er die Vernunft, die in Glauben und Theologie mitreden will, so vehement bekämpft hat. Luthers Kirche ist eine Kirche des Wortes, des gelesenen, gesprochenen, gepredigten, gesungenen Wortes, nicht eine Kirche des Sakramentes und der Liturgie; das Wort vermittelt den Sinn, nicht die Anschauung; protestantische Kultur ist Kultur nicht des Auges, sondern des Ohres. Schrift und Buch sind nicht Sache der Prediger allein, sondern Sache aller. Worte sind es, die das Leben auslegen, die Konzentration auf das Wort trainiert die intellektuelle Regsamkeit, die Reflexion, es lehrt den Menschen, mehr als die zum Ritual gewordene Beichte, das Ich-Sagen, und die Distanz zwischen Ich und Welt, ja die Distanz des Ich zu sich selbst. Das Wort macht selbständiger gegenüber Tradition und Konvention, innengeleitetes Verhalten ruht auf Reflexion. Dazu gehört Volkserziehung, Elementarschule, Lesenlernen, und da sind die lutherischen Länder, auch weil die Schulpflicht staatlich verordnet wird, in Europa führend. Schreib- und Lesefähigkeit aus dem Geist der Wortkirche, das ist ein Stück der Emanzipation, mit gewaltigen Folgen auch für die säkulare Kultur. Das protestantische Innerlichkeitstraining prädestiniert zur Bildung. Es gibt seit dem 18. Jahrhundert darum einen protestantischen Bildungsvorsprung und ein katholisches Bildungsdefizit.

Wort und Reflexion, das ist gemeinprotestantisch. Spezifisch lutherisch ist das besondere Verhältnis zu Universität und Wissenschaft. Luther war Lehrer der Heiligen Schrift, Kanzel und Katheder waren seine Wirkungsstätten. Er hat seine theologische Entdeckung, daß allein die Gnade rechtfertigt, als Gelehrter bei der philologischen Auslegung der Texte gemacht. Er hat, anders als andere Reformatoren, nicht auf die ungelehrte Einfachheit der Bauern und Fischer gesetzt, er hat das Gewissen an das Wissen gebunden, die existentielle Betroffenheit des Glaubens an das forschende Auslegen der Bibel, an Theologie als Wissenschaft. Es sind Professoren, die nun anstelle von Papst oder Konzil die rechte Lehre ermitteln, der auch die Fürsten sich unterstellen. Das bleibt ein Erbe der lutherischen Kirche. Sie ist Pastorenkirche, und die Pastoren sind universitätsgebildete Theologen. Der Glaube bleibt an den Grundantrieb alles Wissens, an den Zweifel gebunden: ob man den autoritativen Bibeltext richtig, d. h. von Christus her, auslegt. Die Kritik der Tradition wird zum bleibenden Antrieb wissenschaftlicher Reflexion. Zwar scheint zunächst die Bibel die neue und feste Autorität, aber weil die Theologen unmittelbar auf die Bibel bezogen bleiben, ergibt sich immer wieder die Möglichkeit oder gar die Notwendigkeit, den Glauben neu auszulegen. Das ist die Unruhe der protestantischen Theologie als Wissenschaft. Die Pastoren waren intensiv wie nirgendwo sonst Gelehrte; und die anderen Universitätszöglinge, die Juristen und Beamten zumal, waren gelehrt und gebildet im Schatten der Theologie. Die Verbindung von Kirche, Universität und Beamten- und Fürstenstaat wird ein spezifisch lutherisches und deutsches Phänomen. Und weil Deutschland ein nicht zentralisiertes Land war, mit vielen Staaten und vielen Professoren und vielen streitenden Schulen, entwickelten sich hier eine Vielfalt des Geistes und ein Stück Wahlfreiheit für den Einzelnen. Das befestigte die Bindung von Gewissen und Wissen. Alle intellektuellen Modernisierungstendenzen seit der frühen Aufklärung und alle freie wissenschaftliche Reflexion sind darum gerade in der Theologie ausgetragen worden und nicht neben ihr oder gegen sie, die Moderne hat von den Problemen dieser lutherisch geprägten Theologie gelebt. Die Zunahme wissenschaftsorientierter Reflexion in der neuzeitlichen Kultur hat hier eine ganz wesentliche lutherische Wurzel, und dann auch die Anfälligkeit der Wissenschaftsgläubigen für allerlei Halbwissenschaften. Daß in Deutschland die Professoren eine so führende Rolle gespielt haben, und daß es zum Charakter der Deutschen gehört, eine Überzeugung, einen Standpunkt, eine Weltanschauung vor allem zu haben, das ist eine Folge dieser lutherischen Kultur, und der Marxismus mit seinen theoretischen Leidenschaften und seinem Streit zwischen Orthodoxen und Heterodoxen ist ein sehr deutsches reformatorisches Produkt. Ganz allgemein kann man sagen: Die protestantischen Länder werden schon seit dem 17. Jahrhundert die führenden Länder der modernen Wissenschaft; das ist zwar nicht ausschließlich durch die Religion bedingt – die protestantischen Länder haben zumindest die moderne Naturwissenschaft nicht sonderlich begünstigt, aber die Religion spielt dabei doch eine wesentliche Rolle. Die Transzendenz

Gottes und die Personalität des Menschen lassen wenig Raum für das Wirken übernatürlicher Mächte in der Natur, treiben den Vorgang der Entzauberung weiter. Die Unerkennbarkeit Gottes läßt der Erkennbarkeit der Welt mehr Raum, die Ablösung der Theologie von der Metaphysik, die Unterscheidung von Heilsordnung und Naturordnung, von Glauben und Wissen, die Kritik der Tradition, die Freiheit im Glauben und die Unmittelbarkeit zu Gott, das alles läßt der wissenschaftlichen Welterklärung und den Naturwissenschaften zumal mehr Möglichkeit; ja man mag mit B. Nelson einen Zusammenhang zwischen protestantischer Gewissensreligion und ihrer Absage an Probabilismus und Kasuistik und dem neuen Wissenschaftsideal der logisch-empirischen Gewißheit sehen. Das neue Frömmigkeitsideal der Weltzugewandtheit leitet die Energie der kontemplativen Geister auf die wissenschaftliche Durchdringung der Welt, setzt Neugier frei und legitimiert sie. Und seit der Aufhebung des Zölibats stellen die Söhne der Pastoren dafür ein besonders geeignetes Personal. Daß es keine institutionelle Kirche gibt, die Grenzen definiert, Traditionen verteidigt, Konsens erzwingt, Galilei verurteilt, das begünstigte wiederum die Entwicklung der Wissenschaften.

Man kann den Intellektualismus der Protestanten, ihren Buchstabenglauben wie ihren Szientismus mit guten Gründen kritisieren. Aber unsere Welt ist eine Welt der Schulen, der Wissenschaft, der Reflexion, der Worte. Und das kommt zum erheblichen Teil aus lutherischen Wurzeln.

3. Die moderne Welt ist eine Welt der Arbeit, der Leistung, der Disziplin, der Effizienz. Das ist gewiß eine Folge auch der technisch-industriellen Revolution und der kapitalistischen Marktwirtschaft; aber das hat auch sozial-moralische Wurzeln, nicht nur im Calvinismus, sondern auch bei Luther. Luther hat Beruf und Arbeit neu bewertet. Er hat das Mönchtum abgeschafft, also eine religiöse Elite, die fromme, asketische, aufs Jenseits bezogene Werke tut. Das Leben des religiösen Menschen ist nicht mehr weltflüchtig, sondern weltzugewandt, die religiöse Askese ist innerweltliche Askese. Die alltägliche Arbeit und nicht fromme Sonderleistungen, das ist es, was Gott von uns fordert: Arbeit ist ein Stück weltlicher Gottesdienst und Dienst am Nächsten zugleich. Und alle Arbeit ist gleich. Es gibt keinen Vorrang des kontemplativen Lebens mehr, Armut ist keine religiöse Qualität mehr, der Bettler ist nicht mehr, wie im Katholizismus, religiös legitimiert; aber auch arbeitsloses Einkommen ist diskreditiert, Arbeit hat ein Recht auf Ertrag. Der Müßiggang der Mönche, der Bettler wie des Adels ist in gleichem Maß von Übel. Arbeit wird darum auch religiöse sozial-moralische Erziehungsaufgabe, das hat die Lebenswirklichkeit bestimmt, Disziplin, Fleiß, Pflichttreue, Gewissenhaftigkeit ausgebildet. Näher hat Luther Arbeit als Beruf beschrieben: Gelernte und lebenslang geübte Tätigkeit, zu der Gott den einzelnen Menschen beruft. Beruf rückt an die Stelle der guten Werke.

Aber, bei Luther ist der Akzent dann doch anders als im Calvinismus.

Arbeit ist Dienst am Nächsten, insofern in der alten moralischen Ökonomie vor Kapitalismus oder Sozialismus zu Hause. Und Arbeit ist nicht an Leistung und Erfolg gebunden. Was der Mensch vor Gott ist, ist er jenseits seiner Arbeitsleistungen, denn alle Arbeit, die im Glauben an Gott und im Dienst am Nächsten getan wird, ist gleichberechtigt. Darum ist die Arbeit nicht so rastlos, auf Wachstum gerichtet und im Zwang der Askese – wie bei den Puritanern –, es gibt mehr Arbeitspausen, mehr Freude, mehr Zufriedenheit. Die moderne Selbsterlösung und Selbstlegitimation des Menschen durch Arbeit gibt es bei Luther nicht. Aber Luther hat die Lebenserfüllung des Menschen an Arbeit und Beruf gebunden, Lebenssinn an Arbeit. Das hat die moderne Welt begründet, das hat den Eintritt der lutherischen Protestanten in die dynamische Welt der Industrie begünstigt und intensiviert. Auf die andere große Neuwertung, die mit Luthers Abkehr vom Mönchtum zusammenhängt, die Neuwertung von Ehe und Familie, kann ich hier nur gerade hinweisen.

4. Die moderne Welt ist – anders als die alte – eine dynamische Welt, eine Welt der dauernden Veränderung und Bewegung, des Wachstums, der Innovationen, der Unruhe und natürlich auch der Instabilität. Die Beweger und Macher spielen in ihr eine hervorragende Rolle. Das ist ein Ergebnis der industriellen wie der demokratischen Revolution, der Aufklärung und der Säkularisierung, gewiß. Aber auch darin stecken religiöse Antriebe. Protestanten haben größeren Anteil an dieser modernen Dynamik als Katholiken. Es gibt eine psychische Struktur, die ich die protestantische Unruhe nenne. Wir haben von Luthers revolutionärer Wendung gegen Tradition und Autorität gesprochen und von seiner personalistischen Wendung gegen alle institutionellen Normensysteme, das stiftet Unruhe. Aber wir müssen das jetzt in zweierlei Hinsicht zuspitzen. Zuerst intellektuell. Die Protestanten sind seit Luther Gegner von Systemen, der Zweifel begleitet jede Aussage über den Glauben, alles ist vorläufig, nichts kann mit Gott identifiziert werden, die Bibel wird immer neu ausgelegt – für die jeweilige Zeit –, und die Kirche lebt ohne Entscheidungskompetenz im und mit dem Dissens der Theologen. Katholiken leben zuerst von einem Indikativ her, dem Indikativ: «So ist es», Protestanten dagegen von der zweifelnden Frage: «Ist es so, ist es eigentlich wirklich so?» Der Mensch ist nicht gebunden und geborgen in einem Gehäuse der festen Weltansichten und der kirchlich garantierten Lehren, sondern bricht immer wieder über Grenzen hin auf. Darum die Unruhe. Aber die Unruhe ist auch existentiell. Sie beruht auf der immerwährenden Ungewißheit des Menschen über seinen Heilszustand, oder genauer: auf der lutherischen Form dieser gemeinchristlichen Ungewißheit. Gott, seine Gnade, der Glaube lassen sich nicht objektivieren und handhabbar machen. Es fehlt, was sonst die Menschen entlastet und hält und tröstet: Vertrauen in die Natur, in die Tradition, in die guten Werke, in die Institutionen, in die Rituale, die Beichte und die Absolution. Und Luther hat auch das, was in der

calvinistischen Praxis wichtig ist, ausgeschlossen, daß der gerechtfertigte Mensch nämlich sich planmäßig vervollkommnet, Fortschritte in der christlichen Lebensformung macht und daraus Sicherheit gewinnt. Für Luther ist die Rechtfertigung nie abgeschlossen, sie ist immer neu zu wiederholen, der Mensch bleibt, was er ist, Sünder und Gerechtfertigter zugleich. Es gibt keinen Fortschritt. Es gibt darum keine Bewährungsethik, und es gibt wenig Handlungsregeln und keine Kirchendisziplin, an die der Mensch sich halten könnte. Der Mensch soll innerlich und frei handeln, aber das läßt ihn ungesichert und allein. Gewiß, es gibt auch fröhliches und entspanntes Gottvertrauen, aber das andere bricht doch immer wieder durch. Die Entlastungen gerade der katholischen Kirche fehlen, das Gewissen bleibt unruhig; Unbefangenheit, Naivität, Selbstverständlichkeit und Lebensfreude werden vom protestantischen Ernst und der permanenten Selbstreflexion angenagt. Die Normalität des sündigen Werktags und der sonntäglichen Buße und Gnade gibt es nicht. Protestanten sind trauriger als Katholiken. Das Leben ist eine Last, und es ist eine Aufgabe; der Mensch lebt in Spannung und Konflikt, zwischen den unbedingten Forderungen und dem Zuspruch des Evangeliums, er lebt am Rande eines Abgrunds, der immer wieder aufreißt. Das Leben ist mehr ein Experiment als getragen von Selbstverständlichkeiten. Das ist der letzte Grund für die Unruhe. Weil die Protestanten in einer weltlosen Einsamkeit vor Gott stehen, darum gerade nehmen sie seit dem 18. Jahrhundert so intensiv an der Umgestaltung der Welt teil, die innere Unruhe greift in die Welt aus.

5. Die moderne Welt ist säkulare, profane Welt, nicht mehr unter der Vormundschaft von Glauben und Kirche, die neuere Geschichte ist eine Geschichte der Säkularisierung. Das hat viele Wurzeln, von Machiavelli bis zur Aufklärung, aber eine der stärksten Wurzeln ist die christliche Religion. Sie hat die Welt entgöttert und entsakralisiert, das magische Verständnis zerbrochen, die Welt entzaubert. Luther macht in diesem Prozeß Epoche und bringt ihn mit einem Ruck weiter. Wenn Mönche und Priester keine Sonderstellung mehr haben, dann ist die Welt in Arbeit und Familie und Staat die eigentliche Sphäre christlichen Lebens. Wenn es keine Heiligen mehr gibt und keinen Feldumgang mit Priester und Sakrament, dann werden Himmel und Erde endgültig getrennt. Der vor Gott aus der Welt herausgerufene Mensch bewährt sich in der Welt. Und wenn die Kirche nicht mehr Hierarchie von Sakramentsverwaltern ist, hat sie keinen Anspruch mehr, die Dinge der Welt zu ordnen. Die Welt wird entklerikalisiert. Das ist nun eine spezifisch lutherische Lehre. Luther löst grundsätzlich die konstantinische Verbindung von Kirche und Staat, die Verquickung der Kirche mit staatlicher Herrschaftsordnung; er ist gegen die Verkirchlichung der Welt, weil sie in einer Verweltlichung der Kirche endet, gegen auch die calvinische Neigung zur Theokratie zur Errichtung eines Gottesreiches in dieser Welt. Dazu ist sein Pessimismus zu groß; er meint, daß die Welt im argen liege und

die Christen eine unsichtbare Minderheit seien, der Mensch ein endliches, irrendes, sündhaftes Wesen. Und er meint, daß jede christliche Normierung der Welt den unsichtbaren Glauben zu einem Gesetz mache, ihn pervertiere, Heuchelei erzeuge. Man kann die Welt nicht in einen vollendeten Zustand bringen. Luther hat unterschieden zwischen den beiden Reichen oder Regimenten, dem geistlichen und dem weltlichen. Die Welt ist nicht der Kirche anvertraut, sondern der natürlichen Vernunft der Menschen und der praktischen Liebe der Christen. Das ist eine Absage an den Klerikalismus und die Theokratie, das ist eine der Wurzeln der modernen Mündigkeit des vernünftigen Menschen im praktischen Umgang mit der Welt.

Wir wissen, wie problematisch das ist, geworden ist. Natürlich ging Luther als ein Mann des 16. Jahrhunderts davon aus, daß auch der Staat der Fürsten und Beamten in einen generell christlichen Rahmen eingespannt war, daß auch sie unter den Geboten Gottes standen. Darum ist die Lehre von den beiden Regimenten schwierig und manchmal widersprüchlich. Und praktisch hat diese theologische Trennung von Herrschaft und Kirche paradoxerweise zu einer neuen Verbindung zwischen Kirche und Staat geführt, zur Einspannung gerade der deutschen lutherischen Kirchen in den Obrigkeitsstaat, zur Einübung von Gehorsam und Untertänigkeit und zur Resignation. Umgekehrt sind die calvinisch-angelsächsischen Kirchen, als ihr Versuch der theokratischen Weltveränderung gescheitert war, zu Institutionen einer nicht-klerikalen säkularen Weltveränderung im Namen des Evangeliums und der Gerechtigkeit Gottes geworden. Dennoch muß man festhalten, daß die lutherische Theologie der beiden Reiche auch einen positiven Beitrag zur Modernität geleistet hat: zur Überantwortung der politischen Welt an den mündigen und vernünftigen Menschen jenseits des Klerikalismus, zur säkularen Welt.

Das hat zu zwei gegensätzlichen menschlich-politischen Haltungen geführt. Einmal zu einem nüchternen Realismus: weil man den christlichen Glauben nicht mit einem politischen Programm identifizieren kann, gibt es keine politischen Heilslehren, keine christliche Politik, sondern nur Christen in der Politik, nur mühsame Stückwerkarbeit realistischer Reformen und dem Gebot der Nächstenliebe. Die Lutheraner stehen der Autonomie der säkularen Welt nicht feindlich gegenüber, sie ist nicht – wie so oft für Katholiken und Calvinisten – eine Welt ohne Gott. Die Lutheraner, die die Modernität mit begründet haben, haben guten Gewissens ein positives und realistisches Verhältnis zur säkularen Welt. Die andere Konsequenz im lutherischen Bereich ist ganz gegensätzlich: Weil es keine sakrale Sondersphäre gibt, ist die Aktivität des Christen in der Welt innerweltlicher Gottesdienst. Als die altprotestantischen Glaubens- und Lebensformen sich auflösten, konnten dann die säkularen Dinge, Familie, Arbeit, Nation, Kultur, einen neuen Heiligkeitswert gewinnen. Sie sind ein Stück Gott in der Welt, sie werden zu innerweltlichen Transzendenzen. Die ursprüngliche Trennung der beiden Reiche schlägt in eine neue Sakralisierung der Welttätigkeit um. Lutherische Protestanten sind darum anfällig für den Zeitgeist, sie wollen nicht unmodern sein, sie huldigen einem metaphysischen Opportunismus – sie verbinden sich mit Nationalismus, mit Sozialismus, mit Pazifismus, sie hören auf Geschichte, auf Psychologie, auf Soziologie, sie vertreten die Arbeits- und Sparmoral in der Zeit der Industrialisierung und die Konsummoral heute. Psychologisch kann man sagen: Protestanten sind nicht – wie Katholiken – durch Institutionen, Normen und Selbstverständlichkeiten gehalten; das kann in einen allgemeinen Überzeugungshunger, in die Neigung zum dauernden Engagement umschlagen; wo die Kirche so relativiert ist und die Religion so personalisiert, entsteht auch die Neigung zu Ersatzreligionen wie den modernen Sozialreligionen. Das ist eine zweite Form protestantischer Säkularität. – Aber wenn man die lutherischen Wurzeln der säkularen Welt sich klar macht, dann kann man diese Welt als christliche Möglichkeit auch ernst nehmen und zugleich doch den modernen Säkularismus kritisieren, den anarchischen Individualismus, den Totalitarismus oder die Gleichgültigkeit.

6. Die moderne Welt ist eine Welt der Modernisierungsverluste, neuer Zwänge und Unfreiheiten, neuer Verwundungen und neuen Unglücks, sie ist eine Welt der Unsicherheit und Instabilität, der Gefährdungen und der destruktiven Tendenzen. Auch das hat mit der religiösen Lage zu tun. In Deutschland z. B. stellen Protestanten nicht nur mehr Professoren, sondern auch mehr Selbstmöder und Schlafmittelverbraucher, mehr Erfolgreiche und mehr Unglückliche. Der Protestantismus bietet weniger äußeren Halt an Institutionen und Tradition, keine Vermittlungen zwischen dem Unbedingten und Bedingten; Leistungen zählen nicht endgültig; die Dauerreflexion zersetzt. Protestanten haben darum größere Schwierigkeiten, mit dem Leben zurechtzukommen, ja mit dem Glück, sie sind anfälliger als Katholiken für Angst und Belastungen, weniger ausgeglichen, angespannter. Das ist die Kehrseite von Dynamik und Aktivität. Was bedeutet nun dieses historische Nachdenken heute. Wir lernen, daß wir alle, Christen und Atheisten, Protestanten und Katholiken, Enkel sind, Erben auch der Großväter des 16. Jahrhunderts, und wir lernen, wie anders wir sind. Wir werden erinnert an die religiösen Wurzeln unserer Kultur und die säkularen Folgen kirchlicher Ereignisse. Beides hängt zusammen, und es tut der säkularen Welt wie der Kirche gut, sich daran zu erinnern. Historisch ist Luther, gerade weil er auf den Kern der christlichen Religion zurückgriff und weil es ihm damit um das Ganze des Lebens ging, viel bewegender und antizipatorischer als die Modernisten seiner Zeit. Die Erinnerung an die religiöse Wurzel der modernen Welt, das legitimiert unsere Modernität und stellt sie zugleich in Frage. Aber das ist das Thema unserer humanen und aktuellen Diskussion, wenn die Historiker mit ihrer Sache fertig sind.

# Probleme der Modernisierung in Deutschland

Modernisierung ist ein Begriff, der in den letzten 20 Jahren, ausgehend von der Soziologie in den USA, zu einem Modebegriff geworden ist. Einerseits sollte der Begriff die Prozesse beschreiben, die sich bei der Übernahme der industriellen, der westlichen Zivilisation in Ländern der dritten Welt abspielen. Andererseits wurde er zu einem Schlüsselbegriff der Universalgeschichte: Er soll den einmaligen Prozeß des ungeheuer schnellen ökonomischen, sozialen, kulturellen, politischen Wandels beschreiben, der sich in den letzten 200 Jahren, seit der Doppelrevolution des späten 18. Jahrhunderts, der industriellen und der demokratischen Revolution, zuerst in der europäisch-atlantischen Sphäre und dann in der ganzen Welt abgespielt hat. Modernisierung tritt an die Stelle älterer universalgeschichtlicher Begriffe, die den gleichen Vorgang zu beschreiben suchten: Aufstieg und Auflösung des Kapitalismus, industrielle Revolution, Rationalisierung, Säkularisierung, Demokratisierung, Europäisierung oder Verwestlichung. Denn offenbar ist dieser komplexe und interdependente Vorgang nicht mit Begriffen aus der Ökonomie, der Technik, der Religion, der Geistesgeschichte, der Kultur oder der Politik allein zu erfassen. Darum eben wählt man den farbloseren, aber allgemeineren und umfassenderen Begriff Modernisierung, und man kann damit bisher vernachlässigte Wandlungsprozesse – vor allem den Wandel des Staates und den Wandel der Rolle des Einzelnen im politischen, sozialen, kulturellen System – besser beschreiben. In der gelehrten Diskussion werden jeweils eine ganze Reihe von Merkmalen für Modernisierung genannt. Mit einer etwas zufälligen und keineswegs vollständigen Aufzählung solcher Merkmale möchte ich lediglich daran erinnern oder vor Augen rufen, was jeder Vergleich einer modernen mit einer traditionellen Gesellschaft evident macht: Demographische Revolution, Sinken der Mortalität, später dann der Geburten; Industrialisierung, Mechanisierung, Kommerzialisierung, Arbeitsteilung; Rückgang des Agrarsektors, Urbanisierung, Mobilisierung; dauerndes Wachstum, Innovationen, Ansteigen des Masseneinkommens und der Produktivität; Alphabetisierung, Verwissenschaftlichung, Säkularisierung; der Staat wird aus einer personalen Herrschaftsorganisation zu einer institutionellen Organisation, mit einem Gesetzessystem und einer Bürokratie, er steht mit allgemeiner Wehr-, Steuer- und Schulpflicht in unmittelbarem Verhältnis zu seinen «Untertanen», er dehnt seine Tätigkeit immer mehr aus (Wohlfahrtsstaat); gegen die partikularistischen Einheiten setzt sich die größere Einheit, zumeist der zentralisierende Staat, der Nationalstaat durch; Rekrutierung von Eliten und Funktionären nicht nach Prinzipien der Erblichkeit, nach Privilegien und Zuschreibung, sondern nach dem Prinzip der Leistung; Zunahme politischer Egalität; Einbeziehung von Massen in die Politik, die Konsens und Legitimität produziert, sei es auf demokratische, sei es auf totalitäre Weise; der Übergang von «Gemeinschaft» zu «Gesellschaft», von partikularen, vorgegebenen, unmittelbaren, personalen Gruppen und Bindungen zu universalen, selbstgewählten, impersonalen und abstrakten, sachlichen, organisatorischen Beziehungen, von der Nichtspezialisierung zur Spezialisierung, vom stabilen zum mobilen System, vom Homogenen zum Heterogenen, vom Einfachen zum Komplexen; das Leben des Einzelnen hört auf traditionsgeleitet zu sein, es wird innen- oder außengeleitet; an die Stelle weniger vorgegebener Rollen treten viele selbstgewählte und sich widersprechende Rollen; die Pluralität (Pluralisierung) der Lebenswelten, die individualistische Lebensgestaltung; der Wandel der Werte: Individualismus, Leistung, Arbeit, Erfolg, Konsum, Fortschritt und Machen-Können; der Glaube an Dynamik und Wandel mehr als an Statik und Stabilität; die Entstehung von Intellektualismus, Relativismus, Entfremdung.

Hat man eine solche Aufzählung gehört, so liegen die Einwände gegen das Konzept Modernisierung auf der Hand, und solche Kritik ist inzwischen auch Mode. Ich hebe drei Punkte hervor. Diesem Konglomerat von Eigenschaften fehlt ein wirklich nachgewiesener, innerer Zusammenhang, eine Ordnung, eine Hierarchie der Faktoren oder eine rationale Klärung der angenommenen Interdependenz. Ein solches Konglomerat ist in der Forschung, d. h. für präzise Fragen, schlecht anzuwenden, es ist schlecht «operationalisierbar»; wo der Sprung zwischen Tradition und Moderne zu finden ist, wird nicht gesagt. Sodann: Eine solche Beschreibung endet in einer Fülle von Dichotomien (prämodern – modern), während die historische Wirklichkeit aus Übergängen und Mischungen besteht; die Welt der Tradition ist nicht einfach statisch, die Welt der Moderne nicht einfach dynamisch, und in der Geschichte der letzten 200 Jahre ist beides in keiner Gesellschaft getrennt und einfach entgegengesetzt. Überall gibt es ein unbalanciertes Gleichgewicht. Schließlich: das Konzept ist in Gefahr, eine bestimmte Norm, ein Ideal von Modernität anzusetzen, z. B. die US-Gesellschaft von 1960. Ist eine Theorie sinnvoll, bei der Deutschland, Japan, ja auch Frankreich im 19. Jahrhundert, die Sowjetunion und China im 20. Jahrhundert, «Ausnahmen», abweichende Fälle sind?

Trotz dieser Einwände kann man die Konzepte Modernisierung und Modernität sinnvoll benutzen. Es handelt sich um Idealtypen, die uns die Wirklichkeit präziser begreifen und erklären lassen. Der Unterschied moderner und traditionaler Gesellschaften bleibt evident. Die Gefahren, von denen die Einwände sprechen, lassen sich bei methodisch kritischem Gebrauch des idealtypischen Modells vermeiden. Und wir brauchen ein universalgeschichtliches Konzept, wenn wir die Geschichten der einzelnen Gesellschaften in den letzten 200 Jahren vergleichend und zusammenfassend zu dem verbinden wollen, was sie gewesen sind, zu *einer* Geschichte.

Ich versuche, jetzt mit Hilfe des Modernisierungskonzepts einige Hauptprobleme der deutschen Geschichte zu erörtern. Und zwar behandle ich:
1. die Voraussetzungen der Modernisierung,
2. den Prozeß der Modernisierung und
3. die Krise der Modernisierung und den Nationalsozialismus.

1. Wir vergegenwärtigen uns zunächst *die europäischen Voraussetzungen der Modernisierung*, an denen auch Deutschland teilhatte. Max Weber hat die europäische Geschichte als Entzauberung, als Rationalisierung beschrieben, und mit dem amerikanischen Japanologen B. Schwartz kann man die eigentliche Modernisierung als systematische, zweckgerichtete und konsequente («purposeful and sustained») Rationalisierung bezeichnen. Voraussetzung dieser Rationalisierung ist die jüdisch-christliche Religion. Der Monotheismus entgöttert die Welt und öffnet sie dem technischen und wissenschaftlichen Zugriff des Menschen; der Universalismus schränkt die partikularen Bindungen des Menschen – familiäre, lokale, ethnische – ein; der Individualismus gibt dem Einzelnen außerhalb seiner Gruppe einen unersetzlichen Wert; die christliche Erlösungslehre motiviert ihn zu Leistung und rationaler Lebensführung. Voraussetzung dieser Rationalität ist die griechische Vernunft und die Tatsache, daß die christliche Kirche diese Vernunft (zumal in der Philosophie des Aristoteles) rezipiert hat. Für die antiwestlichen Slavophilen in Rußland im 19. Jahrhundert war darum die Scholastik der Anfang der Moderne, der Entwicklung zum Unheil. Voraussetzung in das römische Recht: Mit seiner universalistischen Rationalität hat es den Partikularismus von Familie und lokalem Clan eingeschränkt und die Entstehung der Stadt als rechtliche Wirklichkeit ermöglicht. Schließlich – das ist nicht mehr Weber – ist Voraussetzung der Modernität der Pluralismus des europäischen Systems seit dem Mittelalter. Das europäische System war bestimmt vom Gegensatz unabhängiger Kräfte, die doch eine Einheit darstellten: Königtum, Adel, Kirche und die rivalisierenden Staaten – und aus diesem mehrpoligen System und Gleichgewicht entstanden andere autonome Gebilde wie Städte und Universitäten. Dieser Pluralismus war ein erhebliches Modernisierungspotential.

Die Reformation hat dieses Potential wesentlich verstärkt. Die Entgötterung der Welt wird erst wirklich zu Ende geführt, die neue Lehre von der Erlösung betont aufs schärfste die Individualität und motiviert zu Arbeit und Beruf. Im Protestantismus – in Protest und Kritik gegen Tradition und Autorität – steckt ein dynamisches Element der Ungewißheit und der Unruhe. Nicht die indikativische Formel: «So ist es!» ist für den Protestanten spezifisch (das wird vielmehr katholisch), sondern die Frageformel: «Ist es so?» Und das ist im Prinzip ein Potential der Veränderung. Schließlich: die

Reformation verstärkt den Pluralismus – die Koexistenz widerstreitender, antagonistischer Faktoren – in Ständen, in Staaten, in Europa. Gerade darum hat sich der frühmoderne Staat als selbständiger, souveräner Staat mit den Anfängen rationaler Politik und bürokratischer Verwaltung ausbilden können. Das Gegeneinander von Konfessionskampf, absolutistischem Staat, ständisch-bürgerlichem Gemeinwesen und die Rivalität der europäischen Staaten, die Nicht-Einheit der herrschenden Gewalten ermöglichen die Entstehung der Aufklärung, eine säkulare Wissenschaft und eine säkulare allgemeine Lebensansicht; das war der Boden, aus dem die demokratische wie die industrielle Revolution herauswuchsen. Pierre Bayle war der Führer der Frühaufklärung, weil er katholisch werden mußte und wieder protestantisch wurde und als Franzose im benachbarten Holland leben und schreiben konnte. James Watt riskierte mit seinen Erfindungen die Zerstörung seiner sozialen Existenz durch seine Zunft; es war die autonome Universität, die ihn rettete.

*In Deutschland gab es weitere die Modernisierung begünstigende Faktoren.* Deutschland war ein Land, ja zuerst das Land der Reformation, des protestantischen Prinzips. Nicht nur der Calvinismus war modern, wie Weber und Troeltsch meinten, sondern auch das Luthertum, wennschon in anderer Weise. Weil es keine besonderen kirchlichen Lebensformen und Verdienste gibt, bekommen die weltliche Arbeit, die Pflichterfüllung im Beruf einen ganz hohen, religiös sanktionierten Wert. Weil das geistliche Reich vom weltlichen scharf getrennt wird, die Vermischung von Religion und weltlichen Institutionen aufgelöst wird, wird die säkulare Welt aus der Vormundschaft der Religion entlassen und der Obrigkeit, aber auch der Vernunft überlassen, ein Anfang von Säkularisierung und Rationalität. Luthers Kirche war keine Priester- und keine Laienkirche, sondern eine Kirche wissenschaftlich ausgebildeter Theologen. Darum sind in Deutschland die Universität, die Wissenschaft, das Buch zentrale Institutionen der Lebensorientierung geworden, und das hat für die Modernisierung erhebliche Folgen gehabt. Aus diesen Gründen hat sich die protestantische Theologie und Kultur in Deutschland seit dem 18. Jahrhundert mit den intellektuellen Bewegungen der Moderne, zunächst mit der Aufklärung, verbunden, ja sie selbst aus sich erzeugt. Das Element von Traditions- und Autoritätskritik richtet sich nicht nur gegen Papst und katholische Tradition, sondern wird universal. Und alle diese Faktoren wirken sich auf Mentalität und Motivation des Durchschnittsmenschen aus.

Deutschland wurde, das ist ein weiterer Faktor, zu einem besonderen Fall dessen, was ich oben als Pluralismus des europäischen Systems beschrieben habe. Das Mit- und Gegeneinander der Konfessionen, der Staaten, der Verfassungstypen – Absolutismus und Feudalismus – war hier besonders stark. Das hat einen gewissen Wettbewerb der Territorien um Effektivität und Funktionsfähigkeit und einen gewissen Veränderungsdruck hervorgerufen.

Das hat zugleich eine gewisse Reduzierung des institutionellen Drucks auf den Einzelnen bewirkt: Der deutsche Partikularismus erlaubte es dem Einzelnen bis zu einem gewissen Grad, Staat, Kirche oder Universität zu wählen. Vergleicht man das mit zentralistischen und homogenen Staaten, so gab es eine relative Mobilität und damit eine relative Bereitschaft zum Wandel.

Schließlich, Deutschland wurde im 18. Jahrhundert zum klassischen Land der Bürokratie, eines akademisch gebildeten, stark bürgerlichen, gut geschulten, auf Rationalität und Sachlösungen eingestellten Beamtentums, das sich als «allgemeiner Stand», als Anwalt allgemeiner Interessen gegen die partikularen Sonderinteressen, auch der Feudalität und der Dynastie, fühlte und verselbständigte. Es wurde zum Motor der späteren Modernisierung. Zugleich wurde Deutschland zum Land des aufgeklärten (bürokratischen) Absolutismus, der absolutistischen Reform; Toleranz, relative Rechtsgleichheit, Abbau von despotischen und feudalistischen Mißständen, Entwicklung von Wirtschaft, Wohlfahrt und Schule. Das war eine Folge der religiös-intellektuellen wie der politisch-ökonomischen Lage. Die deutschen Staaten waren weniger korrupt und funktionsunfähig als z. B. Frankreich; sie waren trotz ihres fundamental konservativen Charakters Agenten einer partiellen Reform, einer relativen Modernisierung.

Es gibt nun im Gegensatz zu den bisher genannten Dingen *Faktoren, die die Modernisierung hemmten.* Es ist ja bekannt: Deutschland war um 1800 ein zurückgebliebenes Land, und das ist es bis zum letzten Drittel des 19. Jahrhunderts geblieben, politisch bis 1918. Um 1800 waren Wirtschaft und Technologie noch agrarisch bestimmt, das städtische Bürgertum spielte keine maßgebliche Rolle, die Mentalität der Massen war traditionell. Deutschland hatte um 1500 zu den ökonomisch fortgeschrittenen Gesellschaften Europas gehört und eine starke bürgerliche Stadtkultur besessen. Aber die Entdeckungen haben das ökonomische Zentrum der Welt nach Westeuropa verschoben, hier sammelte sich der neue Reichtum, Deutschland lag am Rande. Der Weltkrieg des 17. Jahrhunderts, der 30jährige Krieg, hat für Bevölkerung und Wirtschaft in Deutschland lang nachwirkende negative Folgen gehabt. Deutschland wurde keine Nation, es blieb partikularistisch, es war nach außen schutzlos und im Innern von den Konflikten und Gegensätzen der Staaten geschwächt; eine nationale Wirtschaft konnte nicht entstehen. Insgesamt stagnierte die Wirtschaft. Städte und Bürgertum verloren ihre bedeutende Position, teils wegen dieser ökonomischen Lage, teils weil sich der Absolutismus durchsetzte, teils weil die Städte selbst korporativ und partikularistisch erstarrten. Nicht das wirtschaftende Bürgertum, sondern allenfalls das akademisch gebildete Bürgertum kam als Modernisierungsfaktor in Betracht, aber es war mit der Bürokratie verbunden. Demgegenüber waren die feudalen Kräfte stark, die Staaten beruhten trotz eines bürokratisch-reformerischen, partiell antifeudalen Kurses letzten Endes sozial doch noch auf der Gefolgschaft der stärksten sozialen Gruppe, des

Feudaladels. Und der hatte erheblichen Einfluß. Der Adel war zudem – im Unterschied zu Japan etwa – Landadel mit militärischen und obrigkeitlichen Funktionen geblieben und gerade insofern eine vormoderne Macht. Und die soziale Mobilität war rechtlich wie faktisch gering, die kastenartige Zerklüftung der deutschen Gesellschaft stark.

Kurz, in Deutschland war die intellektuelle Modernisierung fortgeschritten und der bürokratische Staat war relativ modern. Zurückgeblieben war Deutschland in der Ökonomie und der Technologie, als eine nationale Einheit und in der Entwicklung städtischer Mittelklassen. Es gab in Deutschland deshalb keine revolutionäre Situation wie in Frankreich, keine industrielle Revolution und kein bipolares Feudalsystem wie in England, das durch den Gegensatz von Regierung und Opposition eine evolutionäre Modernisierung zuließ. Der Träger der Modernisierung, die gebildete Bürokratie, war sowohl dem autoritären Staat wie den rationalen Ideen des entstehenden modernen Bürgertums verpflichtet: Sie war in einer ambivalenten Position.

2. Wie ist nun der *Modernisierungsprozeß* im 19. Jahrhundert verlaufen? Deutschland war im Hinblick auf die industrielle Revolution und ihre sozialen Folgen, im Hinblick auf die demokratische Revolution, im Hinblick auf die Nationsbildung ein Spätkommer, eine Nachfolgegesellschaft. Es war zugleich ein Frühkommer, eine Pioniergesellschaft in Hinsicht auf die intellektuelle Entwicklung und die Entwicklung des bürokratischen Staates. Das hatte seine Vorteile und seine Nachteile. Diese Mischung jedenfalls hat den Verlauf des Modernisierungsprozesses und seine Probleme geprägt.

*Die deutsche Gesellschaft also ist eine Nachfolgegesellschaft;* der Anstoß zur Modernisierung kam nicht aus der Gesellschaft selbst, sondern von außen. Das war die Französische Revolution – Preußen und andere deutsche Staaten haben darauf mit einer durchgreifenden Reform der Feudalgesellschaft und des Obrigkeitsstaates geantwortet, mit einer «Revolution von oben», wie Hardenberg das genannt hat. Das war sodann die Eroberung Deutschlands durch Napoleon: Sie hat ein gut Teil der partikularistischen Welt der kleinen Territorien, der Immunitäten und Autonomien, der feudalen Privilegien hinweggefegt, sie hat eine rationale Souveränität der Staaten und eine rechtliche Homogenisierung der Gesellschaft durchgesetzt; sie hat wegen der ungeheuren finanziellen Ausbeutung durch Frankreich den Anstoß zu Reformen gegeben, die die Steuerleistung und die Produktivität entscheidend erhöhen sollten; das Ziel schließlich, sich von Napoleon zu befreien, hat auf ähnliche Weise die Modernisierung von Staat und Gesellschaft vorangetrieben. Anstoß zur Modernisierung war dann die ökonomisch-industrielle Hegemonie Englands; man wollte sich von dieser Vorherrschaft befreien und England gleichkommen. Schließlich hat die Tatsache, daß die westeuropäischen Staaten Nationalstaaten waren, Deutschland dazu provoziert, auch Nationalstaat zu werden. Und da es als Nationalstaat ein Spätkommer war, ist es dann auch den Pionierstaaten auf dem Wege von Kolonialismus, Imperialismus und Weltmachtpolitik nachgefolgt, hat mit ihnen auf besonders vehemente Weise konkurrieren wollen. Kurz, wesentliche Anstöße zur Modernisierung kamen von außen. Das heißt nicht, daß die Modernisierung importiert wurde (wie in Rußland), sie knüpfte vielmehr an die beschriebenen endogenen Faktoren an.

*Der erste große Modernisierungsschub*, das sind die bekannten Reformen zu Beginn des 19. Jahrhunderts, vor allem in Preußen, aber auch in anderen Teilen Deutschlands. Es handelt sich dabei 1. um eine Reform der Gesellschaft: die Bauernbefreiung, die Auflösung des feudal-korporativen Agrarsystems, also die Einführung der Freizügigkeit, die Freiheit zum Heiraten, der freien Berufswahl, der freien wirtschaftlichen Tätigkeit, die Abschaffung aller dem entgegengesetzten erblichen Bindungen, kurz, die Schaffung einer modernen Gesellschaft auf der Grundlage von Rechtsgleichheit, Mobilität und Leistungsprinzip. Die demographische Revolution, Urbanisierung, Industrialisierung, Kapitalismus – das sind die Folgen dieser zunächst agrarischen Revolution gewesen. Es handelt sich 2. um eine Reform des Bildungswesens, die Durchsetzung der allgemeinen Schulpflicht, die Ausrichtung der Schule auf das Prinzip des sozialen Wandels, die Anfänge technischer Erziehung; die Reform der Universitäten im Interesse der Wissenschaft und der wissenschaftlichen Innovationen. Es handelt sich 3. um die Modernisierung des Staates: Er wird rational-bürokratische, entpersonalisierte Organisation, und er setzt sich gegen alle partikularen Zwischenwelten über allgemeine Wehr-, Steuer- und Schulpflicht in ein unmittelbares Verhältnis zu seinen Untertanen. Und es handelt sich schließlich 4. darum, die Untertanen in gewissem Grade von staatlicher Bevormundung zu emanzipieren und ihnen begrenzte Partizipationsrechte einzuräumen. Damit sollten die Bürger zu höherer Produktivität motiviert und zu einer einheitlichen Bürgerschaft integriert werden.

Diese erste Modernisierung war eine Modernisierung durch Regierung und Bürokratie, gerichtet gegen die traditionelle Gesellschaft. Die preußische Regierung z. B. wollte zuerst die Gesellschaftsreform und dann eine Verfassung, weil die Mitbestimmung der damals vorhandenen feudalen und zünftlerischen Kräfte sonst die Reform verhindert hätte. Es war eine etatistische Erziehungsdiktatur, weder revolutionär wie in Frankreich noch autonom wie in England. Die bürokratisch-etatistische Modernisierung hatte einerseits durchaus liberale Ziele, der Staat wollte keineswegs (wie in unserem Jahrhundert) alles oder das meiste selbst machen, sondern die Aktivität des Einzelnen und die autonome Entwicklung der Gesellschaft freisetzen und entbinden. Andererseits aber beruhte sie natürlich auf dem Prinzip der Autorität, und zwar nicht auf einer revolutionären, sondern auf einer traditionellen Autorität und Legitimität. Obwohl die Modernisierung sich –

manchmal revolutionär – gegen die feudale Tradition wandte, behielt sie deshalb in ihrer Form einen konservativen Charakter. Die traditionelle Verbindung zwischen der staatlichen Autorität und der starken Aristokratie hat die Modernisierung dann zuletzt auch inhaltlich konservativ beeinflußt. Die vormodernen Werte und die vormodernen Eliten – Großgrundbesitz und Militär – sollten möglichst wenig verletzt werden, die vormoderne Verteilung der Macht sollte oder konnte nicht grundlegend oder schnell geändert werden. Die Modernisierung – das, was der Staat in Gang setzte, und die Art, wie er auf die autonome Modernisierung der Gesellschaft reagierte – war darum *gebremst*. Sie war partiell: Sie sollte die ökonomische Produktivität und die staatliche Effektivität entscheidend erhöhen, aber die vormoderne, politisch-soziale Herrschaftsordnung sollte sie – nach der eigentlichen Reformära – nicht radikal verändern: Die politischen Konsequenzen der Modernisierung sollten minimiert werden. Man kann auch sagen: Die erste Phase der Modernisierung trat so früh ein, daß es, anders als in Westeuropa, noch keine starken bürgerlich-industriellen Kräfte gab, und davon hatte das konservative Element Vorteile. Die Elemente der frühen und der späten Modernisierung sind miteinander verflochten. Freilich, mit diesem Anfang war nicht entschieden, wie die Modernisierung weiter verlief. Der Staat mußte weiter modernisieren – mußte, z. B. um bessere Soldaten zu haben, bessere Schulen einrichten – und das mußte seine vormodernen Strukturen auflockern. Und die autonomen Modernisierungsprozesse der Gesellschaft waren, einmal in Gang gebracht, vom Staat überhaupt nicht zu steuern.

*Die ökonomische Modernisierung*, die Industrialisierung also, ist in Deutschland trotz dieses frühen Modernisierungsschubs erst relativ spät, zwischen 1840 und 1870, zum Durchbruch gekommen. Die Folgen der napoleonischen Kriege, die Kapitalarmut, das Fehlen einer nationalen Wirtschaftseinheit und der Vorsprung der übermächtigen englischen Industrie – das waren die Gründe, warum Deutschland hier so spät kam. Der Staat spielte auch in dieser Entwicklung eine bedeutende Rolle; er hat 1834 mit dem Zollverein die einheitliche Volkswirtschaft in Deutschland überhaupt geschaffen und hat mit Freihandels- und Zollpolitik die Wirtschaft unter politischen Gesichtspunkten weiterentwickelt, er hat wissenschaftliche Innovationen und technische Erziehung gefördert, selbst investiert und vor allem seit 1848 durch liberale Gesetzgebung die Industrialisierung vorangetrieben. Der Staat ist aus ihrer Geschichte nicht wegzudenken. Aber zugleich hat sich das kapitalistisch-industrielle System aus eigenem Antrieb und mit eigenen Methoden, etwa einem neuen Banksystem, entfaltet. Die Rückständigkeit, das Spätkommen hatten dann bekanntlich Vorteile: Man konnte neue Technologien schon übernehmen; und da sie in Deutschland auf eine schon durchgebildete wissenschaftliche Infrastruktur stießen, potenzierte sich der Modernisierungseffekt. Der Konkurrenzdruck mobilisierte, hatte man erst einmal angefangen, enorme Energien. Die ökonomische

Modernisierung steigerte sich darum dynamisch. Am Ende des 19. Jahrhunderts hatte Deutschland mit England gleichgezogen und es auf den modernsten Gebieten – Elektro- und Chemieindustrie – überholt. Der Kapitalismus ging in Deutschland schon um 1920 in die nachliberale, ganz moderne Form des «organisierten Kapitalismus» über – Verbände, Kartelle, Management, Staatsintervention und Ansätze zur Planung wurden seine wesentlichen Elemente.

Diese späte, erfolgreiche Industrialisierung und die damit verbundene Umgestaltung der deutschen Wirtschaft und Gesellschaft ist außerordentlich schnell vor sich gegangen. Das schnelle Tempo hat eine Reihe von fundamentalen Konsequenzen gehabt. Die Ungleichmäßigkeiten zwischen den verschiedenen Sektoren der Wirtschaft, einschließlich des Agrarsektors, waren größer als bei langsameren Wachstumsprozessen, und das führte natürlich zu Spannungen. Sodann: der Dualismus zwischen modernen Strukturen der Wirtschaft, der Stadt, der Bürokratie einerseits und den traditionellen Strukturen – ein Dualismus, der zu allen Gesellschaften der Modernisierungsphase gehört – war in Deutschland spezifisch verschärft. Die objektive Welt änderte sich sehr viel schneller als die subjektiven Einstellungen, Verhaltensmuster und Wertvorstellungen. Der Einzelne verlor den traditionellen Status in der alten Gesellschaft, ohne in der neuen Gesellschaft schon eine sichere Position zu gewinnen. Schließlich: die Schnelligkeit der Industrialisierung hat die Entwicklung der bürgerlichen Klassen beeinträchtigt; sie hatten nicht viel Zeit. Sie wurden schnell von dem Machtanspruch eines selbstbewußten Proletariats eingeholt und zugleich von der Differenzierung und Desintegration der Mittelklassen (Bauern, Handwerker, Angestellte, kleine Unternehmer und freie Berufe). Das Tempo der Industrialisierung hat eine Reihe von sozialen Krisen zusammengedrängt; davon wird gleich zu handeln sein.

Ich werfe einen kurzen Blick auf *die Stellung des Christentums zur Modernisierung in Deutschland* und auf *die Entwicklung des Wissenschaftsglaubens;* das ist für die Frage nach Werten und Verhaltensweisen wichtig. Es gab drei Gruppen. Es gab das Christentum als antimodernistische Ideologie – im größten Teil des Katholizismus und im konservativen Protestantismus. Es gab den liberalen Protestantismus, den Versuch, Modernität und Tradition zu verbinden, gebremste Modernisierung, ein Versuch freilich, bei dem sich die religiöse Bindung langsam abschwächte. Schließlich gab es die Erben der radikalen Aufklärung, der intellektuellen Teilmodernisierung, die nicht mehr Christen, ja Gegner des Christentums waren, vor allem die Arbeiter und ihre intellektuellen Führer. Darum konnten die deutschen Arbeiter anders als im klassischen Land des Kapitalismus, dem christlichen England, revolutionäre Marxisten werden. Die Bedeutung der Religion in Deutschland war weder so gering wie in Frankreich noch so groß wie in England; das erhöhte aber die Labilität im Verhältnis von Tradition und Modernität und machte die Deutschen für politische Ideologien, diese Ersatzreligionen des 19. Jahrhunderts, besonders anfällig. Dazu kamen Konsequenzen der intellektuellen Entwicklung in Deutschland, der rationalistischen Szientifizierung: das Aufkommen pseudowissenschaftlicher Welterklärungen, wie des Vulgärmaterialismus, des Populärdarwinismus oder der Rassenlehren einerseits, die moderne Kritik an dem Glauben an Wissenschaft, Rationalität und Fortschritt, wie sie Nietzsche repräsentierte, andererseits.

Deutschland besaß am Ende des 19. Jahrhunderts eine moderne Wirtschaft, eine moderne Kultur, einen modernen Staat, auch eine moderne Sozialpolitik und eine relativ moderne Gesellschaft. Aber *das politische System (und partiell das soziale System) war vormodern:* Es gab keine parlamentarische Demokratie, die Partizipation der Bürger war relativ schwach entwickelt; die alten, vormodernen Eliten, erblich privilegiert, agrarisch, militärisch, hatten politisch noch eine dominierende Position; der Staat war weniger bürgerlich als monarchisch, aristokratisch, militärisch. Warum war das so? Von der Stärke des Staates und der alten Eliten in den Frühphasen der Modernisierung habe ich gesprochen. Andere Ursachen kommen hinzu, sie hängen mit der paradoxen Mischung von intellektueller Verfrühung und realer Verspätung der Modernisierung in Deutschland zusammen. Deutschland war ein nachrevolutionäres Land, ein Land, in dem das Thema der Modernisierung aktuell wurde *nach* der Französischen Revolution, und das hieß: mit der Erfahrung der Schrecken einer Revolution, des ‹terreur›, der Diktatur als Folge der Revolution. Darum war Revolution nicht attraktiv, und diese Stimmung wurde natürlich von den konservativen Kräften ausgenutzt. Ähnliches gilt für die industrielle Revolution. Die Gefahr der sozialistischen Revolution wurde im Deutschland der späten Industrialisierung unmittelbar und früh aktuell, weil man sie am englischen und französischen Beispiel unmittelbar antizipierte und weil sie aus politischen, ökonomischen und geistesgeschichtlichen Gründen schnell in Erscheinung trat. Ehe das Bürgertum sich gegenüber den traditionellen Strukturen durchgesetzt hatte, wurde es von der Drohung der sozialen Revolution eingeholt. Das veränderte die Machtlage grundlegend. Die bürgerlich-liberale Phase war zu kurz, um die bürgerliche Gesellschaft zu konsolidieren, Aristokratie und Bürokratie zu verbürgerlichen. Die Kürze der Modernisierungsphase führte Liberalismus und Sozialismus so kurz hintereinander in die Politik, daß ihr Gegensatz nur den konservativen Mächten zugute kam. Sodann: in Deutschland ist der Übergang zur Massendemokratie sehr früh erfolgt. Das war das Werk Bismarcks. Es hat das allgemeine Wahlrecht früh, 1867, eingeführt, weil er mit diesem modernen Mittel die Partizipationswünsche der Liberalen eindämmen wollte, ehe sie eine parlamentarische Regierung durchgesetzt hätten. Und das gelang: die moderne plebiszitäre Mobilisierung von Massen schwächte die liberale Modernisierung. Sie kam unmittelbar den Katholiken und Sozialisten, mittelbar aber dem bestehenden traditionellen Herrschaftssystem zugute. Die Konservativen entfesselten früh eine späte Phase der Modernisierung und blockierten damit die parlamentarische Modernisierung zugunsten des traditionellen Herrschaftssystems: Mit modernisierenden Mitteln konnten die traditionellen Kräfte gerade die Kontinuität der Modernisierung aufhalten. Eine ähnliche Wirkung hatte die Tatsache, daß die supermoderne Organisation pluralistisch-antagonistischer Wirtschaftsinteressen in Deutschland sehr früh erfolgte.

In diesen Zusammenhang gehört schließlich das bekannteste Faktum der deutschen Geschichte des 19. Jahrhunderts: Deutschland ist spät, 1871 erst, als Nationalstaat geeinigt worden. Das war ein großer Schritt der Modernisierung (und alle Zeitgenossen, Marx, Disraeli, der Papst oder die preußischen Konservativen haben das so beurteilt). Diese Einigung war das Werk eines Staates (das konnte im internationalen System kaum anders sein), und sie war das Werk Bismarcks, das war ein historischer ‹Zufall›. Sie war jedenfalls eine Revolution von oben. Damit war das Prestige der traditionellen Herrschaftseliten noch einmal und massenwirksam stabilisiert. Ähnlich war es mit der staatlichen Sozialreform: Der Staat bewältigte das modernste Problem der Gesellschaft. Die Arbeitsteilung, die den Bürgern die Wirtschaft und den alten Eliten die Politik zuwies, schien auch für die Bewältigung moderner Aufgaben legitimiert. Und weil Deutschland ein Spätkommer im Kreise der Großmächte war und darum Machtpolitik betreiben mußte, brauchte und wollte man einen starken Staat, das aber war gerade der bestehende Staat. Die späte Modernisierung im Hinblick auf die nationale Einigung und den Eintritt in den Kreis der Großmächte hinderte die Modernisierung des politischen Systems. Schließlich, die späte nationale Einigung von oben hat dazu geführt, daß die deutsche Gesellschaft inhomogen blieb, Relikte von Partikularismus, unterschiedlichen, segmentierten sozial-kulturellen Milieus behielt: Regionalismen und Konfessionalismen. Diese vormoderne Inhomogenität wurde überlagert von der modernen Differenzierung von Klassen und Interessen. Beide Sachverhalte kamen den alten Autoritäten zugute.

Kurz, in Deutschland überlagerte sich eine Reihe von Prozessen, war eine Reihe von Problemen fast gleichzeitig gestellt, die anderswo eher nacheinander abliefen, nacheinander gestellt waren: Industrialisierung, Sozialismus, Massendemokratie, ökonomisch-sozialer Pluralismus, Bildung des Nationalstaates und der Nation, und dann die politisch-partizipatorische Modernisierung, die Ablösung oder Zurückdrängung der alten Eliten. Oder mit Begriffen der Modernisierungstheorie gesagt: Identitäts-, Legitimitäts-, Partizipations-, Distributions- und Integrationskrisen waren gleichzeitig zu lösen. Diese Zusammendrängung von Modernisierungsproblemen gerade ist es, die die politische Modernisierung gehindert und aufgehalten hat.

Historiker und Soziologen haben in dieser Diskrepanz oft den Schlüssel zur deutschen Geschichte des 19. und 20. Jahrhunderts, zur Geschichte des

Nationalsozialismus gesehen: Die ausgebliebene Demokratisierung erkläre die Instabilität der Weimarer Republik, erkläre den Sieg Hitlers. Ich halte eine solche Perspektive für irreführend. Das politisch-soziale System in Deutschland vor 1914 war keineswegs so immobil, wie es oft geschildert wird. Die Gesellschaft hat sich zwischen 1870 und 1918 verbürgerlicht und modernisiert; das politische System war nicht hoffnungslos blockiert (und das Charakteristikum des Systems war nicht, durch moderne Manipulation der Massen und zuletzt durch einen imperialistischen Krieg die Herrschaft der alten Eliten zu behaupten, wie manche immer noch meinen). Das System entwickelte sich langsam und oft stillschweigend doch in Richtung auf eine Parlamentarisierung; die Verzögerung der politischen Modernisierung hat die Weimarer Demokratie belastet, zu einer Katastrophe mußte sie nicht führen. Die autoritäre Tradition hat die Machtergreifung der Nazis erleichtert, das Entstehen der revolutionären faschistischen Massenbewegung erklärt sie gerade nicht. Die Mischung und die Übergänge, ja die Diskrepanz zwischen modernen und vormodernen Elementen finden wir in allen sich modernisierenden Gesellschaften, wenn auch natürlich in unterschiedlicher Weise und in unterschiedlichem Grade. Die verzögerte politische Modernisierung und ihre sozialen Folge, die Verfestigung bestimmter vormoderner sozialer Strukturen, ist eine wichtige Ursache der Spannungen und der Labilität der deutschen Gesellschaft gewesen, sie war eine Belastung nach 1918, sie ist eine Ursache für die Katastrophe von Hitlers Machtergreifung gewesen. Aber determinierend oder gar allein determinierend war sie nicht.

3. Wichtiger als die verzögerte politische Modernisierung erscheint mir das, was ich die *Modernisierungskrise* nennen will. Im Zuge der Modernisierung, so hat Parsons gemeint, finden wir überall eine Diskrepanz zwischen den modernen ökonomisch-technischen, den bürokratischen und den sozialen Strukturen und den noch traditionellen Wertvorstellungen und Verhaltensmustern. Die Folgen waren Statusunsicherheit und Aggressivität, Steigerung von Emotionen und Affekten.

Dazu kommt das Unbehagen an der Moderne überhaupt, neben der Modernisierungskrise steht die Modernitätskrise. Wir kennen das Problem der Entfremdung, die Schwierigkeit, mit der Vielfalt und dem Wechsel der Rollen fertig zu werden, unser Verhalten ohne dauernde Reflexion verläßlich zu regeln, Stabilität und Identität im Wandel zu behaupten, persönliche Beziehungen und Zugehörigkeiten in einer spezialisierten und abstrakten Welt zu erfahren, Glück und Sinn, kurz: sich in der Welt zu Hause zu fühlen. Diese Krise war in Deutschland besonders stark. Einmal, weil die Modernisierung so schnell und mit mancherlei Ungleichgewichtigkeiten vor sich gegangen war; das hatte traditionelle Sicherheiten aufgelöst, ohne sie durch andere zu ersetzen. Sodann weil eine Reihe von politischen und sozialen Institutionen wie Schule, Militär oder Familie noch die alten vormodernen Werte prämierten – sie standen den Anforderungen der modernen Lebenswelt, der in Deutschland so gewaltigen Mächte der Wissenschaft, der Bürokratie, der Industrie, des Kapitalismus etwas unverbunden gegenüber. In dieser krisenhaften psychischen Situation gab es zwei klare politische und metapolitische universale Antworten: Für die Welt der Tradition standen die Konservativen, für die Modernität in Form der Revolution die marxistischen Sozialisten mit ihrem politischen Glauben, der die schwierige Welt und das schwierige Leben umfassend deutete. Der breiten Mitte des politischen Spektrums, den Liberalen im weitesten Sinn, den Trägern einer evolutionären Modernisierung, fehlte ein solcher politischer Glaube, der die Unsicherheit und Ambivalenz zwischen Modernität und Tradition hätte überbrücken können. Es gab in Deutschland nicht den republikanisch-demokratischen Glauben wie in Frankreich in der Tradition von 1789, und es gab nicht den britischen Glauben an Reform und Evolution im Rahmen einer intakten christlich-humanitären Tradition – es gab nicht mehr die alte Religion und nicht eine neue politische Religion. Der einzige politische Glaube, den es gab, das war der Nationalismus, aber er hatte in Deutschland nicht die ruhige Selbstgewißheit einer langen Tradition und sicherer Erfolge, die ihn zur Vermittlung von Tradition und Modernität befähigt hätte.

Die Modernisierungs- und Modernitätskrise hat es wie gesagt in allen modernen Gesellschaften gegeben, aber sie war in Deutschland eine spezifische und war spezifisch verschärft. Hier ist nun der Ort, vom Nationalsozialismus, vom Faschismus zu sprechen. Ich glaube, daß wir dieses Phänomen mit den Kategorien Modernisierung und Modernisierungskrise universalgeschichtlich besonders gut erklären können, besser jedenfalls, als mit dem oft benutzten Modell des Kapitalismus. Denn die faschistischen Parteien sind unabhängig vom Kapitalismus als Massenbewegung entstanden, sie sind durch präkapitalistische Eliten viel mehr als durch Kapitalisten protegiert und an die Macht gebracht worden: Die faschistischen Regime verfolgen nicht die Interessen des Kapitals, sondern ihre eigenen, sie unterwarfen sich die Kapitalisten, und die antikapitalistischen Elemente des Faschismus – Krieg, Gewalt, Antisemitismus, Primat von Politik und Staat, organische Gemeinschaft – kann man nicht als Maske des Kapitalismus wegerklären; die wichtigsten kapitalistischen Gesellschaften schließlich sind bekanntlich nicht faschistisch geworden. Wie aber läßt sich der Faschismus im Lichte des Begriffs Modernisierung interpretieren? Hier sind drei Punkte wichtig:

*Der Faschismus ist eine Antimodernisierungsbewegung.* Die Modernisierung habe, so meinte man, Gemeinschaft und Sicherheit, Einheit und Autorität und Kultur zerstört; die Träger der Modernisierung, Sozialisten, Demokraten, Kapitalisten und Aufklärer, waren die Gegner. Gemeinschaft gegen Gesellschaft, Instinkt gegen Verstand, organische Einheit gegen Kontrast, Harmonie gegen Antagonismus, Nation gegen Individualismus wie gegen kosmopolitischen Internationalismus, Land gegen Großstadt, Schutz der kleinen Selbständigen gegen Großkapital und Proletarisierung, das waren die Parolen. Die Nazis waren gegen moderne Kunst, moderne Literatur, moderne Erziehung, moderne Wissenschaften wie Psychologie und Soziologie, waren gegen die Emanzipation der Frau. Sie waren gegen die Juden, auch weil sie ihnen als Inkarnation der Modernität galten.

*Dieser Antimodernismus aber ist gegenüber der konservativen Kritik an der Moderne radikal.* Es geht um eine totale Umkehr; nicht darum, Traditionen zu bewahren, sondern darum, hinter die Traditionen auf etwas Vorhistorisches, Archaisches zurückzugreifen: Krieg und Gewalt, Ausrottung und Lebensraum, Rückverwandlung der Menschen in Krieger und Bauern, Überordnung der biologischen Rasse über die historische Nation, Kampf gegen die stärkste europäische Tradition, die christlichen Kirchen, weil auch sie trotz allem Kräfte der Modernisierung waren, individualistisch, universalistisch, pluralistisch. Der Antimodernismus der Nazis war nicht traditionell, er war radikal, utopisch, revolutionär.

*Der Faschismus war zugleich paradoxerweise in seinem Stil, der Wahl seiner Mittel und seinen Wirkungen hypermodern, eine Modernisierungsbewegung.* Vitalität, Jugendlichkeit, Aktionismus, das gehörte zum Stil, – Technik, Produktivität, Organisation, höchste Effizienz zu den Mitteln. Und die Wirkungen waren modernisierend. Die Welt in Deutschland wurde nach 1933 großstädtischer und industrieller und nicht heimatlicher; es gab weniger Selbständige; mehr Frauen arbeiteten. Institutionen und Mächte deutscher Tradition wurden bekämpft, geschwächt, aufgelöst: der Föderalismus, die Justiz, die Experten, die Universitäten, die Kirchen. Die alten Eliten wurden zurückgedrängt; ihre Hoffnung, sich durch die Koalition mit Hitler zu erhalten, erwies sich als Illusion; de facto haben sie 1933 abgedankt, das war wirklich ein revolutionärer, ein revolutionär modernisierender Vorgang. Und der Faschismus hat die deutsche Gesellschaft nivelliert und egalisiert, obwohl die Faschisten nicht die Gleichheit der Menschen, der Bürger propagierten oder die Klassengesellschaft auflösten. Die soziale Mobilität wurde größer; Alltagspraxis, Volkswagen, Volksradio, Massentourismus, neue Positionen in Partei und Wehrmacht für Aufsteiger, die allgemeine Staatsjugend und andere Massenzwangsorganisationen – das hat ein neues Bewußtsein von gleichen Chancen erzeugt, das auch die hierarchische Struktur der Gesellschaft real verändert hat. Es gab eine «braune Revolution», gegen das bourgeoise wie das präkapitalistische Establishment, ein Stück Jakobinertum, das nicht als Maskerade weginterpretiert werden kann. Der Grund für die Modernität der Mittel und die modernisierende Wirkung ist leicht zu sehen. Das radikal antimoderne Ziel verlangte die modernsten Mittel und den radikalsten, modernsten, von traditionellen Hemmungen befreiten Gebrauch der Mittel. Der antimodernen Revolution der Ziele entsprach die modernistische Revolution der Mittel. Wenn man im 20. Jahrhundert das 20. Jahrhundert rückgängig machen wollte, mußte man die Mittel des 20. Jahrhunderts anwenden. Sie widersprachen den antimodernen Zielen, aber sie gewannen Priorität. Und der totalitäre Wille zur Mobilisierung aller Kräfte und zur zentralistischen Gleichschaltung mußte Traditionen zerstören, weil die radikal antimodernistische Zielsetzung der Nazis antitraditionalistisch war: Der archaische Elitebegriff der Nazis richtete sich gegen die traditionellen, die wirklichen Eliten und förderte gerade deshalb die moderne Egalität.

Diese drei Faktoren – Antimodernismus, seine antitraditionalistische Radikalisierung und die paradoxe Modernität – tragen nun wesentlich dazu bei, den Erfolg des Faschismus zu erklären. *Der Nationalsozialismus war eine Antwort auf die fundamentale Ambivalenz gegenüber der Modernität.* Er versprach einerseits Sicherheit vor Wandel, Konflikt, Entfremdung, und andererseits Produktivität, Effektivität und ein Stück Egalität als soziale Anerkennung. Weder die Konservativen noch die Sozialisten, noch die Liberalen mit ihrer pragmatisch-prosaischen piece-meal-Reform konnten solche paradoxen Erwartungen erfüllen. Oder: die Nazis allein boten außer den Sozialisten einen politischen Glauben, der mit Nationalismus und Sozialismus die Normen und Erwartungen von Tradition und Modernität überbrücken und vermitteln, Sinn und Legitimität stiften konnte. Wir wissen, wie künstlich und wie illusionär diese Verbindung war. Und die Ambivalenz und Instabilität der Modernisierungskrise in Deutschland allein erklärt die Resonanz der Nazis nicht. *Dazu gehört die Krise von Weimar, die nationale Krise einer postimperialen Gesellschaft,* einer Gesellschaft scheinbar ohne Zweck und von wildem Verlangen nach Revision erfüllt, *die ökonomische Krise:* Inflation, Reparationen, die Krise seit 1929, die Arbeitslosigkeit, das Versagen des Systems bei der Sicherung eines akzeptablen Lebensstandards; gehörte *die politische Krise* einer schwachen, einer nicht eingebürgerten Demokratie angesichts solcher Belastungen, und dazu gehörte *die epochale Situation:* Die Auswirkung des Weltkrieges, die Drohung der kommunistischen Revolution, die Schwierigkeiten der liberalen Demokratie. Ich erkläre nicht den Nationalsozialismus simpel aus der latenten, der potentiellen deutschen Modernisierungskrise. Erst als eine allgemeine Krise der Weimarer Republik dieses Potential aktualisierte, da konnten die Nazis mit ihrem antimodern-modernistischen Appell Resonanz finden. Jetzt konnten sie sie ausbeuten, ausbeuten, weil die Demokratie noch nicht zur politischen Kultur geworden war und der Nationalismus kein stabilisierender und integrierender Faktor geworden war. Die Modernisierungsperspektive bietet zur Erklärung des Nationalismus den großen Vorteil, die besonderen deutschen Vorbedingungen, die vergleichbaren Bedingungen in anderen faschistisch gewordenen Gesellschaften wie Italien und die universalgeschichtlichen Prozesse zusammenzufassen. Es ist paradoxerweise gerade der Erfolg wie der Mißerfolg der Modernisierung in Deutschland oder genauer: der Zusammenhang von Erfolg und Mißerfolg, der Aufstieg und Sieg des Faschismus in Deutschland (und ähnlich in Italien) ermöglicht hat.

Krieg, totale Niederlage und Wiederaufbau haben die von den Nazis eingeleitete Modernisierung der deutschen Gesellschaft zu Ende geführt, das ist die Haupttendenz und das Hauptergebnis der deutschen Nachkriegsgeschichte (und nicht eine angebliche Restauration). Der neue Kapitalismus hat die Modernisierungskrise des Faschismus überwunden. Der Vorteil des Spätkommers nach einer Katastrophe ist hier deutlich: Die deutsche Gesellschaft ist heute stabiler und homogener als in Frankreich und England oder als in Italien. Das Unbehagen an der Modernität freilich hat neue Formen, z. B. die der intellektuellen Revolte, angenommen, obwohl die moderne Gesellschaft die ökonomischen Bedürfnisse befriedigt und ein hohes Maß von Egalität hergestellt hat. Die Frage nach einem Zweck, einem Ziel der Gesellschaft jenseits des Überlebens und der Aufrechterhaltung einer gerechten Verteilungsordnung, die Frage nach einer Gesellschaft, die mehr Freiheit und mehr Gleichheit, aber auch mehr Staat und mehr Bürokratie, und sicher nicht mehr Glück gebracht hat, die über das Wachstum an die Grenzen des Wachstums geführt hat – das sind neue Formen des Modernitätsproblems. Aber das ist das Problem nicht mehr des Historikers, sondern das Problem der Zukunft.

# Der Föderalismus in der deutschen Geschichte

Föderalismus mag ein allgemeines Prinzip des menschlichen Daseins und des Gesellschaftsaufbaus sein, Sache der Sozialphilosophie insoweit und ihrer Geschichte. Wir behandeln hier das politische Phänomen des Föderalismus, das Verhältnis zwischen einer Vielheit einzelner politischer, staatlicher oder staatsähnlicher Gebilde (die Kommunen lassen wir, dem deutschen Sprachgebrauch entsprechend, hier unberücksichtigt) und einer sie verbindenden Einheit, einem zusammengesetzten politischen Gebilde. Wir verwenden den Begriff nicht normativ, sondern deskriptiv und neutral; anders als in den USA, anders als im Deutschen Reich von 1871 bis 1945 soll Föderalismus weder eine Tendenz zur Einheit und Einigung, noch zur Vielheit und Selbständigkeit der Glieder bezeichnen, weder zentralistische noch partikularistische Tendenzen. Föderalismus ist kein statischer, sondern ein dynamischer Begriff: Er beschreibt nicht primär einen rechtlich fixierten Zustand, sondern einen Prozeß, eine Bewegung, in der sich zwischen Einheit und Vielfalt ständig neu wechselnd Integrationen und Desintegrationen und Gleichgewichtslagen herstellen. Darum ist Föderalismus auch insoweit ein *historischer* Begriff, als er in jeweils anderen Situationen, mit jeweils anderen Aufgaben und anderen Funktionen jeweils Unterschiedliches bedeutet. Für die Geschichtsmäßigkeit des Föderalismus kommt es darum mehr als auf Ideen und Theorien über Föderalismus auf die politische Wirklichkeit der widerstreitenden Gebilde an, auf die Normen dieses Streites und auf die politischen Bewegungen, die den Föderalismus geprägt, entwickelt oder bekämpft haben.

## I

Ich beginne mit der politischen Struktur Deutschlands im späten Mittelalter. Denn hier liegt die Wurzel für die Geschichte des Föderalismus in Deutschland, die Wurzel für die Tatsache, daß in Deutschland, anders als in Großbritannien oder Frankreich, Föderalismus bis heute eine Tatsache und ein Problem von erstrangiger politischer Bedeutung war und ist.

Das Ergebnis der mittelalterlichen Verfassungsentwicklung in Deutschland ist es bekanntlich gewesen, daß das Reich sich partikularisiert hat, nicht nur aufgegliedert in größere Territorien, sondern zersplittert in ein Gemenge von zahllosen kleinen und großen einheitlichen oder sich überkreuzenden oder geteilten Herrschaften, ja Herrschaftsrechten; die Tatsache der partikularen Territorialherrschaften hat sich erst langsam aus diesem Zustand herausentwickelt. Die Lehnsherrschaft des Königs hatte in Deutschland ihren realen Inhalt, zum Beispiel Einzug und Heimfall von Lehen, fast ganz verloren. Es war den Königen nicht gelungen, das Lehenssystem in einen einheitlichen Instanzenzug zu überführen, in dem sie das letzte Verfügungsrecht besessen hätten. Die Könige verfügten nicht, wie in Frankreich, über ein sich vergrößerndes Hausgut und auch nicht, wie in England, im Verein mit ihren Vasallen über durchsetzbare Kompetenzen und Rechte. Und das war – anders als zu Zeiten in Westeuropa – nicht nur ein Faktum der Machtverteilung, sondern das war rechtlich, gewohnheitsrechtlich oder statutarisch fixiert und institutionalisiert. Diese bleibende Partikularisierung von Macht und Herrschaft war die Folge des mehrfachen Aussterbens von Königshäusern, des Wahlkönigtums, besonderer politischer Konstellationen, und vor allem die Folge der Überanstrengung dieser Königsherrschaft durch das Kaisertum, die Auseinandersetzung um Italien und mit dem Papst. Charakteristisch für das partikularisierte Deutschland ist einmal das, was wir verfassungsrechtlich Dualismus nennen können: Kaiser und Reich auf der einen Seite, die Herrschaften, die sich erst langsam und nur zum Teil zu Landesherrschaften verdichten, die Reichsstände, wie sie dann heißen, andererseits. Und es ist charakterisiert dadurch, daß es diesen Ständen weniger um Mitbestimmung in zentralen Angelegenheiten, etwa der Besteuerung, ging als um ihre Autonomie. Partikularisierung, Dualismus und Autonomie – das hält als Strukturmerkmal des Reiches bis zu Napoleon durch; das ist der Grund, warum die Auseinandersetzungen zwischen Zentralgewalt und Partikulargewalten um ihr gegenseitiges Verhältnis wie um die Organisation der Zentralgewalt selbst, Föderation und Bund beherrschende Themen der deutschen Geschichte geworden sind und nicht: Zentralisierung und Bürokratisierung, nicht: *self-government* und Adelsparlament.

Das Problem des Föderalismus begegnet uns im spätmittelalterlichen Deutschland auf zwei Ebenen, einmal in der Verfassung des Reiches, zum anderen in besonderen Föderationen: Einungen oder Bünden. Es ging zunächst um eine föderale Verfassung des Reiches, das heißt eine Verfassung, die die Autonomie der (Glied-)Stände, ihre Mitwirkungsrechte und das Funktionieren einer Zentralgewalt zugleich installieren und gewährleisten sollte. Das war das Thema der sogenannten Reichsreform. Eine solche Reform war notwendig, weil angesichts der territorialen Gemengelage und der sich daraus ergebenden Konflikte weder das Reich noch ein einzelner territorialer Großstaat das leisten konnte, was Untertanen wie Herren von staatlicher Ordnung erwarteten: die Wahrung von Frieden und Recht, nach außen und vor allem nach innen, gegen Fehde und Selbsthilfe. Die Stände wollten dabei ihre ‹Freiheiten› gegenüber dem König-Kaiser wie überhaupt gegenüber einer Zentrale nicht aufgeben; sie wollten darum nicht eine Stärkung der kaiserlichen Zentrale, sondern eine von ihnen bestimmte oder doch wesentlich mitbestimmte Zentrale; das war das Programm des ständischen

Reichsföderalismus. 1495 gelang es auf einem Reichstag, in der Form einer gegenseitigen Verpflichtung der Stände und des Kaisers den ‹Allgemeinen Landfrieden› zu erlassen und auf Dauer auch zu sichern, ein föderatives Zentralorgan, das ständisch bestellte Reichskammergericht, einzurichten und die Reichstage, quasi föderative Organe neben dem Kaiser, stärker zu institutionalisieren.

Und ein weiteres Element der – nun dezentralisierten, regionalen – Föderation: 1500 wurde das Reich in territorienübergreifende Reichskreise eingeteilt, um so Friedenswahrung und Verteidigung organisieren zu können. Das von den Ständen zweimal zustandegebrachte ständische, also nicht-kaiserliche, Reichsregiment, das wir als föderativ bezeichnen können, freilich hatte keine Dauer. Im ganzen aber ist weder das Gegeneinander von Kaiser und Ständen abschließend (etwa im Sinne der Föderation) entschieden worden, noch waren die Stände in der Lage, ihre eigenen Gegensätze institutionell zu ordnen, einen gemeinsamen Willen gegen den Eigenwillen von Teilgewalten zu bilden oder gar durchzusetzen. Der Reichstag wurde nicht zum souveränen, neutralen und einzigen Repräsentanten der Stände. Das Reich war – auch wenn man die Randgebiete außer acht läßt – zu Beginn des sechzehnten Jahrhunderts kein politisch handlungsfähiges Gebilde, es hatte keine festen Grenzen, keine eigenen Truppen, keine durchgängige Verwaltung und kein gleiches Recht; es war in diesem Sinne nicht ein Staat.

Neben dem Dualismus von Kaiser und im Reichstag vertretenen Ständen einerseits, der Selbständigkeit der vielen Herrschaften andererseits war die Wirklichkeit und auch die Rechtsordnung des Reiches um 1500 bestimmt von Bünden, Einungen, Föderationen der Stände und Herrschaften untereinander. Solche Bünde abzuschließen, was das anerkannte Recht der einzelnen Stände, das weder vom Kaiser noch vom Reichstag je in Frage gestellt wurde. Weil die Stände einzeln zu schwach waren, ihre Rechte und Interessen durchzusetzen und weil insbesondere der Friede durch das Reich nicht effektiv gesichert war, schlossen sie sich zu größeren Aktionseinheiten zusammen, zum Verein der Kurfürsten, zu Einungen der Fürsten, Gesellschaften der Ritter, Bünden der Städte, also Bünden zwischen gleichrangigen Ständen, aber auch zu Bünden zwischen Fürsten, Rittern und Städten wie dem drittelparitätischen Schwäbischen Bund, zu regionalen oder überregionalen Bünden und zuletzt um 1500 im Bundschuh gar zu Bünden revolutionär konservativer Bauern. Diese Bünde beruhten auf gegenseitiger Anerkennung und Gleichberechtigung, sie waren genossenschaftlich organisiert, auch wo sie die lehensrechtlichen Hierarchien berührten, auch wo es zwischen den Gliedern ein Machtgefälle gab. Die Bundesgenossen verpflichteten sich zu gegenseitiger Hilfe und zu gemeinsamen Aktionen für die jeweils festgelegten Zwecke, sie unterwarfen sich gemeinsamen Beschlüssen und bildeten gemeinsame Institutionen: Heere, Söldner, Schiedsgerichte. Das war das «institutionelle Minimum» (Koselleck) eines solchen Bundes. Der

Zweck umfaßte im allgemeinen nicht das Ganze der politischen Herrschaft, sondern war spezifiziert, darum waren die Bünde im allgemeinen nicht «ewig», sondern auf Zeit geschlossen, also kündbar. Solche Bünde sicherten in ihrem Bereich Frieden und Recht, organisierten Verteidigung und dämmten das Fehderecht ein, suchten zwischenständische Konflikte friedlich zu regeln. Sie verbanden das Partikularinteresse der einzelnen Glieder mit dem gemeinsamen Interesse aller, sie nötigten zu Kompromissen und Kooperation. Sie mochten gegen den Kaiser, ohne ihn oder mit ihm abgeschlossen sein, sie sicherten jedenfalls eine relative Unabhängigkeit vom Kaiser, ein potentielles föderatives Widerstandsrecht, und sie nahmen zugleich Aufgaben des Reiches wahr, setzten wie der Schwäbische Bund gerade im Auftrag des Kaisers den Landfrieden durch. Freilich, die Bünde umfaßten nie das ganze Reich, es gab ein «territoriales Maximum», das man nicht überschreiten konnte, ohne eine entscheidende Voraussetzung jedes Bundes, die relative Homogenität der Bundesglieder, zu vernichten. Aus Bündnissen und Vereinbarungen wurden Bünde und Einungen mit einem institutionellen Charakter; das Reich war neben seiner lehensrechtlichen Organisation von einem Netz solcher Föderationen durchzogen. Karl V. hat, interessant genug, versucht, das Reich als Bund zu organisieren, also diese föderative Form auf das Gesamtgebilde zu übertragen, um so zu erreichen, was anders nicht möglich schien: den Frieden. Aber damit ist er nach 1547, nicht nur an den Protestanten, sondern an den Fürsten gescheitert. Das Reich war räumlich zu groß, um als Bund organisiert, durch die eidlichen Verpflichtungen der Beteiligten befriedet werden zu können.

Freilich, auch die Möglichkeiten der regionalen Bünde darf man nicht überschätzen. Es gelang im allgemeinen nicht, auch nicht vor 1517, die ständische Vielfalt, die zwischenständischen Spannungen, die Machtunterschiede, die Interessendifferenzen, die Heterogenität der Bundesglieder so zu bändigen, daß gemeinsames Handeln auf Dauer institutionalisiert wurde. Nur in Randgebieten gewannen Bünde wie die Eidgenossenschaft Dauer. Sonst zerbrachen auch die starken regionalen Bünde; selbst der Schwäbische Bund ging, vor der Reformation schon, durch seinen Konflikt mit dem württembergischen Herzog Ulrich seiner Auflösung entgegen.

II

Die Reformation hat die quasi-föderative Reichsverfassung und die föderalen Einungen entscheidend modifiziert. Die gewohnheitsrechtlich legitimierte Form der Einung wurde zur konfessionellen Kampforganisation. Der Schmalkaldische Bund und das Gegenbündnis des Kaisers, und dann die Liga und die Union vor Ausbruch des Dreißigjährigen Krieges, folgten dem Beispiel überlieferter Einungen, so sehr sie sich ihrem Zweck nach unterschieden: Nicht mehr um den Frieden, sondern um den Kampf ging es ihnen. Koselleck hat mit Recht betont, ein wesentlicher Unterschied zu England und Frankreich sei, daß sich in Deutschland der konfessionelle Bürgerkrieg in föderalen Formen reichsrechtlicher Legitimität vollzog; das ist der Grund, warum das Reich sich als konfessionell zweigeteiltes Gemeinwesen erhielt, ja diese Teilung zum Verfassungsrecht machte; ja die Möglichkeit des späteren Dualismus von katholischem Österreich und protestantischem Preußen ist hier begründet. Die revolutionäre Möglichkeit einer Föderation, der religiöse Bund, wie er sich in Großbritannien aus der Covenanttheologie entwickelt hat, ist in Deutschland nicht zum Zug gekommen. Luther hat die linksreformatorischen Ansätze der Chiliasten, der Täufer, der Bauern zu einer föderaldemokratischen Organisation abgewehrt. Sein Begriff des religiösen Bundes war spirituell: Nur Gott schickt einen Bund, der Mensch kann ihn nicht machen; ja selbst das Übergreifen einer Obrigkeit auf fremde Untertanen im Namen des Glaubensschutzes galt ihm als unstatthaft, weil es zu totaler Konfusion führen würde. Luther wehrte die utopische Umdeutung des Bundesbegriffes ab, im Ergebnis konservierte er damit die Tradition föderativer Verfassungsformen. Die Schmalkaldener nannten sich gerade nicht Bund, sondern Verständigung, sie bewegten sich im gegebenen Rahmen des Föderationsrechts und die Juristen überzeugten Luther davon, daß die reichsunmittelbaren Stände und nicht der Kaiser Obrigkeit im paulinischen Sinne seien. Das Föderationsrecht war das der Fürsten und Obrigkeiten. Es wurde religiös intensiviert; die religiöse Innerlichkeit wurde ein neues treibendes Element solcher Organisation; sie setzte sich deshalb über die traditionelle Treuepflicht gegenüber dem Kaiser, die formal für alle bisherigen Bünde gegolten hatte, hinweg. Und zugleich waren die religiösen Föderationen von der Rechtstradition der Einung her legitimiert. In solchen Einungen, Föderationen, Bünden und durch sie hat sich in Deutschland die Konfessionsbildung und die territoriale Konsolidierung der Konfessionen vollzogen, durch sie sind die Konfessionen rechtlich wie faktisch in die Reichsverfassung hineingewachsen.

Das hatte nun eine paradoxe Folge. Wenn es die Funktion der Glieder eines religiösen Bundes war, religiösen Schutz zu gewähren, so verstärkte das den staatlichen Charakter der Herrschaft dieser Bundesglieder; zuletzt konnten nur die Landesherren wirklich solchen Schutz garantieren. Darüber hinaus erweiterte sich unter dem Druck der politischen Lage der Handlungsraum dieser Bünde ins Europäische, der deutsche Konfessionskampf verflocht sich mit dem gemein-europäischen Konfessionskampf und damit zugleich natürlich mit dem europäischen Macht- und Hegemonialkampf der Dynastien und Staaten. Frankreich, dann Spanien, dann Schweden wurden zu Teilnehmern an den deutschen Konflikten und Bündnissen. Damit aber blieben letzten Endes nur noch die Partner eines Bundes vollwertig, die auf europäischer Ebene mithalten konnten. Die Anforderung an Bundesgliedschaft stieg; nur noch die großen Reichsstände, die Fürsten im Grunde, waren bundesfähig. Mit diesem Eintritt der konfessionellen Bünde in das Feld der europäischen Machträson beginnt paradoxerweise die Entkonfessionalisierung der Bünde, wie sich das in der Zeit des Dreißigjährigen Krieges dann allgemein durchgesetzt hat. Das Ergebnis von 1648 ist darum nicht zufällig: Aus den Bünden hat sich das Bündnis- oder Allianzrecht der Fürsten herauskristallisiert; ein föderatives Verfassungsprinzip schlägt um in die Maxime souveräner Außenpolitik (in dem Sinn, in dem Locke *federative power* als außenpolitische Gewalt definieren konnte).

Die Möglichkeiten, das Reich im ganzen noch föderativ zu organisieren, die Reichsverfassung zu stabilisieren oder im Sinne größerer Handlungsfähigkeit der Gesamtheit auszubauen, sind durch die konfessionelle Frontbildung – quer zu räumlichen Zusammenhängen – und die europäische Verflechtung endgültig reduziert worden. Im Dreißigjährigen Krieg haben die Schweden mit der Heilbronner Conföderation von 1633 versucht, das von ihnen beherrschte Reich bündisch zu organisieren – unter Führung einer auswärtigen Macht nun, eben Schwedens. 1635 hat der Kaiser, durch Kriegsglück und Friedensbereitschaft der Protestanten begünstigt, beinahe eine monarchische Führung des Reiches mit Bündnis- und Rüstungsverbot für die Gliedstaaten erreicht. Aber in der Endphase des Krieges hat Frankreich – von der Fortdauer der Konfessionsspannungen begünstigt – diese Lösung endgültig abgeblockt. Es erzwang die Teilnahme der Stände an den Friedensverhandlungen und sicherte mit ihnen die ‹teutsche Libertät›.

III

Das Reich von 1648 war wesentlich lockerer organisiert noch als bis dahin, es war nur noch sehr begrenzt eine handlungsfähige Einheit. Das Schwergewicht lag bei den Ständen, den Herrschaften und Territorien, die zu Staaten wurden, Landeshoheit besaßen. Ausdruck der territorialen Souveränität war die fast unbegrenzte Bündnisfreiheit mit Reichs- wie Nichtreichsangehörigen, das *ius foederis* und damit verbunden das *ius belli ac pacis* (daß sich ein Bündnis nicht gegen Kaiser und Reich richten durfte, war nicht mehr als eine formale Einschränkung). Die Gliedstaaten wurden Völkerrechtssubjekte. Aus dem Einungsrecht der Tradition wurde das Bündnisrecht der Moderne, aus den institutionalisierten Bünden zur Erhaltung des Friedens und des Glaubens wurden wechselnde, außenpolitisch-militärische Allianzen zur Erhaltung oder Ausweitung der eigenen Macht. Und es ist charakteristisch, daß der Ausdruck Bund ein ungebräuchlicher, allenfalls historischer Begriff wurde. Die Glieder solcher Bündnisse wuchsen weiter aus dem Reich in das System der europäischen Kabinettspolitik hinein. Das war *de facto* nur noch den größeren Ländern möglich, die ein Heer aufstellen und/oder finanzieren konnten, und die Größe solcher Heere hatte außerordentlich zugenommen – um 1500 war der Schwäbische Bund mit 17000 Mann noch eine erstrangige Macht, Ludwig XIV. aber mobilisierte 350000 Mann: Der Machtstandard hatte sich verschoben; und damit war die finanzielle Schwelle, Partner eines Bündnisses zu werden, natürlich stark angehoben. Die Zahl der Bündnisfähigen wurde geringer, ihre Homogenität nahm zu.

Die Bündnisse waren durch Verfassung und Recht des Reiches gedeckt. Sie verzehrten seine Substanz und hielten es – paradoxerweise – zugleich aufrecht, weil es die Bedingung dieser Art von Bündnispolitik war. Der von Friedrich dem Großen und seinen süddeutschen Verbündeten errichtete Fürstenbund von 1780 etwa richtete sich gegen österreichische Machterweiterung und prätendierte, die Reichsverfassung zu schützen, aber faktisch hieß das nur, daß die Beteiligten die schwache Verfassung im eigenen Interesse weiter nutzen wollten.

Die föderativ verbindenden Strukturen des Reiches waren schwach, seine Kompetenzen gering; der Kaiser war als Kaiser sogar in seinen Bündnisentscheidungen an den Reichstag gebunden, der Reichstag durch Organisation, Abstimmungsmodalitäten (Vetorechte) und die vielen bestehenden Gegensätze wenig handlungsfähig. Auch die Wiener Zentralinstanzen und das Kammergericht waren nicht sonderlich effektiv im Sinne zeitgenössischer Staatlichkeit. Präsenter war zeitweise das Reich noch in den Reichskreisen und in den Versuchen, Assoziationen zwischen solchen Kreisen zu bilden; das waren föderative Organisationsformen, die etwa der Verteidigung und der Wahrung von Unabhängigkeit und Neutralität dienten. So interessant diese Versuche für das Fortleben des Reiches und der föderalistischen Strukturen waren, sie sind gescheitert. Es gelang nicht, die kreisübergreifenden und großen Territorien in solche Organisation einzufügen; sie behielten ihre eigene bewaffnete Macht und/oder tendierten dazu, hegemoniale Vormacht eines Kreises (als ihres Klientelsystems) zu werden. Es gelang auch nicht, die Vielzahl kleiner und mittlerer Territorien assoziativ zu einem politisch handlungsfähigen Subjekt zu machen, einen gemeinsamen Willen zu konstituieren. Die Möglichkeit, das Reich bündisch zu organisieren, war nicht mehr gegeben – nicht nur weil die europäische Lage, die Souveränität, die Machträson und -ambition der Staaten das verhinderte. Vielmehr erfüllte einerseits ein Teil der deutschen Herrschaften nicht mehr die Minimalbedingungen frühneuzeitlicher Staatlichkeit, zum anderen konservierte die lehensrechtliche hierarchische Tradition des Reiches, die die Souveränitäten einschränkte, die Heterogenität der Teilgebiete. Um ein Bund zu werden aber hätten die Staaten wenigstens prinzipiell homogen werden müssen.

Dennoch war das föderative Gebilde Reich nicht ein Nichts, und die Forschung, die sich von der einseitig nationalen Perspektive des neunzehnten Jahrhunderts abgekehrt hat, hat das sehr deutlich herausgebracht. Vor allem im sogenannten ‹Dritten Deutschland›, jenseits der größeren Territorialstaaten, im Deutschland der geistlichen Fürstentümer, der Ritterschaften, der Städte und der kleinen Territorialherren, im Südwesten, am Rhein, in Franken, war das Reich trotz seiner Immobilität noch eine schützende und erhaltende Macht, von der Privilegien und Herrschaft, Frieden und Ordnung und Konfliktlösung abhingen, und dieses Reich war zumeist, wenn auch immer labil, von der Hausmacht des Kaisers, von Österreich dominiert. Das Interesse Österreichs am Reich, der Versuch stärkerer Territorialmächte wie Preußen oder zeitweise Bayern oder außerdeutscher Mächte wie Frankreich, Einfluß auf das Reich zu nehmen, zeigt, daß es hier noch eine quasi staatliche Realität und ein Stück politische Macht gab, um das zu ringen sich lohnte. Und bis ins späte achtzehnte Jahrhundert können wir bei vielen Deutschen eine Mentalität belegen, die man als Reichspatriotismus bezeichnen kann. Insofern lebte die Frage, wie sich staatliche Einheit und staatliche Vielheit in Deutschland verhalten, als Problem fort. Der Gegensatz, der die deutsche Geschichte freilich fortan bestimmte, der Machtdualismus zwischen Österreich und Preußen, der sich seit der Errichtung des preußischen Königtums 1701 und zumal unter Friedrich dem Großen ausbildete, war freilich nicht eigentlich ein Dualismus im Reich, denn Preußen bildete sich als Großmacht außerhalb und gegen das Reich; Friedrich der Große wollte Österreichs Stellung als europäische Macht schwächen, nicht um seine Hegemonie im Reich konkurrieren oder sie durch eine geteilte dualistische Hegemonie ersetzen. Hier schien sich der föderative ‹Überbau› aufzulösen, wenn auch die Rechtsformen und -mittel des Reichsföderalismus von beiden Seiten taktisch und ideologisch genutzt wurden.

Wichtig für das Problem des Föderalismus in dieser Zeit ist schließlich neben der politischen Realität die politische Theorie. Das merkwürdige Reich stellte für das frühneuzeitliche Staatsdenken ein Problem dar. Es paßte nicht in die aristotelische Staatsformenlehre und nicht unter den seit Bodin sich ausbildenden Begriff der Souveränität. Bodin bestand darauf, daß Bündnisse entweder die Souveränität der Bundschließenden erhielten oder einer anderen höheren Gewalt unterordneten: entweder ein völkerrechtliches Bündnis souveräner Staaten oder ein neuer Staat. Vor dieser Alternative lösten sich letzten Endes alle Zwischenformen auf. Ein Bund hatte keinen staatlichen Charakter, wie nach Bodin die Eidgenossenschaft keinen hatte, und das deutsche Reich wurde dann notgedrungen als Aristokratie der Stände, die einen Kaiser wählen, der ihren Gesetzen unterworfen war, klassifiziert. Die auf empirischer Beschreibung oder auf der Lehre von den gemischten Verfassungen beruhenden juristischen Definitionsversuche konnten sich damit nicht begnügen – denn das Reich war so etwas wie eine Einheit, obwohl es das souveräne Bündnisrecht der Glieder gab. 1661 unterschied der Staatsrechtslehrer Hugo eine *res publica superior* und die *res publicae inferiores* und erklärte Majestätsrechte für teilbar. Leibniz, der 1670 noch einmal einen Plan entwickelte, das Reich als Bund neu zu organisieren, meinte polemisch, wenn man eine Union (*unio*) nicht als ein einziges Gemeinwesen, als Einheit also, definieren dürfte, und also an der Unteilbarkeit der Souveränität festhalten müsse, dann – allerdings – müsse man Deutschland als Anarchie beschreiben. Pufendorf hat das Reich bekanntlich als *monstrum* beschrieben. Er erkannte einerseits, daß die aristotelischen Kategorien für das Reich nicht anwendbar waren; das Reich sei weder Monarchie noch Aristokratie noch ein Mixtum. Er erkannte anderseits die Realität von Staatenbünden, deren Glieder ihre Souveränität zwar zum Teil, nicht aber gänzlich aufgegeben hatten; das nannte er ‹System›, (*foedus systema producens*). Aber das Reich, so meinte er, sei auch nicht ein ‹System›, es sei zwischen *regnum* und *systema* ein irreguläres, monströses *corpus*. In der Tradition des Althusius entwickelten sich Theorien über die *res publica mixta* mit einer *duplex potestas civilis*. In diesem Sinne hat dann 1777 der Jurist Pütter, indem er auf Geschichte und Erfahrung rekurrierte, das Reich als zusammengesetzten Staat, als immerwährende Vereinigung definiert, und in seiner Nachfolge nennt Gönner dann Deutschland einen Staatenverein, der sich vom bloßen Staatenbund durch ein Mehr an Einheit unterscheidet. Aber zu einem Konsens über eine Definition der Reichsverfassung kam es nicht. «Was nicht mehr begriffen werden kann, ist nicht mehr», meinte Hegel im Blick auf diese Verfassung. Ein politisches Modell für das erwachende politische Bewußtsein der Nation stellte diese Verfassung nicht dar.

Ich kann nicht auf die politische Ideengeschichte des späten achtzehnten und frühen neunzehnten Jahrhunderts eingehen, die für die Theorie des ‹Föderalismus› besonders interessant ist, auf die Übernahme des Wortfeldes ‹föderal› während der Französischen Revolution, auf die zuerst religiöse, dann allgemeinmenschliche Intensivierung der Bedeutung von ‹Bund›, auf Kants Verbindung der Idee des Bundes mit übernationalen Organisationen der Friedenswahrung – woran dann Völkerbund wie Heilige Allianz anknüpfen konnten. Am Ende des achtzehnten Jahrhunderts werden Bund und Föderation zum Gegenstand politischer Hoffnung. Der Fürstenbund von 1785 solle ein Bund des Kaisers und der ganzen Nation werden, meinte Dalberg; Johannes von Müller schrieb 1787 eine Geschichte des Reiches als Geschichte von Assoziationen, die alle Krisen überwunden hätten; auch für ihn sollte der Fürstenbund führen zu einer ‹Bundesrepublik›, in der Fürstenmacht und Nationalfreiheit zusammen bestehen, die Deutschen eine Nation sein dürften. Aber realiter ist erst durch die napoleonische Flurbereinigung, die Vernichtung der kleinen Herrschaften, die Auflösung des lehensrechtlich konservierten Reiches, die Entstehung souveräner Einzelstaaten die Möglichkeit zu einem realen Bund eröffnet worden. Erst als die Staaten formal gleichberechtigt und homogen waren, konnten sie einen Bund bilden.

Das Zwischenspiel des Rheinbundes braucht uns hier nicht zu beschäftigen. Bei dem Versuch, dieses Gebilde begrifflich zu erfassen, haben die

Juristen den Unterschied des Staatenbundes zum Bundesstaat herausgearbeitet. Aber die Wirklichkeit blieb dadurch bestimmt, daß die gemeinsamen Organe des Rheinbundes, zumal auf Betreiben Bayerns, nicht zustande kamen und die napoleonische Hegemonie übermächtig war. Von einer Föderation konnte letzten Endes doch nicht die Rede sein. Der Rheinbund wurde für das entstehende Nationalbewußtsein eine Schimpf- und Spottgeburt.

## IV

1815 ist Deutschland nach dem endgültigen Zerfall von 1800 politisch als etwas Ganzes wiederhergestellt worden. Freilich nun in einer ganz neuen Form: als Deutscher Bund. Dieser Bund, der schon durch seinen Namen dem Prinzip des Föderalismus zugehört, hat für mehr als ein halbes Jahrhundert die realen politischen Erfahrungen der Deutschen mit dem Föderalismus, dem Leben in zwei politischen Ordnungen, der einzelstaatlichen und der gesamtdeutschen, bestimmt; daran ist er – so ruhmlos seine Existenz gewesen ist – von entscheidender Bedeutung für die neuere deutsche Geschichte. Der Deutsche Bund war ein Bund der Staaten und Regierungen, primär ein Staatenbund, auf der Souveränität der Einzelstaaten aufruhend, mit schwachen bundesstaatlichen Elementen, Kompetenzen und Institutionen. Der Deutsche Bund war nicht das Staatswesen, das die entstehende Nation sich wünschte, kein Nationalstaat, kein Bundesstaat, nicht der Bund der deutschen Völker und Stämme; kein Staat der Konstitution, der Verfassung, der Repräsentation der Nation, des Parlamentes, der Grundrechte, kein Staat mit starker zentraler Gewalt, mit einheitlichen Gesetzen, mit einheitlicher Wirtschaft. Der Deutsche Bund war die Organisation eines obrigkeitlichen, eines restaurativen Föderalismus, der sich der nationalen und liberalen Bewegung des Jahrhunderts entgegenstellte, der Gegentypus zum Programm des Nationalstaates. Das ist das Ergebnis der Konstellation von 1814/15, Ergebnis der Machtverteilung der Zeit. Nicht die Völker, nicht politische Bewegungen oder öffentliche Meinungen, sondern die Regierungen der Staaten entschieden. Das Interesse der europäischen Mächte war gegen einen neuen Nationalstaat, war für die Selbständigkeit der deutschen Einzelstaaten. Das Interesse und das Machtbewußtsein der dynastisch-bürokratischen Rheinbundstaaten widersprach jeder Einschränkung ihrer neu gewonnenen Souveränität (und darum schon kam eine Erneuerung des alten Reiches nicht in Frage). Auch das Eigeninteresse des übernationalen Gesamtstaats Österreich stand einem nationaldeutschen Bundesstaat entgegen; in gewisser Weise gilt das schließlich auch für Preußen, dessen europäische Stellung bei Einordnung in einen Bundesstaat neben Österreich gelitten hatte. Der Wiener Kongreß hat sich mit vielen Zwischenlösungen zwischen Staatenbund und Bundesstaat beschäftigt – direktoriale Zentralgewalt, plurale Hegemonie, Stein und auf andere Weise Humboldt haben eher bundesstaatlich-nationale Verfassungspläne vorgelegt – darauf können wir nicht eingehen. Letzten Endes sind die Zwischenlösungen – nach der sächsischpolnischen Krise des Kongresses – am Souveränitätsanspruch der süddeutschen Staaten gescheitert.

Ehe wir die föderative Struktur dieses Bundes und sein Verhältnis zur liberalnationalen Bewegung ins Auge fassen, muß man ein Wort über seine europäische Funktion sagen. Der Bund war, nach der Intention Metternichs wie nach seiner faktischen Wirkung, ein System zur Sicherung von Frieden, Gleichgewicht und Stabilität in Europa. Der Partikularismus der Einzelstaaten gerade hielt ein deutsches und damit das europäische Gleichgewichtssystem aufrecht; er neutralisierte durch seine bloße Existenz Spannungen in Deutschland, zumal zwischen den Hauptmächten und zwischen Deutschland und Europa. Der Bund habe die Aufgabe, so meinte Humboldt, zu verhindern, daß Deutschland ein erobernder Staat werde: Das sei seine defensive Bestimmung. Gerade darum sei er ein Staatenbund. Die staatenbündische Existenz war also nicht nur ein Ziel in sich selbst, das der einzelstaatlichen Souveränität und ihrer Aufrechterhaltung entsprach, sondern sie war zugleich ein Mittel für ein übergeordnetes europäisches Ziel, die Aufrechterhaltung von Gleichgewicht, Stabilität und Frieden. Das ist der Grund, warum Historiker und Publizisten im neunzehnten wie im zwanzigsten Jahrhundert, die davon überzeugt waren, daß das nationale Prinzip und die Bildung von Nationalstaaten eine dauerhafte Ordnung Mitteleuropas wie Europas überhaupt sprengen würden, dem Deutschen Bund trotz seiner restaurativen Züge mit Verständnis und Sympathie gegenüberstanden.

Welcher Art war der Föderalismus, mit dem der Bund das deutsche Problem von Vielheit und Einheit löste? Der Bund war, kann man im Anschluß an Humboldt, den preußischen Bevollmächtigten auf dem Wiener Kongreß, sagen, ein Staatenbund mit eingesprengten bundesstaatlichen Elementen, noch immer, wie er meinte, ‹monströs› im Sinn überlieferter Staatslehre. Er war mehr als eine Allianz, denn er war ewig und unauflöslich. Er verband die selbständigen Staaten zu einer lockeren Einheit. Sein Zweck war begrenzt: Er sollte die innere und äußere Sicherheit Deutschlands und die Unabhängigkeit und Unverletzlichkeit seiner Staaten erhalten, also äußere und innere Gefahren abwehren. Im Inneren, so hieß es 1820, bestehe der Bund aus einer Gemeinschaft selbständiger, unter sich unabhängiger Staaten, in seinen äußeren Verhältnissen als eine in politischer Einheit verbundene Gesamtmacht. Nur soweit die Existenz des Staatenbundes und sein Zweck es nötig machten, mußten die Glieder Teile ihrer Unabhängigkeit aufgeben; das Maß an Einheitlichkeit, wir können sagen: an bundesstaatlichen Elementen, war dadurch begrenzt, daß es nichts war als ein Mittel zur Erhaltung des Staatenbundes auf der Basis der einzelstaatlichen Souveränitäten. Das zeigt sich an der institutionellen Ausgestaltung.

Es gab kein Oberhaupt und keine selbständigen zentralen Organe, zum Beispiel Gerichte, eine Militärverwaltung oder eine Instanz für Außenpolitik. An der Spitze stand ein Gesandtenkongreß, der Bundestag, bei dem für die wichtigsten Sachen Einstimmigkeit vorgeschrieben war, also ein Vetorecht galt. *De facto* wurde der Bund durch die Hegemonie der beiden ihm zugehörenden europäischen Großmächte, Österreich und Preußen, bestimmt; man kann von einer Doppelhegemonie sprechen. Die Staatsräson der beiden Großmächte und ihre latente Konkurrenz erlaubten mehr noch als das Vetorecht nur eine lockere Bundesstruktur, auch und gerade in der Zeit bis 1848, als Österreich und Preußen den Bund in Kooperation leiteten. Preußens potentielles Interesse an einer Intensivierung des Bundes hätte nur seiner eigenen Hegemonie dienen und zu einem Herausdrängen Österreichs führen können; das wurde durch Österreichs Desinteresse an solcher Intensivierung konterkarriert. Preußen war zu sehr, Österreich zu wenig am Bund interessiert, die Doppelhegemonie hielt das Gleichgewicht wie die lockere Struktur des Bundes aufrecht. Im ganzen lebte der Bund weniger durch institutionelle Einheit als durch moralisch-politische Einigkeit seiner Staaten.

Die Verfassungswirklichkeit des Bundes läßt sich dann in zweifacher Hinsicht charakterisieren. Einmal, der Bund beschränkte selbst seine Aktivität, ja blieb in vieler Hinsicht untätig. Eine eigene Außenpolitik hat er nicht getrieben, und selbst die Gemeinsamkeit der Verteidigungsorganisation blieb schwach. Zu möglichen einheitlichen Regelungen, vor allem auf den Gebieten der Wirtschaft (Zoll, Handel, Schiffahrt), des Rechts oder der Kirchenpolitik, oder gar zu einer einheitlichen Normierung von Grundrechten oder Verfassungssätzen ist es nicht gekommen. Die Erwartungen der Zeitgenossen in dieser Hinsicht wurden enttäuscht, die ‹Bedürfnisse der Nation› nach Pflege und Mehrung der Wohlfahrt nicht erfüllt, der Bund erwies sich wegen seiner Inaktivität als schwach, ja als Hindernis für Weiterentwicklung und ‹Fortschritt›. Das war die eine große Erfahrung und Enttäuschung, die die Zeitgenossen mit diesem Bund erlebten. Zum anderen aber wurde der Bund aktiv als Vehikel der Restaurationspolitik. Seit den Karlsbader Beschlüssen wurde er zum aktiven und repressiven Verteidiger des Status quo: der dynastischen Legitimität, der territorialen Souveränität, der föderativ staatenbündischen Ordnung gegen die liberale, die demokratische, die nationale Bewegung. Mit der Ausformung des sogenannten ‹monarchischen Prinzips› als Norm des Bundesrechts begrenzte er sogar die Verfassungshoheit der Einzelstaaten. Paradox genug: um die staatenbündische Existenz zu sichern, verstärkte der Bund zum Beispiel über die Maßnahmen der Bundesexekution und der Bundesintervention die bundesstaatlichen Elemente. Das war die andere große Erfahrung der Zeitgenossen: der Bund, das Organ des Föderalismus, als Inkarnation der Restauration, des Systems Metternich, der Gegnerschaft gegen den liberal-nationalen Geist der Zeit, gegen den politischen Willen der Nation, den Willen zur Verfassung.

Man muß freilich sehen, daß die Einzelstaaten noch durchaus Rückhalt in großen Teilen der Bevölkerung hatten. Die föderative Struktur war nicht nur ein restaurativer Oktroi souveränitätsbesessener Obrigkeitsstaaten, sondern ruhte auf volkstümlicher Grundlage. Nicht nur das aristokratische und bürokratische Establishment der Einzelstaaten, nicht nur die mit traditionellen Instiutionen verbundenen Kirchen, sondern weite Teile der am Rande der Politik lebenden Bauern und kleinstädtischen Bürger lebten im Einzelstaat, fühlten sich primär als Bayern, Hannoveraner, Badener und Preußen, und erst dann als Deutsche. Und auch die neuen Staaten von Napoleons Gnaden haben zum Teil erstaunlich rasch einen eigenen Staats- und Landespatriotismus erzeugt. Der ‹Partikularismus› war eine soziokulturelle Realität. Die Nationalbewegung der Gebildeten ist erst langsam zur Massenbewegung, mindestens der Bürger geworden; dabei hat sie sich – merkwürdig genug – mit mächtigen und traditionsreichen Regionalismen, wie dem rheinischen in Preußen, dem pfälzischen und dem fränkischen in Bayern, verbunden. Dieses Regionalbewußtsein war gegen die neuen Partikularstaaten gerichtet; wenn man nicht mehr Franke sein konnte, wollte man nicht Bayer, sondern Deutscher sein. Auch die Nationalbewegung ging von der Wirklichkeit der regionalen und partikularstaatlichen Mentalität aus; sie übernahm die offiziöse Rhetorik, die den Bund der deutschen Staaten in einen Bund der deutschen Stämme umdeutete, und das wurde, wie man am liberal-nationalen volkstümlichen Lied ablesen kann, durchaus populäre Meinung.

Neben dem Deutschen Bund entstand in diesen Jahrzenten freilich noch eine andere föderative Organisation Deutschlands, der Zollverein. Schon 1815 hatte es Stimmen gegeben, die neben der chimärischen Einheit des ohnmächtigen Bundes einen kräftigen Sonderbund unter preußischer Führung und ein Abdrängen Österreichs nach Europa forderten. Aber daraus wurde zunächst nichts. Der Bund war nicht in der Lage, das Bedürfnis nach handelspolitischer Einheit, nach Zolleinheit zu befriedigen – letzten Endes, weil die Teilstaaten (zumal Österreich gegenüber dem übrigen Deutschland) wirtschaftlich zu heterogen, in ihrem Entwicklungsstand zu unterschiedlich waren –, umgekehrt wiederum ein Grund dafür, daß damals ihre Einheit nur als Staatenbund möglich war. In dieser Lage hat Preußen, dessen Interessen innerhalb des Bundes nicht zu erfüllen waren, dann in einem langwierigen Prozeß den Zollverein (1834) begründet, diesen Bund im Bund, diesen Staat im Staat. Rechtlich war dieser Zollverein noch staatenbündischer organisiert als der Bund: Gleichberechtigung aller Mitglieder, Einstimmigkeitsgebot, also Vetorecht, Abschluß auf Zeit, also Notwendigkeit der Verlängerung und damit Möglichkeit der Kündigung. Gerade darin freilich verbarg sich die Hegemonie Preußens; *de facto* war angesichts seines materiellen Gewichts eine solche Kündigung durch andere unmöglich, und Preußen konnte die Kündigungsdrohung benutzen, Änderungen durchzusetzen. Politisch war der Zollverein (schon im Bewußtsein der Politiker) der Kristallisationskern eines neuen und festeren preußisch geführten Deutschland. Es mußte aus dieser zollpolitischen Einheit nicht eine neue politische Einheit folgen, wir kennen dergleichen aus der Geschichte der Europäischen Gemeinschaft, aber eine solche Lösung war immerhin angelegt. Es ist kein Zufall, daß es das sogenannte Zollparlament von 1867 war, das die erste Nationalrepräsentation im kleindeutschen Sinn darstellte. Wie immer, für die Zeitgenossen seit den 1830er Jahren stellte der – offenbar funktionierende – Zollverein ein Alternativmodell für eine deutsche Föderation bereit, und 1848 hat man darauf zurückgegriffen.

Gegen den Deutschen Bund, den Bund der Restauration, stand die deutsche Opposition, die liberal-nationale Bewegung. Das prägte auch ihre Haltung zum Föderalismus, freilich in sehr unterschiedlicher Weise. Es gab einen kleinen radikal-demokratisch-republikanischen Flügel gegen die Fürsten, gegen die Klein- und Vielstaaterei mit dem unitarisch-nationaldemokratischen Ziel der *nation une et indivisible*. Aber es gab auch Radikaldemokraten, die nach Abschaffung der Fürstenstaaten, der ‹historischen› Staaten doch, geleitet von antizentralistischen und antibürokratischen Vorstellungen unmittelbarer Demokratie, inspiriert vom – oft mißverstandenen – Modell der USA oder der Schweiz, eine neue demokratisch-föderative Republik anstrebten. Die Mehrheit der Opposition aber war liberal-konstitutionell, sie wollte nicht Revolution, sondern Evolution, und das bedeutete: Erhaltung der Einzelstaaten, aber Umformung des Bundes, wesentliche Verstärkung der Einheit, der zentralen Institutionen und Kompetenzen, gesamtstaatliche Verfassung, gesamtstaatliche Bürgerrechte und – das war das wichtigste – gesamtstaatliches Parlament, ein Oberhaupt und eine Regierung. Gegen den Föderalismus der Regierungen, den Deutschen Bund, den Staatenbund, stand der Föderalismus der Nation, der liberalen Demokratie, stand – wie man nun zu sagen anfing – das Modell des Bundesstaates.

Im Bundesstaat sollte der Bund des Volkes den Bund der Fürsten und Regierungen oder Staaten ersetzen oder/und ergänzen (der Begriff Bundesstaat läßt offen, wer die Subjekte sind, die den Bund schließen). Staatenbund war das Symbol des *status quo*, Bundesstaat der Begriff der Hoffnung, der Zukunft. Der Bundesstaat ging von einer Teilung der Souveränität zwischen Gesamtstaat und Einzelstaat aus; im Gesamtstaat sollte die Nationalrepräsentation das unitarische Organ darstellen, dem die Regierung verantwortlich sein sollte. Bundesstaat, das war die oppositionelle Verfassungsparole, die Parole der friedlichen Revolution. Die Motive der Liberalen liegen auf der Hand. Sie waren gegen den Staatenbund, weil sie liberal waren, die bürgerlichen Freiheiten durchsetzen wollten; das bedeutete Rechtsgleichheit, gemeinsame Bürger- und Grundrechte. Ein Staatenbund konnte in ihrem Verstande nicht freiheitlich sein. Sie waren gegen den Staatenbund, weil sie (in dieser Hinsicht) demokratisch waren; denn wenn der Staat auf der Souveränität des Volkes, der Bürger jedenfalls mitgegründet war, so kam als dieses Volk nur die deutsche Nation, kamen nicht die ‹Völker› der Einzelstaaten in Frage. Sie waren gegen den Staatenbund, weil sie national waren, die wirtschaftliche, die rechtliche, die militärische, die außen- und machtpolitische Einheit der Nation wollten: Nur sie konnte die objektiven Bedürfnisse der Gesellschaften und ihre subjektiven Ideale erfüllen.

Die Minimalbedingungen, unter denen ein Territorium und eine Wirtschaftseinheit im Zeitalter von Industrialisierung und Bürokratisierung, Nationalisierung und internationaler Verflechtung handlungsfähige Einheit sein konnten, waren von den meisten Bundesgliedern nicht mehr zu erfüllen; darum – so meinte man – brauchte man eine neue größere Einheit; aber jenseits solcher funktionalen Erwägungen war natürlich die Idee, daß eine Nation ein Staat sein müsse, eine unableitbar mächtige Idee der Zeit. Die Liberalen hielten am Föderalismus fest und wurden nicht zu unitarischen Zentralisten, weil sie ‹historisch› orientiert waren; sie wollten an Bestehendes, an Kontinuitäten, an das Erbe der deutschen Staatstradition anknüpfen. Sie blieben Föderalisten, weil sie konstitutionell waren, neben der demokratischen Legislative die monarchische Exekutive wollten – und eine Monarchie konnte man nicht machen, auch nicht cäsaristisch, man mußte die bestehenden, die gewachsenen Monarchien in den Staat integrieren. Die Liberalen blieben föderalistisch, weil sie realistisch und nicht revolutionär waren; weil sie ihre Ziele über Vereinbarungen mit den bestehenden Gewalten erreichen wollten, knüpften sie an das Faktum bestehender Dynastien und Einzelstaaten an. Paul Pfizer zum Beispiel hat 1831 in dem berühmten «Briefwechsel zweier Deutscher» argumentiert, daß ein republikanisches Föderativsystem die Vorstellung eines politischen ‹Idealismus› sei, real sei die Tatsache Preußen, realistisch die Vorstellung eines von Preußen geführten Bundes.

Natürlich gab es unterschiedliche Gewichtungen der Motive und unterschiedliche Schattierungen in der Bestimmung des Verhältnisses von Einzelstaaten und Gesamtstaat, es gab den unitarischen Bundesstaat mit einem Höchstmaß an Kompetenz für die Gesamtheit und den föderativen Bundesstaat mit einem Höchstmaß an Kompetenz für den Einzelstaat. Friedrich von Gagern zum Beispiel, der 1825 zuerst die Anhänger des Bundesstaates als Föderalisten bezeichnet hat, sah im Bundesstaat nur eine Durchgangsstufe zu einer zentralistischeren Staatsbildung, freilich die einzige Form, die man ohne Bürgerkrieg realisieren könne und mit der monarchisch regierte Staaten zusammengefaßt werden könnten. Carl Theodor Welcker sah im Bundesstaat, anknüpfend an das Modell der USA, auch deshalb ein Ideal, weil er die rechtsstaatliche Idee der Gewaltenteilung in besonderer Weise stabilisiert – ein funktionaler Föderalismus können wir sagen. Andere waren ganz genuin Föderalisten, weil sie von der natürlichen Vielheit der deutschen

‹Stämme› ausgingen. Die Stunde der Opposition war die Revolution von 1848/49, der Versuch der Paulskirche, einen Staat zu gründen und zugleich eine Verfassung zu geben. Freilich, der Begriff Bund schien restaurativ verbraucht, die Massen sahen auf ihn mit Verachtung herab; man wählte den mit geschichts-theologischen und mythischen Erinnerungen aufgeladenen Begriff ‹Reich›. Mit diesem Begriff sollte – vor aller Verfassungskonstruktion – die «geteilte und geeinte» Natur des neuen Staates festgelegt werden: Die Länder des Deutschen Bundes, so hieß es, «bilden fortan ein Reich (Bundesstaat)». Die Verfassung orientierte sich am Modell des Bundesstaats, sie suchte das nationale Element der Gemeinsamkeit mit dem Element partikularer Eigentümlichkeit zu verbinden: Die Selbständigkeit der deutschen Staaten, so hieß es im Entwurf des sogenannten Siebzehner-Ausschusses, wird nicht aufgehoben, aber so weit es die Einheit Deutschlands erfordert, eingeschränkt; Einzelstaatlichkeit und Nationalsouveränität waren gleichermaßen anerkannt, und Georg Waitz hat dann 1853 in diesem Sinn eine Theorie des monarchischen Bundesstaates entwickelt und von der ‹Doppelsouveränität› von Bund und Ländern, der Selbständigkeit der Bundes- wie der Ländergewalt gesprochen.

Auch in der liberalen Mehrheit der Paulskirche gab es starke Unterschiede, Anhänger des mehr föderativen wie des mehr unitarischen Bundesstaates, Anhänger des Bundesstaates mit monarchischem Schwergewicht wie die rechte Mitte, die in der nationalen Monarchie den eigentlichen Integrationsfaktor sah, und Anhänger des Bundesstaates mit demokratisch-parlamentarischem Schwergewicht wie die linke Mitte, die im nationalen Parlament den maßgeblichen Integrationsfaktor sah.

Die Verfassung war ein Kompromiß. Das Reich hatte eine gewisse Priorität, es war ein Nationalstaat, gebildet nicht aus dem Zusammenschluß der Länder, sondern aus dem souveränen Willen des Volkes. Es war ein Bundesstaat mit stark unitarischen Elementen. Der Staatszweck war nicht nur negativ defensiv wie im bisherigen Bund, sondern positiv gestaltend. Er sollte Wohlfahrt und Hebung der allgemeinen Lebensbedingungen einschließen, und dazu gab es eine einheitliche Gesetzgebung mit zentralen Organen: Parlament, Reichsoberhaupt, Regierung und Gerichten – und zugleich mit einem durchaus mächtigen föderativen Zentralorgan, dem Staatenhaus, das zur Hälfte von den Regierungen, zur Hälfte von den Landesparlamenten besetzt werden sollte.

Aber nicht in diesen Bestimmungen lag das Problem des deutschen Föderalismus von 1848. Das eigentliche Problem war die Art, wie Österreich in dieses Reich einbezogen werden sollte. Der bisherige Deutsche Bund konnte mit der österreichisch-preußischen Doppelhegemonie bestehen, auch in föderaler Form, und er konnte die deutschen (und böhmischen) Teile Österreichs einschließen, die nicht-deutschen ausschließen, ohne Österreich zu zerstören: Das war der Vorteil seiner staatenbündischen Struktur. Der neue

Bundesstaat mußte ein Nationalstaat sein, der Österreich entweder sprengen, seine deutschen von seinen nicht-deutschen Teilen trennen, oder aber zum Ausschluß des ganzen Österreich aus Deutschland führen mußte. Diese Alternative hat sich freilich erst im Laufe der Revolution und im Scheitern vieler Versuche, Zwischenlösungen zu finden, wie die eines engeren und eines weiteren Bundes, so klar herausgebildet. Der Föderalismus geriet in den Strudel des großdeutschen Problems. Österreich und die Österreicher sahen nur im Staatenbund, der Österreich als Gesamtstaat die Zugehörigkeit erlaubte, eine akzeptable und größere deutsche Einheit; Preußen – und die Preußen – sahen nur im Bundesstaat, der Österreich ausschließen mußte, eine Verwirklichung größerer Einheit. Zugleich aber war das Problem der deutschen Föderation ein Problem der Hegemonie. Die Einbeziehung Österreichs, seiner deutschen Teile oder des Gesamtstaats, hätte die faktische dualistische Doppelhegemonie der beiden deutschen Großmächte innerhalb des neuen Reiches erhalten oder re-institutionalisiert. Die historische Erfahrung aber schien zu lehren, daß der hegemoniale Dualismus kaum eine handlungsfähige Zentrale zuließ: Wenn man also eine gestärkte Zentrale wollte, so schloß das realistischerweise eigentlich die Doppelhegemonie aus. Dann aber schien wiederum der Ausschluß Österreichs, also auch Deutschösterreichs, und die preußische Hegemonie übrig zu bleiben – gegen die es wiederum viele liberal-demokratische, föderalistische, nationale Einwände gab.

Auch diese Alternativen hegemonialer Lösung sind erst im Laufe der Revolution klar geworden. Übernationaler Staat oder Teilung Deutschlands (Abtrennung Österreichs), schwache Zentrale mit einer Doppelhegemonie oder preußische Hegemonie, das waren die Pole, zwischen denen das Dilemma der Revolution entstand. In diesem Doppeldilemma fingen die Positionen der Parteien an sich zu überkreuzen: Welche Art Föderation man wollte, das war auch davon abhängig, welche Antwort man auf das großdeutsche Problem und das Problem der Hegemonie gab, welche Präferenz man setzte. Ein Teil der Liberalen und der Großteil der Katholiken waren primär großdeutsch, sie wollten die Abspaltung (Deutsch-)Österreichs auf jeden Fall verhindern, sie waren antiborussisch und wollten darum keine preußische Hegemonie; die demokratischen Gegner einer erbkaiserlichen, das heißt preußisch-kleindeutschen Lösung schlugen sich auf ihre Seite. Man mußte darum notgedrungen nach einer Föderation suchen, die für Gesamtösterreich erträglicher, also lockerer, weniger zentralistisch, ja weniger nationalstaatlich war.

Auf der anderen Seite waren diejenigen Liberalen, die notgedrungen – da Deutschösterreich so wenig wie Gesamtösterreich aus unaufhebbaren Gründen einem deutschen Reich noch zugehören konnte – Kleindeutsche wurden, von der Sorge über die preußische Hegemonie bewegt. Das färbte ihre Föderationspläne, und zwar in einem zentralistischen Sinn. Der Föderalismus sollte nicht den preußischen Partikularismus stärken, sondern das ermöglichen, was man letztendlich wollte. Preußen sollte in Deutschland aufgehen. Anfangs hatte man Preußen dezentralisieren wollen (ja für viele war das revolutionäre Sonderparlament Preußens in Berlin ein Stein des Anstosses). Gemäß der Verfassung sollte Preußen, um sein Gewicht zu verringern, im Staatenhaus auch durch seine Provinzen vertreten werden. Das bundesstaatliche System im ganzen sollte Preußen nicht nur integrieren, sondern seine Führungsgewalt relativieren; die Position des preußischen Königs als Kaiser sollte von der Machtbasis des hegemonialen preußischen Staates so weit wie möglich gelöst werden. Und die Versuche, eine Art Doppelbund – einen engeren Bund unter preußischer Führung, einen weiteren Bund mit Österreich – zu installieren, sollten nicht nur das großdeutsche Dilemma lösen, einen Nationalstaat zu gründen und das unteilbare Österreich mit seinen deutschen Gebieten an ihn zu binden, sondern auch der preußischen Hegemonie im engeren Bund Grenzen setzen.

Der Versuch, anstelle eines staatenbündischen Deutschen Bundes einen bundesstaatlichen Nationalstaat zu errichten, ist bekanntlich gescheitert. Das hat eine Reihe von Gründen, auf die wir nicht einzugehen haben. Zwei Punkte müssen im Zusammenhang des Föderalismusproblems erwähnt werden. Es ist – sicher nicht primär, aber doch auch – die föderale Struktur Deutschlands gewesen, an der die Revolution gescheitert ist. Dazu gehört nicht die Gegnerschaft der Mittelstaaten gegen die unitarisch-föderative Lösung der Reichsverfassung – sie war überwindbar –, wohl aber die Tatsache, daß eine Koordination und Konvergenz der Revolutionen im polyzentralen Deutschland, in Frankfurt, Berlin und Wien vor allem, nicht zustande kam: Nichts verband sich potenzierend zu größerer Stärke, viel Gegeneinander hemmte ‹die› Revolution, die Prozesse der Radikalisierung waren isoliert, die Gegenrevolution gewann ihre besonderen Siege über eine aufgeteilte, eine regionalisierte Revolution. Das Faktum der Pluralität deutscher Regionen, ja partikularer Staaten erwies auch in der Revolution im Namen des nationalen Prinzips seine Macht. Entscheidend freilich war, daß im deutschen föderativen System das Problem der beiden Großmächte, des übernationalen Österreich, des Hegemonie beanspruchenden Preußen, und ihres Dualismus 1848/49 nicht lösbar waren. Auch der preußisch-monarchische Versuch von 1849/50, eine dynastisch-föderative engere ‹Union› ohne Österreich zu bilden, viel monarchischer und weniger liberal-demokratisch, weniger zentralistisch und weniger preußisch-hegemonial, als die Paulskirchenverfassung es wollte, scheiterte am Widerstand Süddeutschlands und vor allem Österreichs und des auf seiner Seite stehenden Rußland. Der deutsche Dualismus und das Ziel einer engeren Föderation schienen in unaufhebbarem Gegensatz zu stehen.

Die Restitution des Deutschen Bundes konnte zwar juristisch, nicht aber faktisch den Zustand der Föderation von vor 1848 wieder herstellen. Das

Problem einer Reform der föderativen Verfassung Deutschlands im Sinne stärkerer Einheit war auf Dauer nicht mehr von der Tagesordnung zu bringen. Die bürgerlich liberale, die nationale Bewegung mit ihrer Forderung nach Nationalpräsentation, Nationalstaat, nationaler Gesetzgebung, der Forderung nach demokratisch-nationaler Legitimation des Staates und nach Erfüllung der wirtschaftlichen, rechtlichen und machtpolitischen Minimalbedingungen eines modernen Staates konnte auf Dauer, zumal seit dem Ende der fünziger Jahre nicht ignoriert werden. Die Spaltung zwischen politischer Verfassung, dem Bund, und ökonomischer Verfassung, dem Zollverein, schuf immer neue Probleme – und die großösterreichischen Zollpläne, die sie überwinden sollten, sind bekanntlich gescheitert. Schließlich war nach 1850 zwischen Österreich und Preußen nichts mehr so wie vorher; aus der Doppelhegemonie wurde der Hegemonialkampf, und er verflocht sich ganz und gar mit der nationalen und föderativen Frage.

Seit der Gründung des kleindeutschen Nationalvereins (1859) und der Gegengründung des großdeutschen Reformvereins (1862) war die öffentliche Meinung ein organisierter politischer Machtfaktor, nahm an dem Ringen um die Neugestaltung der Föderation teil. Diskussionen und politische Versuche knüpften an die Alternativen von 1848/49 an; es ging um das Verhältnis Österreichs und Preußens zu Deutschland, es ging um das Maß an föderativer Bindung und Einheit, es ging um das Verhältnis von Nation und Staat, es ging um das Verhältnis von Monarchie und Volkssouveränität. (Die berühmte Debatte der Historiker Ficker und Sybel sogar war nicht nur eine Debatte zwischen Großdeutschen und Kleindeutschen, sondern auch eine Auseinandersetzung um lockere Föderation oder feste Staatsbildung.)

Österreich war der Protagonist der lockeren Föderation. Es versuchte zwar die Kompetenzen und die Organe des Bundes zu verstärken, etwa eine Bundesleitung kollegialer Art und eine Repräsentation indirekter Art einzurichten, aber was darüber hinausging – einheitliche Spitze und direkt gewähltes Parlament – mußte seine Stellung in Deutschland vernichten. Die Gegner Preußens, die Großdeutschen, auch Demokraten und Liberale, mußten sich mit diesen konservativen Prinzipien einer lockeren Föderation zufriedengeben, denn sie waren das Maximum dessen, was Österreichs Existenz ertrug. Nur ein lockerer Föderalismus konnte die Teilung Deutschlands durch den Ausschluß Österreichs und damit die preußische Hegemonie verhindern. Preußen hingegen tendierte einerseits zur Teilung oder hegemonialen Parität mit Österreich, was dieses aus machtpolitischen Erwägungen nicht einräumen zu können glaubte, andererseits und letzten Endes aber zu einem Übergang zur bundesstaatlichen Föderation mit direkt gewähltem Nationalparlament. Angesichts des preußischen Antiparlamentarismus war das natürlich auch antiösterreichische Strategie, aber wie immer es mit den Motiven steht, hier bahnten sich Bündnis und Kompromiß mit dem Gros der liberalen Nationalbewegung an, so lange diese auch zwischen antipreußischem Mißtrauen und dem ‹Realismus›, der Erwartung, nur mit Preußen zum Ziel kommen zu können, schwankte.

Ich habe die umwegige Geschichte der Reformdiskussion und der Reformversuche im Kampf um die Vormacht in Deutschland hier nicht zu schildern. Für unser Thema wesentlich ist, daß sich der Sprachgebrauch verschiebt und fixiert: Das Begriffsfeld ‹föderalistisch› gerät in die Nähe der großdeutschen-proösterreichischen Orientierung und damit der Idee der lockeren Föderation – und zwar sowohl im Selbstbewußtsein dieser Gruppen wie in der Bezeichnung durch die Gegner. Die kleindeutsch-propreußische Orientierung galt jedenfalls ihren Gegnern schon als unitarisch, ihre Anhänger galten als Unionisten oder Cäsarianer, obschon sie selbst zunächst noch in Kategorien des Bundesstaates dachten.

Zwei besondere Ausprägungen der Argumentation verdienen Erwähnung. Einer der Ideologen des staatenbündischen Föderalismus, Constantin Frantz, hat das Argument entwickelt, der Föderalismus sei in Mittel- und Südosteuropa das einzige Mittel, die Konflikte der Nationen und Nationalitäten zu bewältigen, ja die deutsche Gesamtmacht für Europa erträglicher zu machen, ruhig zu stellen. Das war ein neuer – internationaler – Föderalismus, der, wenn auch nur sektiererhaft, nach 1871 im Gegensatz zum Nationalismus des Bismarckreiches treten mußte. Im kleindeutschen Nationalliberalismus auf der anderen Seite entwickelte sich wirklich eine antiföderativ-unitarische Tendenz, deren früher klassischer Exponent etwa Heinrich von Treitschke ist. Er protestiert – 1865 – nicht nur wie üblich gegen den Bund und seine Mediatisierung der Nation, sondern lehnt überhaupt eine von Einzelstaaten abhängige Zentralgewalt ab. Das Beispiel der USA und das der Schweiz, so argumentiert er historisch, seien für Deutschland nicht anwendbar, denn ihre Voraussetzungen seien: Demokratie und *self-government*, lange Geschichte, Gleichheit der Gliedstaaten und eine relativ geringe Staatstätigkeit – all das aber sei in Deutschland nicht gegeben. Der Einheitsstaat sei das Ziel der Geschichte Deutschlands (wie der Italiens), nur der Einheitsstaat unter preußischer Führung könne die partikularistische Tendenz der kleinen Monarchen bezwingen, dem Bedürfnis der Nation – Nation, eine unteilbare Nation zu sein – zentralisierend gerecht werden. Das ist sozusagen das frühe Signal der unitarischen Parteirichtung, die im Nationalstaat von 1871 dann anwächst.

Die Versuche der sechziger Jahre, den Bund zu reformieren, indem man die bundesstaatlichen Elemente verstärkte, waren unausweichlich, sie führten zur Krise des Bundes: Der Dualismus machte die Reform unmöglich, der Dualismus und die bürgerliche Opposition zusammen ließen eine Weiterexistenz der bisherigen Form deutscher Föderation nicht zu. Sie sprengten den Bund, der nicht mehr im Sinne der Zeit Staat sein konnte. Der restaurative und staatenbündische Föderalismus, auch in der österreichisch-großdeutschen Reformversion der sechziger Jahre war gescheitert; gescheitert waren die Liberalen mit ihrer Bundesstaatsidee und der Bändigung der preußischen Hegemonie. Der bestehende Bund zerbrach, einmal weil der preußisch-österreichische Dualismus in seinem Rahmen nicht mehr aufgefangen werden konnte, zum anderen weil das Ziel der bürgerlichen Bewegung, der Errichtung eines Nationalstaates mit der Existenz Gesamtösterreichs als einer deutschen Teilmacht, föderativ nicht mehr auszugleichen war. Der Krieg von 1866 mit dem preußischen Sieg bei Königgrätz beendete die Existenz des Bundes; er teilte Deutschland, indem er Österreichs Ausscheiden erzwang. Er begründete zugleich eine neue politische Organisation Deutschlands, die über den Norddeutschen Bund von 1867 im Deutschen Reich von 1871 feste Gestalt gewann. Diese ‹Lösung› der deutschen Frage beruhte auf der Verbindung der preußischen Großmachtpolitik mit der liberal-nationalen Bewegung; freilich waren es die Siege der preußischen Militärmonarchie, die diese Lösung durchsetzten: Ihre Präponderanz hat die neue politische Gestalt Deutschlands entscheidend geprägt.

V

Das Reich von 1871 war – wie sein unmittelbarer Vorläufer, der Norddeutsche Bund – eine neue Form föderativer politischer Ordnung. Es war keine verbesserte Neuauflage des alten, primär staatenbündischen Bundes, und es war kein Einheitsstaat, es war nicht der Bundesstaat, von dem die Liberalen 1848/49 geträumt hatten, aber es war auch nicht eine bloße Fassade preußischer Herrschaft. Bismarck hat 1866/67 auf die völlige Annexion Norddeutschlands ebenso verzichtet wie auf einen stark zentralisierten Bundesstaat; die Verfassung, so meinte er, sollte sich in der Form mehr an einen Staatenbund halten, aber praktisch sollte man ihr die Natur des Bundesstaates geben, mit «elastischen, unscheinbaren, aber weitgreifenden Ausdrükken». Der unmittelbare Sinn dieses Konzepts war es, den Beitritt der süddeutschen Staaten offen zu halten, ja zu ermöglichen – und die Reichsverfassung von 1871 ist bekanntlich im wesentlichen von der norddeutschen Bundesverfassung von 1867 übernommen worden. Aber das Konzept entsprach, wie wir sehen werden, auch in sehr viel allgemeinerem Sinn den Ansichten und Plänen Bismarcks. Der neue Staat verband unterschiedliche Traditionen und Prinzipien der mächtigen Kräfte der Zeit in einer kunstvollen, vielleicht künstlichen Synthese: die national-unitarischen, die föderativen, die hegemonialen, die liberalen und die obrigkeitlich-antiparlamentarischen Prinzipien. Art und Funktion des deutschen Föderalismus von 1871 werden erst in diesem Zusammenhang deutlich.

Auf der einen Seite standen also die unitarischen, national-unitarischen Elemente: Die unitarische Reichsspitze in der nationalen Monarchie, mit dem Deutschen Kaiser (nicht dem cäsaristischen Kaiser der Deutschen, nicht dem antiföderalen Kaiser von Deutschland) an der Spitze einer Reichsexekutive, Herrn der Außenpolitik und – faktisch, wenn auch mit Einschränkungen – der bewaffneten Macht, die unitarische Spitze im Reichskanzler, der vom Kaiser ernannt, zwar nicht juristisch und nicht parlamentarisch, wohl aber politisch, öffentlich ‹verantwortlich› für die Rechtspolitik war. Dazu gehört das wiederum unitarische national-demokratische Element: Die einheitliche Vertretung der einen Nation im Reichstag des allgemeinen Wahlrechts und seine Kompetenz als nicht zu übergehender Teil der Legislative. Bismarck war sich der unitarischen Funktion des Reichstags – als Gegengewicht gegen einen Partikularismus der Einzelstaaten – sehr wohl bewußt und hat ihn in dieser Hinsicht durchaus benutzt.

Neben diesen Elementen der Einheit standen die Elemente der Vielheit, die man sich angewöhnte, föderativ oder föderalistisch zu nennen. Das Reich war ein Bundesstaat. In der Präambel der Verfassung ist es sogar als ein Bund der Fürsten und Städte stilisiert worden. Daraus haben Juristen, Politiker und Historiker gelegentlich abgeleitet, das Reich sei nichts als ein Fürstenbund, die Souveränität ruhe bei den Souveränen seiner Gliedstaaten. Bismarck hat, als er anfing, mit dem Gedanken eines Staatsstreichs zu spielen, behauptet, das Reich beruhe auf einem Verfassungsvertrag zwischen den Landesherren und insofern sei eine Auflösung und Neugründung durch die souveränen Regierungen durchaus möglich – eine quasi-staatenbündische Interpretation. Aber das war eine Fiktion, eine bündische obrigkeitliche Legende, die die national-unitarischen und national-demokratischen Züge des Reiches verdecken und verhüllen sollte, die dynastisch-föderale und die unitarisch-liberale Doppellegitimation dieses Reiches in eine obrigkeitliche Legitimation zurückverwandeln sollte. Reich, Reichsverfassung und ihre Organe (der Reichstag etwa) beruhten auf dem Zusammenwirken von Fürsten, Regierungen und einzel- und gesamtstaatlichen Parlamenten. Hätte Bismarck seine zeitweilige Auslegung zur Grundlage seines Handelns gemacht, so wäre das, darüber ist das Urteil einhellig, der Staatsstreich, der Umsturz des Reiches gewesen. Insofern ist diese Auslegung falsch. Das Reich war kein Fürsten- und Städtebund.

Auch in einer anderen Beziehung ist zunächst auf eine Einschränkung der Stellung der Gliedstaaten hinzuweisen. Ursprünglich hatte Bismarck die bevollmächtigten Minister der verbündeten Regierungen, die im ‹Bundesrat› vereint waren, zum eigentlichen Träger der Regierungsgewalt machen wollen, also eine wenig zentralisierte Reichsexekutive ins Auge gefaßt. Der Kanzler wäre eine Art Geschäftsführer der verbündeten Regierungen gewesen; diese wären von Preußen hegemonial dominiert worden. Ein Reichsministerium lehnte er ab, zunächst weil er darin eine unitarisierende Tendenz, eine Tendenz zur Mediatisierung der Länder sah, die er aus politischen Gründen, aus Rücksicht auf die Machtlage wie auf die künftige Integration der Länder vermeiden wollte. In den Parlamentsverhandlungen über die

Verfassung des Norddeutschen Bundes ist dann auf Antrag des Führers der Liberalen die sogenannte *lex Bennigsen* zustande gekommen: Sie etablierte die Verantwortlichkeit des Kanzlers (im beschriebenen Sinn); damit machte sie dieses Amt zu einem der selbständigen zentralen Ämter des Reiches und drängte den Bundesrat aus seiner Rolle als zentrale Exekutive heraus. Es gab zwar keine zentrale ‹Regierung›, sondern nur einen Kanzler, aber es gab eben auch keine föderalisierte Exekutive mehr.

Trotzdem bleibt nun ein staatsrechtliches wie politisches Hauptfaktum, daß das Deutsche Reich ein Bund, eine Föderation von Gliedstaaten, ein Bundesstaat war. Die Existenz der Gliedstaaten, ihre Verfassungshoheit, ihre eigene Verwaltung und ein bestimmtes Maß an Gesetzgebungsautonomie, ja ein Stück Militär- und Verkehrshoheit war ihnen garantiert; Bayern und Württemberg hatten zudem noch bestimmte Sonderrechte. Zudem lag, und das ist für die Machtverteilung in einem Bundesstaat entscheidend, das größere Maß an Finanz- und Steuerhoheit bei den Ländern, sie erhoben die Masse der Steuern und bestimmten ihre Art. Die direkten Einnahmen des Reiches waren im wesentlichen auf Zölle – und seit der Schutzzollgesetzgebung – auf eine begrenzte Summe der Zölle beschränkt; im übrigen wurde das Reich durch eine Umlage, die sogenannten Martikularbeiträge der Länder, finanziert. Das Reich war, wie man gesagt hat, der Kostgänger der Länder; diese Form der Finanzverfassung war eine der stärksten Bastionen eines nicht zentralistischen Föderalismus.

Neben dieser – relativen – Eigenständigkeit der Gliedstaaten stand ihr Recht auf Mitwirkung an der zentralen Willensbildung, das sie in dem Verfassungsorgan Bundesrat ausübten. Die im Bundesrat organisierten verbündeten Regierungen waren, wenn man von einigen Restfunktionen der Exekutive und Judikatur absieht, vor allem das eine entscheidende Organ der zentralen Legislative mit Initiativ- und absolutem Vetorecht. Ohne den mehrheitlichen Konsens der Gliedstaaten, das heißt ihrer Regierungen, war das Reich gesetzgebungsunfähig, ja letzten Endes handlungsunfähig. Die Tradition des seitherigen staatenbündischen deutschen Föderalismus und seiner einzelstaatlichen Souveränität war im Bundesrat aufgehoben und lebte in ihm fort. Bismarck hat sich darum 1871 entschieden und erfolgreich dagegen gewehrt, den Bundesrat in Reichtsrat umzubenennen; mit dem Namen Bund wollte er die föderative Tradition erhalten, das einzelstaatliche Selbstbewußtsein schonen. Denn obwohl in dem Wort ‹Reich› auch das Moment des Antizentralismus steckte und die Partikularisten sich in einem Reich besser als in einem Bundesstaat aufgehoben wußten, war es doch in dieser Zeit noch stärker ein liberal-nationaler Begriff; gegen den diskreditierten Bund rief er eine historische Symbolik an und betonte die Gemeinsamkeit des Imperiums, die Stärke der gemeinsamen Organe.

In dieser föderativ-unitarischen Organisation hatte nun drittens Preußen eine hegemoniale Stellung. Der großpreußische Zug von Reichsgründung und Reich ist ja – wenn auch nicht allgemeinbestimmend – ganz unverkennbar. Im Bundesrat war Preußen führend – auch wenn es nicht über die Mehrheit der Stimmen verfügte: Das Vetorecht in einzelnen Fragen, die Anlehnungsbedürftigkeit der kleineren Staaten und die Möglichkeit Preußens, Druck auszuüben, etwa in Fragen des Verkehrs, der Steuerverwaltung, des Militärs, kurz, sein politisches Gewicht sicherten diese Überlegenheit – in der Praxis ergab sich daraus eine Art Konsenszwang, das Prinzip der Einmütigkeit. Die preußischen Ministerien übernahmen die Federführung im Bundesrat; die preußischen oder präsidialen Initiativen dominierten bei der Gesetzgebung; preußische Behörden übernahmen zum Teil (und zunächst) die Funktion von Reichsbehörden; Preußen war *de facto* für die schwierigen Kompromißverhandlungen mit dem Reich ausschlaggebend. Der Reichskanzler war – fast immer – der preußische Ministerpräsident; es war der preußische König, der als Deutscher Kaiser Herr über Außenpolitik und bewaffnete Macht war und der den Reichskanzler ernannte. Formell wie informell war der Föderalismus hegemonialer Föderalismus – der Titel Kaiser sollte unter anderem gerade die Hegemonie einer Partikularmacht verhüllen und erträglich machen. Dabei nahm Preußen nun eine merkwürdige Doppelstellung ein. Als stärkster Einzelstaat garantierte es die Vorbehalts- und Einflußrechte der Staaten, die föderalistische Sturktur. Als Hegemonialmacht, als Mitträger des Reiches hatte es zugleich eine unitarische Funktion, es hielt den Föderalismus in Grenzen und sicherte das Funktionieren der zentralen Organe. Kurz, gerade die Stellung Preußens garantierte das Gleichgewicht zwischen Einzelstaaten und Reich, Partikularismus und Unitarismus, das den deutschen Föderalismus von 1871 charakterisierte. Darum hatte es Gegner auf beiden Seiten; die Unitaristen bekämpften den preußischen Partikularismus, die Partikularisten bekämpften den preußischen Reichsunitarismus.

Der Föderalismus also verband relative Autonomie und Mitbestimmung der Gliedstaaten und die preußische Hegemonie mit den Elementen der bundesstaatlichen Einheit. So wichtig das für die Lösung von überlieferten Problemen war, für die Zukunft wurde etwas anderes noch, das vierte Verfassungselement, wichtiger. Der Föderalismus, genauer die Institution des Bundesrates, fixierte das konstitutionell-monarchische System, also den Antiparlamentarismus. Der Bundesrat war mehr noch als der König-Kaiser die Barriere gegen jede Parlamentarisierung der Reichsmonarchie und von Bismarck bewußt als solche aufgebaut. Ursprünglich hatte der Bundesrat allein – anonym und nicht verantwortlich – dem Reichstag gegenüberstehen sollen, so daß dessen Angriffe ins Leere gelaufen wären. Aber auch nach der Schaffung des Amtes des verantwortlichen Reichskanzlers blieb der Bundesrat das Gegenüber des Parlaments; er war es, der den Kanzler, der Mitglied und Vorsitzender dieses Gremiums war, in seiner Unabhängigkeit gegenüber dem Parlament schützte. In einer unscheinbaren Bestimmung war die Trennung der Regierungsgewalt von der parlamentarischen Gewalt mit Hilfe des Föderalismus gewährleistet: Mitglieder des Bundesrats konnten nicht zugleich Mitglieder des Reichstages sein, beide Funktionen waren inkompatibel. Und das System war so konstruiert, daß die föderalistischen Rechte der Einzelstaaten auf Mitregierung an eine konstitutionelle, also nicht parlamentarische Reichsleitung gebunden waren und durch eine Parlamentarisierung des Reiches in Gefahr geraten wären. Die liberaldemokratische Linke wußte bei den Verfassungsberatungen von 1867 sehr gut, daß unter den gegebenen deutschen Bedingungen eine Parlamentarisierung nur über eine stärkere Unitarisierung möglich wurde, gerade damit aber scheiterte sie. Kurz, die besondere Struktur des Föderalismus der monarchischen Einzelstaaten sicherte die konservativ-monarchische, die nicht-parlamentarische Machtstruktur des Reiches; Föderalismus und Konstitutionalismus wurden Bundesgenossen, der Föderalismus eine Barriere gegen ein Vorankommen der Parlamentarisierung.

Was waren die Ergebnisse dieser Synthese unterschiedlicher Prinzipien, dieses föderalistischen Kompromisses, und wie hat er sich fortentwickelt? Zunächst: Es gelang ein Ausgleich unitarischer Erwartungen, partikularer Befürchtungen, ein Ausgleich von gesamtstaatlichen und einzelstaatlichen Interessen und Notwendigkeiten. Die bis dahin unterschiedlichen und selbständigen Staaten sind ohne Probleme in den Gesamtstaat hineingewachsen, integriert worden; gerade weil die föderativen Elemente der Verfassung ihre Eigentraditionen bewahrten, jede Uniformierung vermieden, konnte sich eine neue Einheit ausbilden. Es bleibt erstaunlich, wie schnell sich der bis dahin so dominante Gegensatz des deutschen politischen Lebens, der Gegensatz zwischen Gesamtstaat und Einzelstaaten, zwischen Unitarismus und Partikularismus aufgelöst hat: Das Verhältnis von Reich und Einzelstaaten entwickelte sich – von der Finanzverfassung abgesehen – relativ konfliktfrei.

Dieser föderalistische Ausgleich von Einheit und Vielheit, Pluralität und Integration läßt sich auch auf der Ebene der politischen Kultur und der allgemeinen Lebensverhältnisse beobachten. Es gab den modernen Zug zur Vereinheitlichung der nationalen Gesellschaft: Verkehr, Wirtschaft, Mobilität (noch nicht die der zweiten Hälfte unseres Jahrhunderts) wirkten dahin; im Bereich von Kultur und Wissenschaft gab es eine Tendenz zur überregionalen Angleichung, ja zur Nationalisierung. Parteien und Verbände organisierten sich national und unitarisierten sich. Die Bruchlinien und die Gegensätze in der deutschen Gesellschaft zwischen den Konfessionen, den politisch-ideologischen Lagern und den Klassen blieben erhalten oder verschärften sich, aber die überlieferten partikularstaatlichen und regionalen gingen entscheidend zurück. Auf der anderen Seite aber blieb in Deutschland eine regionale Pluralität unterschiedlicher Kultur und politischer Kultur zumal, erhalten. Die Residenzen vor allem blieben unterschiedliche Zentren der Kultur, und diese Vielfalt hat die Entstehung der Modernität zu Beginn des zwanzigsten Jahrhunderts wesentlich gefördert. Auch politisch war Deutschland föderal pluralistisch – man kann es nicht einfach als Obrigkeitsstaat, Untertanengesellschaft beschreiben, wie Heinrich Mann das auf Grund der Atmosphäre bestimmter Teile Preußens getan hat. In Süd- und Südwestdeutschland waren die Parteien zumeist liberaler, demokratischer als im Norden, die Sozialdemokraten revisionistischer und wenig radikal: Das hing mit anderen politisch-sozialen Erfahrungen, mit einer anderen politischen Kultur zusammen; das berühmte antimilitaristische und antiobrigkeitsstaatliche satirische Organ «Simplizissimus» konnte in Bayern ungehindert erscheinen. Für die westlichen Provinzen Preußens, in denen die Industriekultur eine ähnliche Wirkung hatte wie die eigenstaatlichen Traditionen im Süden, gilt ähnliches. Und die Rückwirkungen dieser Bewegungen auf Zustände und Entwicklungen in Preußen kann man keineswegs verkennen.

Der Ausgleich also wurde relativ selbstverständlich. Auch auf der Ebene der Parteien söhnten sich die Anhänger des alten Bundes, der lockeren Föderation, die Partikularisten im großen und ganzen mit dem Reich aus. Die politischen Gruppen, die Bismarck schrecklich genug «Reichsfeinde» nannte, kamen nicht aus dem Lager der alten ‹Föderalisten›: Weder die nationalen Minderheiten gehörten dazu, noch gar die zentralistisch gesonnenen Linksliberalen und die Sozialdemokraten. Die hannoveranischen Gegner der preußischen Annexion, die Welfen, mag man als wirkliche ‹föderalistische› Opposition bezeichnen, und bei den schwäbischen Demokraten und den bayerischen (katholischen) ‹Patrioten› spielte ein antiborussisch geführter Antizentralismus eine wichtige Rolle. Aber entscheidend war das nicht. Entscheidend war die Haltung der katholischen Zentrumspartei. Das Zentrum gehörte in die Tradition der proösterreichischen, antiborussischen Besiegten von 1866, und es war ewige Minderheit. Aus beiden Gründen war es ‹föderalistisch›, und durch die katholische Sozialphilosophie, das sogenannte Subsidiaritätsprinzip, wurde das theoretisch abgestützt. Aber das bedeutete gerade, daß das Zentrum die föderative Reichsverfassung verteidigte, so wie sie war. Es stand gerade darin nicht in Opposition zur Verfassung, sondern auf ihrem Boden. Es organisierte sich als Reichspartei (und das galt auch für Bayern); es hat das Hineinwachsen der Katholiken in den neuen Staat, ihre ‹Nationalisierung› nicht gehindert, ja es wurde zur tragenden Partei dieses Reiches. Indem das Zentrum diese Rolle übernahm, hat es die partikularen Traditionen in das neue Reich integriert – auf der Basis des föderativen *status quo* von 1871. Das hat für die Folgezeit freilich eine negative Rückwirkung gehabt: Weil das Zentrum den föderativen *status quo* verteidigte, geriet die Sache des Föderalismus, die man mit der gegebenen Verfassung identifizierte, bei den Liberalen und Linken in den Geruch des politischen Katholizismus; offenbar wollte das Zentrum nur aus ‹konfessionellen› Gründen einen starken Einheitsstaat verhindern. Das schlug bei der weitverbreiteten antikatholischen Stimmung gegen den Föderalismus zu Buche.

Wenden wir uns nun noch einmal der Entwicklung der Verfassungspraxis zwischen 1871 und 1914 zu, so wird man vor allem das Vordringen der unitarischen Institutionen feststellen müssen. Das Reich (im Unterschied zu den Ländern) spielte zunehmend eine größere Rolle, als die Verfassung das ursprünglich vorgesehen hatte. Die Reichsgesetzgebung nahm stark zu; es entstanden eigene Reichsverwaltungen. Militär- und Flottenpolitik, Außen- und Kolonialpolitik, die – zoll- und wirtschaftspolitischen – Anfänge des Interventionsstaates und die Anfänge des Sozialstaates – das wurden die entscheidenden staatlichen Aufgaben, und sie erhöhten zwangsläufig das Gewicht des Reiches ganz gewaltig. Subjektiv gewann das nationalunitarische Kaisertum an Selbständigkeit, Prestige und Integrationswirkung. Die Reichsbürokratie löste sich von der preußischen Bürokratie und gewann an Initiative und Gewicht, auch und gerade im Bundesrat. Das Reich gewann – als Institutionen- und Entscheidungsgefüge – gegenüber Preußen an Gewicht. Die Staatssekretäre wurden häufig zu preußischen Ministern ernannt, Preußen wurde zeitweise für die Zwecke des Reiches instrumentalisiert oder mediatisiert. Man könnte geneigt sein, das als eine relativ gleichgültige Verschiebung im Herrschafts*establishment* von einer Bürokratie zu einer anderen anzusehen, die den föderativ hegemonialen *status quo* nicht entscheidend verändert habe und darum allenfalls für Juristen interessant sei. Aber so ist es nicht. Denn die Reichsleitung war an Reichsaufgaben orientiert und auf den Reichstag des allgemeinen Wahlrechts angewiesen, der moderne Staat konnte nur bestehen, wenn die Gesetzgebung funktionierte, Kompromisse mit dem Reichstag waren notwendig. Die preußische Regierung dagegen basierte auf einer konservativen Staatsstruktur, und sie hatte es mit einem Parlament des Dreiklassenwahlrechts zu tun. Der Kompetenz- und Führungskonflikt zwischen Preußen und dem Reich hatte darum eine wesentliche politische Dimension, er war Teil eines großen Veränderungsprozesses. Die Hegemonialmacht Preußen geriet unter den Druck des Reiches, ja fast in eine Defensive. Schließlich änderten sich Struktur, Gewicht und Funktion des Bundesrates. Aus einer Ministerkonferenz wurde ein Organ der Elite der höheren Bürokratie. Seine Initiative und seine Aktivität gingen zurück; ohne seine Zustimmung ging nichts, aber er spielte seine Rolle eher zurückhaltend. Er war exklusiv, nicht-verantwortlich, nicht-öffentlich, im Vergleich mit Kaiser, Kanzler oder Reichstag unpopulär, ja seine Aufgabe war eigentlich unverständlich. Und das bedeutete auch im Wilhelminischen Deutschland im Zeitalter der Öffentlichkeit auf die Dauer ein Stück Machtverlust. Was blieb, war politisch die Barriere gegen die Parlamentarisierung, gegen eine Veränderung des macht- und gesellschaftspolitischen *status quo*.

Das prekäre Verhältnis von Reichsleitung, Preußen, Bundesrat und Reichstag war in den Jahren vor 1914 in Bewegung. Einer der wesentlichen Gründe dafür war die Misere der föderativen Finanzverfassung. Eine immobile Steuerverfassung und -verteilung erwies sich als ungeeignet, die Aufgaben des imperialistischen Industriestaates zu finanzieren. Um das föderative Prinzip zu wahren, hatte man ein System von Überweisungen und Rücküberweisungen zwischen Reich und Ländern eingeführt, das immer absurder und irrationaler wurde. Die Länder, einschließlich Preußen, wie die konservativen Parteien widersetzten sich lange einem eigenen Steuersystem des Reiches, vor allem dem Zugriff des Reichstags auf Besitz- und Einkommensteuern. Der Föderalismus geriet finanzpolitisch in eine schwere Krise. Erst zwischen 1906 und 1913 sind dann Finanzreformen zustande gekommen, die direkte Reichssteuern einschlossen und also ein Reichsfinanzsystem anbahnten, ohne daß freilich eine funktionsfähige endgültige Lösung erreicht worden wäre.

Will man die Lage und Probleme des Föderalismus vor dem Ausbruch des Ersten Weltkriegs beurteilen, so läßt sich etwa folgendes sagen:

1. Der Föderalismus war relativ erfolgreich; er hatte das Reich zu einer Einheit integriert und die regionale Pluralität auch politisch erhalten. Die Eigenständigkeit der Länder hatte sich erhalten und war ein Stück akzeptierter politischer Wirklichkeit. Der Föderalismus der Reichsstruktur war weithin zur eingebürgerten Selbstverständlichkeit geworden. Föderalismus als politisches Gestaltungsprinzip war aber nicht in dem Sinne populär, daß er als bewegendes, zukunftsgestaltendes Prinzip erlebt worden wäre – wie Nationalismus und Imperialismus, Liberalismus oder Sozialismus. Der bürokratisch-obrigkeitliche Charakter des Bundesrates und die komplizierte Finanzverfassung des Reiches stellten potentielle, wenn auch nicht aktuelle Belastungen des Föderalismus dar.

2. Das Machtgewicht an der Spitze des Reiches hatte sich von den föderalen zu den unitarischen Instanzen hin verschoben, das galt auch für die hegemoniale Position Preußens. Das hat vor 1914 die Struktur der Herrschaft in diesem Reich nicht geändert; trotz der Differenzen zwischen dem Reich und Preußen war und blieb das Kaisertum mit der militärisch-konservativen Welt Preußens aufs engste verflochten; damit blieb die Reichsleitung an ihre preußische Machtgrundlagen gebunden. Der Bundesrat, auch wenn er an Gewicht verloren hatte, blieb der Reichsleitung im Kern bürokratisch-konservativer Gemeinsamkeit verbunden, hier drohte kein Konflikt. Und der Bundesrat blieb einstweilen eine Bastion des bestehenden Systems, ein Hindernis auf dem Weg einer Parlamentarisierung oder Liberalisierung des Reiches; damit sützte er letzten Endes trotz allem auch die relative Hegemonie Preußens.

3. Gegenüber den heute weit verbreiteten Thesen von der hoffnungslosen Stagnation des Reiches muß man freilich die Möglichkeit eines Wandels zur Geltung bringen. Die Angewiesenheit der Reichsleitung auf den Reichstag konnte zu einer Auflockerung der preußischen und der föderalen Barrieren führen. Auch der Föderalismus schloß trotz allem eine allmähliche Parlamentarisierung der Reichsmonarchie nicht gänzlich aus. Das zeigte sich im Ersten Weltkrieg.

Der Weltkrieg hat in dreifacher Hinsicht den Föderalismus beeinflußt:

a) Der Krieg erwies sich als großer Gleichmacher und Vereinheitlicher. Er war eine fundamental gemeinsame, ebenso politische wie soziale wie menschliche Erfahrung, eine Folge gemeinsamer Erlebnisse, gemeinsamer Belastung, der gegenüber die regionalen Unterschiede gering wurden. Die Notwendigkeiten des Krieges führten über die Rüstung zur Planung und Steuerung von Wirtschaft, Ernährung und Arbeitsleben, führten zur bürokratischen Zentralisierung; das Reich erweiterte seine Kompetenzen, und seine Verwaltung übte sie einheitlicher aus als je zuvor.

b) Demgegenüber gab es gegen Ende des Krieges den Widerstand gegen ein um sein Prestige gekommenes *establishment*, gegen Not und Zwang, ‹gegen Berlin› und gegen die Zentralisierung. Das war eine proföderalistische Stimmung, am stärksten im Erzland des Föderalismus, in Bayern. Aber sie erwies sich als kurzfristig, die föderalistischen Tendenzen der Not hatten keine Dauer.

c) Vor Ende des Krieges wurde die Verfassung parlamentarisiert: Der Druck der Demokratisierungswelle, der Integration der Sozialdemokraten, zuletzt und vor allem die drohende Niederlage überwanden auch die föderativen Hindernisse der Parlamentarisierung. Der Reichstag wurde nun gegenüber dem Bundesrat zum eigentlichen Machtzentrum, ohne daß damit die bundesstaatlich-föderative Struktur des Reiches beseitigt worden wäre.

VI

Im ganzen war die allgemeine Stimmung 1918/19, waren die Tendenzen der politischen Parteien, die jetzt zum ersten Mal allein über die Struktur Deutschlands entschieden, zentralistischer geworden als 1871. Das schlug sich in der Weimarer Verfassung nieder. Der Schöpfer des Entwurfes dieser Verfassung, Hugo Preuß, ging davon aus, daß nun endlich die Demokratie, der Volksstaat sich durchsetzen könne, und ihr Subjekt, Träger der Souveränität, war die Nation, die historischen Staaten galten ihr gegenüber als zufällig, ohne eigentliche Legitimität. Was er als das einzig legitime Erbe des Föderalismus ansah, das sollte im Aufbau des Staates durch kommunale und provinziale Selbstverwaltung gewährleistet werden: im ‹dezentralisierten Einheitsstaat› als einem Gegenmodell zur französischen Demokratie. Darin hatte dann auch eine von provinzialen Landtagen (nicht von Regierungen) proportional zur Bevölkerungszahl gewählte, gleichberechtigte Zweite Kammer, ein ‹Staatenhaus›, ihren Platz. Revolutionäres Kernstück des Konzepts war die Auflösung Preußens; nur so könne man, so meinte Preuß, das antiföderative Prinzip der Hegemonie endgültig beseitigen. Die Nationalversammlung von Weimar war an sich ähnlich unitarisch gesinnt. Aber in den demokratisch revolutionierten Einzelstaaten traten die neuen republikanischen Regierungen zum Teil in die föderalistischen Positionen ihrer monarchisch-konservativen Vorgänger ein; und sie hatten während der Verfassungsberatungen ein Mitsprache-, ja in der Frage von Gebietsänderungen eine Art Vetorecht. Sie wehrten sich gegen die Herabdrückung der Länder zu Provinzen. Die Aufteilung Preußens schien ihnen ein zu teurer Preis für das Ende der preußischen Hegemonie. Denn die Auflösung der stärksten historischen Partikularmacht (das war Preußen eben auch) hätte die Legitimität aller anderen historischen Partikularmächte geschwächt. Die Forderung nach Auflösung Preußens war eine Forderung des Zentralismus wie des ‹reinen› Föderalismus, der nur gleiche Partner einer Föderation anerkennen mochte. Sie scheiterte am wirklichen Föderalismus, an den am Föderalismus interessierten Einzelstaaten, die, paradox genug, zu Rettern Preußens wurden. Und die Mehrheitsparteien hatten einesteils manche Interessen an der Erhaltung Preußens als Basis von Parteimacht oder als Integrationsfaktor für gefährdete Grenzgebiete im Osten und Westen, anderenteils hatten sie zu viele andere Sorgen, als daß sie diesen großen Schritt hätten tun und die dadurch provozierten Widerstände hätten tragen können. Sie begnügten sich mit halben Maßnahmen und vertagten andere.

Das Ergebnis von Weimar war ein Kompromiß zwischen dem Konzept von Preuß und diesen Widerständen: ein gegenüber 1871 stark unitarisierter Bundesstaat (oder wie strenge Föderalisten es ansehen mochten, ein Einheitsstaat mit bundesstaatlichen Einsprengseln). Die Länder, so hießen die Einzelstaaten jetzt auch offiziell, bestanden fort, sie behielten ein gewisses Maß von Gesetzgebungskompetenz (Schulwesen), sie behielten ihre eigene Verwaltung und hatten über Personal- und Polizeihoheit durchaus ihren eigenen Wirkungsraum, ihr eigenes Gewicht. Freilich, die Gesetzgebungskompetenz des Reiches nahm in der Konsequenz der Kriegsfolgen, der wirtschaftlichen und sozialen Krisen, die nur zentral zu regeln, deren Lasten nur zentral zu verteilen waren, gewaltig zu, und auch die Reichsverwaltung dehnte sich aus. Vor allem wurde das Finanz- und Steuerwesen nun durch die in der Verfassung vorbereitete Erzbergersche Finanzreform zentralisiert. Das Reich erhielt den Löwenanteil der Steuern, es finanzierte praktisch die Länder; die Länder wurden zu Kostgängern des Reiches: Das war die Umkehr der bisherigen Verteilung der (Finanz-)Macht. Auch die Mitwirkung der Länder bei der zentralen Willensbildung wurde eingeschränkt. Es gab ein Verfassungsorgan, den Reichsrat, eine Vertretung der Länder, die bei der Gesetzgebung mitwirkte; diese Mitwirkung war teils beratend, teils hatte sie ein Einspruchsrecht zum Inhalt, das nur mit qualifizierter Zwei-Drittel-Mehrheit des Reichstags zu überstimmen war. Aber die Machtstellung des alten Bundesrates war – auch in republikanischer Form – nicht wiederhergestellt. Die preußische Hegemonie war – trotz der Stärke Preußens – dahin. Das republikanische Preußen stand nicht mehr in einem besonderen Immediatverhältnis zur Reichsmacht, weder zum Reichsoberhaupt, noch zum Reichskanzler und seiner Regierung, noch zur Reichsbürokratie. Im Reichsrat waren die Stimmen Preußens unterproportional auf zwei Fünftel begrenzt, die Hälfte sollte überdies – dezentralisiert – von Provinzialinstitutionen wahrgenommen werden. Das war gleichsam der Preis, den Preußen für seine, eben beinahe systemwidrige, Erhaltung zahlen mußte, der Preis auch, den die anderen Länder für die Verstärkung des Unitarismus erhielten. Eine unbeabsichtigte Folge war freilich, daß Preußen gerade nach dem Verlust der Hegemonie zu einem der Wortführer der Länder, einem potentiellen Protagonisten des Föderalismus werden konnte.

Es gab während des Entstehens der Verfassung auch – neben den beschriebenen Länderwiderständen und den zentralistisch-dezentralisierenden Tendenzen zur Neueinteilung, neben dem sozusagen altmodischen, traditionellen Föderalismus – neue föderalistische Motive und Argumente. Alle Weimarer Parteien zum Beispiel befürworteten (wie die Parteien in Wien) den Anschluß Österreichs, und es war jedem Kenner klar, daß ein solcher Anschluß nur in den Formen einer starken Föderalisierung vor sich gehen konnte. Aber bei der Auseinandersetzung um die Verfassung spielte dieses Argument dann doch keine wesentliche Rolle. Es gab einen linken Föderalismus, vor allem den der radikal-sozialistischen bayerischen Regierung unter Kurt Eisner, der die Verfassung an die Zustimmung der Einzelstaaten binden wollte, der, antizentralistisch, weil antiborussisch und enttäuscht über die Weimarer Mehrheit, die Kompetenzen des Reiches beschränken wollte. Aber im ganzen waren das Ausnahmen. Dominierend war der stärkere Unitarismus, aus wie verschiedenen Motiven er auch kommen mochte. Der unitarische Zug der Verfassung war nicht nur ein Kind des Zentralismus, sondern ein Kind der Demokratie, die sich gegen den obrigkeitlich-konstitutionellen Föderalismus durchgesetzt hatte, und ein Kind der Not, des Krieges und der unmittelbaren Nachkriegszeit. Charakteristisch ist die Wandlung des Zentrums: Bis dahin Garanten des bestehenden Föderalismus, haben seine Politiker die Weimarer Republik mitgeschaffen und getragen, überzeugt davon, daß der ‹dezentralisierte Einheitsstaat› dem Gesetz der Geschichte und der Forderung der Zeit entspreche, die föderalistische Tradition ‹aufhebe›.

Aus der Geschichte des Föderalismus in der Weimarer Republik sind zwei Komplexe wichtig:

a) Während der zwanziger Jahre gab es eine fortdauernde, zuletzt anschwellende Debatte über die Reichsreform. Sie hatte verschiedene Ursachen und verschiedene Probleme. Einmal gab es die föderalistische Kritik an der Reichsverfassung, die, wenn man von eher sektenartigen Bünden absieht, vor allem von der bayerischen Regierung und der Bayerischen Volkspartei vorgetragen wurde. Die Basis dieser Kritik war paradoxerweise die Erhebung der Verfassung von 1871, die Bayern früher bekämpft hatte, zur Norm eines gesunden Föderalismus. Der bayerische Föderalismus vermochte freilich kaum über Bayern hinauszuwirken. Seit den Anfangsjahren der

Republik galt er der Mitte und der Linken als Föderalismus des Legitimismus und der Restauration; der Hitlerputsch vom November 1923, in dem von Bayern aus – und anfangs, so schien es, nicht ohne Wohlwollen der bayerischen Regierung – im Namen eines besseren Deutschland die Revolution gegen Verfassung und Reichsgewalt proklamiert wurde, diskreditierte mancherlei Föderalismus als verkappten revolutionären Nationalismus. Bei der von Bayern eingeleiteten Reichsreformdebatte Mitte der zwanziger Jahre wurde deutlich, daß Bayern mindestens zeitweise vornehmlich bayerische Interessen verfocht und bereit war, gegen die Einräumung von Sonderrechten für Bayern und Süddeutschland, Preußen zu erhalten, ja zu stärken. Das zweite große Thema war das Problem Preußen, die Frage, ob man den sogenannten Dualismus zwischen dem weitaus größten und stärksten deutschen Land, Preußen, und dem Reich auflösen könne und solle, ob, wie man noch immer und wieder sagte, Preußen im Reich aufgehen sollte. Pläne einer Aufteilung Preußens wurden weiter diskutiert und auch Pläne, ganz Nord- und Mitteldeutschland mit Preußen zu vereinen, um gerade dadurch eine Dezentralisierung und Regionalisierung Preußens zu erzwingen. Schließlich wurden die Probleme der Finanzverfassung und eines besseren Finanzausgleichs diskutiert, und dabei spielte das rational-funktionale Argument der Zentralisten eine besondere Rolle, daß die Verwaltung eines dezentralisierten Einheitsstaates billiger und effektiver sei als das Nebeneinander von Reichs- und Länderverwaltungen. In gewisser Weise verschob sich die Föderalismusdebatte zu einer Debatte über Zentralisierung oder Dezentralisierung. Die föderative Struktur war nicht mehr selbstverständlich, die Umorganisation Deutschlands war ein aktuelles Thema, der Föderalismus schien eher in der Defensive, der ‹Unitarismus› im Vordringen. Die weitläufige Debatte, die bis in amtliche Kommissionsberatungen reichte, ging im Strudel der Wirtschaftskrise unter, aber auch vor 1929/30 waren im Grunde keine mächtigen Gruppen für eine Veränderung der politischen Gesamtstruktur wirklich zu mobilisieren; insofern hatte die faktische Verfassung eines stark unitarisierten Föderalismus doch Bestand.

Das bestätigt sich, wenn man nun b) einen Blick auf die föderative Realität, auf das politische Gewicht der Länder, die Bedeutung der Tatsache, daß Deutschland in Länder gegliedert war, wirft. Die Länder behielten – das war von Historikern manchmal verkannt – trotz der unitarischen Tendenzen in der öffentlichen Meinung eine ganz erhebliche Bedeutung im politischen Gesamtgefüge Deutschlands. Eine zentralistische ‹Errungenschaft› der Weimarer Verfassung, die Kompetenz des Reiches in Fragen der Schulgesetzgebung, konnte das Reich *de facto* nicht nutzen; entsprechende Versuche scheiterten. Denn die hier tangierten konfessionellen Traditionen Deutschlands waren mit dem Föderalismus verflochten. Schulgesetze waren letzten Endes nur im Rahmen der Länder möglich; das entsprach nicht nur der institutionellen Machtverteilung, sondern durchaus der Mentalität und den unterschiedlichen Willensrichtungen des deutschen Volkes. Die Personalhoheit der Länder, zumal in der Innen- und der Justizverwaltung, und die Polizeihoheit gab ihnen in dem aufhaltsamen Prozeß der Demokratisierung, beziehungsweise der Erhaltung vordemokratischer Strukturen, und dann in der Auseinandersetzung mit den Gegnern der Republik ein ganz erhebliches Gewicht. Dazu kam, daß es in den Ländern vielfach andere parteipolitische Koalitionen gab als im Reich. In Preußen etwa behauptete sich im wesentlichen die Weimarer Koalition (Sozialdemokraten, Demokraten, Zentrum), auch als im Reich eine Mitte-Rechtskoalition, ein ‹Bürgerblock› regierte; Preußen war ‹linker› als das Reich. Solche unterschiedlichen Koalitionen waren weniger ein Element der Spannung als der Stabilisierung der Republik: Sie hielten unterschiedliche Koalitionsmöglichkeiten offen, wie die zwischen Zentrum und Sozialdemokratie, und sie beteiligten demokratische Oppositionsparteien im Reich an der Regierungsverantwortung in den Ländern, sie wirkten ausgleichend. Als in der Krise der Demokratie seit 1930 die parlamentarischen Regierungen scheiterten, als Brüning mit Hilfe des Notverordnungsrechts zum System der bürokratisch abgestützten Präsidialregierung überging, gewannen die in der Krise durchhaltenden Länderregierungen, wie etwa die preußische, erneut einen den Gesamtstaat mittragenden Einfluß. Es ist darum alles andere als ein Zufall, daß die letzte Phase des Untergangs der Republik mit einem Schlag gegen den Föderalismus begann, mit dem Staatsstreich der Regierung Papen in Preußen im Juli 1932, der Absetzung der preußischen Regierung und der Einsetzung eines Reichskommissars. Polizei und innere Verwaltung, bis dahin noch Machtmittel einer demokratischen Regierung, wurden dem autoritären Kurs unterworfen, und zwar auf dem Weg eines zentralistischen Staatsstreichs. Die Existenz der Regierung des Landes Preußen, jetzt eines Bollwerks des Reichsföderalismus, war dieser Reichsregierung unerträglich geworden – das zeigt aufs deutlichste das politische Gewicht der Länder. Historisch wurde durch die direkte Unterstellung Preußens unter die Reichsleitung und ihren Reichskommissar das Wilhelminische Modell der Verquickung von Reichsleitung und preußischer Regierung wiederhergestellt, nun freilich so, daß die stillgelegte Hegemonie Preußens, seine potentiell ausschlaggebende Macht, gewissermaßen vom Reich okkupiert und zugunsten einer autoritär rechten Reichsregierung reaktiviert wurde. Die Verfassungswirklichkeit wurde dadurch revolutioniert. Das ist der Grund, warum die anderen Länder, das ‹rechte› Bayern nicht ausgenommen, sich mit der abgesetzten preußischen Regierung verbündeten in dem Versuch, vor dem Staatsgerichtshof die alte Rechtssituation wiederherzustellen; sie suchten, jetzt im Geist einer antinationalsozialistischen Koalition, die Länderrechte gegen einen Reichsübergriff zu bewahren und wiederherzustellen. Aber das war in der Krise von 1932 vergeblich.

Ob eine stärker föderalistisch strukturierte Republik Hitler besser widerstanden hätte, ist trotzdem zweifelhaft. Stärkere Länder hätten vielleicht die Regierung Brüning intensiver stützen können; aber rechtlich wie faktisch beruhte sie auf dem Vertrauen des Reichspräsidenten, und das war unabhängig vom Maß des Föderalismus. In den Ländern haben sich demokratische Regierungen als Minderheitsregierungen länger gehalten, aber das hing damit zusammen, daß die Länder nicht so unter dem konzentrierten Druck der Gegner der Republik im Reichstag und in der Öffentlichkeit standen und daß hier – ohne die Institution des Reichspräsidenten – Auswegslösungen für eine Weile eher möglich waren. Den Aufstieg des Nationalsozialismus und die Koalition der Deutschnationalen mit Hitler hätten auch Länder mit stärkerer Selbständigkeit und stärkerem Gewicht in der politischen Willensbildung des Gesamtreiches, von Bayern vielleicht abgesehen, nicht verhindern können.

Nach der nationalsozialistischen Machtergreifung vom 30. Januar 1933 gelang es Hitler und den Nationalsozialisten relativ rasch, auch die Länder ‹gleichzuschalten›, der nationalsozialistischen Führung zu unterwerfen. An sich stellten die föderativen Verfassungselemente – die Bestandsgarantie für die Länder und ihre legalen Regierungen und die Existenz des Reichsrates – ein starkes Hindernis dar, in Deutschland eine Diktatur zu errichten. Aber diese Barriere brach schnell zusammen. Die Übernahme der preußischen Regierung durch das Reich hatte die stärkste Bastion eines föderalistischen Widerstands gegen eine Diktatur, die sich insbesondere auf die Polizei hätte stützen können, bereits gebrochen: Am 30. Januar konnte Hitler durch Göring die ganze preußische Polizei und Verwaltung, und damit einen effektiven staatlichen Machtapparat, ohne besondere Mühe übernehmen. Die anderen Länder (und der Reichsrat) haben nicht entschieden und nicht energisch ihre Position verteidigt. Zumeist handelte es sich um geschäftsführende Minderheitsregierungen. Der Doppelstrategie der Nazis, dem quasi-revolutionären Ansturm von Partei und SA von unten und den Interventionen der Berliner Regierung von oben, der Einsetzung von Polizeikommissaren, die fälschlich mit den Notverordnungen begründet wurde, waren sie nicht gewachsen: Sie gaben auf.

Ideologisch waren die Nazis zentralistisch. Für ihren Nationalismus war die Einheit der Nation, die Zusammenfassung aller ihrer Kräfte, ein oberster Wert, Führerstaat, Diktatur, totaler (oder totalitärer) Staat, das verwies alles auf Zentralisierung, und die Eroberungsziele natürlich erst recht. Föderalismus galt als schlechte Tradition der deutschen Geschichte, als Relikt der Weimarer ‹System›-Zeit, als antinational, klerikal, bonzenhaft. Demgegenüber spielten Ansätze zu einem nebulosen ‹wahren› germanischen Föderalismus, die sich auf den Mythos von ‹Blut und Boden› und den darin implizierten Heimatregionalismus berufen konnte, keine wesentliche Rolle. Aber in der Realität des nationalsozialistischen Herrschaftssystems entwickelte sich, erstaunlich genug, ein neues Föderalismusproblem, eine neue Spannung zwischen Zentralisierung der Macht und regionalen Machtzentren. Das hing mit dem komplexen Verhältnis von Staat und Partei zusammen. Im Frühjahr 1933 schien es durchaus möglich, daß sich aus dem Machtanspruch lokaler und regionaler NS-Führer in den Ländern und Provinzen starke Machtzentren bildeten, daß die NS-Führer in die Tradition der deutschen Länder eintreten würden. Sie entwickelten sich zu revolutionären ‹Gaufürsten›. Hitlers Ziel war es 1933, eine selbständig werdende Parteirevolution von unten abzuwürgen und damit auch die Möglichkeit eines regionalen Polyzentrismus. Das ist mit Hilfe einer Reihe von besonderen Gesetzen und Maßnahmen gelungen, besonders durch die Einsetzung von Reichsstatthaltern. Aber beides – die regionalen Machtergreifungen der Nazis wie das zentralistische Statthaltersystem – hat 1933 die Gebietsordnung Deutschlands, den territorialen Bestand der Länder gerade erhalten. Die NS-Revolution und die unmittelbaren Machtinteressen von 1933 konservierten insofern auch die bestehenden Zustände, ja befestigten sie neu, Gegebenheiten, die ihre eigene Resistenz gegen die vielberedete Neueinteilung des Reiches entwickeln mußten. Insbesondere die Übernahme und Erhaltung Preußens durch die Nazis, unmittelbar aus der Notwendigkeit von Machterwerb und Machtsicherung, war ein Eintreten in die Traditionen, das eine Neuordnung der Regionen und das Verhältnisses von Regionen und Zentrale wesentlich erschweren mußte. Anfang 1934 wurden die Länder dem Reich unterstellt, wurde die föderative Verfassung aufgehoben, der Einheitsstaat proklamiert.

Die revolutionär chaotische Phase war zu Ende; auch die lokalen Parteigewalten, die alten Kämpfer, sollten stärker an die zentralen Weisungen gebunden werden. Der autoritär-bürokratische Einheitsstaat und sein Zentralismus wurden immer stärker. Gesetzgebung und Verwaltung gingen ganz an das Reich über, Reichsministerien und preußische Ministerien wurden zusammengelegt, die Einheit von Reichsverwaltung und preußischer Verwaltung wurde hergestellt. Der Zentralismus aber war nur eine Seite der Wirklichkeit. Auf der anderen Seite blieben regionale Machtbastionen bestehen. Man kann am besten von einem Schwebezustand, von einem Neben- und Gegeneinander des autoritären Zentralismus und der Position machtbewußter Regionalherren sprechen, Gauleiter und – auch manchmal mit ihnen identisch – Statthalter, die keineswegs nur als Funktionäre der Zentrale, sondern als Repräsentanten ihrer Region fungierten. Hitler hat dieses Gegeneinander bewußt aufrechterhalten und damit seine eigene, sozusagen superzentrale Macht befestigt. Er hat zum Beispiel keine zentralistischen Kompetenzregelungen zugelassen, sondern sich bei Konflikten von politischer Bedeutung, etwa zwischen Statthaltern und Reichsministern selbst die Entscheidung vorbehalten. Er hat auch die Pläne zu einer systematischen nationalzentralistischen Reichsreform abgestoppt. Er wollte zum einen keine Festlegung innerer Verfassungsverhältnisse, die seine Entscheidungsfreiheit hätten einschränken oder späteren Änderungswünschen entgegenstehen können. Zum anderen hätte eine solche Reform die konservativ-autoritären Kräfte der Bürokratie gestärkt; das widersprach seinem originären Antietatismus.

Nachdem die Gefahr einer Parteirevolution vorüber war, gewann Hitlers Tendenz, letzten Endes und in Zukunft die Partei dem Staat überzuordnen, zum Befehlshaber, zum Herren des Staates zu machen, wieder ganz erheblich an Gewicht, und damit auch die Rücksicht auf ‹seine› Gauleiter. Aber noch brauchte er den effektiven bürokratischen Staatsapparat. Die Sicherung seiner Führerstellung, die Instrumentalisierung des Staates zur zentralisierten Kriegsvorbereitung und zugleich das revolutionäre Mißtrauen gegen den Staatsapparat, die Tendenz zur Parteiherrschaft – das begründet das für das System so typische Gegeneinander von Instanzen und Machtträgern, in unserem Fall von zentralen und regionalen Instanzen, von Staat und Partei.

Im Krieg hat sich diese Situation eines organisierten Gegeneinander noch verschärft, auf der einen Seite eine kriegsbedingte Zentralisierung, die sich zum Teil freilich zu einer Anarchie konkurrierender Zentralbehörden entwickelte, auf der anderen Seite die Verstärkung und Ausdehnung von Partikularherrschaft. Bei der Expansion, den Annexionen des Reiches arbeitete Hitler – im Saargebiet, in Österreich, im Elsaß und in Lothringen und vor allem dann im Osten – mit Gauleitern und Kommissaren aus der alten Parteigarde, die ihm direkt unterstellt, die ‹führerunmittelbar› waren. Die ‹Reichsgaue› waren der zentralistischen Staatsverwaltung entzogen; man kann geradezu vom Ende der Rechts- und Verwaltungseinheit in Hitlers Staat oder von neuen ‹Satrapien› sprechen. Sonderkompetenzen und Sonderherrschaft (wie die der SS) durchkreuzten zusätzlich einen zentralisierten Staats- oder/und Parteiaufbau. Das Motiv blieb das alte, und gerade im Krieg hat Hitler das oft genug ausgesprochen: die Abneigung gegen die alte Bürokratie, auch in ihrer nationalsozialistisch gewordenen Form, gegen Juristen, Experten, Bürokraten; für seine eigentlichen Ziele, Nazifizierung und Germanisierung neuer Gebiete, verließ er sich lieber auf die Partei und ihre alten Führer. Schließlich wurden ganz generell die Gauleiter und Statthalter zu Reichsverteidigungskommissaren.

Der Staat des Dritten Reiches war zuletzt nicht autoritärer Ordnungsstaat mit bürokratischer Herrschaft und bürokratischer Zentralisierung. Es war der Staat Hitlers und der Staat der Partei, der Staat personaler Herrschaft und personaler Zentralisierung, und deren Begleiterscheinung war notwendigerweise eine faktische relative Anarchie. Im ganzen wird man die Zeit zwischen 1933 und 1945 als ein Nebeneinander von Staatszentralismus und Partikularherrschaft charakterisieren können. So ungeheuer und einschneidend die Bedeutung der Nazizeit für die deutsche Geschichte im allgemeinen ist, für die Geschichte des Föderalismus in Deutschland war sie eher ein Zwischenspiel, ein Zwischenspiel freilich, das in gewisser Weise zu der Renaissance des Föderalismus in Deutschland nach 1945 beigetragen hat.

## VII

Bekanntlich ist der westliche Teil Deutschlands nach 1945 föderalistisch, als Bundesrepublik organisiert worden. Das war weniger ein Rückgriff auf historische Traditionen als eine eigentümliche Neugründung. Daß diese Neugründung föderalistisch war, beruht auf einer Reihe von Ursachen, die man in drei großen Komplexen bündeln kann.

Zunächst und am wichtigsten: es waren die Besatzungsmächte, die die föderale Struktur des neuen Staates bestimmt haben. Bei ihnen lag nach der bedingungslosen Kapitulation, dem faktischen Untergang des Deutschen Reiches, Souveränität und Organisationsgewalt, sie haben den Anstoß zur Gründung der Bundesrepublik gegeben. In den Kriegsplänen der Alliierten, vor allem der Westmächte, spielte die Aufteilung *(dismemberment)* oder Dezentralisierung Deutschlands durchgängig eine entscheidende Rolle. Macht- und sicherheitspolitische Gründe verlangten eine endgültige Zerschlagung der deutschen Großmachtstellung, eine langfristige Schwächung des deutschen Angriffspotentials; denn die deutsche Gefahr, die deutschen Revisions- und Angriffsgelüste hielt man für eine konstante Gegebenheit. Darum mußte man diesen Staat aufteilen oder aber entscheidend schwächen. Die Föderation war dann das Mittel, einen nach außen schwachen, einen ungefährlichen Staat zu restituieren. Dazu kamen, zum Teil durch die Analysen deutscher Emigranten beeinflußt, ideologische Gründe – man wollte ein faschistisches, ein totalitäres System ein für allemal verhindern und womöglich eine Demokratie errichten. Unter diesem Aspekt erschien der Zentralismus, der auf Akkumulation von Macht tendierte, gegenüber dem Mißbrauch der Macht anfälliger als ein föderatives System, ein System föderativer *checks and balances*. Dem entsprach auch die historische Deutung der deutschen Frage: Hitler und der Nationalsozialismus wurden in der Kontinuität Preußens, der Kontinuität von Militarismus, Autoritarismus, Zentralismus und Großmachtpolitik gesehen. Die Zerschlagung Preußens war darum ein Kernstück der alliierten Friedenspläne, bei Churchill auf eigentümliche Weise mit der Vorliebe für eine Donauföderation verbunden. Es ist hier nicht darzustellen, warum die Teilungspläne, wie sie etwa Frankreich oder das US-Schatzamt noch längere Zeit hindurch favorisierten, nicht realisiert wurden.

Die Tatsache, daß sich die Alliierten über Deutschland nicht einigen konnten, die Notwendigkeit, das wirtschaftliche Chaos zu bewältigen, der Beginn des Kalten Krieges, der Entschluß der USA, die westlichen Besatzungszonen in das amerikanische Wiederaufbauprogramm für Europa einzubeziehen – das waren wesentliche Gründe dafür, die anfänglichen Teilungspläne fallen zu lassen. Die Sowjetunion hatte schon kurz nach dem Kriege ihren Kurs geändert. Sie setzte auf ein einheitliches Deutschland, weil nur so ihre Reparationswünsche wie ihre Vorstellungen von einem potentiell ‹sozialistischen›

Deutschlands zu erfüllen waren. Sie wandte sich dann auch gegen einen oktroyierten ‹Zwangsföderalismus› und versuchte als Anwalt eines einheitlichen Deutschland ihre Position bei den Deutschen selbst propagandistisch auszubauen. Auf der Moskauer Außenministerkonferenz vom Frühjahr 1947 spielte die Frage des Föderalismus eine wichtige Rolle; die Sowjetunion forderte ein Plebiszit der deutschen Wähler über diese Frage, die Westmächte lehnten das ab. Entscheidend für das Scheitern der Konferenz war das freilich nicht, entscheidend waren die Reparations- und die Ruhrfrage. Unter sich waren sich die Westmächte, auch nachdem der Gedanke einer Aufteilung zurückgetreten war, über das Ausmaß einer Föderalisierung Deutschlands keineswegs einig. Frankreich wollte eigentlich höchstens einer lockeren Konföderation zustimmen, England war einer stärkeren Einheitlichkeit nicht abgeneigt. Der eigentliche Protagonist einer bundesstaatlichföderalistischen Regelung wurde die Regierung der USA, die sich auch über gewisse interne Bedenken – ein oktroyierter Föderalismus könne die (west-)deutsche Demokratie belasten, der Föderalismus sei zur Bewältigung der ökonomischen Probleme des Wiederaufbaus weniger geeignet – hinwegsetzte. Ihre Mittelposition, vor allem aber ihr Machtgewicht, gab dann den Ausschlag. Im Winter 1947/48 zog die Sowjetunion aus dem Alliierten Kontrollrat aus, eine Verständigung über Deutschland war unmöglich geworden. Die USA entschieden, daß der Wiederaufbau Europas und die dazu notwendige amerikanische Hilfe die Einbeziehung Westdeutschlands und die Errichtung eines westdeutschen Staates notwendig mache, Frankreich mußte seinen Widerstand aufgeben. In den den westdeutschen Ministerpräsidenten übergebenen sogenannten Frankfurter Dokumenten, die die Handschrift der US-Militärregierung trugen, formulierten die Westmächte die Rahmenbedingungen für das Grundgesetz des neu zu konstituierenden Staates, insbesondere hinsichtlich seiner föderalistischen Struktur. Zugleich bestimmten sie das verfassungsgebende Organ, einen aus den Ländern zu beschickenden Parlamentarischen Rat, und den Modus der Ratifikation durch zwei Drittel der (west-)deutschen Länderparlamente. Auch die Art, wie die Verfassung zustande kommen sollte, war also föderalistisch geprägt.

Der zweite Ursachenkomplex dafür, daß der neue Staat sich föderalistisch organisierte, war die simple Tatsache, daß es 1948/49 deutsche Länder gab. Das Potsdamer Abkommen hatte Dezentralisierung und Wiederaufbau der Demokratie von unten nach oben gefordert. In diesem Prozeß haben die Besatzungsmächte, auch um ihre Kontrolle zu konzentrieren und effektiver zu machen, oberste administrative Einheiten, im Ergebnis: Länder gebildet. Dabei konnte man nur zum Teil auf ehemals bestehende Länder (Bayern, Hamburg, Bremen) oder Provinzen (Schleswig-Holstein) zurückgreifen, ansonsten mußte man, den Zufällen der Abgrenzung der Besatzungszonen folgend, Länder, Provinzen und zumal Teile von beiden neu konstituieren oder zusammenfügen (zum Beispiel Nordrhein-Westfalen, Südbaden). Diese Länder, für die es eingesetzte Ministerpräsidenten gab, wurden dann, nachdem Parteien zugelassen und Wahlen abgehalten worden waren, aus administrativen zu politischen Grundeinheiten, mit eigenen Parlamenten und eigenen Verfassungen. Die amerikanische und die sowjetische Militärregierung gingen damit 1945 voran, die britische und zuletzt auch die französische folgten später. Es gab freilich Unterschiede, die für unser Problem von Bedeutung sind. In der Sowjetzone wurden gleichzeitig mit den Ländern Zentralverwaltungen gebildet; die Länder hatten hier nur eine geringe eigenständige Bedeutung, die sie im Zuge der Sowjetisierung dieser Besatzungszone bis 1949 überhaupt verloren. In der US-Zone wurde im Herbst 1945 ein Koordinierungsgremium der drei Länder, der sogenannte Länderrat, gebildet, ein erstes Gremium föderativer Koordination. In der britischen Zone schließlich gab es, bevor die Länder politisch konstituiert wurden, schon eher zentralistische Zonenverwaltungen und einen nicht von Ländervertretern (und später von Parteivertretern) besetzten zentralen Zonenbeirat, und hier haben sich dann manche Konflikte zwischen den zentralen Gremien und den politischen Parteien einerseits, den Ländern andererseits entwickelt. 1946/47 wurden die föderal organisierte amerikanische und die eher zentral organisierte britische Zone zum Vereinigten Wirtschaftsgebiet, der sogenannten Bi-Zone, zusammengeschlossen; die Institutionen, eine Legislative aus Abgeordneten der Länderparlamente, ein Verwaltungsrat aus Vertretern der Länderregierungen, und der Wirtschaftsrat aus den Direktoren der fünf Verwaltungen, zeigten einen föderativen Charakter und waren auf der Existenz der Länder aufgebaut. Im ganzen kann man sagen, daß die Länder im Westdeutschland der Nachkriegszeit eine der wesentlichen politischen Realitäten geworden sind. In ihnen hatte das politische Leben begonnen: Sie hatten sich Verfassungen gegeben, sie hatten Parlamente, hier wurde gewählt, wurden parlamentarische Regierungen bestellt. Auch das Parteileben beruhte auf Länderorganisationen. Die Ministerpräsidenten der Länder wurden weit mehr als die Behördenchefs der britischen Zone und der Bi-Zone zu öffentlich herausgehobenen Repräsentanten der Deutschen. Das bedeutet keineswegs, daß die Länderchefs selbst besonders föderalistisch waren; das gilt unzweifelhaft nur für Bayern. Manche waren durchaus zentralistisch und fühlten sich nur als Statthalter eines künftigen deutschen Staates. Aber sie waren die gegebenen institutionellen Repräsentanten der Deutschen, und die deutschen wie die alliierten Initiativen, die zur Gründung eines Staates führen sollten, mußten von dieser Tatsache ausgehen. Darum haben die Konferenzen der deutschen und der westdeutschen Ministerpräsidenten für die Vorgeschichte der Bundesrepublik eine entscheidende Rolle gespielt. Kurz, die Länder und die Ministerpräsidenten waren ganz einfach da. Eine gewisse Kritik und ein gewisses Unbehagen vieler Parteipolitiker, die eher gesamtdeutsch orientiert waren, erklärt sich daraus. Denn die Ministerpräsidenten und die Länder wurden fast zwangsläufig doch zu Repräsentanten dieses vorläufigen Nachkriegsföderalismus. Das war eine wesentliche Weichenstellung. Und auch die nicht in die Landespolitik einbezogenen Politiker konnten sich dem Gewicht jener Grundtatsache nicht einfach entziehen.

Aber es wäre falsch, den Föderalismus von 1949 als Besatzungsföderalismus zu charakterisieren. Obwohl die Länder weitgehend Gründungen der Besatzungsmächte waren, haben sie doch aus eigenem Antrieb auch ihr Eigenleben und ihr Eigengewicht entfaltet. Ganz unabhängig von der Besatzungspolitik ist der dritte Ursachenkomplex für die Tatsache, daß Westdeutschland sich als föderativer Staat konstituierte. Das ist eine quasi-föderalistische Renaissance nach 1945, oder vorsichtiger: eine Renaissance von Regionalismus und Dezentralisierung. Der Zentralismus und Unitarismus schien durch den Gang der deutschen Geschichte bis 1933 und durch die Verhältnisse im Dritten Reich, die man lange Zeit ja nur unter diesem Aspekt ansah, diskreditiert. Die Abkehr vom Nationalismus und Machtstaat, der Antiborussismus, die Tendenz zur nicht nur funktionalen, sondern auch horizontalen Gewaltenteilung im Sinne mancher Verfassungspläne der deutschen Widerstandsbewegung, die Abneigung gegen die Anonymität von Massenorganisationen, Bürokratien und Großstaaten (eine Folge konservativer Interpretation des Faschismus), das alles gab jedenfalls den Ideen der Dezentralisierung Auftrieb. Die Katastrophe des Reiches konnte zu einer Orientierung an regionalen Traditionen führen; die historische Besinnung zu einer Kritik an den ‹Irrwegen› der deutschen Geschichte, an der Bismarckschen, der preußischen Reichsgründung.

Föderalistische Theorien, die den vor- und übernationalen Charakter des Föderalismus betonten, katholische Theorien, die den organischen Aufbau der Gesellschaft und das Subsidiaritätsprinzip auch im Verhältnis von Regionen und Zentralen betonten, hatten eine gewisse Konjunktur. Solche föderalistischen Überzeugungen waren im Süden und zum Teil auch im Westen, im katholischen Raum stärker ausgeprägt als im Norden, im protestantischen Bereich, in den Industriegebieten; sie spielten in den entstehenden christlichen Parteien eine weit stärkere Rolle als bei Liberalen und Sozialdemokraten, mit Ausnahme der bayerischen SPD. Freilich, solche föderalistischen Stimmungen hatten keineswegs, weder bei der Bevölkerung noch bei den Politikern, ein eindeutiges Übergewicht. Die ‹Länder› waren ja, mit Ausnahme Bayerns und der Stadtstaaten Hamburg und Bremen, nicht historische Individualitäten mit lang zurückreichenden Traditionen, sondern künstliche, zum Teil zufällige administrative Schöpfungen der Besatzungsmächte. Ihre Bevölkerung war durch die riesige Wanderungsbewegung im Krieg und bei Kriegsende, durch die Vertreibung vieler Millionen aus dem Osten stark durcheinandergewürfelt; für unzählig viele gab es keine engere Bindung an eine partikulare Heimat.

Die theoretischen und politischen Erwägungen über den Wert des Föderalismus waren zunächst und vor allem Sache derjenigen, die sich nach 1945 legitimerweise allein politisch artikulieren konnten, der Anti-Nationalsozialisten. Es war nicht anzunehmen, daß solche Ideen die Mehrheit eines Volkes ergriffen hätten, das zumindest jahrzehnte-, wenn nicht generationenlang nicht in den Bahnen des politischen Föderalismus, sondern in denen der nationalen Einheit gelebt und gedacht hatte. Eine schweigende Mehrheit war sicher nicht föderalistisch. Aber auch unter den zu Wort kommenden Politikern und Publizisten war der Föderalismus umstritten und dominierte keineswegs. Liberale und Sozialdemokraten kamen aus eher zentralistischen Traditionen. Sie meinten, daß langfristig die ökonomischen und sozialen Probleme einer modernen Industriegesellschaft nur zentral zu steuern seien – sei es im Sinne der Fixierung von Rahmenbedingungen einer liberalen Marktwirtschaft, sei es im Sinne der damaligen Lieblingsidee der Sozialdemokraten: der Planung, Verwaltung und Sozialisierung. Für sie hatte die föderalistische Renaissance etwas Restaurativ-Konservatives.

Noch allgemeiner und verbreiteter war die Überzeugung, daß die sozialen und wirtschaftlichen Folgen des Krieges, die Bewältigung der ungeheuren Not, ein Wiederaufbau nur zentral möglich sei. Und schließlich, das wichtigste: der demokratische Anspruch war nationaler Anspruch, das Gesamtvolk war der Souverän, und seine Gesamtrepräsentanz sollte ungebrochen das letzte Wort in den entscheidenden politischen Fragen – der Verfassung, der Regierungsbildung, der Gesetzgebung – haben. Solche Tendenzen und die darauf fußende Distanz, ja das Mißtrauen gegenüber dem *establishment* der neuen Länder spielte auch innerhalb der CDU eine wichtige Rolle, so bei Jakob Kaiser, in gewisser Weise auch bei Adenauer. Es gab im Nachkriegsdeutschland eine Föderalismusdebatte, eine Föderalismusrenaissance und starke Tendenzen zu einem föderalistischen Staatsaufbau. Aber angesichts der Gegenkräfte darf man sagen, daß ohne die Vorgaben der Besatzungsmächte und ohne das Insistieren der Amerikaner auf diesen Vorgaben, als der Parlamentarische Rat gerade in föderativen Fragen davon abgewichen war, die Struktur des neuen Staatswesens durchaus weniger förderalistisch geworden wäre, als das 1949 tatsächlich der Fall war. Der eigenständig deutsche Föderalismus freilich machte diese Vorgaben kompromißfähig und letzten Endes akzeptabel.

Bei der Entstehung des Grundgesetzes der Bundesrepublik gab es zwei Konfliktpunkte, die für die Struktur der entstehenden Föderation von großer Bedeutung waren. Da man von einer Organisation in Bund und Ländern ausging, war die Frage, wie die Länder an der Willensbildung des Bundes mitwirken sollten. Das betraf einmal die Natur einer Länderkammer; die Alternative hieß Senat oder Bundesrat. Ein Senat hätte die Bevölkerung der Länder direkt oder indirekt (und proportional) vertreten, ein Bundesrat die Regierungen der Länder. Die Senatslösung galt ihren Anhängern als demokratischer und als weniger bürokratisch (ein Bundesrat werde das Organ der

Länderbürokratien), sie war zweifellos unitarischer und hätte unitarisierend gewirkt; die Bundesratslösung war föderalistischer. Diese Lösung hat sich – auch gegenüber Kompromißversuchen, wie einer Teilung des Senats in Regierungs- und Volksvertreter – zuletzt mit Hilfe der Sozialdemokraten durchgesetzt. In der zweiten Konfliktfrage, nämlich welches Gewicht diesem Bundesrat gegenüber dem Parlament, dem Bundestag zukommen sollte, hat sich dagegen die schärfer föderalistische Lösung: gleiches Gewicht für die Ländervertretung, nicht durchgesetzt. Im Konfliktfall kann das Parlament in einer Reihe von Fällen ein Veto des Bundesrates mit absoluter Mehrheit überstimmen.

Das Ergebnis: die Länder haben nach dem Bonner Grundgesetz eine selbständige Existenz mit eigener Gesetzgebungskompetenz und eigener Verwaltung; die allgemeine Verwaltung (und Polizei) liegt bei ihnen. Sie wirken an der Gesetzgebung des Bundes und an der Durchführung der Gesetze, dem Erlaß von Verordnungen über den Bundesrat mit, der Bundesrat ist sozusagen das föderative Bundesorgan schlechthin und er besitzt eine relativ starke Stellung – verglichen etwa mit dem Reichsrat der Weimarer Republik. Wie die Gesetzgebungskompetenz zwischen Bund und Ländern aufgeteilt ist, so auch die Finanz- und Steuerhoheit. Es gibt Länder- und es gibt Bundessteuern, und vor allem gibt es gemeinsame Steuern, in die sich Bund und Länder in einem jeweils auszuhandelnden Verhältnis teilen. Weder sind die Länder Kostgänger des Bundes wie in der Weimarer Zeit, noch ist der Bund Kostgänger der Länder wie in der Bismarckzeit. Zwischen ‹armen› und ‹reichen› Ländern gibt es einen zentral organisierten Finanzausgleich. So viel in aller Kürze zur Ausgangssituation, zu den Normen des Grundgesetzes.

Was das praktisch bedeutet, wie dieser Föderalismus funktioniert, läßt sich im historischen Zusammenhang, besser als durch eine juristische oder politikwissenschaftliche Analyse, durch einen Blick auf die Entwicklung des bundesdeutschen Föderalismus in den letzten Jahrzehnten, auf das Verhältnis von Verfassungsnorm und Verfassungswirklichkeit dartun.

1. Die Bundesrepublik ist seit 1949 unitarischer geworden. Die Gesetzgebung hat sich immer mehr, und anders als die Verfassungsgeber wohl meinten, auf den Bund verlagert. Der Bund hat seine Kompetenzen in Sachen der sogenannten konkurrierenden Gesetzgebung, wo auch die Länder tätig werden können, voll ausgeschöpft, ja über sogenannte Rahmengesetze noch ausgedehnt. Die Justizhoheit der Länder ist durch die Gesetzgebung des Bundes auf die Justizverwaltungshoheit beschränkt. Auch die Verwaltung ist stärker unitarisiert worden, indem Verfahren, Organisationsfragen, das Beamtenrecht durch Bundesgesetze und Verordnungen, durch ‹Rahmen›-bestimmungen und durch Finanzmaßnahmen geregelt worden sind. Erziehung, Polizei und Kommunalwesen sind die originären Aufgaben der Länder geblieben. Im ganzen: die staatlichen Aufgaben haben sich, stärker als

1949 angenommen, beim Bund konzentriert; der politische Inhalt und das politische Gewicht der Länderkompetenz ist geringer geworden. Das hat zwei Hauptursachen. Zum einen: die Aufgaben des modernen Staates, seien sie ihm zugewachsen, seien sie selbst gesetzt, sind in sehr vielen Bereichen ihrer Natur nach nicht im Bereich von Gliedstaaten (Ländern) zu erfüllen, sie erfordern zentrale Lösungen. Und diese allgemeine Tendenz war in der Bundesrepublik der Nachkriegszeit besonders wirksam, man denke an die Regelung der Kriegsfolgen, Kriegsopferversorgung und den Ausgleich der Schäden und Verluste (‹Lastenausgleich›), die nur zentral zu bewerkstelligen waren. Dazu gehört dann die Außenpolitik im weitesten Sinn: Wiedergutmachung gegenüber Israel, Zugehörigkeit zur Europäischen Gemeinschaft, Entwicklungshilfe. Dazu gehört die Verteidigungspolitik und die Zugehörigkeit zur NATO. Dazu gehören die Notwendigkeiten, der modernen Technik gerecht zu werden, etwa im Verkehrswesen, gehört die moderne Wirtschafts- und Konjunkturpolitik mit ihren Steuerungs- und Planungsinstrumenten. Dazu gehört vor allem schließlich die Verteidigungs- und Sozialpolitik der zweiten Hälfte des zwanzigsten Jahrhunderts, die Konsolidierung und der Ausbau des Sozialstaates (das Grundgesetz gebietet, die ‹Einheitlichkeit der Lebensverhältnisse› zwischen den Ländern zu wahren). All das hat eine ungeheuer zentralisierende, unitarisierende, egalisierende Wirkung. Die Aufgaben konzentrieren sich – mehr als man je 1949 vorausgesehen hat – beim Bund und damit natürlich Finanzvolumen, Bürokratie und politisches Gewicht.

Wenn ich als erste Ursache dafür die Wandlungen der Staatsaufgaben in der zweiten Hälfte des zwanzigsten Jahrhunderts nenne, so ist das eine Tendenz, die in allen modernen Gesellschaften anzutreffen ist. Die andere Ursache ist spezifisch deutsch und hängt mit der Geschichte und Art der Föderation in Deutschland zusammen. Der Sinn des Reichsföderalismus von 1871 war es gewesen, so hat ein berühmter Staatsrechtslehrer, Rudolf Smend, gesagt, daß die Einzelstaaten ‹sich mit der Irrationalität ihrer historischen Eigenart im Leben des Reiches zur Geltung bringen sollten›. Der Bundesstaat von 1871 sollte diese Einzelstaaten, echte gewachsene Staaten mit unterschiedlichen Traditionen, Institutionen, ökonomisch-sozialen Strukturen und unterschiedlicher politischer Kultur, erhalten und in den neuen Gesamtstaat integrieren. Diese Voraussetzungen des älteren Föderalismus, Differenz der Gliedstaaten, Notwendigkeit der Integration, sind in der Bundesrepublik nicht oder kaum mehr gegeben. Die Länder sind – mit Ausnahme Bayerns und der Stadtstaaten – nicht historisch, sondern künstlich, ihre Unterschiedlichkeit ist durch Flüchtlinge und generelle Mobilität relativiert worden. Im Grundgesetz gibt es einen Artikel über die Neugliederung des Staatsgebietes, über eine Revision der Ländereinteilung (angesichts der Künstlichkeit 1949 eine ganz selbstverständliche Bestimmung). Da heißt es, das Bundesgebiet sei «unter Berücksichtigung» – erstens – «der landsmannschaftlichen Verbundenheit, der geschichtlichen und kulturellen Zusammenhänge», und zweitens «der wirtschaftlichen Zweckmäßigkeit und des sozialen Gefüges neuzugliedern. Die Neugliederung soll Länder schaffen»(!), «die nach Größe und Leistungsfähigkeit die ihnen obliegenden Aufgaben wirksam erfüllen können». Nicht mehr Tradition und historische Individualität sind – so sehr sie berücksichtigt werden sollen – primär, wie könnten sie es auch sein, vom Gang der Geschichte selbst zerstört. Primär wird die Funktionsfähigkeit. Der traditionale Föderalismus tendiert, so können wir vorläufig sagen, dahin, sich in einen funktionalen Föderalismus zu verwandeln. Weil die historische Differenz unterschiedlicher Individualitäten in der Bundesrepublik kaum mehr oder nur noch schwach gegeben war, ist die von den Staatsaufgaben vorangetriebene unitarisierende Entwicklung der Bundesrepublik so rasch und so reibungslos vor sich gegangen. Das ist freilich nur die eine Seite der Sache. Institutionell ist der Föderalismus mitnichten ausgehöhlt oder auch nur geschwächt worden, er hat sich nur verändert. Und als ein Stück politischer Kultur ist er – trotz Unitarisierung und Egalisierung der ‹Lebensverhältnisse› – tiefer eingewurzelt, als je 1949 vorauszusagen gewesen wäre.

2. Institutionell zunächst hat sich der Föderalismus, wenn auch mit verändertem Charakter, behauptet. Der Verlust an Landesgewalt, an Eigenkompetenz der Länder ist ausgeglichen worden durch die Stärkung des Bundesrats, die Stärkung der Mitbestimmungskompetenz der Länder im Bund. Der Bundesrat hat seine Zustimmung bei der Gesetzgebung stark ausgeweitet, und zwar zum Teil gerade infolge der Maßnahmen, die die Länderkompetenz einschränkten: Weil die Gesetzgebung immer detaillierter geworden ist, immer mehr über Verwaltung und Durchführung enthält, bedürfen solche Gesetze der Zustimmung des Bundesrats. Der Bundesrat ist infolgedessen für eine Bundesregierung, die wie bisher zumeist über eine sichere Mehrheit im Parlament verfügt, zum wichtigsten institutionellen Kontrahenten in der Innenpolitik geworden. Dabei haben sich Charakter und Funktion des Bundesrates verändert. Natürlich ist der Bundesrat eine Vertretung der Länder und Länderinteressen. Aber das ist es nicht, was die Realität prägt. Sie wird vielmehr davon geprägt, daß im Bundesrat einerseits der Sach- und Fachverstand der (Länder-)Bürokratie zur Geltung kommt, und zwar nicht nur gegenüber der Bundesbürokratie, sondern auch und gerade gegenüber dem Parlament und den Parteien. Das kann man gerade dann beobachten, wenn in Bundestag und Bundesrat dieselbe parteipolitische Mehrheit besteht. Zum anderen kann im Bundesrat eine andere Parteienkonstellation, normalerweise also die Opposition, zur Geltung kommen, die Mehrheit gewinnen. Bei den schmalen Mehrheiten, mit denen moderne Demokratien heute gemeinhin regiert werden, den relativ stabilen parteipolitisch-parlamentarischen Verhältnissen in der Bundesrepublik, den vierjährigen Perioden von Parlament und eben auch Regierung, ist es keineswegs unwahrscheinlich. Für den

Wähler kann der Länderparlamentarismus wegen seiner Bedeutung für die Zusammensetzung des Bundesrats zu einer bundespolitischen Korrekturinstanz (jenseits aller Landespolitik) sich verwandeln. Darum können Landtagswahlen als kleine Bundestagswahlen behandelt oder aufgefaßt werden, und ein Teil der Wählter tut das sicherlich. Man kann eine Tendenz beobachten, in den Landtagswahlen die Bundesopposition zu stärken. Hier kann man die Veränderung von Wesen und Funktion des Föderalismus besonders deutlich sehen. Der Bundesrat kann daher zu einem Organ mit anderer politischer Mehrheit werden, als sie im Parlament (und der Regierung) herrscht. Das führt nicht zur Blockade der Regierung – denn letzten Endes ist sie im Verein mit der Bundestagsmehrheit in der Mehrheit der relevanten Fragen überlegen, wohl aber zu einer Hemmung der Regierung, zu einer Kurskorrektur zur Mitte hin, zu einer größeren Kompromißbereitschaft. Es ergibt sich, daß der Bundesrat in beiden Fällen in erster Linie zu einem Organ der Gewaltenteilung wird. Das ist umso wichtiger, als die Gewaltenteilung zwischen Regierung und Parlament im modernen Parteienstaat dann, wenn es feste Mehrheiten oder Koalitionen gibt (wie in der Bundesrepublik) wenig effektiv ist. Unter diesen Umständen ist der Bundesrat nicht in erster Linie Ländervertretung, sondern eine anders zusammengesetzte demokratisch legitimierte zentrale Gewalt, die Parlament und Regierung gegenübersteht und wie sonst nur noch das Verfassungsgericht das Prinzip der *checks and balances* verkörpert. Der Föderalismus ist in dieser Hinsicht heute weniger durch die Zuordnung von historisch-individuellen Gliedstaaten und Gesamtstaat charakterisiert als durch eine zweite Organisation und Repräsentation gesamtstaatlicher gesellschaftlicher Kräfte (Parteien und Bürokratien), die zu einer horizontalen Gewaltenteilung führt. Dieser Föderalismus sichert unterschiedliche selbständige Entscheidungszentren, Institutionen, Repräsentationen, und verstärkt dadurch Kontroll- und Korrekturfunktion einerseits, ein gewisses Maß von Nötigung zu Kompromiß- und Konsensbildung andererseits.

3. Es wäre nun aber ganz falsch, aus der Einbuße, die die Länder in ihrer politischen Gestaltungsmacht erfahren haben, und aus der eben beschriebenen Transformation des Föderalismus zu einer neuen Form zentraler Gewaltenteilung zu schließen, daß die ursprüngliche Basis des Föderalismus, die Gliedstaaten, die Länder, keine politische Wirklichkeit und kein Gewicht mehr besäßen oder auch nur an Wirklichkeit und Gewicht verloren hätten. Auch das zweite Lebensprinzip des Föderalismus – neben dem der Einigung und Einheit –, das Prinzip der relativen Selbständigkeit der Gliedstaaten, besteht, wenn auch wiederum in veränderter Gestalt, fort. Gerade in dieser Hinsicht ist der Föderalismus als ein Stück politischer Kultur in der Bundesrepublik fest eingewurzelt. Die neuen Länder mögen gegenüber den historisch-individualisierten Staaten des Reiches einen einigermaßen fiktiven Charakter gehabt haben. In den letzten Jahrzehnten sind die Länder zu

lebendigen Realitäten geworden, auch und gerade im Bewußtsein der Bevölkerung. Alle Pläne zu einer territorialen Neuordnung des Bundesgebietes sind, mit Ausnahme der Bildung des Staates Baden-Württemberg durch Wiedervereinigung Südbadens und Südwürttembergs mit ihren nun vereinigten nördlichen Hauptländern, daran gescheitert. Die Ministerpräsidenten der Länder rücken, wie es im politischen Jargon scherzhaft heißt, in die Rolle von ‹Landesvätern›; die Länder sind – wie wir aus Meinungsumfragen wissen – trotz des nationalen Fernsehens dem Wähler nicht ferngerückt, sie sind als politischer Raum von einiger Nähe und Überschaubarkeit akzeptiert. Die fortdauernde Kompetenz der Länder in den wichtigsten und größten Bereichen der Personalpolitik sichert ihnen erhebliche Patronagemöglichkeiten und erheblichen Einfluß auf den Stil und den politischen Kurs der Bürokratie. Die Kompetenz der Länder für Schule und Erziehung hat sich in einem Jahrzehnt, in dem die härteste Auseinandersetzung zwischen Progressiven und Liberalen um die Schule, die Erziehung des ‹neuen Menschen› und um die Politisierung der Hochschulen tobte, als besonders wichtig und wirkmächtig erwiesen.

Neben der Tendenz, Landtagswahlen als Bundestagswahlen zu betrachten, gibt es sehr wohl die gegenteilige Tendenz, sie von Bundestagswahlen zu unterscheiden. Die politische Selbständigkeit der Länder hat wichtige Rückwirkungen auf die politische Gesamtsituation der Bundesrepublik. Die Tatsache, daß die Parteiorganisationen nach Ländern föderalisiert sind, dämmt die Gefahren des bürokratischen Zentralismus, der Immobilität und der Uniformität ein und begünstigt Pluralität und Beweglichkeit, in gewisser Weise auch Liberalität innerhalb der Parteien. Die relative Selbständigkeit der Länder führt dazu, daß die Opposition im Bunde dennoch ständig politische Ämter innehat; sie hat die Möglichkeit zur Patronage und Klientelbildung, sie kann einen Teil ihres Führungspersonals bewähren; ihre Frustration, zumal wenn die Oppositionsrolle lange andauert, wird erheblich gemindert. Die Tatsache, daß es in der fast zwanzig jährigen Regierungszeit der CDU nach 1949 ständig herausragende sozialdemokratische Ministerpräsidenten gegeben hat, hat die Stabilität der Bundesrepublik wesentlich gestärkt. Zugleich wird durch diese Möglichkeit ein höheres Maß von Kooperation zwischen Regierungspartei und Opposition erzwungen, als das in zentralistischen Staaten möglich ist.

4. Schließlich: natürlich bringt die föderalistisch-gewaltenteilige Struktur auch in der bundesrepublikanischen Form Schwierigkeiten, Kooperations- und Koordinationsschwierigkeiten, mit sich. Daraus hat sich etwas entwickelt, was man jetzt als kooperativen Föderalismus bezeichnet. Wo die Kompetenz der Länder gilt, hat sich zwischen ihnen, um die Einheitlichkeit der Lebensverhältnisse zu gewährleisten, eine institutionelle Kooperation entwickelt. Sie schließen Staatsverträge ab, schon 1960 gab es 339 solche Verträge, und sie haben Konferenzen der Ressortminister, die – wie vor allem etwa

die Kultusminister – gemeinsame Beschlüsse in Kraft setzen. Zwischen der Ebene Land und der Ebene Bund entsteht eine, so in der Verfassung nicht vorgesehene dritte Ebene, eben die der Länderkooperation. Und zwischen Bund und Ländern hat sich wiederum eine zunächst informelle, später institutionalisierte Kooperation dort ergeben, wo die Kompetenzen ineinandergreifen und die Frage nach der Finanzverteilung sich stellt. Die von der Verfassung intendierte starre Finanzverteilung hat sich angesichts einer dynamischen Entwicklung nicht bewährt und ist durch ein bewegliches System in harten Verhandlungen umstrittener, immer neu herzustellender Ausgleichslösungen ersetzt worden. Gemeinsam von Bund und Ländern zu finanzierende Dinge (wie zum Beispiel der Hochschulausbau) sind in die Verfassung als ‹Gemeinschaftsaufgaben› neu aufgenommen worden.

Natürlich gibt es weiterhin Streit um den Föderalismus. Die jeweilige Bundesregierung neigt im allgemeinen dazu, die Verfassung extensiv zu Gunsten des Bundes auszulegen, um das Regieren zu erleichtern. Sozialdemokraten und Liberale sind zentralistischer als die CDU/CSU, weil mehr Planung und mehr Egalisierung von Lebenschancen mehr Zentralisierung erfordert. Journalisten und Intellektuelle greifen besonders gern den Föderalismus im Bildungswesen an, weil sie im Namen einer mobilen und egalitären Gesellschaft überall gleichartige Schulsysteme, ja Inhalte wollen; das spöttische Reden vom ‹Postkutschenföderalismus› zeigt an, daß es eine Tendenz zur Identifizierung von ‹modern› und zentralistisch-unitarisch gibt. Die deutschen Länder sind, von Bayern vielleicht abgesehen, sozial, ökonomisch, kulturell oder im Lebensstil nicht wesentlich unterschieden, sie sind relativ homogen. Trotzdem: der Föderalismus, die Tatsache der Existenz der Länder und die Rolle in der politischen Willensbildung und der Gewaltenteilung sind im allgemeinen anerkannt, unbestritten. Der Föderalismus hat sich nicht nur als institutionell-juristisches System durchgesetzt, er ist auch eine lebendige – nicht enthusiasmierende, aber selbstverständliche – Realität geworden. Die Meinung der großen Mehrheit in Deutschland heute ist, das wissen wir aus Meinungsumfragen, nicht mehr zentralistisch, sie ist – obwohl das Funktionieren des Föderalismus, des Bundesrats zum Beispiel schwer begreiflich ist – proföderalistisch, gemäßigt proföderalistisch. Die relative Stabilität, der relative Erfolg der Bundesrepublik kommt auch dem föderalistischen System zugute.

Was läßt sich über die Zukunft des Föderalismus in Deutschland, in der Bundesrepublik sagen? Auf der einen Seite nehmen die Herausforderungen des Föderalismus zu. Europa, die instabile Balance im Ost-West-Verhältnis, der Nord-Süd-Konflikt, das Atomzeitalter, das verweist auf großräumige Politik; weder der Nationalstaat noch gar der Partikularstaat sind mehr selbständige politische Handlungseinheiten. Hier entsteht ein anderer, neuer Typ von Föderalismus, der zwischen- und übernationale Föderalismus, der schon lange nicht nur Staaten, sondern Administrationen, Parteien, Verbände, Wirtschaftsunternehmen und Terroristen erfaßt. Das scheint die Bedeutung des innerstaatlichen Föderalismus zu verringern. Die gesellschaftliche Mobilität, die Notwendigkeit wirtschaftlicher und technischer Planung und Steuerung, die Tendenz zur Effizienz, der Sozialstaat, die Egalisierung der Gesellschaft – auch das scheint an der Substanz des Föderalismus zu zehren. Und keine föderalistische Nostalgie, keine wie immer geartete Politik kann diese weltgeschichtliche Lage ändern. Aber: Zugleich ist die Erfahrung mit jeder Zentralisierung, jeder Verlagerung von Entscheidungen auf ‹höhere› Ebenen, mit dem Prinzip der Effizienz immer deutlicher und bedrängender geworden: die Erfahrung von Bürokratie, Anonymität, Entfremdung, Heimatlosigkeit, Identitätsverlust, Instabilität, Nicht-Funktionieren. Der Zug zum Nahen und Überschaubaren, zur Identifikation, Identität und Stabilität, der Zug zur wirklichen (erfahrbaren) Partizipation ist eine Antwort auf jene kritischen Erfahrungen. Und politisch bedeutet das eine starke Tendenz zum gegliederten, erfahrbaren politischen Handlungsraum, zum Handlungsraum auch, der noch erfahrbare Geschichte bietet. Der Föderalismus lebt von dieser Grundwelle, sie begründet trotz des Gewichtes des gegenteiligen Trends seine Vitalität, seine Funktionsgerechtigkeit. Der Föderalismus hat unter diesem Aspekt in der Bundesrepublik durchaus Zukunft. Zu diesem universalen Aspekt kommen besondere Aspekte der Bundesrepublik. Diese Republik funktioniert einstweilen relativ gut, das Bestehende, und also auch der Föderalismus, sofern er funktioniert, hat die Vermutung für sich, gut zu sein (das ist sozusagen ein eingeborener Konservativismus); das föderalistische System hat sich in der Bundesrepublik – erkennbar – neuen Lagen bisher relativ gut angepaßt. Das verbreitete instinktive Bedürfnis nach Machtverteilung, nach Gewaltenteilung wird vom Föderalismus heute besonders gut erfüllt. Niemand weiß natürlich, ob die föderative Ordnung auch in einer existentiellen Krise der Republik ihre Selbstverständlichkeit behalten würde. Aber *rebus sic stantibus* erwarte ich aus den erwähnten Gründen, daß der Föderalismus in der Bundesrepublik auch in Zukunft dauern und funktionieren wird, daß er neue Situationen bewältigt und daß er mehr sein wird als ein bürokratisches Organisationsprinzip.

Der deutsche Föderalismus hat über die Epochen hin eine jeweils andere Gestalt angenommen, andere Funktionen erfüllt, andere Probleme gehabt. Das gilt erst recht für die Zeit seit 1945. Aber auch der Föderalismus der Bundesrepublik ist nicht ein Kunstprodukt machtpolitischer oder politikwissenschaftlicher Planung, sondern ein Ergebnis seiner eigenen Geschichte.

## Zur Literatur

*1. Allgemein und epochenübergreifend*

R. Koselleck, ‹Bund, Bündnis, Föderalismus, Bundesstaat›, in: Geschichtliche Grundbegriffe, Historisches Lexikon zur politisch-sozialen Sprache in Deutschland, Band 1 (Stuttgart, 1972) 582–671: eine umfassende und eindringliche Geschichte der genannten Begriffe im Zusammenhang mit der Gesichte der föderalen Realitäten, auf die ich mich vor allem in den Abschnitten 1–3 stütze.

E. Deuerlein, Föderalismus. Die historischen und philosophischen Grundlagen des föderativen Prinzips (Bonn, 1972) behandelt neben Theorien auch die Geschichte des Föderalismus in Deutschland im neunzehnten und zwanzigsten Jahrhundert; das Buch, aus dem Nachlaß herausgegeben, ist freilich mehr eine reiche Materialsammlung als eine schlüssige Analyse; umfassende Bibliographie, die freilich Wichtiges und Unwichtiges ohne Unterscheidung nebeneinander stellt.

F. Hartung, Deutsche Verfassungsgeschichte vom 15. Jahrhundert bis zur Gegenwart (Stuttgart 1969⁹).

E. R. Huber, Deutsche Verfassungsgeschichte seit 1789 (bislang 7 Bände; Stuttgart, 1957–1985). Grundlegend und umfassend, mit genauer Darstellung der Fakten und scharfsinniger problembezogener Interpretation; reiche Literatur. Dazu vom selben Verfasser: Nationalstaat und Verfassungsstaat. Studien zur Geschichte der modernen Staatsidee (Stuttgart, 1965).

E. von Puttkamer, Föderative Elemente im deutschen Staatsrecht seit 1648 (Göttingen, 1955): Eine Quellensammlung, vornehmlich staatsrechtlich.

*Zu Abschnitt 1–3:*

F. Hartung, ‹Der ständische Föderalismus der Neuzeit als Vorläufer des Bundesstaates›, in: Schweizer Beiträge zur Allgemeinen Geschichte, XVIII–XIX (1960–1961) 347 ff.; K. O. von Aretin, (Hg.), Der Kurfürst von Mainz und die Kreisassoziationen (Wiesbaden, 1975).

*Zu Abschnitt 4 und 5:*

H. Goldschmidt, Der deutsche Reichsgedanke. Unitarismus, Föderalismus, Dualismus 1860–1932 (Leipzig, 1933); ders., Das Reich und Preußen im Kampf um die Führung von Bismarck bis 1918 (Berlin, 1931); R. Dietrich, Föderalismus oder Hegemonialstaat. Studien zur Bismarck'schen Reichsverfassung (1953); M. Rauh, Föderalismus und Parlamentarismus im Wilhelminischen Reich (Düsseldorf, 1973); ders., Die Parlamentarisierung des Deutschen Reiches (ebd. 1977).

*Zu Abschnitt 6:*

W. Apelt, Geschichte der Weimarer Verfassung (Neuauflage, München 1964); Gerhard Schulz, Zwischen Demokratie und Diktatur. Verfassungspolitik und Reichsreform in der Weimarer Republik, Band 1: 1919–1930 (Berlin, 1963); Martin Broszat, Der Staat Hitlers (München, zuerst 1969) (Kapitel 4 zusammenfassend und grundlegend).

*Zu Abschnitt 7:*

H. P. Schwarz, Vom Reich zur Bundesrepublik. Deutschland im Widerstreit außenpolitischer Konzeptionen in den Jahren der Besatzungsherrschaft, 1945–1949 (Berlin, 1960, 1980²); Th. Vogelsang, Das geteilte Deutschland (München 1969³).

M. E. Foelz-Schroeter, Föderalistische Politik und nationale Repräsentation. Westdeutsche Länderregierungen, zonale Bürokratien und politische Parteien im Widerstreit (Stuttgart, 1974).

H. Laufer, Das föderative System der Bundesrepublik Deutschland (München, 1973). Roger H. Wells, The States in West German Federalism. A Study of Federal-State Relations, 1949–1960 (New York, 1961); Neville Johnson, Government in the Federal Republic of Germany (Oxford, 1973); A. Köttgen, ‹Föderalismus und Dezentralisation in der Bundesrepublik Deutschland›, in: E. Wolff, (Hg.), Deutsche Landesreferate zum 4. Internationalen Kongress für Rechtsvergleichung in Paris (Düsseldorf, 1953); K. Hesse, Der unitarische Bundesstaat (Karlsruhe, 1962).

Föderalismus als nationales und internationales Ordnungsprinzip, Veröffentlichungen der Vereinigung Deutscher Staatsrechtslehrer, 21 (Berlin, 1964); R. Kunze, Kooperativer Föderalismus in der Bundesrepublik (Stuttgart, 1968).

P. Lerche, Aktuelle föderalistische Verfassungsfragen (München, 1968).

W. Kewenig, ‹Kooperativer Föderalismus und bundesstaatliche Ordnung›, in: Archiv für öffentliches Recht, XCIII (1968) 433–84.

J. A. Frowein und I. v. Münch, Gemeinschaftsaufgaben im Bundesstaat (Berlin, 1973); Fritz W. Scharpf, Bernd Reissert und Fritz Schnabel, Politikverflechtung – Theorie und Empirie des kooperativen Föderalismus in der Bundesrepublik (Kronberg/Taunus, 1976); Friedrich Karl Fromme, Gesetzgebung im Widerstreit. Wer beherrscht den Bundesrat? Die Kontroverse 1969–1976 (Stuttgart, 1976).

## Auf der Suche nach der Identität: Romantischer Nationalismus

Unter ‹romantischem Nationalismus› verstehen wir einen bestimmten Typus des Nationalismus, wie er sich unter dem prägenden Einfluß der europäischen Romantik im frühen 19. Jahrhundert ausgebildet und – in den einzelnen Ländern – unterschiedlich lange fortbestanden und sich weiterentwickelt hat. Der Sache nach kann man auch von ‹kulturellem Nationalismus› sprechen; die beiden Grundannahmen, die das Wirklichkeitsverständnis hier ausmachen, lauten: Alle Kultur ist national und ist national zu verstehen; und: Eine Nation ist definiert durch die Gemeinsamkeit ihrer Kultur. Wir unterscheiden diesen Typus des Nationalismus vom politischen Nationalismus, der die Nation demokratisch auf Staatsbürgerschaft und Volkssouveränität gründet, so die Französische Revolution, so, scharf demokratisch und totalitär, die Jakobiner; oder der die Nation liberal aus dem Willen der Einzelnen herleitet, dem Menschen- und Bürgerrecht auf individuelle Selbstbestimmung (und Renan hat dann liberal-demokratisch die Nation als ein tägliches Plebiszit definiert); oder sie, wie am Ende des Jahrhunderts, integralistisch-imperial von ihrer Funktion im Machtkampf der Welt her bestimmt. Insbesondere mit dem liberalen Typus des politischen Nationalismus ist der romantisch-kulturelle Nationalismus eng verflochten. Romantischer Nationalismus ist darum eigentlich ein ‹Idealtypus›, den wir als ein Element der Wirklichkeit herausheben, um diese Wirklichkeit besser zu erfassen.

Ich verzichte darauf, die Tiefen und Untiefen der internationalen Nationalismusforschung zu diskutieren und eine weitere Typologie zu versuchen. Eine Definition von Nationalismus jedenfalls kann nicht am Anfang, sondern allenfalls am Ende aller Überlegungen stehen. Ich will hier nun die allbekannten Phänomene des romantischen Nationalismus ins Gedächtnis rufen und einige weniger bekannte präsentieren, sowie die konstitutiven Prinzipien und Tendenzen dieses historischen Phänomens hervorzuheben suchen. Ich werde dann nach den Ursprüngen und Ursachen fragen, und zwar nach den geistesgeschichtlichen Ursprüngen und nach den politischen und sozialen Ursachen. Endlich werde ich nach den politischen Folgen und Implikationen des romantischen Nationalismus fragen.

I

Die Grundüberzeugung der romantischen Nationalisten war: Kultur, Lebensstil und die wichtigeren sozialen Institutionen sind wesentlich national bestimmt, sie sind Ausdruck einer einheitlichen Kraft, die gemeinhin als Seele oder Geist des Volkes, Geist oder Charakter der Nation bezeichnet wird. Der nationale Charakter der Kultur steht im Zentrum der intellektuellen Aktivität wie des emotionalen Engagements. Die Reflexion auf das Eigene einer Nation richtet sich zunächst – wir kennen das alle, und das gibt es schon seit dem Humanismus – auf die Sprache; Geschichte der Sprache, Lexika, Grammatik werden zum Hauptthema einer neuen Wissenschaft. Der Grund: Die Sprache gilt als Schlüssel zum Geist des Volkes, weil die Sprache die Form der je besonderen Perzeption der Welt und des Lebens, der ‹Welt-Anschauung› ist. Jacob Grimm z. B. wollte mit seinem Wörterbuch nicht simpel das Vokabular sammeln oder festlegen, sondern den Geist der Sprache zeigen. Dieses Interesse an der Sprache wird vom Enthusiasmus für die eigene Sprache getragen und mit praktischen Postulaten verknüpft: Sprache soll erhalten oder gereinigt und gepflegt werden. Wo die eigene Sprache verfallen, noch nicht schriftfähig oder überfremdet ist, soll sie philologisch neu konsolidiert, schriftfähig gemacht oder gar neu begründet werden; so sind etwa außerhalb Osteuropas das Gälische oder das Norwegische, das Finnische oder das Neugriechische entwickelt worden. Neben das Interesse an der Sprache tritt dasjenige für die Geschichte. Und zwar ist es vor allem das Interesse für die Geschichte der Hoch-Zeiten des eigenen Volkes, für die Geschichte des eigenen Mittelalters, ja der Frühe der Teutonen, Angelsachsen oder der Kelten, bei denen das Elementare noch, so meint man, knospenhaft rein, unüberfremdet zutage tritt. Das Interesse an der Geschichte richtet sich sodann auf die Geschichte des einfachen Volkes, seiner Sitten, Lebensweisen und Vorstellungen; romantische Historie ist ‹Volksgeschichte›. Dieses Interesse spiegelt sich in der Wissenschaft so gut wie in der Literatur, zumal im historischen Roman oder in der Ballade. Solche Geschichte, das ist das praktische Interesse dabei, soll den Patriotismus fördern. Auch das Recht wird in diese nationale Perspektive einbezogen, zumal in den germanischen Ländern; und im Namen des nationalen Rechts, des germanischen, kann sich dann ein Kampf gegen das fremde römische Recht entwickeln. In Deutschland freilich hat Savigny, der Begründer der historischen Rechtsschule, argumentiert, das Recht, das sich aus dem Volksgeist gebildet habe, sei das rezipierte, das römische Recht, eine nicht-nationalistische Konsequenz aus romantischem Ansatz. – Ebenso werden Literatur und Künste als Produkte des Nationalgeistes betrachtet; überall entstehen Sammlungen der alten nationalen Literaturen; die mittelalterlichen Epen werden als nationale Epen interpretiert, oder es werden gar neue nationale Epen produziert. In vielen Ländern werden nationale Museen gegründet, die die nationale Vergangenheit präsentieren.

Ein anderes Beispiel: Die Anhänger der Neogotik behaupten, daß der gotische Stil der nationalenglische, -deutsche oder -französische gewesen sei, von diesen Nationen geschaffen sei oder doch ihren Charakter am besten ausdrücke. Darum muß man gotisch bauen. So ist es mit dem House of Parliament. Darum soll der Kölner Dom das deutsche Nationaldenkmal werden. Das Foreign Office ist nur deshalb klassizistisch erneuert worden, weil Palmerston altmodisch und mächtig genug war, seine Meinung gegen die nationale Gotikbegeisterung durchzusetzen: Dieses Zentrum des britischen Weltreichs mußte klassisch, klassizistisch sein; Gilbert Scotts Entwurf des gotischen Foreign Office wurde dann für den Bahnhof von St. Pancras verwendet. Als der französische Ursprung der Gotik entdeckt wurde, beriefen sich die Nicht-Franzosen entweder auf ihre nationalen Sonderformen oder auf den germanischen Ursprung auch der französischen Gotik. Die Rückgriffe der romantischen Musiker auf nationale Elemente und ihre Mühen um die Nationaloper sind bekannt; aber auch ein so großer Neuerer wie Debussy noch hat bewußt – gegen Wagner, gegen seine teutonische Musik – eine spezifisch französische Musik schreiben wollen. Selbst die Kirche, eigentlich universal und international, wird vor allem in ihren nationalen Besonderheiten, den deutschen oder englischen z. B., im Rahmen des Protestantismus gesehen und geschätzt. Und selbst die Natur wird ‹nationalisiert›, wir kennen die ‹typisch deutsche› Rheinlandschaft oder den ‹deutschen› Wald.

All das wird als national-kulturelle Tradition über die Schulen – die ja erst in diesem Jahrhundert, dem Jahrhundert der allgemeinen Schulpflicht und der Verschulung der Gesellschaft das Leben auch der Massen prägen – allen sozialen Schichten vermittelt. Das nationale Erbe wird zu einem Hauptinhalt der Erziehung; die Schulen werden wie der ganze öffentliche Kulturbetrieb nationalisiert.

Genug der deskriptiven Erinnerung an diesen gemeineuropäischen Typus des Nationalismus. Ich versuche nun die Grundelemente dieser nationalen Auffassung der Kultur herauszuheben. 1. Das Selbstverständlichste zuerst: Gegen den Universalismus der Aufklärung, die das den Menschen und der Vernunft Gemeinsame betont, wird jetzt das Singuläre, Partikulare, das Individuelle und Charakteristische als Wert herausgestellt. Ich zitiere: «The degree of national diversity between different countries is but an instance of that general variety which nature seems to have adopted as a principle to all her works as anxious to avoid as modern statesmen to enforce anything like an approach to absolute uniformity.» Das ist Walter Scott, und ich zitiere nicht ohne Absicht einen Engländer. Die Pluralität des Individuell-Nationalen steht gegen die Egalität des Universalen.

2. Kultur ist ein System verschiedener Bereiche und schließt auch z. B. den

sozialen und den rechtlichen Bereich mit ein; diese Bereiche bedingen sich wechselseitig, das System ‹Kultur› ist interdependent. Es wird nach dem Modell eines Individuums verstanden; seine Bereiche oder Teile sind Ausdruck eines einzigen ‹Inneren›. Die Romantiker wenden sich gegen das bloße Summieren von einzelnen Teilen – das nennen sie ‹mechanisch› –, sie suchen das Ganze ‹organisch› oder als ‹Organismus› zu erfassen. Das ist mit viel Mystik und viel Teleologie verquickt gewesen und uns darum fremd geworden. Dennoch, hier ist etwas entdeckt worden, und zwar das, was wir heute vielleicht die kollektive Individualität nennen können. Die berühmten Theorien vom nationalen Charakter, von der Volksseele, dem Volksgeist sollen das ausdrücken, und das hat seinen methodischen Wert. Freilich, die Nation wird in solcher Perspektive sozusagen personifiziert, sie wird zum Handlungssubjekt eines kollektiven Geschehens; ja Nation wird dann schnell und leicht substantialisiert und hypostasiert – und das führt dann zu uns so fremden Aussagen von Historikern auch im späten 19. Jahrhundert noch, wonach der «Geist» des spanischen, italienischen, deutschen Volkes «handelt», sich entwickelt oder leidet.

3. Die Nation ist geschichtlich geprägt. Der Ton liegt aber nicht darauf, daß sie wie alles Gewordene auch ein Werdendes, sich Veränderndes und Veränderbares ist, sondern allein darauf, daß sie ein Gewordenes ist. Was die Nation ist, das kann man nur historisch erklären; darum muß man ihre Geschichte erzählen. Diese Betonung des Historischen richtet sich gegen alle rationalistische Revolution des 18. Jahrhunderts mit ihrem Anspruch, die Welt aus Vernunft neu ‹machen› zu können, gegen den Übermut der Macher und Beweger, gegen die Überbetonung des Willens, gegen die Ideologie des Fortschritts.

4. Die kollektive Individualität Nation ist nichts Statisches. Sie entwickelt sich, sie hat sich entwickelt und verändert, und zwar in einem multi-kausalen Prozeß. Dabei sind nicht die Taten und Absichten der Handelnden primär und nicht einzelne isolierbare Faktoren aus dem Bereich der vorgegebenen Umstände wie z. B. das Klima. Es kommt auf die unbeabsichtigten Folgen des absichtsgeleiteten Handelns an, es kommt auf die Totalität der Umstände an, auf die Prozesse, die im Rücken der Handlungsträger und ohne deren Bewußtsein ablaufen. Eine Verfassung ist nicht Werk eines – wohlmeinenden – Verfassungsgebers oder Resultat besonderer, z. B. klimatischer, Umstände, wie man im 18. Jahrhundert gemeint hatte, sondern sie wird auf das Insgesamt der politischen, sozialen, kulturellen und natürlichen Umstände bezogen, sie ist deren Ausdruck und Resultat. Sie ist Ergebnis eines ‹unbewußten› Prozesses – solch Unbewußtes ist die große Entdeckung der Romantik. Die Chiffren für das, was das Geschehen bewegt, für ein angenommenes Subjekt dieses Geschehens heißen ‹Volks-› oder ‹Nationalgeist›. Die eigentlichen Romantiker haben in diesem Zusammenhang mehr als den ‹Geist› die ‹Seele› des Volkes betont, die nicht-intellektuellen Wirk-

lichkeiten, das Naturhafte, das ‹unbewußte Leben› – wie es im Märchen, Lied oder Volksbrauch etwa besonders zu Tage tritt. Von daher erklärt sich die eigentümlich antiquarische Haltung aller romantisch-nationalen Wissenschaften, die Verehrung für *alle* Zeugnisse unbewußten und frühen nationalen Lebens, die Andacht zum Unbedeutenden. Das ist nicht eigentlich als irrationalistisch zu charakterisieren, das ist eher Gegenreaktion gegen die rationalistischen Übertreibungen der Aufklärung, die solche Wirklichkeiten weginterpretierte oder geringachtete. Und sehr schnell rückt dann doch dem Charakter der Wissenschaften gemäß und unter dem Eindruck der idealistischen Philosophie an die Stelle der Seele der Geist, der z. B. Sprache und Sitte, aber auch Recht und Institutionen gestaltet, der im Sinne Hegels zwar als «objektiver Geist» über Bewußtheit und Individualität des Individuums hinwegwirkt, aber die bewußten Leistungen, den Intellekt und den Willen und z. B. den Staat miteinschließt. Volks- und Nationalgeist werden universale Kategorien, die die Rationalität einschließen.

5. Bei den romantischen Nationalisten hat das Kollektivum Nation oder Volk einen Vorrang vor dem Individuum, es ist ihm vor- und übergeordnet. Die Nation kann nicht mehr nach dem Modell des Vertrages von den sich zusammenschließenden Einzelnen her konstruiert werden, das Ganze ist vor den Teilen – das ist eine Art philosophischer Holismus. Es ist die Nation, die den Einzelnen formt, es ist die Nation, in der der Einzelne seine Erfüllung findet.

6. Eine Kultur ist also national, von der ethnischen Gruppe Nation abhängig. Und die Nation umgekehrt ist durch die Gemeinsamkeit von Kultur und Geschichte, durch objektive Gegebenheiten also, konstituiert. Es ist die historisch-kulturelle Herkunft, nicht die Zukunft, es sind die Ursprünge, nicht die Gegenwart und ihre Leistungen und nicht primär auch die Ziele (wie z. B. in den USA), die die Nation definieren.

Das sind zunächst Urteile über ein Sein, eine vorhandene Wirklichkeit, Erklärungsbegriffe für Geschichte und Kultur. Aber Nation ist nicht nur ein Begriff für die Wirklichkeit, sondern ein Begriff des Sollens. Nationale Kultur ist ein Erbe. Und hier ist es wie mit allem Erbe: Es verpflichtet, es soll übernommen und weitergeführt werden. Das ist ein dynamischer Zug. Nation ist nicht nur, sondern soll sein, soll erhalten, befreit, entwickelt, intensiviert werden. «Wir wollen», so heißt es 1833, «Norweger sein in jeder Beziehung, in unserem Lebensstil, unserer Sprache, unserem Verhalten, unseren Gewohnheiten.» Die Treue zum eigenen nationalen Charakter wird eine Forderung an die Nation und ihre Kultur, sie soll sich vom Fremden, von den Abweichungen vom nationalen Charakter lösen. Die Kunst z. B. soll national sein; die Werke der Kultur und die sozialen und rechtlichen Institutionen sollen die Nation erziehen, und zwar zur Nation. Darum errichtet man z. B. Denkmäler – wie schon das Pantheon der Französischen Revolution – für die Großen der eigenen Geschichte: Die provozierte und präsentierte Erinnerung soll das Bewußtsein und das Handeln der jetzt Lebenden und der Späteren national prägen. Worum es hier geht, das ist die Identität der Nation. Die Identität der Nation als ganzer ist im historischen Erbe präsent; und der Einzelne findet seine individuelle Identität in der Aneignung des historisch-kulturellen Erbes, in der nationalen Gemeinschaft. Es kommt darum darauf an, die nationale Identität zu bewahren und zu steigern. Das geschieht nicht von selbst, sondern ist eine, ist die politischpädagogische Aufgabe. Der romantische Nationalismus interpretiert also die Geschichte und gibt zugleich Anweisungen zum Handeln, er zielt ein Sein an und ein Sollen. Wo der Inhalt dieses Sollens, die Nation also, zum obersten innerweltlichen Wert erhoben wird, – und das gab es bald überall, wenn auch in unterschiedlichem Grade, sprechen wir zu Recht nicht mehr nur von Nationalgefühl, Nationalbewußtsein, Nationalidee, Nationalbewegung, sondern – von Nationalismus.

7. Wenn es die Nation oder der Nationalgeist ist, der die Vielfalt einer Kultur zusammenbindet, die Kultur wie die Menschen in die Kontinuität der Geschichte stellt, dem Menschen seine überindividuelle Identität gibt und ihm Zukunftsziele setzt, dann bekommt die Nation religiösen Charakter: Sie vermittelt ein Stück Lebenssinn. Schon der jakobinische Nationalismus hatte diesen religiösen Zug – futuristisch und politisch allerdings, während der romantische Nationalismus eher vergangenheits- und kulturgeprägt ist. Worauf es hier ankommt, ist die damit verbundene säkulare Religiosität. Das tägliche Leben wird auf etwas Unanschauliches, aber Mächtiges hin transzendiert, eben auf die Nation. Nation bekommt religiöse Prädikate: unendliche Dauer, Zukunft des Heils, Brüderlichkeit; Liebe zu Vaterland und Nation, das wird die höchste Form der Nächstenliebe, in der der Einzelne sich erfüllt. Ein Volk, eine Nation sein, das sei die Religion unserer Zeit, heißt es 1813 in Deutschland. Und im gleichen Jahr schreibt Arndt – später im «Geist der Zeit» gedruckt – über nationale Demonstrationen: «In meiner Erhebung bin ich auf einen Schlag von meinen Sünden befreit, ich bin nicht länger ein einzelner leidender Mensch, ich bin eins mit dem Volk und Gott. In solchen Augenblicken verschwinden die Zweifel über mein Leben und mein Werk.» Man kann sich schwerlich eine genauere Übertragung christlicher Daseinserfahrung auf die Nation vorstellen.

II

Wir fragen nun nach Ursachen und Wurzeln dieses romantischen Nationalismus, und zwar zunächst nach seinen geistesgeschichtlichen, intellektuellen Ursprüngen. Seit dem Humanismus gibt es Vorläufer der Reflexion auf die eigene Sprache und Geschichte, aber im Vergleich zum frühen 19. Jahrhundert ist das vernachlässigenswert. Gewiß haben in Deutschland z. B. auch die späte Aufklärung, die deutsche Klassik, die preußische Reform oder der deutsche Idealismus das neue kulturelle Nationalbewußtsein geprägt; aber das romantische Element ist doch entscheidend. Der Gründungsvater ist Herder, der – das ist gemeinhin bekannt – aus vorromantischem Antirationalismus die Singularität eines Volkes mit gemeinsamer Sprache und Kultur als unendlichen Wert herausgestellt hat. Zwei Dinge sind daran für die Begründung des romantischen Nationalismus besonders wichtig. Da ist einmal die neue Sprachphilosophie, die in Deutschland dann von Humboldt, Hegel und Jacob Grimm weiterentwickelt worden ist: Sprache ist das System der menschlichen Weltaneignung und Weltauslegung, sie ist nicht nur Produkt des Menschen, sondern das ihn prägende System. Diese fundamentale Bedeutung der Sprache betont die ethnisch-linguistischen Unterschiede, verweist auf die zentrale Bedeutung der durch Sprache konstituierten Völker, der Nationen. Das Neue bei Herder ist zum zweiten die Wendung weg von der hohen Kultur der Gebildeten, der Eliten, hin zu der Kultur des einfachen, vor-intellektuellen Volkes. Die ‹Massen› sind hier in die Reflexion einbezogen, das ist die demokratisch-egalitäre Tendenz. Beide Wendungen, die zur Sprache wie die zum einfachen Volk, hat die Romantik weiter intensiviert. Und es liegt auf der Hand, daß die Prinzipien des Nationalismus, die ich vorhin beschrieben habe, Wesensstücke gerade der romantischen Konzeption der Welt sind.

Es gibt noch eine andere intellektuelle Wurzel des romantischen Nationalismus, die zumeist übersehen wird: Man mag sie ein wenig paradox die klassische nennen. Geschichtsschreiber und Kunstbetrachter haben, vor allem in der Beschäftigung mit den Griechen, im späten 18. Jahrhundert die Idee der Einheit einer Kultur entwickelt. Gewiß gab es Ansätze dazu schon vorher, etwa bei Montesquieu, Voltaire oder Gibbon, aber erst am Ende des 18. Jahrhunderts wird das Thema dominant. Es geht jetzt darum, das Ganze einer Kultur in ihrem inneren Zusammenhang zu erfassen, Kultur als Ausdruck eines Kernes von zusammenstimmenden Ideen zu verstehen. Das wird ein Zentrum des intellektuellen Bemühens, und die neue Kunsttheorie von der ‹organischen› Einheit des Kunstwerks steht dabei Pate. Winckelmann ist einer der Protagonisten der neuen Betrachtungsweise. Er wollte den Zusammenhang von Kunst, Literatur und Religion bei den Griechen erfassen. Und die romantische Altertumswissenschaft etwa von August Boeckh hat dann die realen Faktoren, Ökonomie und Recht vor allem, in diesen neuen universalen Kulturbegriff einbezogen. Wörter wie Griechentum oder Griechenheit werden erfunden, um dieses einheitliche Wesen einer Kultur zu benennen. Und der Schlüssel dazu, dieses neu aufgekommene Erkenntnisproblem zu lösen, eine Kultur als Einheit zu verstehen und zu interpretieren, das wird die sprachlich-ethnische Gemeinsamkeit einer Menschengruppe, eben der Nation. Das geht schnell über die Griechen hinaus. Madame de Staël hat in ihrem berühmten Buch «De l'Allemagne» in ähnlicher Weise versucht, Kultur, Religion, Gesellschaft und Politik der Deutschen aus ihrem Nationalcharakter begreiflich zu machen. Hegel hat dann die klassisch-ästhetische und die romantisch-historische Erklärung der Einheit einer Kultur systematisiert und intellektualisiert – seine Philosophie der Kultursysteme dient diesem Ziel. Alle Geisteswissenschaften des 19. Jahrhunderts sind von diesem zuerst klassischen und dann idealistischen – und erst dann auch romantischen – Zugriff auf das Ganze nachhaltig bestimmt gewesen. Daraus haben sich die erwähnten Schlüsselbegriffe vom Nationalcharakter, vom National- oder Volksgeist gerade auch als wissenschaftliche Erklärungsbegriffe ergeben: Zum Teil wird der Nationalcharakter – romantischer – als eine dauernde, ewige Wirklichkeit angesehen, die sich nur wie ein Keim entfaltet, zum Teil wird er – idealistischer – selbst historisch bestimmt, er ist geworden, er verändert sich, die Reformation Luthers z. B. hat den Charakter der Deutschen neu und anders geprägt. Es ist evident, daß diese neue Richtung der Wissenschaft, entstanden aus einer klassizistisch-ästhetischen Wurzel, im Bemühen um rationale Erklärung der Welt, dem romantischen Nationalismus und seiner besonderen Hochschätzung der eigenen Nation zugute kam, mit ihm verschmolz. Diese vergessenen Ursprünge aus der Tradition erkennender wissenschaftlicher Vernunft wieder ins Licht zu stellen, scheint für die Gesamtcharakteristik des romantischen Nationalismus angesichts des Irrationalitätsverdachts wichtig genug.

### III

Es ist beinahe trivial zu sagen, daß weder das Entstehen des romantischen Nationalismus noch seine Resonanz und seine Entwicklung zur Massenbewegung allein geistesgeschichtlich erklärt werden können. Politische und soziale Ursachen spielen eine wesentliche Rolle. Zwei Erklärungen liegen auf der Hand.

Zunächst: Der romantische Nationalismus ist eine Reaktion auf die französische Vorherrschaft in Europa, auf die kulturelle Vorherrschaft der französisch geprägten Aufklärung wie auf die missionarischen Tendenzen der Jakobiner und die imperialen Napoleons, auf Okkupation und Ausbeutung der Völker, auf die Drohung, Europa zu uniformieren. Es ist darum kein Zufall, daß Deutschland zu einem Kernland des romantischen Nationalismus wird. Der Publizist Joseph Görres ist ein typischer Fall: rheinischer Jakobiner, dessen anfängliche kosmopolitische Frankophilie durch den erlebten Pariser Imperialismus vernichtet wird, der dann romantisch die Volksliteratur des Mittelalters erforscht und 1813 zum führenden Publizisten der nationalen Befreiung, Einigung und Verfassung wird und zum Propagandisten des Kölner Doms, den er als deutsches Nationaldenkmal vollendet sehen will. Der europäische Widerstand gegen Napoleon, soweit er

Widerstand der bürgerlichen Bildung und Intelligenz und Widerstand des Volkes ist, wendet sich gegen ‹Fremd›-Herrschaft und Uniformierung und greift darum auf die Nation zurück.

Die zweite wohlbekannte realgeschichtliche Erklärung: Der romantische Nationalismus ist vor allem ein Nationalismus von Völkern, die nicht in einem Staat leben, von unterdrückten Völkern wie den ost- und südosteuropäischen, den Iren, den Norwegern, den Flamen, oder von geteilten Völkern wie den Italienern und den Deutschen. Wo es keinen gemeinsamen Staat gibt, ist es gleichsam selbstverständlich, daß Sprache, Kultur und Geschichte eine Nation konstituieren, und nicht Volkssouveränität und politischer Wille wie bei den Völkern mit gemeinsamem Staat. Bei den staatenlosen Völkern geht der kulturelle Nationalismus dem politischen voraus, bei den nationalstaatlich schon organisierten Völkern entwickelt er sich aus und in der politischen Zusammengehörigkeit der Nation. Aus diesem Unterschied hat die ältere Theorie des Nationalismus zwei Typen von Nation konstruiert: den westlichen und den östlichen, den subjektiven, am politischen Willen orientierten, und den objektiven, an der Herkunft und der vorgegebenen Sprache orientierten. Heute weiß man, daß diese Unterscheidungen nur sehr begrenzten Wert haben. Polen und Ungarn passen nicht in den vermeintlich östlichen, wie Norweger, Flamen oder Iren nicht in den vermeintlich westlichen Typus hinein. Auch der sogenannte subjektiv-voluntaristische Nationsbegriff der Franzosen, Renans Definition der Nation als eines täglichen Pelbiszits, setzt die sprachlich-kulturelle Gemeinsamkeit der Herkunft voraus. Gewiß, der romantische Nationalismus entsprach zunächst mehr den Bedingungen staatloser Völker, und die Betonung der sprachlich-kulturellen Identität hatte bei diesen Völkern eine andere Funktion und Bedeutung als bei denen, die in nationalen Staaten lebten; die einen waren ihrer Identität auch politisch gewiß, die anderen dagegen in ihrer Identität unsicher und bedroht. Dennoch, und das ist zunächst die Hauptsache, der romantische Nationalismus ist ein gemeineuropäisches Phänomen, er hat sich auch bei den staatlich verfaßten Völkern Westeuropas, zumal bei den Franzosen, durchgesetzt. Insofern reichen die bisher genannten politischen Erklärungen für sein Aufkommen nicht hin.

Es bedarf noch einer anderen realgeschichtlichen Erklärung für sein Aufkommen, und zwar der sozialgeschichtlichen. Die Träger des romantischen Nationalismus sind zunächst die gebildeten Schichten. Warum werden für sie zuerst Kultur und dann Nation zu so zentralen Werten? Das hängt mit dem großen Schub der Modernisierung zusammen. Am Ende des 18. Jahrhunderts lockern sich die traditionellen Bindungen des Menschen, ja zum Teil lösen sie sich auf. Bis dahin lebte der Mensch in einer segmentierten Gesellschaft, in kleinen Gruppen, lokalen, regionalen und ständischen, in personalen Beziehungen, in konkreter und anschaulicher Präsenz der Tradition. Auch die Bindungen an die Herrschaft, die Loyalitätsforderungen waren primär personal und anschaulich. Die Normen des Verhaltens waren in diesen Traditionen überliefert und gegenwärtig. Der Mensch war traditionsgeleitet, und auch der Sinn des Lebens war in der Tradition und der symbolischen Anschauungswelt einfach vorgegeben, einfach da. Die sozialen Verbände endlich – unspezifisch, wenig arbeitsteilig, anschaulich nah – entsprachen dem vorherrschenden Typus ‹Gemeinschaft›. Das alles löst sich, wie gesagt, auf. Die Gesellschaft wird desintegriert. Das Individuum tritt aus vielen dieser Traditionen heraus, tritt ein in die entstehende Verkehrs- und Marktgesellschaft, in die Groß-Gruppen mit ihrer rationalen und abstrakten Struktur, Gesellschaft dominiert an Stelle von Gemeinschaft, das Individuum tritt dem stark gewordenen großen Abstraktum, dem Staat, gegenüber. Das Individuum, das sich von der Tradition und ihren Normen emanzipiert, individualisiert sich, sein Verhalten wird ‹innen-geleitet›. Politisch trägt die personale Autorität, etwa des Monarchen oder der Dynastie, nicht mehr. Die Existenz des Individuums wird so selbständiger. Aber zugleich und gerade dadurch wird dieses Individuum isolierter, gelöst von den früher tragenden Gruppen der Tradition, wird vermittelter. Jeder wird von vielen abhängig, die ihm fremd sind. Endlich: Normen, Bindungen und Loyalitäten sind nicht mehr anschaulich und konkret symbolisch präsent, Sinn verlagert sich aus der Anschauungs- in die Reflexionswelt. Die Gründe für diesen epochalen Wandel kann ich hier nicht analysieren, sondern nur andeuten: Das Anwachsen von Mobilität und Markt, Arbeitsteilung und Spezialisierung und zugleich wechselseitiger Kommunikation; das Anwachsen der Bildung bis hin zur Vermittlung der elementaren Lese- und Schreibfähigkeiten an die Massen und ihre zunehmende Bedeutung; die politische Zentralisierung und Bürokratisierung, die zunehmende Rolle der Beweger und Macher in Staat und Gesellschaft, die die statische Welt der Dörfer und alten Städte reformieren wollten und sollten und die sie tatsächlich auflösten. Das sind die ökonomischen, sozialen, politischen Ursachen dieses Epochenwandels. Dazu kommt der spontane, von den Ideen der Aufklärung vor allem geleitete Übergang zu einer neuen Mentalität; das Selbstverständnis des Einzelnen wird anders, entwickelt sich gerade kritisch zur Tradition; der Einzelne will aus seinem Stand heraustreten, einen ‹persönlichen Stand› gewinnen, individuell, er selber sein.

Daß die Normen des Verhaltens und der Lebenssinn nicht mehr in der Tradition anschaulich vorgegeben sind, das gilt zunächst nur für die Bildungsschichten. Die Normen werden jetzt primär sprachlich abstrakt vermittelt. Das Medium dieser Reflexion und Diskussion sind Sprache und Kultur; der gebildete Einzelne gewinnt die Normen seines Verhaltens und zuletzt seine Identität aus der in der Sprache, und zwar in seiner eigenen Sprache fixierten Kultur, der Kunst, der Literatur, der Philosophie, der Publizistik. Das ist der Grund, warum in der entstehenden neuen Kommunikationsgesellschaft Kultur und eigene Sprache eine Bedeutung und Geltung gewinnen wie nie zuvor. Das ist die soziale Basis für den Aufstieg des romantischen Nationalismus.

Anders gesagt: Ein Ergebnis der Auflösung von Tradition ist die Unsicherheit und Heimatlosigkeit des Individuums, die Desintegration. Der Konsens der Tradition hat sich relativiert, die Gemeinsamkeit mit anderen muß neu bestimmt werden. Darauf antwortet eine neue (Re-)Integration. Die Nation, die in der gemeinsamen Sprache und Kultur wurzelnde Nation, wird und ist es, die die Gesellschaft verbindet, dem Einzelnen überindividuelle Identität vermittelt, die Unsicherheit in einer komplexen Gesellschaft reduziert. Der romantische Nationalismus befriedigt das neue Bedürfnis nach individueller Identität und kommunikativer Integration. Insofern ist es eine neue sozialpsychologische Lage, die den Nationalismus ermöglicht hat.

Diese historische These stimmt überein mit der wichtigsten neueren sozialwissenschaftlichen Theorie des Nationalismus, der kommunikationstheoretischen von Karl Deutsch. Sie läßt sich historisch gut bestätigen, z. B. in Deutschland an spezifischen Gruppen – etwa an der Jugend, vor allem an den Studenten: Nicht mehr Landsmannschaften und kosmopolitische Orden, sondern gemeindeutsche Burschenschaften werden die neuen Organisationen der Lebensorientierung. Oder man denke an eine besonders auffällige Gruppe von Opfern der Traditionsauflösung, die Regionalisten: Die Franken, die nach der napoleonischen Neuordnung nicht mehr Franken sein durften, sondern Bayern sein mußten, die Rheinländer, die Preußen sein sollten (und viele ähnliche Gruppen wie die Reichsstädter), sie wollten nicht Bayern und Preußen sein, sondern – nur Deutsche, sie wurden national.

In diesem Zusammenhang müssen wir noch einmal auf die Religion hinweisen, nämlich auf den Rückgang der Bedeutung der Religion für die Bestimmung innerweltlicher Werte und des Lebenssinnes. Religiöse Wirklichkeiten werden säkularisiert, säkulare Wirklichkeiten sakralisiert; wir können das durch Analyse des Sprach- und Wortgebrauchs deutlich machen. Liebe, Familie, Arbeit oder Kunst gewinnen im 19. Jahrhunder religiöse Qualität (Theater und Museum werden Tempel) vor allem aber die politischen Bewegungen. Dazu gehört der Nationalismus. Er greift auf den Ursprung zurück, entwickelt eine emphatische Idee der Brüderlichkeit, verspricht in der nationalen Erfüllung säkulares Heil und fordert das Opfer des Lebens und überzeugt seine Anhänger, daß dieses Opfer sich lohne. Wenn das so ist, dann läßt es den Rückschluß zu, daß die Resonanz der neuen romantisch-nationalen Identitäts- und Integrationskonzeption auf einer Abschwächung der Religion, der durch sie gestifteten sozialen Kohäsion und der Identitätsvermittlung für den Einzelnen, beruht. Der romantische Nationalismus übernimmt ein Stück weit Funktion und Stil der Religion.

## IV

In einem letzten Abschnitt fragen wir nach den politischen Implikationen dieses romantischen Nationalismus.

Der romantische Nationalismus geht von der Kultur, nicht vom Staat aus. Staat und Politik stehen für Herder und viele der frühen Nationalromantiker in allen Völkern nicht auf der Tagesordnung: Wie die Griechen einst – so meinte man – brauchten z. B. die Deutschen keinen gemeinsamen Staat, um ihre Identität zu entfalten. Für die Völker, die in konsolidierten Nationalstaaten lebten, war das Verhältnis von kultureller Identität und politischer Existenz im ganzen unproblematisch. Bei den Völkern ohne Staat und ohne gemeinsamen Staat lag hier ein zentrales Problem. Und auf die Dauer hat sich der kulturelle Nationsbegriff politisiert, er gewann politische Bedeutung. Vom Weltbürgertum zum Nationalstaat, das ist die bekannte Formel für den nationalen Weg der Deutschen. Die kulturelle Identität mit ihrem Sollensanspruch forderte doch – fast unausweichlich – politische Konsequenzen: einen gemeinsamen Staat, in dem allein sie sich entfalten, der allein sie schützen konnte, der allein zuletzt die Individuen zur Nation wirklich integrierte. Der romantische Nationalismus wurde die legitimierende Idee und eine der treibenden Kräfte des Anspruchs auf nationale Selbstbestimmung. Er verband sich mit der Idee der Volkssouveränität und der liberalen Freiheitsrechte: Das ist sein revolutionärer Zug geworden. Die Forderungen der bürgerlichen Revolution, die Forderungen nach Freiheit und Gleichheit der Individuen wurde nun ergänzt oder überlagert von der Forderung nach Freiheit und Gleichheit der Nationen. Selbstbestimmung ist das Recht des Menschen und Bürgers wie der Völker. Dieses Zusammenschließen von demokratischen und später auch sozialen und nationalen Forderungen hat natürlich dann die Folge, daß in der konkreten Politik und im Streit um Prioritäten diese Forderungen in Konflikt geraten konnten, so sehr es das Ziel aller Bewegungen im 19. Jahrhundert war, solche Konflikte zu vermeiden, zu vertagen oder einzuhegen. Im Konfliktfall haben für die Nationalisten freilich die nationalen Forderungen dann Priorität.

Der romantische Nationalismus hat, wir wissen das alle, ursprünglich eine universalistische, kosmopolitische, humanitäre Wurzel; alle nationalen Kulturen, alle Völker haben in gleicher Weise das Recht auf kulturelle Identität und auf Selbstbestimmung. Herder und seine deutschen Nachfolger waren die Geburtshelfer der ost- und südosteuropäischen Nationalismen. Die romantischen Nationalisten waren eine Internationale der Nationalisten, getragen von der optimistischen Illusion, daß gerade das nationale Prinzip die Konflikte der Völker harmonisch lösen werde. Zwar betonte man die «Sendung» des eigenen Volkes, aber unter dem Begriff der Menschheit hatten alle Völker eine Sendung. Als die Deutschen 1838 anfingen, dem germanischen

Helden Arminius ein Denkmal zu bauen, das dann 1871 ein Denkmal deutscher Macht wurde, hat man alle Völker zur Mitwirkung eingeladen, denn, so hieß es, die Tat des Arminius sei nicht nur die Grundlage der deutschen Nation, sondern Symbol des Kampfes gegen die unifizierende, nivellierende römische Despotie für das Selbstbestimmungsrecht einer wie aller Nationen. Das blieb freilich nicht so. Es gab schon bald, bei Hegel etwa, aber auch in Frankreich, die Theorie, daß nur die großen und fortgeschrittenen, die «historischen» Völker, wie Hegel sagte, das Recht auf Identität hätten. In diesem Geist forderte Marx, daß die «zurückgebliebenen» slawischen Völker Österreichs – außer Polen – in der deutschen Nation aufgehen müßten. Vor allem aber konzentrierten sich auch die romantischen Nationalisten auf die Sendung des eigenen Volkes und sprachen ihm die besten Eigenschaften und die führende Rolle für die Entwicklung der Menschheit zu: Deutsche, Franzosen, Engländer, Italiener, Polen und Tschechen wurden abwechselnd in die Rolle des Weltvolkes erhoben. Im ganzen ist, so scheint mir, der romantische Nationalismus von der Spannung zwischen ursprünglichem Internationalismus und der Betonung der eigenen Sendung erfüllt, aber noch nicht der späteren Dominanz des National-Egoismus erlegen. Wo freilich der romantische Nationalismus politisch wurde, in die Härte politischer Konflikte geriet, da setzte sich der Vorrang des nationalen Egoismus durch: 1848 beanspruchten die Deutschen nicht nur die deutschen Untertanen des dänischen Königs, sondern auch Dänen, Polen, Tschechen und Italiener in den Grenzen alter deutscher Territorien – sie argumentierten sowohl ethnisch-linguistisch als auch territorial-machtpolitisch. Die Polen, die Tschechen, die Italiener, die Dänen – das darf man nicht übersehen – verfuhren nicht anders. Die Illusion der Harmonie national organisierter Völker zerbrach.

Ähnlich steht es mit dem Verhältnis zu Minoritäten. Es gab den Geist der Toleranz – gegenüber der Sprache, der Kultur, der Identität von Minoritäten –, und das war 1848 in der Paulskirche das Gegengewicht gegen den National-Egoismus. Tolerante Minderheitenpolitik sollte die Minderheiten mit dem deutschen Nationalstaat versöhnen. Auf der anderen Seite aber gab es die sich verschärfende Tendenz zur Homogenität, zur sprachlichen Einheit, die Furcht, daß andere ethnische oder historische Gruppen die kulturelle Einheit der eigenen Nation gefährden könnten, eine Furcht, die sich im späten 19. Jahrhundert dann zunächst sprachpolitisch so rabiat durchgesetzt hat. An der Geschichte der Judenemanzipation in Zentraleuropa kann man die Ambivalenz von Toleranz und Homogenitätsanspruch gut beobachten: Daraus ergibt sich zugleich die Emanzipation *und* die Assimilation der Juden.

Der romantische Nationalismus verbindet sich mit einem neuen Konzept des Staates, wie es – unabhängig von Romantik und Nationalismus – bei Rousseau und Hegel entstanden ist: Der Staat ist in dieser Auffassung mehr als die Summe seiner Individuen und als der Garant ihrer Freiheitsrechte, er ist eine den Individuen überlegene Wirklichkeit mit besonderem moralischen Anspruch, volonté générale, wahre Sittlichkeit, Agent der Kultur, des Fortschritts, der Gerechtigkeit, kurz: Der Staat als das Ganze rangiert vor den Teilen. Wo der Staat romantisch dann als Ausdruck der Nation aufgefaßt wurde, war er oft eher kollektive Macht als Instrument individueller Freiheiten. Diese Staatskonzeption war kein Produkt des romantischen Nationalismus, aber er konnte sich gut mit ihr verbinden.

Meine These ist, daß der romantische Nationalismus im 19. Jahrhundert grundsätzlich mit den drei großen politischen Tendenzen Demokratie, Liberalismus und Konservativismus vereinbar war und sich auch faktisch ständig verbunden hat. Die vor allem von Hans Kohn vorgetragene Dichotomie eines progressiv-demokratischen Nationalismus im Westen, eines illiberal-undemokratischen, autoritären im Osten ist falsch. Von der Idee des durch Sprache und Kultur konstituierten Volkes auszugehen, ist nicht undemokratischer als von Staatsbürgertum und voluntaristischer Volkssouveränität; Illiberalität ist im westeuropäischen Nationalismus nicht weniger häufig als im osteuropäischen. Der Ursprung der Unterschiede und ihrer politischen Implikation ist, wie wir gezeigt haben, die unterschiedliche politische Organisation im Westen und in Zentral- und Osteuropa, die Existenz oder Nichtexistenz von alten Nationalstaaten. Man kann nicht – in *einer* Zeit – zwischen einem guten und einem bösen Nationalismus unterscheiden.

Der Akzent, den die romantischen Nationalisten auf das «Volk» legten, hatte zunächst einen durchaus demokratischen Zug. Volk war damals, außerhalb Westeuropas zumindest, ein revolutionärer Begriff, gegen die Herrschaftsordnung der übernationalen und partikularen dynastisch-obrigkeitlichen Staaten gerichtet; Volk rangierte neben und über den Staaten, das Selbstbestimmungsrecht der Völker war demokratisch legitimiert. Bei Michelet, dem wichtigsten Repräsentanten des romantischen Nationalismus in Frankreich, hat die Berufung auf das – französische – Volk eine klare demokratische Tendenz. Aber auch für Deutschland gilt ähnliches: Volk war ein Anti-Establishmentbegriff, war anti-elitär, im Ansatz egalitär, die nationalen Feste, Vereine, Denkmalsbewegungen vor 1848 sprengten die Stände- und Klassenbindungen und -grenzen auf. Volk war hier zumindest ein demokratisches Potential.

Der romantische Nationalismus war sodann dem klassischen Liberalismus des 19. Jahrhunderts eng verschwistert. Die Betonung der nationalen Kultur hatte einen gebildet-individuellen, einen liberalen Charakter. Die Berufung auf die Geschichte war Berufung auf die alten nationalen Freiheiten; die Berufung auf den Volksgeist mündete in der Forderung nach «volkstümlichen», d.h. liberalen Institutionen. Die romantischen Nationalisten waren politisch allesamt Liberale, sie waren gerade in Deutschland, Opposition, links von der Mitte.

Schließlich: Es gibt Züge des romantischen Nationalismus, die langfristig konservative Implikationen hatten (und das hat die Nationalismuskritik scharfsichtig, aber oft einseitig ausschließlich herausgestellt). Die Orientierung an Tradition und antirevolutionärer Evolution konnte konservative Tendenzen begünstigen. Wichtiger aber: Die romantischen Nationalisten haben das Volk als eine sprachlich-kulturelle, historische Einheit aufgefaßt, die allem Willen und aller politischer Entscheidung schon vorauslag. Das bezeichnete gewiß eine Realität. Aber man spitzte diesen Begriff des Volkes polemisch zu: Dieses Volk war ‹Gemeinschaft› mit natürlichen, organisch gewachsenen Beziehungen, harmonisch und ohne Konflikt zwischen Individuum und Gemeinschaft; es stand im Gegensatz zur Gesellschaft, die auf dem Kontrakt von Individuen, auf den Konflikten zwischen Individuen und zwischen Individuum und Gesellschaft beruhte. Die nationale Gemeinschaft konnte im Gegensatz zur rechtlich verfaßten Gesellschaft (zur legal society) treten. In Deutschland hat der Nationalismus – aus dem anti-französischen Erbe seiner Ursprünge – sich besonders stark gegen die naturrechtlich-aufklärerische, individualistische Tradition der Politik gewandt, die in Westeuropa doch in den Nationalismus einging. Das war eine konservative Teilprägung. Und natürlich: Die Frage der Nation und ihrer Einheit konnte bei den zunächst staatslosen Völkern Priorität vor der Frage der konstitutionellen Freiheit gewinnen, der Nationalismus sich als mächtiger denn der Liberalismus erweisen. Alle Liberalen suchten diese Alternative zu vermeiden, auch die deutschen der Reichsgründungszeit, aber hier liegt der Ansatz für die Trennung des Nationalismus von der liberalen Tradition seit dem späten 19. Jahrhundert.

Im ganzen aber möchte ich betonen, daß im romantischen Nationalismus die gegensätzlichen politischen Implikationen noch lange ausbalanciert waren, so daß die Einheit von liberaler und nationaler Bewegung lange fortbestand.

Ich schließe mit einer ‹metapolitischen› Bemerkung: über die Stellung des romantischen Nationalismus zwischen Modernität und Antimodernität. Der Nationalismus ist, das habe ich beschrieben, Produkt eines Modernisierungsschubes, in dem die traditionelle Lebenswelt sich auflöste. Der romantische Nationalismus ist im 19. Jahrhundert zunächst durchaus modern; er ist in Mittel- und Osteuropa eine Reaktion auf empfundene Rückständigkeit. Er treibt die Modernisierung vehement weiter: Er löst die Partikularisierung der Lebenswelt auf; er zentralisiert und mobilisiert; er schafft erst die Großgruppe (mit ihrer Anonymität und Ideologieanfälligkeit), die nationale Gesellschaft. Er stellt den Rahmen und die Instrumente einer neuen Integration bereit, ja er fördert die wachsende Partizipation *aller* Bürger an den gemeinsamen Angelegenheiten. Der Nationalismus wird eines der Felder, auf dem sich die Energie und Dynamik des modernen Menschen bestätigt. Er schafft den Ersatz für das an der Tradition, was die moderne Entwicklung und er selbst zerstören: für Integration und Identität. Dabei ist er konkreter als die alten Universalideen einerseits, die modernen Versprechungen der politischen Utopien andererseits. Aber damit ist auch schon das Gegenelement angesprochen. Der romantische Nationalismus ist zugleich ein Produkt der Modernisierungskrise, der Nostalgie angesichts der Zerstörung von partikularer, traditioneller und auch christlicher Heimat, der Entfremdung, der Rationalität, des Ökonomismus, des atomistischen Individualismus und des geschichtszerstörenden Futurismus und Progressismus, der abstrakten Universalität, der modernen Entwicklung. Den möglichen Leiden an der Modernität antwortet der romantische Nationalismus, indem er eine neue und größere Heimat schafft, ein umschließendes Ganzes, das neue Bindungen, eine Geschichte vom Ursprung bis zu einer leuchtenden Zukunft hin, das Sinn und Identität vermittelt. Von daher erklärt sich, warum der Nationalismus, auch der romantische, im 19. Jahrhundert zunächst revolutionär war und warum seine Erben seit dem Ende des Jahrhunderts in den konservativ-integralen Nationalismus eingehen, seine Abarten gar in den Faschismus münden konnten.

Die europäische, und zumal die deutsche Erfahrung mit der Zerstörungskraft des Nationalismus läßt auch die Anfänge und die Normalität leicht in die Perspektive der exzessiven Spätzeit geraten. Die Tatsache, daß die dritte Welt heute ganz und gar, und auch unsere westlichen wie östlichen Nachbarn, zu gutem Teil vom Nationalismus als Prinzip geprägt sind, muß uns vorsichtig machen und den Blick für die Legitimität des Nationalismus und seiner weltgeschichtlichen Rolle offen halten. Last und Größe dieses Erbes können wir nicht säuberlich trennen, können wir nicht abtun. Romantischer Nationalismus hat die Wirklichkeit geprägt und prägt sie über so viele Abstufungen bis heute. Wir suchen aufzuklären. Wir bleiben Erben.

# Christliche Parteien

Der Wiederaufbau Europas diesseits des Eisernen Vorhangs ist maßgeblich von drei Parteien bestimmt worden, die sich als christlich verstanden, dem französischen MRP, der italienischen Democrazia Christiana, der deutschen CDU; Schuman, de Gasperi und Adenauer waren Baumeister des neuen Europa. Christliche Parteien haben die Zeitgeschichte seit 1945 wesentlich geprägt. Das Phänomen christlicher Parteien ist wesentlich älter und reicht bis in die Anfangszeit der europäischen Parteibildung im ersten Drittel des 19. Jahrhunderts zurück. Das heißt freilich, gemäß der Christlichkeit, die das 19. Jahrhundert und die erste Hälfte des 20. beherrscht hat: das Phänomen der *konfessionellen* Parteien. Führend sind die katholischen Parteien: der parti catholique in Belgien seit 1830 und fast gleichzeitig in Frankreich, die Organisation des irischen Katholizismus, die Zusammenschlüsse katholischer Landtagsabgeordneter im deutschen Vormärz, die gemeindeutsche katholische Partei, die sich um die 1838 von Joseph Görres gegründeten «Historisch-Politischen Blätter» bildet, die katholische Fraktion in Preußen in den 1850er Jahren, die Patrioten in Bayern, das Zentrum im Deutschen Reich, die katholischen Volksparteien in Holland und in der Schweiz, die Christlich-Soziale Partei in Österreich seit den 1890er Jahren, der Partito Popolare Don Sturzos in Italien im Jahrzehnt des Ersten Weltkriegs. Schwächer die evangelischen Parteien: die Antirevolutionäre Partei Hollands (seit den 1860/70er Jahren), die Evangelische Volkspartei der Schweiz aus der Zeit nach der Jahrhundertwende, die Christlich-Soziale Partei Stöckers aus den späten 1870er Jahren und der Christlich-Soziale Volksdienst aus den Endjahren der Weimarer Republik in Deutschland. Was sind diese christlichen Parteien – programmatisch-weltanschaulich, politisch, sozial? Warum entstehen sie, wie entwickeln sie sich, welche Rolle spielen sie für die Ausbildung der modernen Demokratie und der modernen Gesellschaft? Zu diesen Fragen möchte ich hier einige zusammenfassende Überlegungen vortragen.

## I.

Die katholischen Parteibildungen im 19. Jahrhundert zunächst haben zwei Wurzeln gehabt. Die erste Wurzel nenne ich die kirchenpolitische. Es ist der Wille, die Freiheit der Kirche und ihre Stellung in Staat und Gesellschaft zu verteidigen oder wiederherzustellen. Wie es politische Parteien erst gibt, seitdem das obrigkeitliche Monopol der politischen Entscheidung gefallen ist, so gibt es christliche Parteien erst, seitdem die alte Selbstverständlichkeit des Christentums, das Staat und Gesellschaft trägt und in öffentlicher Geltung steht, vergangen und ebenso die trotz aller Spannungen wiederum selbstverständliche Bindung von Staat und Kirche aneinander durch Revolution oder Säkularisation vernichtet ist. Erst seitdem es einen säkularen Staat und eine säkulare Gesellschaft gibt, die christlichen Ansprüchen gegenüber neutral sind oder ihnen entgegentreten, entsteht die Notwendigkeit, christliche Parteien zu bilden. Es ist die Französische Revolution gewesen, die diese moderne Autonomie von Staat und Gesellschaft gegenüber der überlieferten Kirche prinzipiell etabliert hat; sie hat den Anspruch des Staates und der ihn tragenden revolutionären Gesellschaft gegen autonome Gemeinschaften wie die Kirchen vorexerziert; sie war in ihrer radikalen Phase entschieden kirchenfeindlich; sie hat in Deutschland unter Napoleon das alte System einer Verbindung von Staat und Kirche und sozialer Privilegierung der Kirche zerschlagen. Die Kirche war plötzlich eine soziale Gruppe unter anderen, der Staat war ihr keineswegs wohlgesonnen. Diese Revolution und ihre Nachwirkungen im 19. Jahrhundert waren für die katholische Welt ein Schock. Sie wurde sozusagen mit einem Schlag aus der vormodernen Wirklichkeit herausgerissen, verlor ihre materielle Ausstattung und wurde dem bürokratischen oder demokratischen Nationalstaat mit seinen Souveränitäts-, d. h. Verfügungsansprüchen unterworfen; ihre geistigen Ansprüche wurden durch den Staat wie durch die Gesellschaft bestritten. Der Konflikt zwischen Staat und Gesellschaft einerseits, der Kirche andererseits, die beide den Anspruch stellten, das Leben universal zu bestimmen – das ist ein entscheidendes Stück der Geschichte des 19. Jahrhunderts. In diesem Kampf kämpfen nicht mehr, wie in der alten Welt, Institutionen, Autoritäten, Hierarchien, die Kirche, die Bischöfe, der Papst, – sondern jetzt kämpfen Bürger, Wähler, Volk, freie Bewegungen. Wer Einfluß üben wollte, mußte Partei werden, und so gründeten die Katholiken Parteien. Um sich zu verteidigen, genügte das alte Establishment nicht, man brauchte die neue Form der politischen Machtorganisation: die Parteien.

Dabei ist nun zu beachten, daß die Katholiken das tun, weil sie sich in der Rolle der Verlierer, der in ihrer Freiheit Beeinträchtigten finden. Es geht ihnen um die Verteidigung kirchlicher Positionen und um die Befreiung der Kirche von alten staatlichen Bindungen, die nach dem Zusammenbruch des Absolutismus und angesichts der Entchristlichung des bürokratischen Staates des 19. Jahrhunderts nicht mehr hingenommen werden. Es geht erstens um die Freiheit der Kirche von allen Staatseingriffen in ihren eigenen Angelegenheiten wie Bischofs- und Priesterernennungen, Ausbildungsfragen, und, dem Staat wie dem Nationalismus ein besonderer Dorn im Auge, die Freiheit des Verkehrs mit Rom; und es geht zweitens um die Wahrung von etwas, was man ‹Öffentlichkeitsanspruch› der Kirche nennen kann, um den Einfluß in den sozial gestaltenden Institutionen des Lebens, dem Eherecht und der Schule, sei es in Deutschland um die Forderung nach Erhaltung der kirchlichen Bestimmungsmacht über die staatliche Schule, sei es in Frankreich und Belgien um die Forderung nach freier, d. h. privater und konfessioneller Schule mit staatlicher Subvention. Das ist deshalb eine moderne Form der Auseinandersetzung, weil erst im Zeitalter der allgemeinen Schulpflicht die Schule Kampfplatz entgegengesetzter Ansprüche wird und die Leben bestimmende Rolle der Kirche mit von der Schule abhängt. Der Lehrer sollte den Priester ersetzen – das war ein Kernstück des vital antiklerikalen Liberalismus, und dagegen wehrten sich die Katholiken, indem sie Parteien bildeten. Das kirchenpolitische Programm dieser Parteien war also Unabhängigkeit der Kirche vom Staat und Garantie der öffentlichen Wirkungsmacht der Kirche; die Gegner waren der bürokratische Staat und die moderne Gesellschaft, im wesentlichen der Liberalismus. Man kann diese Bewegung auch als eine Freiheitsbewegung der Katholiken betrachten und daran erinnern, daß das modische Wort Emanzipation zum politischen Schlagwort geworden ist, als es um die Gleichberechtigung der englischen Katholiken ging. Man muß freilich sehen, daß diese Freiheit nicht die Freiheit der Liberalen war, die individuelle, die individualistische Freiheit des Einzelnen, auch gegenüber traditionellen Organisationen wie den Kirchen, sondern daß es den Katholiken um die Freiheit der Institutionen und Autoritäten ging; zu dieser Art Freiheitsbewegung gehörte deshalb die Sorge vor dem Zerfall von Bindungen, überindividuellen, religiös-ethischen Bindungen im Zuge der modernen Säkularisierung, mit gleichem Gewicht.

Wir können diese Verteidigungsbewegung, die natürlich auch ein offensives Vordringen in eine neu entstehende Öffentlichkeit war, als politischen Katholizismus bezeichnen. Aus dieser Position mußte nicht mit logischer Notwendigkeit eine Parteibildung erfolgen. 1848/49 hat es in Deutschland einen Zusammenschluß katholischer Abgeordneter nur insofern gegeben, als man sich außerhalb der jeweiligen Fraktionen, denen der Einzelne angehörte, über Kirchen- und Schulpolitik und *nur* darüber verständigte. Aber das ist faktisch doch eine Ausnahme gewesen. Im allgemeinen haben sich aus dem Engagement für diese Fragen schon in den 1820er und 1830er Jahren Parteien entwickelt. Joseph Görres hat 1837/38 mit seiner Schrift «Athanasius» in Verteidigung der Kirche die konfessionelle Partei geradezu zur Notwendigkeit der Zeit erklärt.

Solche Parteien haben nun freilich über Kirchen-, Schul- und Familienpolitik, also über einen Spezialbereich hinaus, doch bestimmte allgemein politische Positionen eingenommen. Ganz allgemein gilt: Wer eine Partei bildet, in der Öffentlichkeit um Resonanz und Macht kämpft und die Politik auf diese Weise beeinflussen will, tritt auf den Boden des modernen, letzten Endes demokratischen Verfassungsstaates. Nicht das Entscheidungsmonopol etablierter Gewalten, sondern die Mitbeteiligung der Bürger wird hier praktiziert. Dementsprechend berufen sich die christlichen Parteien auf die liberalen Grundrechte, zumal die Versammlungs-, die Vereins- und die Pressefreiheit, auf Selbstverwaltung und Schutz von staatsfreien Sphären, und sie wenden die Mittel der liberalen Politik an. Insofern stehen auch die frühen christlichen Parteien auf dem Boden der modernen Verfassungen und ihrer Grundrechte und verteidigen sie; sie sind anti-absolutistisch, anti-obrigkeitsstaatlich, anti-etatistisch, nicht staatskonservativ, und ein konservativer christlicher Etatist wie Bismarck ist *darum* ein entschiedener Gegner katholischer Parteien gewesen, so wenig er gegen die Kirche vorgehen wollte. Natürlich lag das daran, daß die Katholiken Minderheiten waren. Auch wenn sie nicht an liberal-demokratische Verfassungen glaubten, boten sich die liberalen Prinzipien als praktisch an. Das Ergebnis aber war, daß diese Parteien in den pluralistisch-liberalen Verfassungsstaat hineinwuchsen.

Man muß es betonen: Die katholischen Parteien sind Minderheiten. Sie stehen historisch in Opposition zu einem bürokratischen, protestantischen oder laizistischen Establishment, zum Beispiel zu der kleinen Schicht der wahlberechtigten, vermögenden, von der aufgeklärten Bildung beeinflußten Bürger, sie sind nicht herrschend. Dort, wo sie herrschen, gründen sie keine Parteien. Und ihre Stützen sind die noch in den traditionellen Bindungen kirchlicher Autorität lebenden Massen, sind die einfachen Leute, sind das Volk, und zwar überwiegend natürlich das vorindustrielle Volk. Von daher kommt ein massendemokratisches und anti-elitäres (wenn auch keineswegs egalitäres) Element in diese Parteien. Christliche Parteien repräsentieren nicht die Schichten von Bildung und Besitz, nicht die alten Eliten, sondern Volk, auch hier steckt selbst für die, die nicht Demokraten sind, ein Stück Weg zur Demokratie. Die christlichen Parteien im 19. Jahrhundert sind Volksparteien, Parteien eines unmodernen – und die Liberalen meinen: unaufgeklärten – Volkes, sie sind nicht Elite-Parteien, wie Liberale und Konservative, die Vertreter von Besitz und Bildung. Damit rücken aber die christlichen Parteien da, wo sie nicht in die Gesellschaft integrierte Massen repräsentieren, in die Rolle ein, auch die Interessen dieser Massen gegenüber einem anders orientierten, staatlichen oder parlamentarischen Establishment zu vertreten. Man sieht: Im 19. Jahrhundert ergeben sich aus dem scheinbar schmalen Bereich der enger mit der Kirche zusammenhängenden Fragen weitreichende Konsequenzen, die aus einer kirchenpolitisch engagierten Gruppe schon etwas machen wie eine Partei im allgemeinen politisch sozialen Sinne.

Nun zur zweiten Wurzel, die man im Unterschied zum politischen Katholizismus als katholische Politik bezeichnen kann. Man kann fragen, ob sich aus dem christlichen Glauben, der christlichen Lehre, der christlichen Haltung ganz bestimmte politische Konsequenzen und Forderungen ergeben, der Einsatz für bestimmte Staats- und Regierungsformen, Verfassungs- und Sozialprogramme, und wenn ja, welche das denn sind. Wie sieht christliche, katholische Politik aus, was ist ihr Programm? Der Historiker, der zunächst empirisch festzustellen sucht, was es gegeben hat und warum, bemerkt, daß es unterschiedliche Interpretationen davon gegeben hat, was christliche Politik sei. Der Komplex von christlichen Lehren und Überzeugungen bot sehr gegensätzlichen Meinungen Raum. Man konnte am Christlichen etwa das Element der Tradition, der göttlichen oder natürlichen Ordnung, der Autorität, das Nicht-Schöpfer-, Nicht-Herr-Sein des Menschen, seine Endlichkeit und das Mißlingen alles Paradies-Errichtens, die Unverfügbarkeit des Glücks hervorheben. Und man konnte – im Gegensatz dazu – die Freiheit und die Befreiung, die Gleichheit der Kinder Gottes, die Liebe zum Nächsten, die Aufgabe, die Welt zu verbessern, betonen, kurz: Konservative wie progressive Elemente, Tradition wie Revolution wie Reform sind hier angelegt. Wir haben im 19. Jahrhundert, aber hin bis 1945, vor allem in Frankreich und Deutschland, im wesentlichen vier politische Überzeugungen, die christlich legitimiert wurden und von ihren Protagonisten jeweils als die eigentlich christliche Politik aufgefaßt wurden.

Da ist einmal und zunächst der katholische Konservatismus, wie er von den sogenannten Traditionalisten in Frankreich und den deutschen Spätromantikern vertreten worden ist. Man verbindet den Katholizismus mit der Monarchie und einer altständischen vordemokratischen Verfassung; die Revolution ist die Sünde schlechthin, der Durchbruch der modernistischen Säkularisierungsflut, in der der Mensch sich zum Herrn der Welt macht, die Ordnung durch den Fortschritt auflöst, die Gemeinschaft in lauter Individuen atomisiert, die Erfahrung durch die theoretisch-konstruktive Vernunft ersetzt und schließlich im staatlich erzwungenen Kult der Vernunft und der Herrschaft des Schreckens endet. Diese Gruppe kritisiert die Modernität als Bindungslosigkeit, als schrankenlosen Individualismus und hybriden Progressismus, der ständig unter der Vorgabe, alles besser zu können, alles neu macht und die Instabilität der modernen Welt erzeugt oder potenziert; sie betont den Zusammenhang von Freisetzung und Entwurzelung (oder Vermassung). Das sind Aspekte dieses christlichen Konservativismus, die auch, nachdem Christentum und Demokratie versöhnt waren und christliche Politik nicht mehr mit Monarchie und einer vordemokratischen Ordnung identifizierbar war, immer eine Rolle in den christlichen Parteien gespielt haben. Das ist das konservative Element christlicher Politik und christlicher Parteien bis ins 20. Jahrhundert.

Gegen diese konservative politische Parteitheologie, die *eine* politische und soziale Form zur einzig möglichen Lebensform des Christentums erhebt, wendet sich zweitens der liberale Katholizismus. Er erkennt den Verfassungsstaat und seine Institutionen an und benutzt sie, sieht in ihm eine geeignete oder sogar die beste Form christlich-katholischer Selbstverwirklichung. Nicht auf Thron und Altar kommt es an (denn wer weiß, was der Inhaber des Thrones tut), sondern auf Verfassung und Altar. Seit der Revolution, die die Katholiken 1830 mit den Liberalen in Belgien getragen haben, ist das eine starke Richtung bei allen politischen Katholiken. Und weil die katholischen Parteien, um politische Forderungen durchzusetzen, auf die liberalen Verfassungen angewiesen waren, sind die christlichen Parteien, sofern sie nicht wie die französischen und italienischen Katholiken nach 1871 zeitweise im Abseits prinzipieller Opposition gegen das System lebten, verfassungspolitisch liberal geworden. Das deutsche Zentrum ist zwar nicht aus demokratischer Leidenschaft, aber aus Pragmatismus sogleich nach 1870 zur Verfassungspartei, zum klaren Verteidiger des allgemeinen Wahlrechts geworden, und das moderierte, aber eben doch unzweifelhafte Bekenntnis zur Weimarer Republik stammt aus eben dieser Tradition katholischer Politik. Freilich, die belgischen Katholiken von 1830 sind ein treibendes revolutionäres Element gewesen, während später der verfassungspolitische liberale Katholizismus den jeweiligen Zustand hinnimmt, ohne ihn sonderlich voranzutreiben.

Revolutionär vorantreibend ist die dritte Form der katholischen Politik, die man im 19. Jahrhundert als politische Theologie und als Gegentheologie gegen die der Konservativen bezeichnen kann: Das ist der radikal demokratische Katholizismus. Nicht aus pragmatischen Zweckmäßigkeitserwägungen, sondern aus grundsätzlicher Überzeugung gehören Katholizismus und Demokratie, Altar und Volk, Papst und Volk zusammen, so haben es Lamennais und seine Zeitschrift «Avenir» 1830 verkündet. Die realen Bindungen des politischen Katholizismus an die katholischen Massen, denen nur demokratische Verfahren und Systeme politisches Gewicht verschaffen konnten, hat gerade bei den christlichen Parteigründungen um die Wende des 20. Jahrhunderts bei den Christlich-Sozialen Luegers in Österreich und zumal bei den italienischen Popolari Don Sturzos dieses Element eines grundsätzlichen Bekenntnisses zur Demokratie wesentlich verstärkt, hat in Deutschland – wie gesagt – die katholische Partei zur Verteidigerin des allgemeinen Wahlrechts werden lassen (der Fall Preußen war eine Ausnahme).

Eine vierte Form der politischen Orientierung schließlich ist der soziale Katholizismus; er entsteht als Antwort auf die zum Teil kirchlich verschuldete Entkirchlichung der Industriearbeiter und hat die Bändigung des Kapitalismus zum Ziel. Die theologisch-religiöse Wurzel ist hier besonders deutlich: der christliche Aufruf zur Nächstenliebe, zur Brüderlichkeit, zur Solidarität, zur Gerechtigkeit, die christliche Distanz zu Besitz und Reichtum, der christliche Ansatz zur Gleichheit, der jedenfalls auch ein Stück innerweltliche Egalität bedeuten kann. Historisch gehört dazu, daß die Katholiken dem Kapitalismus und dem ihn tragenden ökonomischen Liberalismus distanziert gegenüberstanden, daß die Katholiken einen wenig ausgeprägten Anteil an der kapitalistischen Entwicklung hatten (im katholischen Ruhrgebiet und katholischen Rheinland waren die Unternehmer vor allem Protestanten). Die katholischen Massen gehörten entweder der vorindustriellen Schicht an und hatten also wie Bauern und Handwerker ihre Vorbehalte gegen das kapitalistische System, oder sie gehörten zum Proletariat, waren also zunächst die Benachteiligten dieses Systems; und die Ideologen der katholischen Sozialphilosophie waren kritisch gegen ein System, das auf Konkurrenz, Individualismus und Privatinteresse, auf Auflösung der korporativen Bindungen und institutionellen Solidaritäten und auf dem Glauben an eine Harmonie der individualistischen Glücksbestrebungen, der Egoismen der Tüchtigen beruhte, das die Arbeit als Ware bewertete. Kurz, sie vertraten den Protest gegen das liberale Gesellschaftssystem, der Protest, um es modern zu sagen, gegen den Moralverzehr der kapitalistischen Konkurrenz- und Marktwirtschaft und ihrer Vergötterung von Konsum und Produktion, gegen die Entfremdung in dieser Gesellschaft. Konservative wie ‹linke› Katholiken stimmten in solcher Gegnerschaft gegen das System der liberalen Bourgeoisie überein. Die sozialen Katholiken wurden keine Sozialisten. Sie waren gegen jede kollektivistische und jede etatistische, d. h. aber zentralistisch bürokratische Lösung. Sie wollten Personalität und Korporation, Individualismus und Kollektivismus verbinden, wollten das Eigentum als Freiheits- und Naturrecht bewahren und freilich umformen: Eigentum für alle, das war ihre Forderung. Der soziale Katholizismus spielte trotz harter Gegenstände zum konservativen und liberalen Katholizismus seit dem letzten Drittel des 19. Jahrhunderts eine wesentliche Rolle in den katholischen Parteien, und die aktive Teilnahme dieser Parteien am Aufbau und Ausbau des Sozialstaates ist von daher historisch begründet.

Aus diesem Überblick ziehen wir zwei wesentliche Folgerungen.

1. Das historische Phänomen widerstreitender politischer Theologien, die sich alle als der eigentliche Ausdruck des Katholizismus verstehen und in den anderen Theologien einen Irrweg sehen, macht es auch für eine systematische Überlegung zum Problem, Christentum und eine politische Parteiposition eindeutig aufeinander zu beziehen. Der Historiker ist hier wie so oft Relativist. Empirisch steht der moderne Pluralismus politischer Positionen nicht *einer* christlichen Position gegenüber, sondern einer Mehrzahl von christlichen Positionen.

2. Diese politischen Theologien aber haben sich in der konkreten Parteibildung nicht auf die Dauer durchgesetzt. Sie münden vielmehr in die katholischen Parteien, die auf der elementaren Grundlage der Verteidigung katholischer Lebensinteressen und der Verfolgung der Interessen des bewußt katholischen Volksteils beruhten. Das Entscheidende ist: Sie relativieren sich innerhalb dieser Parteien gegeneinander. Die Vertretung kirchenpolitischer Interessen und dann der Interessen des katholischen Volksteils überlagern diesen Komplex politischer Theologie, beides amalgamiert sich.

So entsteht aus dem politischen Katholizismus und der katholischen Politik nun der Prototyp der katholischen Parteien in Europa, die Sammlungs- und Integrationspartei, und das deutsche Zentrum, von 1870 bis 1933, ist dafür das klassische Beispiel. Sammlungspartei heißt einmal Sammlung unterschiedlicher Klassen und Schichten, für die die Zugehörigkeit zu ihrer Konfession höhere Priorität hat als die Zugehörigkeit zu ihrer sozialen Gruppe oder einer rein politischen Überzeugung. Die Defensivsituation der in Parteien organisierten Katholiken hat diese Priorität begründet und lange Zeit zur Selbstverständlichkeit gemacht. Der Aufbau fast aller älteren katholischen Parteien auf einem Netz von Berufs- und Klassenvereinen ist für diese Situation des sogenannten katholischen Milieus typisch. Sammlungspartei heißt zum anderen, daß diese Parteien nun gesamtpolitische Programme entwickeln müssen, die einen nach der nationalen Situation unterschiedlichen und historisch wandelbaren Ausgleich von Elementen der beschriebenen politischen Theologien darstellen. Von diesem Ausgleich sowohl der sozialen Interessen wie der Programmelemente her läßt sich die Mittellage der meisten katholischen Parteien verstehen. Ein solches Programm, das zwischen theoretischen Positionen auslich, enthielt eine starke Tendenz zum Pragmatismus und zur Flexibilität, je nachdem was in einer historischen Situation oder Entwicklung erforderlich war; es war nicht eine Festlegung auf ein weltgeschichtliches Endziel oder einen simpel zu erhaltenden Status quo. Die Grundwerte des christlichen Lebens sollten in unterschiedlichen Situationen realisiert werden, daraus ergeben sich institutionell unterschiedliche Realisierungsmöglichkeiten und unterschiedliche Möglichkeiten der politischen Koalition. Solcher Pragmatismus findet dann gar eine christliche Begründung in der christlichen Skepsis, die die Endlichkeit des Menschen gegenüber endgültigen Lösungen zur Geltung bringt. Nun ist aber die Programmatik solcher Sammlungsparteien keineswegs pragmatischer Ausgleich in dem Sinn des: für jeden etwas, oder eine Nivellierung zum farblosen Einerlei. Vielmehr handelt es sich bei den Parteien um ein ganz spezifisches Gleichgewichtssystem verschiedener Positionen, die auf gemeinsamen Grundwerten aufruhen, das institutionelle und politische Konsequenzen eigener Art hat. Die Integration von konservativen, liberalen, demokratischen und sozialistischen Elementen ergibt kein Einerlei, weil keineswegs alle, sondern nur bestimmte Elemente dieser säkularen Positionen aufgenommen werden.

Ein solches komplexes Programm konnte im Ringen um Anhänger rational begründet werden, und das war in einer Zeit, in der theoretische Rechtfertigung für die Parteien noch eine Rolle spielte, wichtig. Die Begründung lieferte das sogenannte Naturrecht, das war ja ein im Bereich des Katholizismus stark ausgebautes Denk- und Argumentationssystem. Die Naturrechtsinterpretation, wie unterschiedlich immer sie gehandhabt werden mochte und was immer wir heute darüber denken mögen, hat die Christlichkeit der verfassungs- und gesellschaftspolitischen Programme der Parteien, von denen wir reden, begründet. Ich nenne einige Grundsätze solcher Programme: die Verteidigung der christlichen Möglichkeiten des Einzelnen und die christliche Durchdringung der Öffentlichkeit, zumal in Familie und Schule;

die personalistische, aber nicht individualistische Konzeption, die den Freiheits- und auch Eigentumsraum des Einzelnen achtet und erhält und ihn im sozialen Bereich gegebenenfalls erst schaffen will; Eigentum für alle; der Widerstand gegen den Abbau aller sittlichen Bindungen durch eine schrankenlos ins Belieben des Einzelnen gestellte Selbstbestimmung, die Libertinage und die permissive Gesellschaft; der Versuch, durch eine Fülle, einen Pluralismus von sich selbst organisierenden gesellschaftlichen Verbänden dem zentralistischen Etatismus wie dem gesellschaftlichen Kollektivismus wie dem individualistischen Atomismus zu begegnen; der Versuch, den Klassenkampf zu überwinden, einen sozialen Ausgleich zu erzielen, den Kapitalismus zu begrenzen, ohne ihn als antikollektives Produktivsystem zu beseitigen; der Versuch, Werte zu bewahren und institutionell abzustützen und zugleich Ungerechtigkeiten und Ungleichheiten der alten Welt wie der modernen Welt zu beseitigen. Man muß wohl darauf hinweisen, daß für die Parteien hier ein Dilemma bestand: Die Masse der Anhänger waren die traditionellen Christen, die Rücksicht forderten; die Reformflügel der Parteien aber sahen eher auf die, die der Kirche zu entgleiten drohten oder ihr entglitten waren, und die man durch eine neue christliche Dynamik, zumal im Sozialen binden oder zurückgewinnen wollte; die Nicht-Reformer wiederum meinten, das sei doch vergeblich. Die Kompromisse, zu denen es kam, sind darum meist stärker von der Tradition als vom Fortschritt geprägt worden.

Das deutsche Zentrum ist, wie gesagt, der Typus einer solchen Sammelpartei. Einerseits war es zwar ein historischer Sonderfall: In ihm sammelten sich die Gegner der kleindeutschen Lösung, der Reichsgründung durch Bismarck, Großdeutsche und Partikularisten, die als Katholiken nicht in der Minderheit sein wollten, sie waren darum Föderalisten, die jede borussisch-zentralistische Lösung ablehnten; aber die Partei stellte sich andererseits doch auf den Boden der Tatsachen (der Reichsgründung) und entsprach dem eben beschriebenen Typus. Sie war Partei der Kirche; sie war sowohl gegen Staatsomnipotenz wie gegen bindungslose individualistische Freiheit der Liberalen; sie war Verfassungspartei, Partei des Rechtsstaats, des allgemeinen Wahlrechts; sie war die Partei des Klassenausgleichs und der, wenn auch langsamen, Sozialreform. Die antiliberalistischen, antisozialistischen und antiobrigkeitlichen Züge sind beim Zentrum besonders deutlich. Diese Partei der Opposition hat dann bis 1918 einerseits ihre Gegnerschaft gegen den neuen Nationalstaat abgebaut und ist in tragende Verantwortung hineingewachsen; sie hat sich an monarchistisch nationale, in weiterem Sinne konservative Tendenzen der Zeit angepaßt, weil das der stärker konservativen Mentalität der katholischen Wähler entsprach und dem Drängen danach, ein Unterlegenheitsgefühl zu kompensieren. Andererseits aber hat sie auch ihre populistisch demokratischen und sozialen Züge verstärkt. Nach 1918 hat sich das Zentrum ohne ein definitives Bekenntnis zur Republik doch ganz auf den Boden dieses Staates gestellt und in Koalitionen, in Preußen mit den Sozialdemokraten, im Reich eher mit den sogenannten Bürgerlichen, diese Republik getragen; freilich, der Untergang der Republik bietet genug Raum zur Reflexion auf die Versäumnisse des Zentrums als demokratischer Partei.

## II

Wenden wir uns dem evangelischen Bereich zu, so fällt vor allem auf, daß hier von christlichen Parteien nur in Ausnahmefällen gesprochen werden kann. In den protestantischen Hauptländern der Demokratie, in Großbritannien und den Vereinigten Staaten, hat es solche Parteien nicht gegeben. Das hängt wesentlich damit zusammen, daß es im Amerika der demokratischen Revolution aufgrund der freikirchlichen Vorgeschichte und der ungebrochenen christlichen Substanz des Volkslebens bis tief ins 20. Jahrhundert hinein keinen Gegensatz zwischen Christentum und Demokratie, keinen Bruch zwischen Kirche und Revolution gegeben hat, vielmehr kirchliche und demokratische Forderungen zusammenliefen. Die Nähe des Protestantismus zur politischen Modernität war hier durchschlagend. Und der Reformweg Englands vom aristokratischen über den bürgerlichen zum sozialstaatlichen Parlamentarismus hat ebenfalls keinen Bruch mit dem Christentum gekannt. Der amerikanische wie der englische Liberalismus sind ebenso christlich geprägt wie der Konservatismus, und die freikirchlichen Ursprünge der Labourpartei haben diese Tendenz verstärkt und befestigt. Christliche Parteien also waren überflüssig, weil das Christentum in den zwei bzw. drei Hauptparteien genügend Wirkraum hatte.

Auf dem europäischen Kontinent hat es nur in zwei mehrheitlich protestantischen, und zwar calvinistischen Ländern, in Holland und in der Schweiz, protestantische Verteidigungsparteien gegen einen antiklerikalen Liberalismus gegeben, die ganz ähnlich wie der politische Katholizismus gegen die Herrschaft «des Atheismus» protestierten. Im allgemeinen war die Gründung protestantischer Parteien in Europa problematisch. Die Protestanten hatten kein katholisches Naturrecht, mit dem sie politische Ordnungen begründen konnten. Ja, man mochte sich auf die Bibel berufen; aber zumindest Luther hatte gelehrt, daß zwischen dem geistlichen und dem weltlichen Reich eine scharfe Trennung bestehe, man beides nicht vermischen dürfe, sonst entstehe Heuchelei oder Klerikalismus. Für seine Anhänger gab es dann nur die Politik der Obrigkeit oder die der Vernunft, nicht aber christliche Politik. Das Thema des Luthertums war und blieb: «Gott und die Seele»; darum war theologisch die Distanz zur Politik stärker als anderswo. Im Calvinismus dagegen war und ist das Thema «Gott und die Welt», war und ist die Heiligung oder Verchristlichung der Welt ein Zentralthema, und von daher besteht eine andere Ausgangslage für christliche Politik und christliche Parteibildung. Darum sind es calvinistische Länder, in denen protestantische Parteien entstehen, Holland und die Schweiz.

In Deutschland haben verschiedene Faktoren zusammengewirkt, um das Entstehen einer protestantischen Partei lange zu verhindern: Modernität und Protestantismus waren eng benachbart, wie man am Phänomen der protestantischen Aufklärung und am protestantischen Liberalismus sehen kann. Die lutherische Lehre von der Obrigkeit widersprach der Existenz einer besonderen Partei, die doch immer der Obrigkeit gegenüber trat. Die deutschen Protestanten gerieten nicht gegen eine antikirchliche liberale oder katholische Mehrheit in die Minderheit. Der deutsche Liberalismus verlor nie ganz seine Beziehungen zu einem liberalen Protestantismus. Der deutsche Protestantismus zerfiel eigentlich in zwei Konfessionen, die Orthodoxen und eben die Liberalen. Bis 1918 drang die Demokratie in Deutschland nicht so weit vor wie in den westlichen Ländern, und die Verbindung und Bindung zwischen monarchischer Obrigkeit und protestantischer Kirche genügte, um spezifisch protestantische Interessen zu decken. Zwar hat der preußisch-deutsche Konservativismus sich als Repräsentant des Protestantismus gefühlt und die englische Parole von Thron und Altar propagiert. Es hat konservative Theoretiker gegeben wie Friedrich Julius Stahl, die eine politische protestantische Theologie des Konservativismus vertreten haben. Für sie hatte die Demokratie, und das war die Revolution, auch in Deutschland die Beimischung von Religionslosigkeit oder religiöser Neutralität. Aber trotz solcher Bindungen ist niemals der Konservativismus schlechthin Repräsentant der Protestanten gewesen, noch ist die konservative Partei, die Partei der Junker, der monarchischen und vorindustriellen Ordnung oder dann des entschiedenen Nationalismus, auch nur einfach eine Partei des Protestantismus gewesen.

Nicht schon die Revolution von 1789, sondern erst die Sezession der Arbeiterschaft hat in Deutschland den Zwiespalt zwischen Protestanten und moderner Welt offenkundig gemacht. Erst Ende der 1870er Jahre ist es zu einer evangelischen Partei gekommen: Der Hofprediger Stöcker hat die Christlich-soziale Partei gegründet, aus dem Geist der Inneren Mission und des sozialen Engagements, eine monarchisch-nationale und antibourgeoise, antikapitalistisch-soziale Partei, die in der Lösung der sozialen Frage die Aufgabe christlicher Politik sah. Aber über eine schmale Minderheit, zumal im Bereich der pietistischen Orthodoxie, ist sie nie hinausgekommen. Und auch eine ähnliche Gründung der Weimarer Republik, der im Gegensatz zum konservativen Nationalismus entstandene Christlich-Soziale Volksdienst, ist nicht mehr als eine ehrenwerte Splitterpartei geworden.

## III

Ansätze zur überkonfessionellen christlichen Parteibildung gibt es nur in Deutschland. Vor 1837 waren die christlichen Konservativen eine Einheit. Im Kulturkampf, dem Versuch des Staates, die Kirche zurückzudrängen und zu regieren, haben sie wieder gemeinsam gegen die säkularen und bürokratischen Liberalen gekämpft. Die Zentrumspartei hat sich offiziell nie als katholische Partei verstanden und hat in ihrer Anfangszeit einen konservativ protestantischen Abgeordneten besessen; seit der Jahrhundertwende waren die dieser Partei affilierten christlichen Gewerkschaften interkonfessionell, und in dieser Zeit führte man die große Diskussion unter dem Motto: Wir müssen aus dem Turm heraus, dem Turm des katholischen Ghettos; die Versöhnung zwischen Katholiken und Nation wie moderner Kultur- und moderner Wirtschaftsgesellschaft machte Fortschritte. Das waren Ansätze. Aber erst 1945 ist eine christliche, eine katholisch-protestantische Partei entstanden, und erst 1977 hat sich dasselbe in Holland wiederholt. Die historische Entwicklung hatte die traditionellen Gegensätze der Konfessionen abgeschwächt und die Erfahrung des Nationalsozialismus hatte ein neues Einheitsbewußtsein geschaffen. Die Katastrophe des Zusammenbruchs jeder humanen politischen Ordnung in Deutschland hatte neben der sozialdemokratischen nur die christliche Tradition als Quelle des Widerstands gegen die Gefahren der Knechtschaft unbeschädigt gelassen, und sie hatte mit ihren personalistischen, anti-etatistischen, anti-kollektivistischen, anti-nationalistischen, anti-materialistischen Werten und auch mit ihrem Appell gegen den Klassenkampf und für Gerechtigkeit eine erhebliche Anziehungskraft. Der Anspruch auf Gestaltung der politischen und sozialen Welt schien in der gegebenen Situation gerade von diesen christlichen Grundwerten her möglich. Die Elemente politischer Theologie, von den konservativen bis zu den sozialen, machten den Sammlungsappell glaubwürdig, – und das alles angesichts einer SPD, deren marxistisch-antichristliche Eierschalen damals noch nicht ganz abgestreift waren. Die politischen Überlegungen von 1945, die ja nicht nur das «Nie-wieder», sondern auch das «Wie war es möglich?», also eine Kritik an Weimar, ja an weiter zurückreichenden Traditionen der deutschen Geschichte umschlossen, fanden in dem Signum des Christlichen eine gemeinsame, scheinbar tragfähige Basis. Indem nicht von christlichem Staat und christlicher Gesellschaft, wohl aber vom Handeln aus christlichem Gewissen und von jeweils zu realisierenden christlichen Grundwerten die Rede war, konnten auch die dem Naturrechtsdenken abgeneigten Protestanten bei dieser Partei mitmachen. Die früher aufgeführten Elemente einer Wertordnung und Programmatik christlicher Parteien gewannen, bei starker Betonung des Demokratischen und Sozialen, des Anti-etatistischen und damit auch Anti-sozialistischen und des Personalistischen eine ganz aktuelle

Realität. Der Ton auf der Freiheit der Person wies auf die freie Wirtschaftsordnung auf der Basis des Eigentums hin; die soziale Marktwirtschaft mit der Forderung: Eigentum für alle, war der Ausgleich mit den sozialen Forderungen. Die Jahre zwischen 1945 und 1947 sind zwar von starken Auseinandersetzungen zwischen christlichem Sozialismus und den Liberalen der sozialen Marktwirtschaft begleitet – für unser Thema ist das aber nicht sonderlich wichtig, so wenig wie der Nachweis, daß diese neue Partei natürlich aus alten Traditionen, liberalen wie deutsch-nationalen, bürgerlichen wie gewerkschaftlichen gespeist ist und daß auch die Idee einer großen antimarxistischen Sammelpartei über alle Gräben hinweg wichtig war. Das historisch Aufregende ist, daß diese Partei sich als christlich etablierte. Das ist nicht mit der Stärke des parteipolitischen Katholizismus vor 1945 zu erklären – die hatte abgenommen – und auch nicht mit einem kirchlichen Einfluß; bei den Protestanten etwa war der ja überhaupt nicht vorhanden. Es war eine eigenständige Entscheidung für etwas Neues, das insbesondere die protestantisch Motivierten anzog und trug und sich als stark genug erwies, um die großen Bevölkerungsteile anzuziehen, die im engeren Sinne nicht kirchlich gebunden waren, aber weder ‹sozialistisch› waren, noch aus Tradition, Antiklerikalismus oder betontem Individualismus, im Parteisinn Liberale wurden. Das Kirchenpolitische spielte nur noch eine nebensächliche Rolle. Die betonte Rechtsstaatlichkeit, die starke, auch föderalistische Gewaltenteilung einerseits, der Aufbau des Sozialstaats und die Entproletarisierung der Arbeiterschaft andererseits – Lastenausgleich und dynamische Rente als die wichtigsten sozialpolitischen Ereignisse der letzten 30 Jahre – sind sicherlich die wichtigsten Ziele gewesen, die aus einer inhaltlich christlich bestimmten Programmatik stammten. Die Partei wollte sein und war zunächst eine Partei der Mitte. – Ob sie – polarisiert gegenüber der Linken – in die Rolle der popularen Rechtspartei gerückt ist, das habe ich hier nicht zu untersuchen.

Hier endet die Kompetenz des Historikers. Wenn man von heute her sich diese Entwicklung ansieht, so muß man zunächst eine Reihe von negativen Feststellungen machen. Der Kampf um Freiheiten und Rechte der Kirchen ist, seitdem in Deutschland die Schulen nicht mehr christlich-kirchlich sind, vorbei. Die öffentliche Stellung der Kirche und des Christentums ist nicht stärker umstritten als die jeder anderen Gruppe; es gibt viel Gleichgültigkeit, aber einen wirklich massiven Antiklerikalismus, eine Christentums- oder Kirchenfeindschaft gibt es, wenn man von wenigen radikalen Intellektuellen und dem Modetypus der ‹Spiegel›-Leser absieht, nicht. Auch die Führer der SPD bemühen sich um ein gutes Verhältnis zu den Kirchen. Freilich, der Verteidigungskampf hat nur scheinbar mit Sieg und Selbstbehauptung geendet. Denn die Säkularisierung ist unaufhaltsam weitergeschritten und hat das in Tradition und Konvention gefestigte Christentum weiter aufgelöst. Die Christen im engeren Sinne sind eine Minderheit geworden, eine beachtliche noch, aber eine Minderheit. Vom christlichen Charakter des deutschen Volkes, der Gesellschaft, des Staates zu sprechen, wie 1945, ist altmodisch geworden; die christliche Substanz im öffentlichen Leben scheint fast aufgebraucht oder zerfallen. Die Christen haben sich in den Pluralismus der modernen Welt eingefügt, sie sind selbst pluralistisch, reden mit vielen Zungen und Meinungen. Christen stehen einerseits in allen demokratischen Lagern, die Begründungen politischer Entscheidungen andererseits haben selten mehr christlichen Charakter. Selbst so radikal ethische Probleme, die sozusagen noch ins Mark traditioneller christlicher Überzeugungen reichen, wie Ehescheidung und Abtreibung, sind politisch allein schon nicht mehr mobilisierend oder gar mehrheitsstiftend und nicht mehr zur Grundlage einer Parteibildung geeignet. Heute wäre nicht mehr die Stunde, auch wenn wir uns eine Nullpunktsituation vorstellen, eine christliche Partei zu gründen. Daß die CDU sich behauptet, liegt an anderen Gründen als an ihrer ursprünglichen Christlichkeit. Daraus folgt natürlich nicht, daß die Partei sich auflöst. Aber man kann fragen, ob es etwas gibt, was jenseits des legitimen Schon-da-seins die Existenz einer solchen Partei spezifisch rechtfertigt.

Wir wissen heute aus der soziologischen Meinungsforschung, daß ein christliches Erbe, eine christliche oder sogar konfessionelle Prägung der Mentalität weit, weit über den Bereich der kirchlich Gebundenen hinausreicht. Aus der christlichen Überzeugung gehen, bei allem Pluralismus, bestimmte Elemente in die Politik ein, die eine Partei auch heute sehr wohl vertreten kann und die eine große Bedeutung haben – so jedenfalls können gerade diejenigen argumentieren, die wie der Verfasser nicht Mitglieder einer solchen Partei sind. Das wichtigste ist, kurz gesagt, der Antiutopismus: Die Christen glauben nicht an die Utopie eines irdischen Paradieses, das Staat oder Gesellschaft oder Politik produzieren. Sie sind von der Endlichkeit, der Fehlbarkeit, der Sündhaftigkeit des Menschen überzeugt. Sie bringen zur Geltung die Unverfügbarkeit des Menschen für den Menschen, gegen den Staat oder die Organe der Gesellschaft, die Sozialingenieure werden möchten, um die Menschen nach ihrem Bilde umzuformen. Der Mensch, der Einzelne, bleibt ein Zweck an sich selbst. Der Traum radikaler Politiker, den neuen Menschen formen zu können, führt in die Diktatur. Man kann gewiß diese Position auch human und rein rational begründen, man findet sie auch in allen Parteien; aber die christliche Begründung ist die stärkste und die tiefste, sie wurzelt jenseits der dünnen intellektuellen Reflexion, darum reicht sie am weitesten. Kurz, in der christlichen Politik geht es um die Sphäre von Freiheit und Personalität einerseits, um die Idee des Pluralismus, die Idee der Toleranz andererseits. Beides wird offenbar durch einen Bezug auf – und das kann man ganz säkular sagen – eine absolute Transzendenz, ein Stück Nicht-Welt begründet. Diese Überzeugung ist – bis ins Unbewußte hinein – ein Stück Humanität in der Politik. Das könnte die metapolitische Legitimation einer christlichen Partei heute sein.

# Preußen und die Universität

Angesichts der schweren Probleme, die wir mit einer Verständigung über Preußen haben, scheint unser Thema ‹leicht›. Die preußische Universität ist eine der wenigen weltgeschichtlichen Leistungen Preußens gewesen, deren Rang bis heute unbestritten ist. Seit der Gründung der Berliner Universität ist sie zum Prototyp der modernen Universität geworden, von Baltimore über Tokio nach Jerusalem, auch wenn wir sie in Deutschland seit einiger Zeit nur noch in Restbeständen finden. Der Ruf der Deutschen in der Welt beruhte im 19. und frühen 20. Jahrhundert, neben der gleichsam staats- und institutionenlosen Musik, auf der Universität und der von ihr getragenen Wissenschaft. Gewiß ist das eine Leistung der Deutschen insgesamt, aber die Vorreiter- und Trägerfunktion Preußens ist doch unverkennbar, und wir werden sehen, daß diese Universität nicht nur zufällig in Preußen sich entfaltet, sondern mit der Struktur und meinetwegen dem Geist Preußens zusammenhängt. Also ein Ruhmesblatt preußischer Geschichte, unbewegt von Zweifeln, Warnungen vor Preußen, Fragen an Preußen? So einfach ist es nicht. Denn einmal ist die Universität nicht nur eine Institution der Wissenschaft, sondern auch der Bildung und Ausbildung, und es erhebt sich die Frage, welche Rolle sie damit für die schwierige Geschichte von Staat und Gesellschaft in Preußen gespielt hat. Hat sie eine Kaste der «deutschen Mandarine» (F. Ringer) zum Nachteil der deutschen Gesellschaft erzeugt, war sie, wie Jacob Burckhardt im Blick auf den Nationalismus 1871 meinte, gar eine Gefahr für Geist und Kultur? Und zum andern müssen wir fragen, wie wir diese trotz allem glanzvolle Institution in eine Gesamtbilanz Preußens einordnen wollen. Ist es die eine Seite des Janusgesichtes, von dem schon Madame de Staël gesprochen hat, die philosophische im Gegensatz zur militärischen, ist es eine Nische, ein Reservat im obrigkeitlichen und feudalen Macht- und Militärstaat, und stehen kultureller Ruhm und politischer Verruf Preußens im Widerspruch zueinander? Überlagern sich hier zwei ungleichzeitige Schichten, oder hängt beides, unbeschadet des Widerspruchs, auf noch zu bestimmende Weise zusammen? Diese Fragen machen den Reiz einer Vorlesung aus, die ja primär nicht dem Thema Universität, sondern dem Thema Preußen gewidmet sein soll.

Die Anfänge unserer Geschichte sind unscheinbar. Reformation und frühmoderner Staat haben Kirchen- und Staatsamt an die gelehrte Bildung, Gewissen an Wissen gebunden und damit die im Vergleich mit Westeuropa spezifische Rolle und den Rang der Universitäten, der Landesuniversitäten, für Staat, Gesellschaft und Mentalität der Deutschen bestimmt. Eigentümlich für den werdenden preußischen Staat ist zuerst, kurz vor der Selbsterhebung zum Königreich, die Gründung der Universität Halle. Der calvinischlutherische Staat wollte für seine Pfarrer und Beamten eine weniger orthodoxe Ausbildungsstätte, eine modernere Institution, antischolastisch, freier, toleranter, zivilisierter. Sie war von Thomasius und der Frühaufklärung geprägt, und darum auch eine Heimstatt für die religiöse Opposition der Zeit, die Pietisten, und für andernorts Vertriebene. Halle war die moderne Universität der Zeit; aber das blieb Episode, seit den 1730er Jahren erstarrte es und wurde von Göttingen überrundet – ein Vorspiel.

I

Ich springe zum ersten Hauptstück dieser Vorlesung, der Gründung der Universität Berlin, dem eigentlich epochalen Ereignis unserer Geschichte. Ich rufe uns zunächst die Grundzüge der neuhumanistischen, der Humboldtschen Universitäts- und Wissenschaftsidee ins Gedächtnis. Wissenschaft ist erstens etwas Unabgeschlossenes, es kommt in ihr auf das Suchen und Finden neuer Wahrheit und Erkenntnis an, auf Forschung also, und auch in der Übermittlung der Erkenntnis geht es um produktive, «selbsttätige» Reflexion auf Prinzipien, nicht um die Weitergabe von Gegebenem. Wissenschaft ist zweitens ein Ganzes, jedem Fach ist die Reflexion auf das Ganze der Welt und des Lebens, auf Sinn und Synthese, auf Philosophie und klassische Humanität zugeordnet. Durch beide Prinzipien unterscheidet sich Wissenschaft erst vom Handwerk. Wissenschaft ist drittens primär Selbstzweck, ihr praktischer Nutzen, ihre Relevanz ist sekundär: Gerade das zweckfreie Suchen nach Wahrheit führt zu den wichtigsten nützlichen Erkenntnissen. Wissenschaft und Hochschule, viertens, hängen notwendig zusammen: Gerade der zweckfrei forschende Umgang mit Wissenschaft und die Reflexion auf das Ganze vermitteln Bildung wie gute Ausbildung, schulen das, worauf es ankommt, selbständiges Denken und Urteilen, freie Befähigung zu den akademischen Berufen, vermitteln eine «normative Grundeinstimmung des Lebens» (Schelsky) durch Sachlichkeit und leitende Grundsätze, durch «Ideen»: Bildung und Ausbildung durch Wissenschaft also. Darum sind «Einsamkeit und Freiheit» (Humboldt) gegenüber den Zwängen von Staat und Gesellschaft, sozialer Herkunft und beruflicher Zukunft, Lebensbedingungen der Universität. Das hieß praktisch: Die Universität sollte nicht in Fachhochschulen aufgelöst werden, sondern die Gesamtheit der nicht anwendungsbezogenen Fächer vereinen und um die philosophische Fakultät zentrieren; die Professoren sollten sich dem neuen Imperativ der Forschung unterstellen; die Studenten sollten aus Interesse und Neugier und nicht um der Karriere und des Broterwerbs willen studieren. Der Einzelne und die Wissenschaft, die sollten im Mittelpunkt stehen – es ging nicht um alte oder neue gemeinsame Lebensformen (nach Art von Kloster oder College), und andere, vielleicht vitalere oder politischere Begabungen zählten hier nicht. Studieren und Leben der Studenten waren auf Wissenschaft und Intellektualität zentriert.

Diese Ideen von Philosophen und Philologen sind nicht ein Monopol preußischer Gelehrter oder Institutionen – Göttingen, Jena, Leipzig, später Würzburg und Heidelberg spielen in der Geschichte der Reform ihre Rolle –, aber sie bündeln sich in Preußen: Die Gründung Berlins ist ihre klassische Verwirklichung. Was ist, das ist die für uns wesentliche Frage, an dieser neuen Universität nun spezifisch preußisch, oder wie verhält sie sich zu der großen Realität Preußen?

Natürlich ist es zunächst schlicht ein Faktum, daß das neue Modell zuerst in Preußen, in Berlin, dann in Breslau und Bonn, verwirklicht worden ist. Diese Universität ist, woher sie immer kam, damals ein Stück Preußen geworden. Und, wie immer in der Geschichte, spielen dabei Zufälle, die man nicht auf die ‹Struktur› oder Kultur Preußens zurückführen kann, ihre Rolle: daß der vor 1806 verantwortliche Minister und Hochschulreformer Massow, der der Idee der nützlichen Fachhochschulen anhing, als Kollaborateur gestürzt wurde, oder daß Beyme, der erste eigentliche Gründer Berlins, als Kabinettspolitiker seine Position verlor und darum schließlich Humboldt eine kurze, aber entscheidende Zeit lang das Ressort übernehmen konnte. Aber es geht um mehr als Zufälle. Es bleibt erstaunlich genug, daß der niedergeschlagene, halbierte, finanziell ausblutende Staat Preußen, für den es ums schiere Überleben ging, nicht nur Finanzen, Militär und Staat, Agrarverfassung und Städtewesen neu zu organisieren anfing, sondern gleichrangig die Gründung einer neuen Universität – anstelle des verlorenen Halle –, und zwar einer Reformuniversität. «Der Staat muß durch geistige Kräfte ersetzen, was er an physischen verloren hat», erklärte der nicht eben philosophische König den Halleschen Professoren, die wegen der Neugründung vorstellig wurden, und Scharnhorst hat vom dreifachen Primat der Waffen, der Konstitution, der Wissenschaft für Preußen gesprochen. Humboldt wandte (wie andere auch) die Sache ins National- und Außenpolitische: Die Universität sei eines der vorzüglichsten Mittel, durch welche Preußen die Aufmerksamkeit und Achtung Deutschlands für sich gewinnen, die Führung wahrer Aufklärung und Geistesbildung beanspruchen könne, später sagte man: moralische Eroberungen machen konnte. Das Erstaunlichste ist, wie selbstverständlich diese Überzeugung, dieser Grundton im Establishment des preußischen Militär- und Verwaltungsstaates gewesen ist. Das ist, bekannt genug und vielleicht zu oft idealisiert, doch ein Kernelement gerade der preußischen – im Unterschied zu den neuerdings so hoch gelobten rheinbündischen Reformen: Es ist damals Teil der politischen Kultur Preußens geworden.

Aber diese Orientierung hat ihre Wurzeln im Preußen schon des 18. Jahrhunderts: in seinem «philosophischen Gesicht» von dem Madame de Staël spricht, und in der besonderen Rolle, die das gebildete Beamtentum in Preußen (wenn auch nie in dem Maße wie in der Reformzeit) spielte; über die Person des Kabinettrats Beyme ist die Reform mit der Vorreformzeit unmittelbar verbunden. Denn die Gründer der Universität waren nicht die Professoren, sondern gebildete Beamte, Produkte dieses Staates und der preußischen Rezeption der Aufklärung, Beamte, die mit der Avantgarde der Bildungs- und Gelehrtenwelt in Konnex traten, ihr Ohr den Philosophen liehen oder sie gar – kürzer oder länger – zu Beamten machten. Selbst Humboldts Nachfolger, der restaurative Bürokrat Schuckmann, konnte sich der einmal eingeschlagenen Richtung nicht mehr einfach entziehen. Daß also Bildungs- und Universitätspolitik in den Jahren politischer und ökonomischer Katastrophe einen solchen Rang hatte, ist einmal das Spezifikum der preußischen Reform, zum andern wurzelt es in der Rolle und Art des preußischen Beamtentums; letzten Endes aber in der Unnatürlichkeit, der Künstlichkeit des preußischen Staatsgebildes, die seine sonderbare Intellektualität hervorrief, es zu solcher Intellektualität disponierte oder verurteilte.

Spezifisch preußische Bedingtheiten werden noch deutlicher, wenn wir die Stellung der neuen Universität in Gesellschaft und Staat ins Auge fassen. Die Bildung und Ausbildung durch zweckfrei betriebene Wissenschaft, das war sozial gesehen der Anspruch einer neuen Elite – der Gebildeten, gerichtet zuerst gegen die alte Welt, in der die Existenz des Menschen an Herkunft, Haus und Stand gebunden war: Bildung macht frei, das sollte aus einer Ausnahme zur generellen Regel werden, Bildung sollte das neue Adelsprädikat werden. Das entsprach zunächst dem bürgerlichen Ideal, nach dem Leistung und Begabung den Zugang zu allen sozialen Positionen bestimmen und auch öffnen sollten. Aber die soziale Idee der Bildung war doch auch unbürgerlich, unbourgeois, nicht auf Besitz, wirtschaftlichen Erfolg, praktische Tüchtigkeit gerichtet – Bildung war auf eigentümliche Weise jenseits von Ökonomie und Arbeit. Die neue Idee der Bildung war gegenüber der ständischen Welt modern, aber sie war zugleich auf eine vorindustrielle, ja eine kaufmännisch-unternehmerisch wenig entwickelte Gesellschaft bezogen. Der Anspruch einer neuen Bildungselite, der in jener Universitätsidee steckt, nun entsprach der sozialen Wirklichkeit Preußens zu Beginn des 19. Jahrhunderts: Da es kein starkes städtisches Bürgertum gab, waren die gebildeten Beamten und die freien Berufe die einzige soziale Gruppe, die gegenüber Adel und Königtum Führungsansprüche geltend machen konnte, zumal ein Teil von ihnen im Zug der kulturellen Differenzierungen und der Auflösung des Sinnmonopols der Kirchen als sinnvermittelnde Intelligenz Bedeutung gewann. Das war zwar ein gesamtdeutsches Phänomen, aber in Preußen, diesem Land ohne starke Stadttraditionen, besonders ausgeprägt.

Das gilt auch, wenn man die politische Rolle der neuen Schicht ansieht. Der aufgeklärte Absolutismus und die napoleonische Revolutionierung

Deutschlands haben überall den Bruch mit der Traditionswelt vorangetrieben, die Beweger und Macher nach vorn gebracht, die mit Hilfe allgemeiner Prinzipien, wissenschaftlich angeleiteter Rationalität die Welt umzuformen suchten: Das war die politisch-soziale Bedingung für den Aufstieg eines neuen Beamtentums, einer neuen Wissenschaft, einer neuen Universität. Aber auch hier ist die Situation in Preußen spezifisch verschärft: Der arme, der künstliche Staat Preußen bedurfte im besonderen der Leistung und Bildung in seiner Verwaltung, der Modernität und Rationalität; der Adel reichte nach Zahl und Qualität nicht aus. Darum die frühe Bürokratisierung und die Professionalisierung der Bürokratie, darum 1810 die Wendung zur modernen und modernisierenden Universität, auch darum. Anders gewendet: Preußen war ein Staat oberhalb von Regionen, Stämmen, Volkstum; was den Staat bildete, mußte jenseits von Naturwüchsigkeit und Bodenständigkeit existieren; die Beamten waren mobil und entwurzelt, allgemeiner Stand jenseits der Regionen, in besonderem Maße Beweger und Macher, von Raison, von kühler Rationalität geleitet. Die Rationalität und Allgemeinheit der Staatsmaximen, die Loslösung des Staatspersonals, des bürgerlichen zumal, aus regionalen Bindungen nun entsprach der neuen Definition von Universitätsbildung: Ablösung von Herkunft und Berufsinteresse, Durchdringen des Handelns nach allgemeinen Prinzipien, ja Selbstzweck der Wissenschaft und Orientierung im ganzen. Berlin, Breslau, Bonn sind nicht mehr traditionelle Landesuniversitäten, sie sind hauptstädtisch, gesamtpreußisch, gesamtdeutsch, ja weltläufig; die Universalität der neuen Wissenschaftsuniversität entspricht der Modernität eines nicht mehr partikularisierten und antiregionalistischen Vernunftstaates, eben Preußens.

Über die Frage nach der Rolle der Bürokratie in einer traditionalen Gesellschaft sind wir schon auf die Beziehung preußischer Staatlichkeit und neuer preußischer Universität gekommen. Diese Beziehung aber müssen wir unter einem anderen Aspekt noch näher beleuchten. Humboldt hat die neue Universität als Institution gegen zwei konkurrierende Modelle gesetzt – gegen die traditionelle Universität, ständisch privilegierte, halbautonome Korporation, in Zunftgeist und Nepotismus, Scholastik und Verwahrlosung versunken, scheinbar unfähig zur Regeneration aus sich selbst – und gegen das spätaufklärerisch-napoleonische Modell der Fachhochschulen, in dem der Staat die unmittelbaren Nützlichkeitsinteressen der Gesellschaft durchsetzte. Von daher haben die Reformer das Verhältnis von Staat und Universität bestimmt: Der Staat, die aufgeklärte, von Lokalinteressen unabhängige Bürokratie, sollte die Universität von immanenten Gefahren – Zunft und Korruption – befreien und freihalten und zugleich als neutrale Instanz gegen die gesellschaftlichen Interessen schützen. Dahinter stand die idealistische Annahme (und Zumutung), der Staat schütze die Freiheit der Wissenschaft, ohne sie als Mittel zu unmittelbar politischen Zwecken einzusetzen, weil die Entfaltung freier Wissenschaften zu den letzten Zwecken, zum wohlverstandenen eigenen Interesse des Staates gehörten. Die praktischen Konsequenzen sind bekannt. Die Universitäten wurden Staatsanstalten, die Idee privater Hochschulen kam nicht auf – zum Mißfallen später der Katholiken, denn diese Verstaatlichung bedeutete auch Säkularisierung. Sie waren nicht mit eigenem Vermögen ausgestattet, also finanziell nicht unabhängig. Die Professoren wurden Staatsbeamte. Über die staatlichen Prüfungen hatte der Staat auf den Lehrbetrieb Einfluß. Auf der anderen Seite wurde die traditionelle korporative Autonomie zur modernen Selbstverwaltung, die über Form und Inhalt von Forschung und Lehre, akademische Grade und akademischen Nachwuchs entscheiden konnte – also ein prekäres Mit- und Gegeneinander von Staat und Selbstverwaltung. Das ist eigentlich der kontinentaleuropäische Typus, diese Überlagerung von überlieferter Autonomie und modernem bürokratischem Kulturverwaltungsstaat. In Preußen aber wird dieses Faktum durch eine besondere Auffassung vom Staat und die besondere Rolle dieses Staates gestützt und akzentuiert. Der preußische Staat war der Modernisierer der feudalzünftlerischen Welt, er verfügte gerade als Staat der aufgeklärten Bürokratie über ein beachtliches Reformpotential. Und in der Reformzeit spitzt sich diese Linie eigentümlich idealistisch-liberal zu: Der Staat will den Einzelnen zu Freiheit und Selbständigkeit entbinden, partiell, in Grenzen und vom Staat kontrolliert, aber dennoch – und mit dem Ziel, das Gemeinwesen zu stärken. Der Zwang zur Modernisierung wirkte sich aus in der Gewährung von Freiheiten. Der Staat war eine Zeitlang, ein Stückweit Agent der Freiheit (oder der Vernunft, wie Hegel das dann gefaßt hat). Daß er das bliebe, war nicht gewiß, keineswegs, denn Preußen hatte auch ganz andere Seiten, aber es war auch nicht gänzlich abwegig, darauf zu setzen, wie das den Nachgeborenen, die wissen, wie alles gelaufen ist, scheinen mag: Die Modernität Preußens war in Europa bis 1850, ja 1870, durchaus anerkannt. Der Staat als Agent und Garant der Freiheit – das erklärt das Vertrauen der Universitätsgründer in den Staat. Und nur die nachnationalistische oder die permissiv-libertäre Abwertung des Staates bei uns können die legitime Funktion des Staates bei der Erhaltung der Institutionen freier Wissenschaft (und die Gefahr von Freiräumen, die zur Einschränkung von Wissenschaft oder Freiheit benutzt werden) verkennen.

In der deutschen Tradition ist das, worum es hier geht, oft als Wandel des Staatszwecks begriffen worden: Der Staat übernimmt nicht nur die Sorge für Existenz, Sicherheit und Wohlfahrt, sondern auch für Kultur, wird «Kulturstaat». Das ist nicht falsch und entspricht dem Akzent auf der Staatlichkeit in Preußen und Deutschland; mir scheint es für die Gründungsphase der neuen Universität, der Universität zweckfreier Wissenschaft, heute aber wichtiger, den Freiheitsaspekt auch im Verhältnis von Staat und neuer Universität zu betonen: Das verbindet die Universitätsgründung mit den anderen Reformen: Ein «Kulturstaat», wie der bürokratische Vernunftstaat, hätte auch mit Fachhochschulen oder einer napoleonischen Universität bestehen können. Aber der Ansatz der Reform zielte weiter. Daß zwischen staatlicher Leitung und Autonomie der Universität prekäre Spannungen auftreten können, daß staatlich gegründete und geschützte Freiheitsinstitutionen in sich voller Problematik und Widersprüche sind, daß das Gründungskonzept hier manche Illusion enthielt, bedarf nach unseren Erfahrungen kaum eines Wortes, ich komme darauf zurück.

Wir sprechen von Gesellschaft und Staat in Preußen. Gewiß gibt es auch geistes- und religionsgeschichtliche, spezifisch preußische Voraussetzungen für die neue Universität: die relative Toleranz in dem mehr-konfessionellen Land, die Entwicklung säkularer aufgeklärter Lebensinterpretationen, auf die der neue Wissenschaftsbegriff sich stützt. Man kann überlegen, ob das preußische Ethos – Pflicht und Dienst, Disziplin und Leistung, Askese und Vernunft, Raison – dem neuen asketischen Ethos von der Wissenschaft als Selbstzweck, dem Sichverzehren im Dienst der Forschung entspricht oder diese neue Idee besonders akzeptabel gemacht hat, aber das führt ins Spekulative – jenseits der Beweisbarkeit (wie die mythologisierte Parallelität von Preußentum und Kantischer Ethik). Einstweilen halte ich fest: Die Universität der Reform ist etwas Neues, sie hat dem Gesamtphänomen Preußen – Preußen als einer politischen Kultur – eine neue Dimension hinzugefügt. Zugleich beruhte sie aber auf einer Reihe von spezifisch preußischen Vorgegebenheiten, die die Realisierung der neuen Idee gerade in Preußen begünstigten, ja mitermöglichten. Dabei muß man betonen, daß die politisch-sozialen Existenzbedingungen Preußens, die der Universität zugrundeliegen, zugleich die sind, die auch die harten Züge Preußens – die bürokratisch-obrigkeitlichen und die militärischen – mitbegründen. Preußen als Staat der Wissenschaft und Bildung und Preußen als Staat der Beamten und des Heeres entsprechen sich, so sehr in dieser Entsprechung Probleme lagen. Freilich, Preußen als Staat von Wissenschaft und Bildung, das stand in noch schärferer Spannung zu dem anderen Wesenszug – Preußen als einem Staat der Junker, und diese Spannung gehört seither zu Preußen dazu.

II

In einem zweiten Teil frage ich nach den Wandlungen und Wirkungen dieser Universität zwischen 1815 und 1933 und ihrer Bedeutung für unsere Interpretation Preußens, und zwar werde ich mich auf die drei Aspekte Wissenschaft, Bildung und Ausbildung und Politik konzentrieren.

1. Die neue Wissenschaftsidee, Wissenschaft als Selbstzweck, Wissenschaft als Forschung, hat sich in der Universität durchgesetzt; der staunenswerte schnelle Aufstieg der deutschen Wissenschaft, und der Universität Berlin zumal, von relativ peripherer Bedeutung zur Weltgeltung ist dafür

Zeugnis. Die Professoren unterstellen sich in ihrem Verhalten, ihren Standards und Karrieremustern dem neuen Imperativ der Forschung. Primär nach der Originalität der Forschung – und nicht auch nach lokalen Rücksichten, sozialen und rhetorischen Fähigkeiten – richtet sich die Personalauswahl; das nationale und internationale Ansehen im Fach wird wichtiger als kollegiale Vorlieben; der Eintritt in akademische Karrieren, die Habilitation, wird an höhere Standards gebunden. Dieser Aufstieg der modernen, forschungsorientierten Wissenschaft ist nun durch Institutionen und Verwaltungsmaßnahmen gerade in Preußen begünstigt worden. Die unbezahlte Privatdozentur und das gering bezahlte Extraordinariat – so problematisch sie später geworden sind – waren Positionen, die Konkurrenz und Produktivität gewaltig förderten, die Jüngeren an die Front der Forschung, zur Spezialisierung und zur Begründung neuer Gebiete trieben, und die preußische Verwaltung hat gegen die konkurrenzscheuen Fakultäten diese Entwicklung gefördert. Die Verwaltung hat sodann dem neuen Forschungsimperativ mit Hilfe der Berufungspolitik Geltung verschafft; gegen Zunft- und Bequemlichkeitsinteressen der Fakultäten, auch gegen die Betonung von Lehrinteressen, hat das Ministerium gerade bis zur Jahrhundertmitte die Berufung hervorragender oder vielversprechender Forscher durchgesetzt – bis die Professoren den neuen Imperativ wirklich übernommen hatten. Das Mißtrauen gegen Zunft- und Schulinteressen, der Sinn für neue Richtungen und Leistungen, für Außenseiter – wie um 1900 Lamprecht oder Sombart –, wurde zur ungeschriebenen Maxime der preußischen Hochschulverwaltung, bis zum Hochschulpapst der Kaiserzeit, dem berühmten Althoff, und dem letzten großen preußischen Kultusminister, Carl Heinrich Becker in der Weimarer Zeit. Gewiß spielt bei der Intensivierung von Forschungsmotivation durch Konkurrenz auch der deutsche Föderalismus eine wichtige Rolle, für Preußen aber ist charakteristisch, daß die Verwaltung auch die innerpreußische Konkurrenz förderte. Schließlich gehört die Einrichtung von Instituten und Seminaren zu den großen administrativ-politischen Maßnahmen – auch unter den Bedingungen des Großbetriebs –, die die wissenschaftliche Leistung steigerten.

Für diesen Aufstieg der Wissenschaft ist freilich auch eine soziale Bedingung wichtig, an der wir wieder den Zusammenhang der gegensätzlichen Züge Preußens beobachten können. Universität und Wissenschaft hatten für das Talent eine besonders starke Anziehungskraft, weil der Zugang zu anderen sozial führenden Positionen durch den Überhang faktischer Adelsvorrechte stark beschränkt war und weil auch zwischen 1871 und 1914 die politische Karriere kaum anziehend war: Wissenschaftliche Leistungen konnten eine gewisse Benachteiligung bürgerlicher Elemente kompensieren. Der Prestigevorrang der Staatsämter und der theorieorientierten Lebensform erhielt die besondere Attraktion wissenschaftlicher Karrieren auch gegenüber den Führungsstellen der Wirtschaft, selbst wo dafür nicht Kapitalbesitz Voraussetzung war. Die politisch-soziale Struktur des obrigkeitlich-feudalen Preußen begünstigte so, paradox genug, den Aufstieg der Wissenschaft.

Ein Wort in diesem Zusammenhang zum Aufstieg von Naturwissenschaften und Medizin in den Universitäten, gerade in Berlin. Das war auch 1810 nicht vorauszusehen. Es gab keinen besonderen Bedarf und keine szientifische Bewegung wie in Frankreich, die ihre Entwicklung vorangetrieben hätte. Die Humboldtsche Universität war eine Universität der Philosophen und Philologen, um Kultur, nicht um Natur zentriert, auch die Idee der Forschung war nicht auf Experiment und Erfahrung gerichtet, war mehr synthetisch als analytisch, war gegen die spezifisch naturwissenschaftliche Tendenz zur Spezialisierung; das neue Ideal des Professors, der sein Gesamtfach beherrscht, stammte nicht aus den Naturwissenschaften. Aber diese Wissenschaften, in dieser Universität zuerst mehr geduldet oder verblieben, übernahmen die neue Idee von der Wissenschaft als Selbstzweck, als Forschung, den neuen Imperativ und das neue Rollenverständnis des Professors, die Professionalisierung der Disziplinen, das Forschungstraining der Institute. Und seit den 30er Jahren bricht die moderne Naturwissenschaft an den Universitäten mit Macht durch. Gerade das Berliner Ministerium hat diese Entwicklung – exemplarisch etwa in der Physiologie – schon sehr früh nachhaltig gefördert, schon unter der Ägide der philosophisch-idealistisch eingestimmten Beamten wie später der Juristen. Auf das Sonderproblem der technischen Wissenschaften in Preußen – durchaus gefördert, aber außerhalb der Universität – kann ich hier und heute nicht eingehen.

Die Universität als Stätte der Wissenschaft war auf eine doppelte und widersprüchliche Weise auf Gesellschaft und Leben bezogen. Einerseits stand sie in Distanz zur Gesellschaft, auf Einsamkeit und Freiheit, den Selbstzweck der Wissenschaft orientiert: Die Nähe zum Kloster, das Bild vom Elfenbeinturm sind dafür typisch, und die Kritik an der Lebensferne der Universität bis hin zu Nietzsche ist der ständige Kontrapunkt dazu. Das schien die Universität politisch und sozial zu neutralisieren. Andererseits aber war die Ausstrahlung der Universität für die bürgerliche Gesellschaft groß, sie spielte für die Lebens- und Sinnorientierung mehr als Literatur und Publizistik, freie Intelligenz oder gar Bohème, mehr als die politische Diskussion und häufig auch schon mehr als die Kirchen eine zentrale Rolle. Die großen Veränderungen, Krisen und Konflikte, die die geistige Geschichte der Deutschen bestimmt haben – die philosophische und historische Umbildung des Christentums, die Umformung des Weltbildes durch die historischen wie die Naturwissenschaften, Fortschrittsglaube und Fortschrittszweifel, die Entfaltung des Begriffes der Nation, die Entdeckung der Gesellschaft, die Kulturkämpfe, die politischen Kontroversen, die Auseinandersetzung mit dem Marxismus –, sie waren um die Universitätsdiskussionen zentriert. Die Wissenschaften formten noch durch Entdeckungen, Kategorien, Methoden oder ihre Perspektive auf das Ganze die Weltauslegungsangebote (das gilt auch für den oppositionellen Sozialismus). Die Universität lieferte trotz des Zerfalls der Disziplinen Bausteine von Weltanschauung, und das wurde – in der Krise der Kirchen und dem Kampf politischer Ideologien – immer wichtiger. Die Universität war nicht Elfenbeinturm, nicht nur eine *Provinz* im geistigen Haushalt der Nation, sondern eine zentrale Instanz: Das Wissen der Wissenschaften und das Gewissen der Handelnden und Leidenden standen im Zusammenhang. Die religiösen und politischen, traditionellen und progressiven, etablierten und subkulturellen Weltbilder, vor- und außerwissenschaftlich gewiß, gerieten im 19. Jahrhundert in Beziehung zu diesem Leit- und Gegenbild Universität, so wenig man die Diskrepanz zwischen sozialen Normen und Ideologien der wirklichen Gesellschaft und der wissenschaftlichen Normendiskussion übersehen kann.

2. Wir fragen zweitens nach der Rolle der preußischen Universität als Institution von Bildung und Ausbildung. Die Ursprungsidee der allgemeinen Bildung durch Wissenschaft und philosophisch-humanistische Reflexion hat sich nur sehr begrenzt durchgesetzt. Die Universitäten blieben primär Ausbildungsinstitutionen für Beamte und die staatsnahen freien Berufe. Die Philosophische Fakultät wurde aus der Bildungsfakultät zur Ausbildungsfakultät für Lehrer und Naturwissenschaftler; die Verwissenschaftlichung und Spezialisierung der Geisteswissenschaften minderte ihre Bildungsfunktion. Das Studium war nicht generell als Teilnahme an der Forschung zu organisieren. Dennoch – über die großen Universitätslehrer aller Fächer hielten sich wenigstens Anspruch und Abglanz der ursprünglichen Bildungsidee; die preußische Justizverwaltung bestand z. B. darauf, daß das Studium – im Gegensatz zum Referendariat – zum Allgemeinen bilden sollte, und die so gebildeten juristischen Beamten haben ja dann, was man meist vergißt, auch den modernen Interventions-, Sozial- und Kulturverwaltungsstaat aufgebaut. Die Wissenschaftsorientierung des Studiums, durch die Seminare unterstützt, hatte den höchsten Rang. Die Nicht-Schul- und Nicht-Collegestruktur der preußisch-deutschen Universität erhöhte die Mobilität und die Bindung nicht an die eigene Universität, sondern an die überregionale Profession. Diese Universität schwächte die partikularen Traditionen, sie stellte eine gesamtpreußische und dann gesamtdeutsche Gemeinsamkeit her. Mit dieser Tendenz zur Homogenität der nationalen Gesellschaft hatte sie eine modernisierende Funktion. Gewiß wäre über die erzieherischen Defizite der preußisch-deutschen Universität, den freien Raum zwischen Wissenschaft und Verbindung, manches auch Kritische zu sagen, im Rahmen dieser Vorlesung muß ich darauf verzichten.

Wir sagten, die neue Universität zielte sozial gesehen auf eine Leistungselite der Bildung. Damit stellt sich die Frage nach der Chancengleichheit. An sich war das Talent von sozialer Herkunft unabhängig, aber die Idee der zweckfreien Bildung setzte doch gute Schulen und die materielle Möglichkeit zur Muße voraus, nur dann konnte man das «Brotstudium» verachten. Zu einem erheblichen Teil rekrutierten sich daher die Studenten aus akademisch gebildeten und anderen ‹höheren› Schichten. Das ist in einem bürgerlichen Zeitalter, einer Zeit knapper Ressourcen und begrenzter akademischer Positionen, einer Zeit, in der Eltern zunächst auf die Sicherung des Lebensunterhaltes der Kinder (und nicht auf ihr Studium) aus waren, nicht verwunderlich und eigentlich kein Anlaß egalitärer Empörung, wie sie dennoch viele Historiker äußern. Erstaunlich ist vielmehr der hohe Grad von Aufstiegsmobilität bei Studenten; bis 1870 sind 25–30% der Studenten aus den unteren Mittelschichten gekommen, danach und nach 1900 noch einmal steigt dieser Prozentsatz mit einer allgemeinen Expansion der Studentenzahlen auf fast 50% an, das ist im Vergleich zu den demokratischen Gemeinwesen England und Frankreich ein hoher Anteil. Die Universität war gewiß keine Institution der Chancengleichheit (zumal nicht für Kinder von Bauern und Arbeitern), und in Zeiten eines Studentenandrangs hat der Staat aus Angst vor einem akademischen Proletariat Aufsteiger fernzuhalten gesucht; im Schulsystem lagen ähnliche Tendenzen. Aber die Universitäten waren eben nicht nur Barriere gegen sozialen Aufstieg, sondern auch Schleuse, die Chancen für Begabung und Leistung waren nicht der Statussicherung für die Kinder der oberen Mittelschicht aufgeopfert: Das war *auch* ein Stück *preußischer* Wirklichkeit; und bei den Universitätslehrern waren Aufstiegschancen für das große Talent auch aus den Unterschichten – 10% etwa kamen daher – gegeben. Mindestens so interessant ist die Tatsache, daß in den oberen wie den unteren Mittelschichten die schreibenden und beamteten Berufe, kleine Beamte und Volksschullehrer z. B., ihre Kinder viel eher studieren ließen als Handwerker, Kaufleute und Unternehmer: Der Unterschied der Berufsweise ist wichtiger als Klassen-, Einkommens- und Statusunterschiede.

Universitätsbildung war im Ergebnis schicht- und elitebildend, war nicht nur ein Aufstiegs-, sondern auch ein sozialer Abgrenzungsbegriff – und das ist, gegen alle egalitären Eiferer gesagt, eine ganz normale Erscheinung, die dem Willen zur sozialen Differenzierung entspricht. Die Idee vom Selbstzweck der Wissenschaft hatte durchaus (und zu Recht) etwas Elitäres, Meritokratisches; aber das Studium sollte auch per se schon die Zugehörigkeit zu den höheren Schichten definieren, und die Aufsteiger-Studenten sind sehr stark in die neue Schicht der akademisch Gebildeten integriert worden. Der Bildungsanspruch der Universität hat so die im Ergebnis starke soziale Sonderstellung des Akademikers in Deutschland, die deutliche Scheidung zwischen Gebildeten und Ungebildeten, auch die Trennung zwischen wirtschaftendem und gebildetem Bürgertum – man denke an den langen Ausschluß der Realgymnasiasten vom Studium – begünstigt und verstärkt; die akademische Qualifikation hat die sozialen Schichten überlagert und modifiziert, aber auch festgeschrieben – mit allen nachteiligen Folgen, die das bis 1933 gehabt hat. Eine spezifisch preußisch-deutsche Erscheinung dabei ist das Prüfungs-, Berechtigungs- und Titelwesen, das zu einem Grundfaktum der gesellschaftlichen Gliederung wie des Lebensweges der Einzelnen geworden ist. Um Bildung gegen Geburtsvorrechte durchzusetzen, bedurfte es der Prüfungen – gerade der Adel ist nach 1810 dieser bürgerlichen Prüfungsnorm und -wut mitunterworfen worden. Von der Beamtenschaft ist diese Norm auf die staatsnahen anderen gelehrten und auf viele mittlere Berufe übertragen worden; die Koppelung von Bildungspatent und Militärstatus (dem Einjährigen) tat ein übriges, die Verbindung von Bildung, Prüfung und Amtsberechtigung tief in die Sozialstruktur und Mentalität Preußens und Deutschlands einzuprägen; Prüfungen wurden zum Statussymbol und zum Titel – Examenstüchtigkeit konnte leicht vor Berufserfolg und Lebenserfahrung treten, und im späten 19. Jahrhundert gewann die preußisch-deutsche Bildungsgesellschaft von daher *manche* kastenähnliche Züge. Das Produkt der Universität, die akademisch Gebildeten, haben so trotz genereller Verbürgerlichung der Gesellschaft bestimmte ständeähnliche Relikte und neue Klassendifferenzierungen miteinander verbunden – eine Erscheinung, die seit 1900 auch immer wieder die Selbstkritik der Universität provoziert hat.

3. Drittens und letztens fragen wir nach dem Verhältnis von Staat und Universität, Universität und Politik. Zunächst finden wir eine Verwaltung, die über 125 Jahre hin die Universität fördert und entwickelt – von Altenstein und Johannes Schulze bis zu den ungewöhnlichen Glücksfällen von Althoff und C. H. Becker, deren Berufung in das Ministerium von großer Weitsicht zeugt – und eine Verwaltung mit durchaus benevolent-autoritären Zügen, in Spannung zur Autonomie der Universitäten, jedenfalls bis 1918, wir haben davon gesprochen. Angesichts der lange Zeit knappen Staatsfinanzen und angesichts des konservativen Mißtrauens gegen auch die wissenschaftliche, die professorale Intelligenz ist das erstaunlich. War hier ein liberaler Sektor des preußischen Staates? Gewiß, wo die Entwicklung der Universität sozial oder politisch gefährlich zu werden drohte, griff der Staat ein. Die Erwartung, daß der Staat vor politischen Auswirkungen der Wissenschaft neutral bliebe und der Zumutung professoraler Intelligenz nachgeben würde, die künftigen Beamten nach eigenem Gutdünken zu erziehen, war zumal in einem obrigkeitlich-bürokratischen, vorpluralistischen Staat illusorisch, und schon in den ersten Jahren Berlins hatte Humboldts Nachfolger Schuckmann über Statuten und Praxis die staatliche Kontrolle straffer angezogen: Der Dienst der Universität am Staat war wichtiger als der Dienst des Staates an der Universität. Die Universität sollte nicht Staat im Staate sein, das war die von einer ja nicht unberechtigten Sorge bestimmte Maxime der Restaurationspolitiker. Im Zeichen der Karlsbader Beschlüsse hat der Staat Studenten wie Dozenten mit einer zeitweise rigorosen Strafpraxis zu disziplinieren versucht, versucht, die Wissenschaft zu neutralisieren, Politik aus der Universität auszuschließen oder mit Prüfungsordnungen und Personal-

entscheidungen unliebsamen Tendenzen entgegenzusteuern. Das füllt die von liberalen Professoren geschriebenen Geschichten der Universitäten – und niemand wird diese obrigkeitliche Tendenz und Praxis verharmlosen. Dennoch, diese Politik war im ganzen nicht erfolgreich, und sie blieb ein Intermezzo. Aufs Ganze gesehen schützte die Kultusverwaltung – Erbe der Reform und Gegner der Innen- und Polizeiverwaltung – die moderate Freiheit der Universität. Altenstein setzte auf Hegel; das staatskirchliche Interesse an Toleranz kam dem Pluralismus der Theologen zugute, das war ein Ansatz zu anderen Pluralismen; die Konkurrenz der deutschen Länder unterlief die Restauration: Anderswo vertriebene Lehrer nahm man gerne auf, so den Begründer der Berliner Klinik Schönlein, der in Bayern hatte weichen müssen, oder einige der Göttinger Sieben. Als Friedrich Wilhelm IV. 1840 die «Drachensaat» der Hegelschen Philosophen bekämpfen wollte, – eigentlich war es schon zu spät – waren seine Protagonisten Schelling und Stahl immerhin Gelehrte von Format; die simple Versetzung junghegelianischer Privatdozenten, die den Atheismus proklamierten, aus der theologischen in die philosophische Fakultät war schon eine Haupt- und Staatsaktion – zum unendlichen Zorn der radikalen Intelligenz. Trotz Obrigkeitsstaat und konservativer Generallinie und trotz mancher Einzelmaßnahmen breitete sich der liberal-nationale, der oppositionelle Geist an den Universitäten weiter aus. Auch die Reaktion nach 1849 hat daran wenig geändert. Virchow wurde für seine demokratischen Aktivitäten durch wenige Jahre Versetzung gestraft, ehe er im Triumph nach Berlin zurückkehrte, und seit den 60er Jahren war die Hochschulpolitik wieder moderat-liberal. Freilich, es gab drei Barrieren, die die preußische Liberalität bedeutsam einschränkten: gegen ungetaufte Juden (das ließ nach 1870 etwas nach), gegen Katholiken und später gegen Sozialisten. Allerdings war das keineswegs einseitig staatlicher Druck, sondern ein Zusammenwirken von gesellschaftlichen Selbstverständlichkeiten, wie sie sich in den Selbstergänzungsvorschlägen von Fakultäten niederschlugen, und staatlichen Vorgaben. In der wilhelminischen Zeit z. B. war Althoff durchweg toleranter gegenüber Katholiken als die Mehrzahl der Universitätslehrer, die, wie der große Liberaldemokrat und heute deshalb so gerühmte Systemkritiker Mommsen, im kulturprotestantischen Vorurteil befangen waren, daß Katholizismus und freie Wissenschaft sich ausschlössen. Den formellen Ausschluß *selbst* von sozialdemokratischen Privatdozenten aus der Universität hat der Kaiser – zum Mißbehagen Althoffs – erst persönlich durchgesetzt.

Jenseits dieser Barrieren gab es eine relativ große Offenheit und Liberalität gerade in der Personalpolitik: Die Berufung Harnacks gegen viele konservative Widerstände und auf persönliche Intervention des Kaisers, der seine Modernität beweisen wollte, die Förderung der Kathedersozialisten, zumal der Schmoller-Schule gegen den wilden Protest konservativer und großindustrieller Interessenvertreter, die Rolle der Kritiker des Systems in Universitätspositionen, wie Delbrück, Troeltsch oder Max Weber, sind Beispiele. Während die liberal-konservative Tradition Preußens sich nach 1870 teils ins kaiserliche Reich, seinen Nationalismus und seine Wirtschafts- und Klassenkämpfe auflöst, teils konservativ erstarrt und sich einigelt, dauert sie in der Universitäts- und Wissenschaftspolitik fort – sechs Jahrzehnte nach Humboldt, moderat, liberal, bürgerlich, sachlich, unpolitisch, erfolgreich, trotz des Zornes der selbstbewußten Professoren über die Ministerialräte, in einer unausgesprochenen Spannung zu den stärker machtbezogenen Bereichen der Politik, aber ruhig weiterlaufend, weil die Universität die herrschenden Zustände nicht mehr akut gefährdete.

Trotz der strengen Wissenschaftsorientierung, trotz Einsamkeit und Freiheit, der Distanz zur Gesellschaft, vielleicht gerade deshalb, spielt die preußische, die deutsche Universität im 19. Jahrhundert eine bedeutende politische Rolle. Der politische Professor wird im Vormärz und in der Revolution zu einer neuen (und führenden) Figur der bürgerlichen Gesellschaft (bei radikalen Gruppen spielt der radikale Privatdozent eine halbwegs vergleichbare Rolle). Staat und Verwaltung ließen diese Figur sozusagen zu. Gewiß gab es auch unpolitische Professoren, aber die politisch, journalistisch und parlamentarisch tätigen fallen mehr ins Auge, keineswegs nur bei Historikern, Staatsrechtlern, Nationalökonomen, und trotz eines prominenten konservativen und eines katholischen Flügels war zwischen 1840 und 1870 repräsentativ doch der liberale, freisinnige, liberal-nationale und dann national-liberale Professor, von Virchow und Mommsen bis zu Gneist und Treitschke. Die Geltung der Wissenschaft und der Rechtsschutz ihrer Autonomie ermöglichten es, daß auch im vermeintlich so obrigkeitlichen preußischen Staat gerade die universitären Staatsbeamten Führer der Opposition waren. Wichtiger noch: Die Universität als Teil Preußens, Erbe der Reform und Inkarnation des Geistes hat die Attraktivität Preußens für die bürgerliche, ja stark akademisch bestimmte Nationalbewegung vital gegenwärtig gehalten und verstärkt – man rekurrierte auf Preußen als Staat von Geist und Freiheit, und konnte dann auch die reaktionären Züge und Perioden Preußens überstehen, weil hier das Element der Liberalisierung vor Augen lag. Kurz, die Universität hat den Glauben an Preußens ‹deutschen Beruf› tief befestigt.

Im Kaiserreich sind die Professoren in den sozialen und politischen Kompromiß, auf dem dieses Reich beruhte, integriert worden; sie waren bürgerlich, waren Träger des neuen Nationalismus, waren im ganzen mit dem System zufrieden, einverstanden; sie glaubten auch in den Jahren unmittelbar vor 1914 an seine Entwicklungsfähigkeit und Reformierbarkeit – im Sinne einer Verbürgerlichung, eines Zurückdrängens agrarischer, junkerlicher, militaristischer Übergriffe und Vorrechte, im Sinne vorangetriebener sozialer Reformen. Das war kein staatlicher Zwang und keine Anpassung – nicht der Staat modelte die Universität nach seinem Bilde, sondern das entsprach der Übereinstimmung des Bürgertums mit dem neuen Reich. Das

System gewährte den Professoren Freiraum, Förderung, Prestige – schirmte sie ab vom Druck gesellschaftlicher Interessen und parteilicher Ideologien, sicherte die meritokratische Elite und ihre Freiräume gegen die Mehrheits- und Gleichheitsansprüche oder die Politisierungswut der Demokratie, sicherte die unbezweifelte Wissenschaft vor der Nötigung ständiger Legitimation. Die Überparteilichkeit der Beamten, die Lebenslüge des Obrigkeitsstaates, wie man später sagte, schien doch in der Universität – im Rahmen des etablierten Konsenses – Wirklichkeit; auch die Kritiker – Delbrück, Troeltsch, Weber, Sombart und die Kathedersozialisten – gehörten zu dieser Universitätswelt, ja es gab ein Stück Nähe zur Macht, das Einfluß bedeuten konnte. Es war machtgeschützte Wissenschaft (und das ist nichts Schlechts) und zugleich auch mehr als das. Die relative Garantie der geistigen Freiheit und der relativ hohe soziale Status aber verhinderten, minderten oder überdeckten auch bei vielen das Gefühl für die Krisen des Obrigkeits- und Klassenstaates, wo das nicht einfach der Primat des nationalen Imperatives tat. Auch für die Kritiker der feudalen, dynastischen, militaristischen, vordemokratischen Züge Preußens wie der Strukturfehler und Fehlentwicklungen des neudeutschen Kaiserstaates blieb Preußen *auch* der Staat von Wissenschaft und Universität, Sachlichkeit und Vernunft. Das versöhnte mit Preußen, daraufhin suchte man den ganzen Staat zu orientieren. Die Universität war ein positiver Posten in der Gesamtbilanz, mehr als eine liberale Nische, ein professorales Reservat – in Spannung und Widerspruch zu maßgeblichen Macht- und Gesellschaftsstrukturen Preußens, mit denen ihr Aufstieg doch historisch, wie wir gesehen haben, eng zusammenhing; aber dieser Widerspruch war verdeckt, denn die Universität ist nicht in sich und per se eine demokratische Einrichtung, ihr geht es primär ja nicht um Politik, sondern um Wissenschaft. Politisch hat die Universität – Erbe der Reform und ein Stück von Geist und Freiheit – das relative Einverständnis mit Preußen (im Sinne des Trotzdem) unbeabsichtigt mitbewirkt.

Angesichts des beschriebenen Einverständnisses zwischen Universität und Staat ist es klar, daß die Revolution von 1918 die Universität tief erschüttert hat. In der Republik war die Universität ein bevorzugter Ort der Krise; sie hat die Krise mitproduziert und intensiviert. Die Universität hat keine Demokraten erzogen und auch keine Helden des Widerstands. Die Universität hat, national-liberal und deutsch-national, wie sie war, auch die Studentenrebellion der Nationalsozialisten nicht erzeugt – die richtete sich ja gerade gegen die bürgerliche Universität und ihre Wissenschaft. Die Universität und die Professoren hätten sich bei einer Konsolidierung Weimars in der Republik, zumal auf der liberal-konservativen Seite, einhausen können. An der Universitätspolitik des Professors C. H. Becker, des großbürgerlichen Erben Humboldtscher Reform, der sie in einer Demokratie und für eine Demokratie umbildend fortführte, zeigt sich die republikanische Möglichkeit Preußens – auch der seltene Mut zur Verteidigung der Republik in den

Hochschulen. Das war nicht die Hauptlinie; die Universität hat, auch wenn sie als Institution nicht den Nationalsozialismus produziert oder direkt begünstigt hat, gewiß nicht die Demokratie stabilisiert: Sie ist dann von der nationalsozialistischen Welle überrollt worden.

Die preußische Universität war eine vorindustrielle Gründung, eine Gründung von Beamten und Gelehrten – unter den besonderen Bedingungen der Reformzeit. Sie ist nicht die Geburt eines mythischen Wesens, eines Preußentums, aber sie hängt mit den politisch-sozialen wie den geistigen Grundlagen des alten Preußen, wenn auch umwegig und dialektisch, enger zusammen, als es auf den ersten Blick scheint. Mit der Reform ist die moderne Universität (und eine entsprechende relativ liberale Universitätspolitik) zu einem Stück preußischer Staatlichkeit, preußischer politischer Kultur, preußischen Weltruhms geworden – und hat sich, gleichsam ohne borussische Schlacken und unter Aufnahme anderer deutscher Traditionen als Promotor und Modell gesamtdeutsch, als deutsche Universität durchgesetzt. Preußen ist – faszinierend genug – auch ein Staat des Geistes geworden. Erstaunlich bleibt, wie dieser Typus – in der Umbruchszeit zur Moderne, aber fern von modernen Massenbewegungen und utilitaristischen Zumutungen gesellschaftlicher Kräfte entstanden – sich über 150 Jahre wenigstens so in der Welt hat durchsetzen können. Wie alle menschlich-geschichtliche Wirklichkeit ist die preußische Universität nicht ideal gewesen; bildungsgeschichtlich, sozial und politisch hat sie auch – wir haben es betont – negative Konsequenzen gehabt oder negative Tendenzen der preußisch-deutschen Entwicklung verstärkt. Aber das Verlangen nach einer idealen Vergangenheit ist in sich absurd und so auch das beckmesserische Abklopfen einer Vergangenheit daraufhin, ob sie zu dem geführt hat, was wir für gut und richtig halten. Die Universität ist im ganzen gewiß ein Stück Größe und Glanz preußischer Geschichte. Aber es ist nicht so leicht, wie der Liberale meint, daß wir uns dieser Seite des preußischen Janus zuwenden können und sie gegen die härteren und archaischeren Formen jenes politischen Phänomens halten können. Denn das Aufregende gerade ist, daß die beiden Seiten auch – wenn auch nicht ausschließlich – in einem inneren Zusammenhang stehen. Wir können die Last eines Erbes nicht ohne seine Größe, seine Größe nicht ohne seine Last übernehmen.

# Der Kölner Dom
## als Nationaldenkmal

I

Die Vollendung des Kölner Doms im 19. Jahrhundert steht, wie wir alle wissen, im engen Zusammenhang mit der deutschen Nationalbewegung. Der Dom wurde zu einem Symbol der Nation, er wurde, wie die Zeitgenossen sagten, zum Nationaldenkmal oder zumindest zum nationalen Denkmal. Ich vergegenwärtige zunächst die Geschichte dieser Bestrebungen.[1]

1814 schlug Ernst Moritz Arndt vor, den Tag der Schlacht bei Leipzig zu feiern, «der wir es danken, daß wir wieder ein ganzes Volk werden können ..., ein starkes und mächtiges Bindungsmittel aller Teutschen», und dafür ein Denkmal zu errichten, das eigentlich «groß und herrlich sein müsse wie ein Koloß, eine Pyramide, ein Dom zu Köln».[2] Dieser Anstoß führte zu einer ganzen Reihe von Denkmalsentwürfen, zu denen, besonders auffallend, eine ganze Reihe von Denkmalskirchen gehören; Schinkel hat kurz darauf einen Dom als preußisches Denkmal für die Freiheitskriege entworfen, und auch Klenze entwarf eine Kirche als Friedensdenkmal. Im Rahmen dieser Diskussion hat Joseph Görres im Rheinischen Merkur vom 20. November 1814 geschrieben, die Nation sei gegenwärtig noch nicht reif, ein eigenes Nationaldenkmal zu bauen, sie solle sich den «unvollendeten Vermächtnissen der Vergangenheit» zuwenden, insbesondere dem Ausbau des Kölner Domes. Der Dom wird in Görres' Artikel zum Symbol, in seinem unfertigen Zustand ein ewiger Vorwurf, ein Bild «von Teutschland in seiner Sprach- und Gedankenverwirrung, seinem inneren Hader und seiner Eigensucht, seinem Niedergang und seiner Zerrissenheit», seine Vollendung ist das «Dankesopfer für die Befreiung von französischer Knechtschaft», der vollendete Dom wird «das wahre Nationaldenkmal», das Symbol «des neuen Reiches, das wir bauen wollen». Görres hat damit dem entstehenden ästhetisch-historischen und denkmalpflegerischen Interesse am Kölner Dom die entschieden nationalpolitische Wendung gegeben. Der Vorschlag fand eine relativ breite Resonanz, bei den Patrioten wie Stein und Arndt, bei Politikern wie Humboldt, bei den Künstlern und Kunstfreunden wie Runge und Goethe, bei Monarchen, wie den Königen von Bayern und Württemberg und zumal dem preußischen und dem bayerischen Kronprinzen, und letzterer äußerte die Idee, in diesem Dom die Statuen berühmter Deutscher aufzustellen.[3] Freilich, diese Begeisterung für den Dom war, wie so vieles in diesen Jahren, nur kurzfristig; bald nach 1815 treten die nationalpolitischen

Töne ganz hinter den denkmalpflegerischen Aufgaben und den ‹rein› historischen und ästhetischen Interessen zurück.

Um 1840, als bautechnisch nach Abschluß der Erhaltungsarbeiten die Entscheidung über den Fortbau anstand, setzt die neue Dombaubewegung ein, getragen von den Dombauvereinen, begleitet von einer Fülle von Domliteratur: Der Dom wird zum Nationaldenkmal, sein Weiterbau zur nationalen Sache. Der preußische König wird der Protektor des Dombaus, und er steht – nationalpolitisch jedenfalls – im Mittelpunkt des großen Dombaufestes vom 4. September 1842.

In dieser merkwürdigen Bewegung verbinden sich mannigfache Elemente: rheinischer Heimatsinn, Rheinromantik und patriotische Rheinstimmung von 1840, katholischer Kirchensinn und katholische Erneuerung, der Wunsch nach Frieden zwischen Kirche und Staat, nach Integration des Rheinlandes in den preußischen Staat, bürgerlicher Kunst- und romantischer Geschichtsenthusiasmus, nationale Hoffnung und Sehnsucht. Gott – Kunst – und Vaterland, das ist die etwas banale Formel, die immer wiederkehrt. Der Dom galt als Nationaldenkmal «im vollsten Sinne des Wortes»,[4] einmal, weil damit deutschen Wesens war, und zum zweiten, weil die gemeinsame Anstrengung der Vollendung Sinnbild und Denkmal des neuen nationalen Sinnes sein und werden sollte. Der Sprachgebrauch schwankt, die Bedeutung von ‹Denkmal› schillert zwischen ‹Überrest aus der Vergangenheit› und ‹willentlich gesetztem Mal›.

Wieder wurde die Idee erörtert, den Dom zur Gedenkstätte, zu einer Art kirchlichen Walhalla zu machen, oder es wurde vorgeschlagen, daß man in vierjährigem Turnus nationale Feste, Sänger-, Dichter- und Turnfeste, deutsche Ehrenspiele in Verbindung mit dem Dom abhalte. Solche konkreten Pläne blieben freilich Ausnahme.

Im allgemeinen war die Erhebung des Domes zum nationalen Symbol Sache der Rede und des Schreibens, und dabei gab es vielfältige und unterschiedliche Akzente. Immer schwingt die Erinnerung an 1813 mit – der Dom gilt als ein Denkmal der Befreiung –, angesichts der französischen Rheindrohung neu belebt: Die nationale Sache ist auch mit der Sicherheit gegen äußere Bedrohung verknüpft, der Dom gilt als Symbol der Wacht über den Frieden. Aber der Hauptton ist nach innen gerichtet. Die offizielle und die moderate Rhetorik stellte auf «Einigkeit» und «Eintracht» der verbündeten «Völker», der Fürsten, der Stände und der Konfessionen ab, auf den Brudersinn der Deutschen, ein moralischer Appell, der politisch nicht über den Status quo des staatenbündischen deutschen Bundes hinausging. Gerade Friedrich Wilhelm IV. hat diese Töne angeschlagen, sozusagen jenseits der föderalen und konstitutionellen Entscheidungsmechanismen, der ‹Stücke Papier›, des eigentlich Politischen. Die interessante Pointe ist, daß dieser König, der König von Gottes Gnaden sein wollte, sich an die Öffentlichkeit wandte, Loyalität jenseits der Legalität anstrebte, volkstümlicher

König sein wollte. Darum schug er, gefährlich ungreifbar, in seiner Rede einen Ton der nationalen Erwartung, der Zukunftshoffnung an, der doch keine reale Erfüllung in sich enthielt. Er machte das Dombaufest, nach dem Wartburgfest und dem Hambacher Fest und den Denkmalsfesten der 30er Jahre, zu einem Akt der politischen Demonstration, aber nun nicht mehr ein Fest der Opposition, der Freiheitsmänner, der Emanzipation, sondern ein Fest der Integration. Nicht einfach: Thron und Altar, sondern: Thron, Altar und Volk, darum ging es. Metternich, Gast des Festes, witterte diese Gefahren und witterte zugleich den moralisch-demonstrativen Hegemonieanspruch des preußischen Königs,[5] und der große Errichter von Nationaldenkmälern unter den deutschen Fürsten, Ludwig I. von Bayern, war in Vorausahnung solcher Töne trotz dringender Einladung des Kölner Erzbischofs erst gar nicht erschienen.

In der öffentlichen Resonanz wird das Fest unbestimmt hochgestimmt zu einem Fest der Hoffnung, der «deutschen Auferstehungen».[6] – Bei den Liberalen ist das alles konkreter, hier wird aus ‹Eintracht› ‹Einheit›. Poetisch wird der wiederkehrende Barbarossa als Kaiser eines neuen Reiches angerufen.[7] Prosaischer hat Jakob Venedey, liberaler Demokrat und Emigrant in Paris, sogar Heine überredet, mitzumachen: Der Dom sollte das Symbol einer auf das Volk der Deutschen und nicht auf Fürsten und Staaten allein gegründeten Einheit werden; man müsse sich in die nun einmal bestehende Bewegung einschalten, um ihr eine andere Bedeutung zu geben, als die monarchisch-offiziösen Promotoren es beabsichtigten.[8] Schließlich gehörte zur Einheit, die man mit dem Dombau verband, die Verfassung, der Anteil der Bürger, der Aufbau des Staates von unten, vom Volk her, in den Pro-Dom-Stimmen freilich mehr unterschwellig gegenwärtig – so wenn man die Zeit des Dombaus als Hoch-Zeit des mittelalterlichen Bürgertums preist. Robert Prutz, einer der politischen Lyriker des Vormärz, forderte von Friedrich Wilhelm als den eigentlichen Sinn der ganzen «Sache»: «So sprich das Wort zum zweiten Dombaufeste – sprich aus das Wort Konstitution».[9] Für die Liberalen konnte die Einigkeit nur dann das wirkliche Nationalbewußtsein symbolisieren, wenn sie Freiheit und Verfassung einschloß. Hätte Friedrich Wilhelm IV. das Verfassungsversprechen eingelöst, so hätte eine Woge von liberalem Enthusiasmus das Dombaufest mitgetragen. So blieb es bei Hoffnung und Erwartung.

Eine merkwürdige Sache, die so unterschiedliche politische Richtungen und Motive zusammenband und in Bewegung setzte. Ich nenne das die Omnibusfunktion der Dombaubewegung; eine symbolische Handlung in einer politisch anscheinend tatlosen Zeit erlaubte so viele Deutungen, sie konnte zum Vehikel konservativ-föderalistischer Entschärfung wie der liberal-demokratischen Intensivierung der Nationalbewegung werden. Aber deshalb gerade hatte sie Erfolg. Freilich gerade das führte auch zu der ausgebreiteten und scharfen Kritik, die den Dombau wie keine andere Denkmalsbewegung der Zeit, den Bau der Walhalla oder des Hermann z. B., begleitete. Politisch argumentierte die Kritik – auf die Fragen von Religion und Konfession komme ich zurück – entweder überhaupt gegen solche Symbolhandlungen wie einen Denkmalsbau, die die Realität nicht ändern konnten, oder mit der Feststellung, daß der Dombau mit wahrer Einheit und Freiheit nichts zu tun habe – daß er ein «Surrogat» oder gar ein «Fürstenprodukt»[10] sei, eine «Kinderrassel» (Freiligrath),[11] über den die Nation das Wichtigere – freie Presse und Konstitution – vergessen sollte. «Jedweder Groschen, jeder Stein – den Ihr der alten Zeit – wie ihrem Glaubensdom am Rhein – in blindem Eifer weiht, – er ist der Zukunft ihrem Dom, – dem Freiheitsdom gestohlen. – Was soll uns Köln und Euer Dom – wozu sein Gut verschwenden?»[12]

Heute ist man geneigt, diese Kritik zu wiederholen: Denkmäler-Bauen als Ersatzpolitik, als Einbindung der Opposition ins Establishment, als Ablenkung. Aber das wird der uns fremd gewordenen symbolischen Wirklichkeit nicht gerecht. Denkmäler haben immer das Element des Gedächtnisses wie der Zukunftsbeschwörung in sich – als symbolische Aktion haben sie ihr eigenes Recht, auch die Demokraten des Vormärz haben das gewußt. Die Denkmalsbewegungen dieser Jahrzehnte haben ein erhebliches Stück zur Politisierung der Bürger, ihrer Einbeziehung in die liberalnationale Bewegung beigetragen, Gefühle, aber auch Gedanken und Willen mobilisiert. Daß die Monarchen wie die radikalere Opposition versuchten, sich in eine solche Bewegung einzuschalten und sie zu ihren Zwecken zu benutzen, zeigt, welche reale Bedeutung ihr doch zugemessen wurde. Kurz, die breite Resonanz zeigt – wie die Kritik –, daß der Dombau eine Weile Ausdruck nationaler Stimmung, Vehikel der gemeinsamen wie unterschiedlichen Tendenzen der nationalen Bewegung war; und es bleibt auch erstaunlich, wie im mittelpunktlosen Deutschland – und vor einer wirklichen Eisenbahnkommunikation – ein einzelnes und einziges Bauwerk zu einem besonderen nationalen Rang aufsteigen konnte, geographisch auch im Süden und im Osten so breite Resonanz fand.

Ich wende mich jetzt drei Problemkreisen zu, um das merkwürdige Phänomen besser in den allgemeinen Rahmen der deutschen Geschichte einzuordnen: Nation, Denkmal und Geschichte; Nation und Kunst; Nation, Kirche und Religion.

## II

Denkmäler, politische Denkmäler, Nationaldenkmäler sind uns Bürgern der Bundesrepublik, der westlichen Welt auch, fremd und unbehaglich zumeist; wir bauen keine mehr, keine Ebert- und Stresemann-, Adenauer- und Schumacher-Denkmäler und keine für das Grundgesetz, selbst mit den Totenmalen tun wir uns, anders als die «Solidarität» in Polen, schwer. Und auch politische Architektur ist uns ferngerückt. Die Einbeziehung eines Kirchenbaus ins Politische oder die Verwendung historischer Bauten, um einen politischen Willen zu bekunden, ist uns erst recht fremd – auch wenn progressive Bewegungen manchmal historisch auf kämpferische Ahnen zurückgreifen und eine Einrichtung «Rosa-Luxemburg-Institut» taufen. Der Grund dafür ist einfach: Wir leben nicht mehr in einer Welt anschaulicher Symbole des Politischen, nicht mehr in einer Welt, in der Geschichte und Politik in einem sichtbaren und selbstverständlichen Zusammenhang stehen. Das 19. Jahrhundert aber war eine Welt der Setzung oder Wiederbelebung von sichtbaren Symbolen, eine Welt der Denkmäler, und das nicht nur in Deutschland, sondern in ganz Europa, ja auch in Amerika.

Die Idee politischer Denkmäler, die die bloßen Fürstendenkmäler ablösen, entsteht gegen Ende des 18. Jahrhunderts, gleichzeitig mit den großen Bewegungen der Revolution und des Bürgertums. Hubert Schrade[13] hat die Voraussetzung dafür beschrieben, die «Moralisierung» und die «Patriotisierung der Denkmalsidee», die pädagogische Idee, durch Denkmäler die Bürger für Tugend und Vaterland zu begeistern und in ihnen eben nicht nur einen Fürsten, sondern große überindividuelle Zusammenhänge zu repräsentieren. Es ist gerade die Zeit der napoleonischen Unterdrückung und der Freiheitskriege, in der die Idee des Nationaldenkmals aufkam und sehr schnell Resonanz gewann. Das Nationaldenkmal war der Versuch, sich der eigenen Identität, die in die Tiefe der Vergangenheit reicht und die Zukunft beschwört, anschaulich gewiß zu werden. Gegenstand eines solchen Denkmals konnte sein ein überwältigendes Ereignis der Zeit, wie die Leipziger Schlacht, eine Befreiung, eine Reichsgründung, eine Revolution, oder einer der damit verbundenen Personen, konnte sein ein Heros oder ein Ereignis der Vergangenheit, wie der Hermann oder die Hermannschlacht, konnte sein ein Symbol der nationalen Geschichte, eine Summe der nationalen Größe. Es ist kein Zufall, daß die drei in Deutschland gebauten Nationaldenkmäler der Jahrzehnte vor 1871, Walhalla, Befreiungshalle in Kelheim und Hermann im Teutoburger Wald, ebenso wie die beiden nicht oder noch nicht verwirklichten Pläne, das Denkmal der Schlacht von Leipzig und die Erhebung des Kölner Doms zum Nationaldenkmal, auf die Zeit um 1813 zurückgehen.

Zu solchen Denkmalsideen gehört die Idee, die Nation im Gedenken an ihre großen Männer zu feiern. 1791 hat die Französische Revolution die Kirche St. Geniève in das Pantheon, die Gedenkstätte der großen Männer verwandelt. Das war die Sakralisierung der menschlichen Größe im Rahmen der sich konstituierenden Nation. Ludwig I. von Bayern hat 1807 die Idee eines deutschen Pantheon gefaßt, das dann noch im gleichen Jahr durch den Schweizer Johannes von Müller den Namen Walhalla erhielt und 1842, kurz vor dem Dombaufest, fertig wurde. In einem nicht-revolutionären Lande wie Deutschland entstand dann die Idee, die Großen der Nation in einer ‹Nationalkirche› zu ehren, ich nenne das die Westminsteridee, denn Westminster, spätestens seit dem 18. Jahrhundert Grab oder Erinnerungsstätte der großen Männer und Geister Englands, war das viel bewunderte Vorbild. Hier liegt ein wichtiger Ansatz für die so merkwürdige Verbindung von Kirche und Nationaldenkmal, wie sie uns beim Kölner Dom begegnet und wie sie Schinkel in seinem Dom als Denkmal der Befreiungskriege 1816 geplant hat.

Die Deutschen konnten ihre Nation nicht auf eine Revolution gründen, und die große Tat der Befreiung, wenn sie denn wirklich eine Tat des ganzen Volkes gewesen wäre, zerrann in der Restaurationszeit ins Bündische oder durfte sich nicht öffentlich artikulieren, so sehr sie die bestimmende Erfahrung für die Generation noch der 1848er blieb. Hier setzt nun der Rückgriff auf die Geschichte ein, wie er für den gesamteuropäischen romantischen Nationalismus typisch ist. Aus der Geschichte will man der eigenen Identität, des Eigensten, gewiß werden; in den großen Werken der Vergangenheit findet man das spezifische Zeugnis des Nationalgeistes, das was man das eigene Wesen nennt. Dabei ist die Wendung zur Geschichte nicht einfach kontemplativer Ahnendienst, sondern Anrufung zur Erneuerung, ist Beschwörung der Zukunft. Es gibt Lieblingszeiten und -gestalten: so die Frühgeschichte, Hermann, Vercingetorix, Hengist und Horsa,[14] dann die Glanz- und Hoch-Zeiten der Nation, bei den Deutschen das Mittelalter – Projektionszeit der romantischen Stimmungen, des Liberalismus wie auch des Konservativismus, weil hier noch vorabsolutistisch das Volk als mithandelndes Subjekt sinnfällig war, und der nationalen Sehnsucht natürlich zuerst, Zeit der Größe und des Ansehens der Deutschen in Europa, der Einheit vor den Zerspaltungen des späten Mittelalters und der Neuzeit, der – so meinte man – Verbindung von Kaiser und Volk, Fürsten und Bürgern. Die ‹feineren› Unterschiede, zwischen Stauferzeit und Zeit der Gotik z. B., verblaßten in dieser mythenbildenden Fernsicht. Aus dieser Stimmung konnten Bauwerke nationalen Symbolwert gewinnen, konnte ihre Restauration zur nationalen Aufgabe werden; die Wartburg, die Marienburg, der Speyerer Dom und – später – die Goslarer Kaiserpfalz sind Beispiele. Die Ausmalung mit romantischen Historienbildern erhöhte für die museums- und bilderfreudigen Zeitgenossen ihren Wert als nationale Gedenkstätten.

Der Kölner Dom steht in diesem Zusammenhang und ragt als das vermeintlich größte, am stärksten überregionale Zeugnis dieses Mittelalters heraus. Und in dieses Mittelalter konnten die unterschiedlichen politischen Richtungen ihre unterschiedlichen Ideen der Nation hineinprojizieren: die Konservativen das Bild der ständischen, nicht egalitären, harmonisch gegliederten, föderal organisierten Nation, die Welt der konkreten Freiheiten vor der der abstrakten Freiheit, die nicht entfremdete Welt, von Symbolen, Traditionen und Autoritäten durchdrungen, in der der Mensch zu Hause sein konnte, in der Politik und Religion nicht auseinanderfielen; die Liberalen die Welt der germanischen, der volkstümlichen Freiheit und die Welt der Stadt, der Bürgerkultur. Das Mittelalter konnte der eher konservativen ästhetisch-historischen Entpolitisierung wie der liberal-demokratischen Politisierung der Nationsidee dienen – damit aber sehr unterschiedliche Tendenzen integrieren. Der Kölner Dom steht im Schnittpunkt der Geschichte der Denkmäler der Deutschen und der Vitalisierung des Mittelalterbildes auf der Suche nach der nationalen Identität.

III

Denkmäler wollen Kunstwerke sein; die Dombaubewegung knüpft an ein Kunstwerk an. Denkmalspolitik ist Kunstpolitik. Weil die Nationalbewegung im 19. Jahrhundert Denkmäler baut, steht sie in einem besonderen Nahverhältnis zu Kunst und Kunstpolitik.

Im 19. Jahrhundert nimmt die Kunst einen außerordentlich hohen Rang in der Skala menschlicher Lebenswerte ein; sie gewinnt Autonomie, Autonomie sowohl gegenüber der Religion wie gegenüber der bloßen Zweckverwendung. Sie repräsentiert die Welt des «Idealen», sie gehört zu den höchsten Errungenschaften der Menschheit, eines Volkes, einer Epoche, sie wird als «ewig», «göttlich» etc. bezeichnet. Wir können von einer quasi religiösen Verehrung der Kunst sprechen (gelegentlich, wie bei Jacob Burckhardt, rückt sie schon an die Stelle von Religion); die Museen werden die großen Tempel des gebildeten Bürgertums. Auch bei einem durchaus frommen und durchaus politischen Mann wie August Reichensperger, einer der Zentralfiguren der Dombewegung, ist der religiöse Klang seiner Äußerungen zur Kunst unüberhörbar. Das alles gilt natürlich zunächst für das gebildete Bürgertum, für das die Vertrautheit mit Kunst einfach ein Wesenselement der Bildung ist. Aber das reicht über das Esoterische und Elitäre hinaus. Die Verehrung der Kunst war volkstümlich. Die großen historischen Bauten beflügelten den Lokal- und Regionalpatriotismus; die populären Denkmalsbewegungen in den 40er Jahren, anläßlich der Schillerdenkmäler etwa, zeigen, welche Rolle die ‹Weihe›, die die Kunst dem gemeinsamen Leben vermittelte, auch beim einfacheren Volk spielte. Das Symbol des obersten innerweltlichen Wertes ‹Nation› in einem großen Kunstwerk zu finden, war von daher naheliegend.

Hier ist nun auf das besondere ideenpolitische Verhältnis der Zeit zur Gotik hinzuweisen. Entscheidend ist, daß sich während der romantisch-idealistischen Neubewertung der Gotik im zweiten Jahrzehnt des 19. Jahrhunderts die These vom deutschen oder doch germanischen Ursprung oder Charakter der Gotik durchsetzte. Die Deutschen erst hätten diesen Stil entwickelt, in dem die Architektur erst zum Ausdruck von Geist, von Unendlichkeit, Innerlichkeit, Spiritualität, von Transzendenz geworden sei. Wesen der Gotik und Wesen des Deutschen – germanisches Prinzip – entsprachen sich, und beides entsprach in besonderer Weise einer höchsten Form des Christlichen.[15] In der Domgeschichte verband sich diese neugotische Bewegung mit der nationalen Bewegung: Wenn gotisch und deutsch identisch waren, dann war der Kölner Dom wie von selbst Denkmal der Deutschen; für die Anhänger des germanischen Prinzips der Gotik waren die Deutschen eben das Herzvolk der Germanen. 1842 gerade haben viele, so Ernst von Bandel, der Erbauer des Hermann-Denkmals, gegen die Walhalla als deutsches Nationaldenkmal polemisiert, weil sie – undeutsch – ein griechischer Tempel sei.[16] Nebenbei, auch die Engländer, auch die Franzosen nahmen die Gotik als Ausdruck ihres nationalen Wesens in Anspruch – darum wurde das englische Parlament gotisch gebaut, darum sollte auch das Foreign Office gotisch gebaut werden, und allein Ansehen und Einfluß Palmerstons, für den das Foreign Office des Britischen Empire natürlich nur im klassischen Stil gebaut werden konnte, haben das verhindert; Gilbert Scotts Entwurf diente dann zum Bau des Bahnhofs St. Pancras.[17] Die Deutschen kamen 1841 freilich in Schwierigkeiten, als Mertens seine Entdeckung publizierte, daß die Gotik französischen Ursprungs sei. Reichensperger behalf sich 1844 mit der Auskunft, Nordfrankreich, das Ursprungsland der Gotik, habe unter «der Botmäßigkeit der germanischen Rasse» gestanden; er berief sich dabei auf Tocqueville und nannte die Gotik weiterhin die christlich-germanische Baukunst.[18] Oder man betonte wenigstens etwas einleuchtender, wie Franz Kugler,[19] der gotische Stil sei in Deutschland am charakteristischsten und vollendetsten entwickelt worden, und konnte so an der Nähe von Gotik und Deutschtum festhalten.

Die nationale Gotikbegeisterung stand in einer eigentümlichen Beziehung zum Problem der Religion. Die Neugotiker übernahmen die romantisch-idealistische Interpretation vom spezifisch christlichen Charakter der Gotik. Reichensperger appellierte 1845 an die Protestanten,[20] mit der Vollendung des gotischen Domes gegen die un- und antichristlichen Tendenzen der Zeit, gegen die Freigeisterei und, das war die erstaunliche Wendung, den mit ihr verbundenen Berliner Klassizismus Front zu machen; ja er meinte, wenn die Päpste in Rom gotisch gebaut hätten, wären sie nicht der Renaissance verfallen, hätten sie die Reformation abschlagen können, kurz, die Gotik hätte die Einheit der Kirche bewahrt. Aber die gemeinchristliche Interpretation der Gotik, in den 1810er Jahren noch selbstverständlich, war in den 1840er Jahren nur noch schwer aufrechtzuerhalten. In der offiziösen Rhetorik ersetzte darum der Appell an den Frieden zwischen den Konfessionen die Berufung auf das gemeinchristliche Erbe. Die publizistische Interpretation der Gotik war jetzt häufig konfessionalisiert. Wie überall hatte die Rückbesinnung auf das Christliche zu einer Rückbesinnung auf die Konfessionen geführt. Für Reichensperger und für viele rheinische und bayerische Dombaupatrioten hatte die Gotik einen spezifisch katholischen Charakter, gerade darum war sie ein geeignetes Ideal für die Verbindung von Deutschtum,

Nationalbewegung und Katholizismus, für eine katholisch-nationale Reichstradition. Dagegen opponierten die Protestanten. Gotik wurde zum Vorläufer der reformatorischen Freiheit und Innerlichkeit, wurde antikatholisch – gegen den Stil der Priesterherrschaft, die Romanik – gedeutet, wurde Vorläufer der protestantischen Geistesfreiheit.[21] Hier fängt die Vorliebe eines späteren religiös getönten, aber unchristlichen Nationalismus für die Deutschheit und mystische Tiefe der Gotik an, die dann etwa in den 20er und 30er Jahren unseres Jahrhunderts eine so große Rolle gespielt hat. Auf der anderen Seite gab es genug nüchterne Leute, die gegen all solche Verquickungen von Nationalität und Kunststil und Religion polemisierten, die den katholisch-mittelalterlichen (und internationalen) Charakter der Gotik betonten und darum den Dom als Denkmal ablehnten oder die für ein Denkmal des 19. Jahrhunderts Formen des 19. Jahrhunderts forderten.[22] Aber sie waren in der Minderheit.

## IV

Wir sind unversehens schon bei unserem letzten Problem: der Erhebung einer Kirche zum Nationaldenkmal, dem Zusammenhang von Nation, Religion und Kirche.

Man kann sich nicht vorstellen, daß ein oder zwei Jahrzehnte vor dem Vorschlag von Görres, den Dom als Denkmal auszubauen, Monarchen einen existenz-entscheidenden Sieg oder die Nation sich selbst durch den Bau einer Kirche hätte feiern wollen, daß eine Kirche nationale Repräsentation übernommen hätte. Das war 1814 etwa Neues. Das hing zunächst mit der Erneuerung des religiösen Bewußtseins im Jahrzehnt Napoleons zusammen, mit der Abkehr vom altgewordenen Rationalismus und der Wendung gegen den Glauben der Klassik an die Welt und das sich bildende Individuum, mit der romantischen Gefühlswendung, den Sinnzweifeln und der Sinnsuche, mit der rigorosen Re-Ethisierung des Lebens; und die Lebensläufe der beiden frühen Protagonisten des Domes, Arndt und Görres, ihre langsame Rückwendung zum Christentum, würden die allgemeine Tendenz sinnfällig machen. Diese Erneuerung des Christentums war zunächst überkonfessionell, das Gemeinchristliche: Gefühl, Erfahrung und Ethos rangierten weit vor Dogma und Institutionen, dem spezifisch Konfessionellen. Man glaubte an eine höhere Einheit der Kirchen.

Christlich geprägt ist auch die nationale Bewegung der napoleonischen Zeit gewesen. Die Reform, die Revolution von oben, sollte auf einer Revolution von innen, sollte auf einem religiösen Staatsethos beruhen. Die merkwürdige Verbindung von Pietismus und Patriotismus in Norddeutschland seit Klopstock ist bekannt genug, die religiöse Verklärung der Hingabe an ein überindividuelles Ganzes. Vaterlandsliebe und Religion flossen ineinander; der Kampf gegen Napoleon wurde dann zu einem Kampf gegen die anti-christliche Macht schlechthin, bekam Kreuzzugscharakter. Die frühen Verkünder des Nationalismus, Fichte und Arndt etwa, aber auch schon Herder oder Schleiermacher, haben die Existenz der Nation und die Loyalität zur Nation in religiöser Terminologie interpretiert. Und Arndt hat 1813 das bekannteste seiner nationalen Erweckungsbücher als Katechismus geschrieben. Die ganze Stimmung und Rhetorik, ja auch die Praxis von 1813 ist christlich-national, das Staatssymbol des eisernen Kreuzes wie der christlich-teutsche Charakter der Burschenschaften oder des Wartburg-Festes bezeugen die Breite dieser Stimmung.[23] Diese Verschwisterung von neuer Christlichkeit und national-freiheitlichem Enthusiasmus war zwar im protestantischen Bereich stärker ausgeprägt als im katholischen, aber sie war grundsätzlich überkonfessionell. Arndt wie Görres sprachen von dem *einen* Glauben über allen Spaltungen «hoch über dem Papst und Luther», der einen allgemeinen und nationalen Kirche, die kommen werde. Im Blick auf die Gemeinsamkeit des Krieges meinte Görres, «und sie wollten nicht in ein und demselben Raum vor Gott stehen, vor dem ohnehin allen ihre Persönlichkeit verschwindet? Sind der Spaltungen nicht genug in Teutschland, daß man diese stumme Gärung der Geister, diese geheime Feindschaft wieder erwecken möchte?»[24] Kurz, das nationale Bewußtsein der Zeit war in Deutschland christlich, und zwar überkonfessionell christlich durchformt. Darum wohl ist 1814 die aufdringliche Frage, wie denn ein katholischer Dom Nationaldenkmal einer mehrkonfessionellen Nation sein könne, nicht erörtert, ja nicht einmal gestellt worden.

Die Verbindung von Christlichkeit und Nationalismus in Deutschland hing natürlich vor allem damit zusammen, daß das deutsche Nationalbewußtsein sich in der Gegnerschaft gegen die französische Eroberung und 20 Jahre *nach* der französischen Revolution erst als politische Kraft entwickelte; es war eine *nachrevolutionäre* Erscheinung und mußte sich nicht mehr im Aufstand gegen die Kirche als eine Macht des ancien régime behaupten, vielmehr gegen die anti- oder achristlichen Mächte der Revolution und des französischen Imperialismus. Die deutsche Nationalbewegung, so revolutionär sie in ihren Zielen war, war von ihrem Ursprung her unrevolutionär, keine nationale Revolution: Am Anfang standen nicht gemeinsame Tat und gemeinsamer Wille, sondern gemeinsame Erinnerung, gemeinsam wieder ergriffene Geschichte; daraus erfuhr man jenseits aller Spaltungen und aller Ohnmacht, wer man war. Das war einer der Hauptgründe, warum die Nationalbewegung so stark an den christlichen Bestand der eigenen Tradition gebunden blieb. Daneben hängt die christliche Prägung des deutschen Nationalismus auch damit zusammen, daß es in Deutschland auf Grund der aufgeklärten, idealistischen und romantischen Umformungen des Christentums und der eigentümlichen Geschichte der kulturellen Säkularisierung keinen scharfen Bruch zwischen Christentum und Modernität gegeben hat.

Kurz, der frühe Nationalismus in Deutschland war christlich geprägt. Darum waren die Architekturpläne von 1789 klassizistisch, die von 1813 gotisch. Darum konnte eine katholische Kirche, in einem mehrkonfessionellen Land doch ein Trennungszeichen, als Symbol der nationalen Erinnerung und Identität immerhin gedacht werden. Die Nationalbewegung und dieser Dom waren zugleich gegen die bestehenden deutschen Partikularstaaten und gegen die antichristliche Revolution gewendet, und beides war durch den Rückgriff auf Geschichte und Erinnerung verbunden.

1840 hatte sich die Lage geändert. Die erneuernde Rückbesinnung auf das Christentum hatte, wir sagten es, zu einer Erneuerung der Konfessionen geführt. Die – uns fremd gewordene – Bedeutung von Religion und Konfession in der öffentlichen Debatte in der Mitte des 19. Jahrhunderts kann man sich gar nicht groß genug vorstellen. Der Nachklang jenes Enthusiasmus von 1813 und seine Verbindung von Nation und überkonfessioneller Christlichkeit war noch vorhanden, aber nun gedämpfter. Der nationale Symbolwert des Domes wurde jetzt mit dem konfessionellen Frieden, der Eintracht der Konfessionen verbunden. Friedrich Wilhelm IV. hat den Gedanken der Zusammenarbeit der Konfessionen gegenüber der unchristlichen Modernität in die Dombaubewegung geradezu hineingetragen. Die Spende eines angeblichen Ringes von Luther für den Dombau, aus Magdeburg, einer Symbolstadt des Protestantismus, wurde in der Presse als Zeichen und Aufforderung zur Eintracht angesehen, Luther selbst sollte am Kölner Dom bauen.[25] Aber die Mehrheit der Äußerungen thematisiert eher die Unterschiedlichkeit der Konfessionen. Reichensperger und Eichendorff betonten,[26] daß der Dom ein «Denkmal des Katholizismus», «durch und durch katholisch», der «lebendigste Gegensatz zum Protestantismus» sei. Und die Protestanten müssen entsprechende Vorbehalte überwinden; man baue, so heißt es einmal,[27] den Dom nicht Rom, der Quelle der Zwietracht und der konfessionellen Unduldsamkeit, sondern den deutschen Brüdern als Dom des Vaterlandes. Oder, ich sagte es schon, der gotische Dom wird als Vorstufe der Reformation, der Vollendung des germanisch-deutschen Prinzips gedeutet, ja, Jung-Hegelianer und Freireligiöse nehmen den Dom für die Idee einer freien deutschen Kirche des Geistes gegen Pfaffentum und Orthodoxie, also gegen jegliche Konfession, in Anspruch.[28]

Diese im Grunde auseinanderlaufenden konfessionalistischen Deutungen werden in der Kritik am Dombau noch verschärft. Es gab bei den Katholiken viele Vorbehalte gegen die Ausweitung der Domsache zu einer säkularen Nationalsache, gegen die falsche Ausgleichung mit den Protestanten (der Gegensatz der Konfessionen sei unvereinbar, meinten die Historisch-Politischen Blätter),[29] mit Preußen und dem Staat, unmittelbar im Schatten des Kölner Ereignisses von 1837. Und umgekehrt wieder bei den Protestanten: Köln sei das Symbol ultramontaner Intoleranz, man solle den Dom den Katholiken überlassen, er könne nicht zum Symbol nationaler Einheit werden.³⁰ F. Th. Vischer formuliert diese Überzeugung scharf: Nur der Protestantismus stehe gegen «den Fanatismus der Priester», für Geist und Freiheit, für den modernen nationalen Staat.³¹ Und von hier ist der Übergang zur antiklerikalen, antikirchlichen Kritik nicht weit, wie sie Heine formuliert: «Er wird nicht vollendet und das ist gut – denn eben die Nicht-Vollendung macht ihn zum Denkmal von Deutschlands Kraft – und protestant'scher Sendung.»³² Die nationale Einheit, das ist schließlich die These der radikaleren Kritik, muß nicht nur vom Katholizismus, sondern überhaupt vom Christentum emanzipiert werden. Der Anspruch einer Kirche als Symbol war in der Trennung der Konfessionen und der Härte ihrer Konflikte wie bei dem diese Konflikte überlagernden Konflikt von traditioneller Kirchlichkeit und Modernität nicht durchzuhalten. Eine Kirche konnte nicht mehr Vereinigungspunkt der Nation sein: Die Konfessionsunterschiede und der aufkommende Bruch zwischen Modernität und Christlichkeit erwiesen sich als die beherrschenden Realitäten – der Nationalismus konnte nur neben und über ihnen existieren, das hat das Ende der Domgeschichte gezeigt. Aber in den 1840er Jahren war das noch nicht so weit: Darum war das die Stunde der Dombaubewegung.

Man wird freilich, um die Verbindung von Kirche und Nationaldenkmal zu erklären, noch eine weniger unmittelbar greifbare Dimension berühren müssen, die ich die politische Religion nenne. In der Aufklärung war die Selbstverständlichkeit der Legitimität von Herrschaft zerfallen, die bis dahin traditional, polizeilich und durch die Gehorsamspredigt der Kirche gesichert war. Loyalität und Tugend der Bürger mußten, wenn sie nicht mehr Objekt der Herrschaft allein waren, neu motiviert werden, die Integration des Staates mußte auch auf Freiwilligkeit aufbauen. Solche Legitimation, Motivation und Integration konnte, so meinten viele, nur eine öffentliche Religion leisten; nach Rousseau haben in Deutschland um 1800 Hegel und Hölderlin am Beispiel der antiken Stadtreligionen solche Gedanken fortentwickelt. Die Jakobiner und Robespierre haben bekanntlich nach dem Bruch mit der Kirche eine neue Religion, eine politische Religion, zu institutionalisieren gesucht. Die eigene Zeitrechnung, die Vaterlandsaltäre, auf denen die Erklärung der Menschenrechte eingemeißelt war, die Kulte und die Feste, die David inszenierte, die säkulare Pietà, als die wiederum David die Ermordung Marats gemalt hat, Brüderlichkeitspathos und der unbedingte Anspruch der Nation auf nichts Geringeres als das Leben ihrer Mitglieder, das sind die Zeichen dieser neuen Religiosität, der Erhöhung des Politisch-Sozialen ins Religiöse, der Sakralisierung der Nation; und die Errichtung des Pantheon, des Tempels der Nation aus einer säkularisierten Kirche ist dafür besonders bezeichnend. Das Politische, und genauer der neue Nationalismus, wird ein Heilsglauben, der die Form der verschmähten Kirchenreligion gerade aufnimmt. St. Simon, Comte oder Mazzini haben sich im 19. Jahrhundert in diesem Sinn um eine neue nachchristliche bürgerliche, zivile Religion bemüht.

Auch die Antworten auf die Französische Revolution und ihre Welteroberung sind dann, gerade weil es sich bei ihr um einen neuen Heils- und Sendungsglauben handelte, selbst zur politischen Religion geworden. Die französischen Gegenrevolutionäre Bonald und de Maistre haben mit ihrer politischen Theologie das Christentum als Basis der Politik zu erweisen gesucht. Franz von Baader schrieb in Deutschland in diesem Sinne 1815 «über das durch die Französische Revolution herbeigeführte Bedürfnis einer neuen und innigeren Verbindung der Religion mit der Politik», und Adam Müller 1817 «über die Notwendigkeit einer theologischen Grundlage der gesamten Staatswissenschaften», und die Heilige Allianz versuchte, dergleichen zu realisieren. Görres hat das jenseits aller Restauration aufgegriffen. Die Trennung von Religion und Politik, im 18. Jahrhundert fast erreicht, schien wieder hinfällig zu werden.

Auch der neue Nationalismus nun ist ein Glaube, ein politischer Glaube, dessen religiöse Züge unverkennbar sind. In Frankreich und Italien war er zunächst antikirchlich und tendierte daher zur säkularen Religion, in Deutschland, wie wir gesehen haben, christlich eingefärbt. Die Einbeziehung der großen Toten der Nation, der Dom als Walhalla und Westminster, zeigt den Zusammenhang von Religion und Politik besonders deutlich: die Sakralisierung der Nation und ihre Erhebung in die Sphäre der Religion und die Säkularisierung der Kirche, die die profanen Gehalte in sich aufnimmt. Die Nation wird in die Transzendenz, deren traditioneller Ort die Kirche, und nach Meinung des Jahrhunderts die gotische Kirche zumal ist, hineingestellt. Das entspricht ihrem eigenen Anspruch.

Die Verbindung von Politik und Religion blieb bis nach der Jahrhundertmitte in Deutschland ein großes Thema; politische und religiöse Orientierung standen in einem konstitutiven Zusammenhang. Die Auseinandersetzungen über die Frage, ob die Reformation Ursprung der Revolution sei, so die konservativen Katholiken ebenso wie dann die Linken, oder gerade die Befestigung der Gegenrevolution, so die protestantischen Konservativen, oder aber die Eröffnung des dritten Weges der Reform, so Hegel und die Liberalen – sie waren ein Beispiel dafür. Die religiöse Legitimation des gemeinsamen politischen Lebens schien fast allen Liberalen notwendig, und auch ein am Rande der Kirche stehender Liberaler wie Gervinus setzte darum seine Hoffnung auf die Deutsch-Katholiken, weil sie vielleicht eine gemeinsame, eine nationale Kirche schaffen konnten, die man doch brauchte.[33] Auch Feuerbach forderte[34] in paradoxer Umkehrung, «religiös müssen wir wieder werden – die Politik muß unsere Religion werden», und die Jung-Hegelianer übertrugen religiöse Kategorien auf ihre Ideen vom Fortschritt der Gesellschaft. Die ungeheure Erregung über religiöse Streitfragen im Vormärz, über die Lichtfreunde oder die Deutschkatholiken, über David Friedrich Strauss, den Trierer Rock und die Religionskritik der Jung-Hegelianer, ist nicht nur – wie heute oft gesagt wird – einfach als Ersatzopposition und Ersatzkonflikt zu verstehen, weil politische Opposition und politischer Konflikt unterdrückt waren; sondern diese Erregung beruhte darauf, daß sich die Mehrheit noch der religiösen Grundlagen eines Gemeinwesens, eines Grundwertkonsenses, seines Zusammenhangs und seiner Loyalität bewußt war. Auch von daher war die Idee, eine Kirche, den Fortbau des Kölner Doms als nationales Denkmal zu propagieren, nicht so künstlich und verstiegen, wie sie uns anmutet, und die Resonanz, die diese Idee fand, auch bei ihren Kritikern, ist nicht so erstaunlich.

Der Anspruch der Nationalbewegung war der eines politischen Glaubens, der Ziele setzte, Sinn stiftete, eine Zukunft, um nicht zu sagen, eine Ewigkeit verhieß und sie in die Tiefe der Zeit und der Ursprünge zurückband, Gemeinschaft in einer sich auflösenden sozialen Welt schuf, etwas Letztes, Unbedingtes, Forderndes hatte, ja das Opfer des Lebens forderte, wie die Bewegungen des Liberalismus, der Demokratie und des Sozialismus im 19. Jahrhundert auch. Es ist schwer für uns, die wir ‹zum Glück› nicht mehr in Zeiten des politischen Glaubens leben, dergleichen nachzuvollziehen. Aber das war die Wirklichkeit des 19. Jahrhunderts. Und weil der Nationalismus ein politischer Glaube war, letzten Endes, konnte er sich eine Weile am Dombau versuchen, mit dem Dombau verbinden. In den 40er Jahren waren Konfessionsspannung, gemeinchristliches Erbe und Nationalbewußtsein noch ausbalanciert. Aber als der Dom 1880 vollendet war, konnte er schon lange nicht mehr Symbol nationaler Integration sein.

## Anmerkungen

[1] Dazu meine früheren Aufsätze: Kirchen als Nationaldenkmal. Die Pläne von 1815, in: Festschrift Otto von Simson, hg. L. Grisebach u. K. Renger, Berlin 1977, S. 412–431; Kirche und Nationaldenkmal. Der Kölner Dom in den 40er Jahren, in: Staat und Gesellschaft im politischen Wandel (Festschrift W. Bußmann), hg. W. Pöls, Stuttgart 1979, S. 175–202; Nationalidee und Nationaldenkmal in Deutschland im 19. Jahrhundert, in: Gesellschaft, Kultur, Theorie. Gesammelte Ausätze, Göttingen 1976, S. 133 ff. Aus der neueren Literatur zur Domgeschichte: L. Kerssen, Das Interesse am Mittelalter im deutschen Nationaldenkmal, Berlin 1975, S. 16–48; G. Klevinghaus, Die Vollendung des Kölner Doms im Spiegel deutscher Publikationen in der Zeit von 1800 bis 1842, Phil. Diss. Saarbrücken 1971.
[2] E. M. Arndt, Ein Wort über die Feier der Leipziger Schlacht, Frankfurt 1814, bes. S. 20 ff.
[3] Dazu mein Aufsatz, Kirchen als Nationaldenkmal, (oben Anm. 1), S. 414 und Anm. 12.
[4] A. Reichensperger, Einige Worte über den Dombau zu Köln, 1840, S. 19.
[5] R. Lill, Die Beilegung der Kölner Wirren 1840–1842, Düsseldorf 1962, S. 280 über Metternichs Bemerkungen zum Nuntius; H. Rode, S. Boisserée und der König von Preußen auf dem Dombaufest 1842, in: Kölner Domblatt 8/9, 1954, S. 116; er spricht anläßlich der Festrede Friedrich Wilhelms von einem «envirement mutuel», das für den, der ihn erzeuge, gefährlicher sei als für die Zuhörer.

[6] Allgemeine Zeitung (Augsburg) 9. 9. 1842.
[7] L. Schücking, Der Dom zu Köln und seine Vollendung, 1842, S. 80; L. Bauer, Kaiser Barbarossa. Dichtergabe zum Kölner Dombau, 1842.
[8] E. Galley, Heine und der Kölner Dom, in: Deutsche Vierteljahresschrift für Literaturwissenschaft und Geistesgeschichte 23, 1958, S. 103 ff.
[9] R. F. Prutz, Gedichte, Zürich 1843, S. 89 f.
[10] H. Heine, 1842 und dann 1844: E. Galley (Anm. 8), S. 104.
[11] F. Buchner, F. Freiligrath, Ein Dichterleben in Briefen II, 1881, S. 21.
[12] L. Seeger, Der Kölner Dom, in: Der Sohn der Zeit, 1843, 2. Aufl. 1864, S. 140; Neudruck (gekürzt): Jost Hermand, Hsg., Der deutsche Vormärz, Stuttgart 1969, S. 151 f.
[13] H. Schrade, Das deutsche Nationaldenkmal, München 1934.
[14] So z. B. auf einem Entwurf Jeffersons, für ein Siegel der Vereinigten Staaten (1776); «the saxon chiefs, from whom we claim the honor of being descended and whose political principles and form of government we have assumed». O. Vossler, Die amerikanischen Revolutionsideale in ihrem Verhältnis zu den europäischen, München 1929, S. 96.
[15] Paul Frankl, The Gothic-Literary Sources and Interpretations through eight centuries, Princeton 1960; W. D. Robson-Scott, The Literary Background of the Gothic Revival in Germany, Oxford 1965; G. Germann, Neugotik. Geschichte ihrer Architekturtheorie, Stuttgart 1974.
[16] H. Schmidt, E. von Bandel, 1892, S. 42 f.; A. Kuhn, Peter Cornelius und die geistigen Strömungen seiner Zeit, S. 270 ff. (Cornelius an den damaligen Kronprinzen Ludwig).
[17] Vgl. oben S. 112.
[18] Katholische Zeitschrift für Wissenschaft und Kunst, 1844/45; als Buch: Die christlichgermanische Baukunst und ihr Verhältnis zur Gegenwart, 3. Aufl., Trier 1860, S. 9; französische Kritik: Germann (Anm. 15), S. 139 ff.
[19] F. Kugler, Mitteilungen vom Rhein, in: Kleine Schriften und Studien zur Kunstgeschichte II, 1854, S. 40 ff.
[20] «Baukunst» (oben Anm. 18), S. 109; ähnlich «Rede gegen den heidnischen Klassizismus in der zweiten Kammer», Deutsches Kunstblatt 1852, S. 5 ff.
[21] So – gemäßigt – Kugler (oben Anm. 19); C. J. Bunsen, Die Basilika des christlichen Rom und ihr Zusammenhang mit Idee und Geschichte der Kirchenbaukunst, 1842. Andere Zeugnisse bei A. Mann, Die Neuromanik, Köln 1966, S. 99. Gotik als «christlich deutsche» Reaktion gegen den «Romanismus» und darum aus demselben Geist wie die Reformation: «Über den Fortbau des Kölner Doms nach evangelischer Ansicht» in der (orthodoxen) «Evangelischen Kirchenzeitung». Liberal: Rosental: In welchem Stil sollen wir bauen? in: Rombergs Zeitschrift IV, S. 20 f.: der romanische Stil sei Zeichen des Druckes der Priesterherrschaft. Ähnlich im Sinn freier idealistischer Religiosität: M. Carrière, Der Kölner Dom als freie deutsche Kirche. Gedanken über Nationalität, Kunst und Religion bei Wiederbeginn des Baus; Th. Creizenach und F. Freiligrath gewidmet (!), 1843.
[22] H. Hallmann, Kunstbestrebungen der Gegenwart, 1842, S. 82 ff; F. Th. Vischer, Kritische Gänge II, 1844, S. 40; G. Semper, Kleine Schriften, 1884, S. 461 ff.; O. F. Gruppe, K. F. Schinkel und der neue Berliner Dom, 1843, bes. S. 80; Allgemeine Kirchenzeitung (liberal), 1842, S. 1537 ff.; (Anonym) Der Turmbau zu Köln und was damit zusammenhängt. Von einem Süddeutschen, 1844, S. 8 ff.
[23] R. Wittram, Kirche und Nationalismus, in: Das Nationale als europäisches Problem, Göttingen 1954, bes. 115 ff. und für viele Einzelheiten die dort angegebene Literatur.
[24] Arndt, Geist der Zeit II (Werke in 12 Teilen, Hsg. Leffson und Steffen, Leipzig, o. J., Band 6/7, S. 85); Görres, Rheinischer Merkur 16. 8., 27. 9., 17. 10. 1814.
[25] H. Rode, Die Spende des Eherings Dr. M. Luthers für den Kölner Dombau, Kölner

Domblatt 36/37, 1972, S. 106, E. H. Pfeilschmidt, Geschichte des Doms zu Köln für gebildete Freunde der Kirche, des Vaterlandes und der Kunst, S. 46.

[26] A. Reichensperger, Einige Worte über den Dombau zu Köln (oben Anm. 4), S. 7; Eichendorff, in Berlin im Vorstand des Dombauvereins, entwarf ein Gedicht: «Der Engel vom Cölner Dom oder vielmehr: das jetzige Erwachen des katholischen Sinnes», H. Rode, Spende (Anm. 25), S. 101.

[27] J. H. K. Schäfer, Der Kölner Dom und seine Vollendung in ihren Beziehungen zum deutschen Vaterlande respektive zum Protestantismus, 1842, S. 44.

[28] H. Püttmann, Der Kölner Dom, 1842. M. Carrière, s. oben (Anm. 21).

[29] 1842, 1, S. 85 ff., 187 ff.

[30] K. G. Brettschneider, einer der führenden Spätrationalisten, in: Allgemeine Kirchenzeitung 1842, S. 1537 ff., ähnl. ebd. S. 285 oder: Menzels Literaturblatt, 4. Januar 1843.

[31] Kritische Gänge II, 1844, S. 43 ff.

[32] Wintermärchen, Caput IV.

[33] Die Mission der Deutschkatholiken, 1845.

[34] Kleine Schriften, 1866, S. 225.

# War die Wilhelminische Gesellschaft eine Untertanen-Gesellschaft?

Heinrich Mann hat in seinem 1914 vollendeten Roman «Der Untertan» ein Bild des wilhelminischen Systems präsentiert: ein undemokratisches, überholtes Verfassungssystem, bei dem – trotz Parlament und Parteien – das Schwergewicht der Macht bei der monarchisch-militärischen Obrigkeit liegt; ein Sozialsystem, das eine absterbende Klasse, die ostelbischen Junker, den grundbesitzenden Adel, ökonomisch und sozial privilegiert, ja ihm über Hof, Regierung, Verwaltung und Heer einen maßgeblichen Anteil an der Herrschaft sichert. Vor allem aber: eine Gesellschaft, bestimmt von der Anpassung der Bürger an dieses politisch-soziale Herrschaftssystem. Die Bürger haben seine Normen übernommen und ihre eigenen liberalen Traditionen aufgegeben. Sie sind nicht Opfer des Systems, sondern seine Träger, seine Garanten, seine Nutznießer, so sehr sie zugleich sein Produkt sind. Sie sind nicht citoyens, sondern Untertanen; die Gesellschaft ist die Untertanengesellschaft. Und mehr als dem Herrscher gilt dem Untertanen der grimmige Haß des Autors. An der Gestalt des Diederich Heßling soll exemplarisch vorgeführt werden, wie der Sozialcharakter Untertan entsteht und wie er agiert: unterwürfig nach oben, brutal nach unten, charakterlos, karrierebesessen, dumm und zugleich gerissen, korrupt und korrumpierend, gemein, feige und sentimental, kurz: widerwärtig. Er ist erfolgreich gegenüber den alten, den soliden, den ehrenwerten Figuren, weil das Herrschaftssystem Untertänigkeit prämiert und er sie zum eigenen Vorteil benutzt. Die Untertänigkeit zerstört die Humanität.

Natürlich: Der Roman ist ein engagierter, aggressiver, kritischer Tendenzroman, er will nicht zeigen, wie es – sine ira et studio – eigentlich gewesen ist, sondern anklagen und verändern, nicht ein abgewogenes Ganzes bieten, sondern die eigentliche Gefahr benennen. Nicht die kühle Schilderung, sondern der große Zorn ist es, was den Leser fesselt. Und dazu gehört dann auch die satirische oder karikierende Überspitzung, etwa bei der Darstellung des Arbeiterfunktionärs Napoleon Fischer oder der der Justiz. Obwohl Manns Vorbild Zolas Darstellung der Bourgeoisie des zweiten Empire, diese Anatomie einer Gesellschaft, gewesen ist, fehlt ihm die positivistische Leidenschaft zur Aneignung des Details. Vieles beruht mehr auf Impressionen als auf Studien – deshalb sind auch die beiden Fortsetzungsromane (etwa der Versuch, das Proletariat zu schildern) gescheitert. Aber darauf kommt es mir jetzt nicht an. Auch darauf nicht, daß viele Züge des Untertanenbildes zur allgemeinen Kritik der moralistischen europäischen Intelligenz an der Bourgeoisie dieser Zeit gehören, zur Kritik an der Verbindung von Politik und Geschäft, an Superpatriotismus und Karrierismus, am Untergang der alten bürgerlichen Tugend. Das ist eine Art ‹écrasez le bourgeois›. Aber dennoch, die Größe des Romans besteht darin, daß diese generelle Kritik unlösbar mit den besonderen deutschen Verhältnissen verbunden ist. So verdammenswert der Bourgeois an sich ist, dieser Heßling, dieser Untertan ist eben ein spezifisch deutscher Typ, ein Produkt des deutschen politisch-sozialen Systems.

Es gibt in der Wirklichkeit und im zeitgenössischen Urteil genügend Vergleichbares, das das Bild von der Untertanengesellschaft zu bestätigen scheint. Die zeitgenössische Kritik vom großen Soziologen Max Weber, bis zu der weit verbreiteten satirischen Zeitschrift Simplicissimus, lief in die gleiche Richtung. Sie richtete sich zum Beispiel besonders vehement gegen den Militarismus, das Reserveoffizierswesen und die Übernahme entleerter feudalmilitärischer Normen durch die Korporationsstudenten – «lackierte Plebejer» hat sie Max Weber in eiskaltem Zorn genannt –, sie richtete sich gegen den Mangel an Zivilcourage, kurz gegen die Untertanenmentalität und ihre Voraussetzungen. Die Lektüre der martialisch bramarbasierenden theatralischen Reden des deutschen Kaisers scheint das Bild zu bestätigen; und Festreden der Untertanen selbst in diesem Stil gab es natürlich zuhauf. Der berühmte Fall des Hauptmanns von Köpenick – des armen Schusters, der in der Rolle des Offiziers eine ganze Stadt an der Nase herumführte –, ist ein klassisches Zeugnis für den eingefleischten Militärrespekt der deutschen Bürger. Die deutsche Gesellschaft, so kann der Historiker mit Anspruch auf Objektivität feststellen, hatte etwas Unziviles, Unbürgerliches; das Militär hatte etwas Kastenartiges; das Prestige militärischer Institutionen und Kategorien, Gehorsam, Disziplin, Forschheit oder der merkwürdig formalisierte Begriff der Ehre, war hoch, und diese Standards sind durch das Institut des Reserveoffiziers auf die gebildeten Gesellschaftsklassen übertragen worden. Die deutsche Gesellschaft war tatsächlich obrigkeitlich bürokratisch geprägt; die Freiheit, die Unbefangenheit, die Courage des Bürgers gegenüber den staatlichen Instanzen wurde nicht gerade ermutigt. In der Mentalität dieser Gesellschaft spielte der Respekt, ja das Zutrauen zu «General Dr. von Staat», wie der junge Thomas Mann das halb-ironisch nannte, eine große Rolle; die Sorge vor Anarchie oder Ineffektivität führte dazu, daß im Konfliktfall Ordnung vor Freiheit rangierte. In allen Gesellschaften besteht ein sozialer Druck auf den Einzelnen, sich gemäß den herrschenden Normen zu verhalten; in der deutschen Gesellschaft freilich war dieser Druck mit institutionellen Mechanismen des Herrschaftssystems, einer Art staatlicher Prämierung des Wohlverhaltens, eng gekoppelt. So weit so gut, die wilhelminische Gesellschaft hatte zweifellos Züge einer Untertanengesellschaft.

Ich muß dieses Bild noch um einen Aspekt erweitern und allerdings auch differenzieren. Die zeitgenössische nationale wie internationale Reflexion konstatierte, daß ein neuer sozialer Typus entstand, den man kritisch gern als «neudeutsch» charakterisierte. Das Laute, Arrogante und Auftrumpfende, das Pathetisch-Theatralische, Taktlose und Maßlose, das nervös Reizbare, die innere Unsicherheit, die durch gespielte lautstarke Sicherheit kompensiert wurde, die Mischung aus Formlosigkeit und entleerter Form, das Parvenuhafte, der Verfall von Kultur und Moral und Stil in einer zu Macht und Erfolg gekommenen Gesellschaft – das sind Stichworte, mit denen dieses neue Phänomen beschrieben wird. In Heinrich Manns ‹Untertan› finden wir viele dieser Züge. Freilich, im ganzen ist das etwas anderes als der Typus des Untertans. Wilhelm II. selbst galt oft als Prototyp dieses modernen deutschen Wesens. Die Kritiker waren denn auch nicht nur die Progressiven oder die alten Liberalen, sondern ebenso die alten Konservativen und die alten Preußen oder ein Mann wie der größte deutsche Gesellschaftsromancier der Zeit, Theodor Fontane; die Kriterien der Kritik waren bürgerliche Tugenden, das preußische: Mehr sein als scheinen; die Folie, von der man die neue Zeit abhob, war die Bismarckzeit, die Zeit vor der Korruption durch Erfolg und Geld, waren Charakterfiguren wie eben die Bismarcks und seiner Generation, von der man die modernen Halb- und Nichtcharaktere unterschied. Politisch aber war zwischen der Bismarckzeit (oder gar einer noch früheren Zeit) und der wilhelminischen kaum ein Unterschied; das obrigkeitliche System blieb konstant, und viele Elemente des Untertanenkomplexes gab es schon lange. Die Kritik am Neudeutschen war nicht republikanisch auf den Untertan konzentriert, sondern altmodisch auf den Verlust an menschlicher Substanz und Tugend. Aber ich breche dieser Erörterung hier ab. Ich will trotz solcher Einwände auch diesen Komplex des Neudeutschen in die Definition der Untertanengesellschaft aufnehmen.

Das Bild von der wilhelminischen Gesellschaft als Untertanengesellschaft ist weit verbreitet und populär, spätestens seit 1945 auch in Deutschland. Gibt es hier überhaupt eine Frage? Haben nicht die Machtergreifung der Nationalsozialisten 1933 und das Verhalten der Deutschen damals das Bild bestätigt, waren die Deutschen nicht gerade wegen ihrer im Kaiserreich eingeübten Verhaltensweisen gegen die Republik und haben dann bei Hitler mitgemacht? Man wagt kaum zu widersprechen. Trotzdem: Der Historiker kann dieses Argument nicht gelten lassen. Denn dann würde die Weimarer Republik – diese gebrechliche, aber doch lebensfähige Bürgergesellschaft – zu einem unerklärlichen Zwischenspiel, und zu einem aussichtslosen obendrein: Aber bis 1930 war die NSDAP eine kleine Splitterpartei, und selbst bis 1932 war noch keineswegs entschieden, ob die Republik untergehen würde. Der Fortgang der deutschen Geschichte stand niemals fest, so wenig wie der Fortgang jeder anderen Geschichte.

Aber mehr noch: Die Antidemokraten der Weimarer Zeit, die Konservative Revolution und die Nationalsozialisten – das war etwas ganz anderes als der ‹Untertanengeist› vor 1914. Diese radikale Kritik an der bourgeoisen Demokratie von Weimar, dieser totalitäre Anspruch der Faschisten wie der autoritären Rechten, richtete sich genauso gegen die Väterwelt des wilhelminischen Bürgertums, gegen den Wilhelminismus, gegen die Untertanen vom Schlage Heßling. Diederich Heßling selbst wäre frühestens im März 1933, nach Hitlers Machtergreifung, in die NSDAP eingetreten, und er hätte es da nicht sehr weit gebracht; kurz, mit dem Nationalsozialismus kann man nicht beweisen, daß die wilhelminische Gesellschaft eine Untertanengesellschaft war.

Der Historiker hat also zu prüfen, ob das Bild von der Untertanengesellschaft richtig ist, ob all das, was ich angeführt habe, mehr ist als eine Teilwahrheit, also die ganze Wahrheit, mit der die dominanten, die repräsentativen Züge dieser Gesellschaft objektiv beschrieben werden können. Meine These ist: Das Bild von der Untertanengesellschaft ist eine Teilwahrheit und nur eine Teilwahrheit. Wo es zur ganzen Wahrheit gemacht wird, wird es zum irreführenden Klischee. Ich werde darum das Klischee kritisieren. Kritik an einem solchen Klischee ist nicht im entferntesten Apologie der damaligen Gesellschaft. Die Aufgabe des Historikers ist nicht mit der trivialen Forderung nach Kritik versus Apologie zu begreifen, nicht mit der Funktion des Staatsanwalts oder des Verteidigers, ja nicht einmal mit der der Jury. Wenn man die wilhelminische Gesellschaft nicht generell als Untertanengesellschaft beschreiben kann, so ist sie deshalb weder schon eine demokratische, noch eine freiheitliche, noch gar eine ideale Gesellschaft. Die historische Wirklichkeit geht in simpel polarisierenden Kategorien nicht auf, sie hat vielmehr einen polyvalenten Charakter.

Ich werde in sechs Punkten meine Argumente vortragen. Dabei beziehe ich mich auf die bürgerliche Gesellschaft, lasse also die sozialdemokratische Gesellschaft für den Moment außer acht, und ich beschäftige mich primär mit der Gesellschaft, der Untertanen- oder Nichtuntertanengesellschaft, nicht mit der institutionellen Herrschaftsordnung, dem Staat; denn der war zweifellos wesentlich Obrigkeitsstaat. Ich versage es mir, das Bild Heinrich Manns dadurch zu relativieren, daß ich im Gegensatz zu ihm andere große kritische Schriftsteller als Beobachter der Zeit vorführe, Thomas Mann vor allem und Musil zum Beispiel, schon das würde die Perspektivne wesentlich erweitern. Aber das ist nicht mein Geschäft.

1. Zunächst muß man sich eine Reihe von Selbstverständlichkeiten klarmachen, die für die deutsche Gesellschaft wie für die meisten bürgerlichen Gesellschaften jenseits der literarischen Pointierung gelten.

a) Die Gesellschaft ist zunächst bestimmt von Normalität: Arbeit, Berufstüchtigkeit und bürgerlicher Solidität. Sie basiert, mit Ausnahme des Feudalsektors, auf Wissen – technischem, ökonomischem, organisatorischem, wissenschaftlichem Wissen – und Können. Das wurde sozial prämiert. Die Gesellschaft war nicht eine Gesellschaft gesinnungstüchtiger Karrieristen, Glücksmacher oder Rentner (das gilt auch für die Justiz und die Beamten in den Ministerien). Die Gesellschaft stand unter dem Postulat der Leistung, der Effektivität, des soliden Erfolges, und sie hat, eine junge, spät gekommene Gesellschaft, diese Leistung auch aufgebracht. Man mag diesen Arbeits- und Effektivitätssinn schrecklich finden und das savoir vivre wie die Tugend des citoyen vermissen, die Untertanenwelt Diederich Heßlings ist das nicht.

Diese Gesellschaft von Arbeit und Leistung war gerade deshalb b) eine dynamische Gesellschaft, die sich veränderte – nach Zahl und Zusammensetzung, Reichtum, Wissen und Technologie, nach der Höhe von Einkommen und Reallöhnen, nach Vermögens- und Statusverteilung. Die neuen Industrien (Elektro und Chemie), neue Produktionsmethoden, neue Wissenschaften spielten eine besonders große Rolle. Zu diesen Veränderungen gehörte eine begrenzte, aber ansteigende soziale Mobilität, Aufstiegsmobilität: Die große moderne Schicht der Angestellten einschließlich des Managements entstand; die Zahl der Akademiker nahm zu, 1910 kam ein höherer Prozentsatz von Studenten als in Frankreich oder Großbritannien nicht aus den oberen Schichten, sondern aus den unteren Mittelschichten, denen der kleinen Beamten, Angestellten, Selbständigen. Selbst bei den Machteliten gibt es einen Prozeß der Verbürgerlichung. Und zu diesen großen Veränderungen – Veränderungen auch der bürgerlich-bourgeoisen Gesellschaft – gehört die Veränderung von Einstellungen, Mentalitäten, Sozialcharakter. Die Gesellschaft von 1914 war nicht die von 1890. Das ist anscheinend trivial, aber wir müssen uns vor der Tendenz hüten, statische Bilder einer Gesellschaft zu produzieren, das Überlappen von Tradition, Gegenwart und Zukunft zu übersehen. Die Geschichte ist ein Übergang, und es gibt selten klare Trennungslinien. Gerade in der wilhelminischen Gesellschaft ist das Element der Veränderung und des Übergangs stark.

c) Die Gesellschaft, die bürgerliche Gesellschaft, war eine Gesellschaft der Kultur und der kulturellen Liberalität, von den durch Bildung privilegierten Schichten getragen; dafür sind Universitäten und Literatur Zeugnis. Der Obrigkeitsstaat ließ hier einen – relativen – Freiraum. Und dazu gehört: Es gab, jenseits der Alternative von Untertan und citoyen, einen großen Freiheitsraum jenseits der Politik, machtgeschützte Innerlichkeit, wie Thomas Mann das, durchaus positiv zunächst, genannt hat. Auf die damit verbundene Problematik komme ich zurück. Schließlich gab es auch im ganzen eine relativ intakte Rechtlichkeit und Rechtsstaatlichkeit – trotz vieler Einschränkungen gegenüber der Sozialdemokratie oder der Arbeiterschaft. Der Antisemitismus zum Beispiel hat die Rechtsgesinnung nicht, noch nicht, erschüttern können.

2. Die wilhelminische Gesellschaft war eine ‹segmentierte› Gesellschaft. Sie lebte mehr als die westeuropäischen Gesellschaften in unterschiedlichen kulturellen und sozialmoralischen Traditionen und Milieus. Dazu gehörte einmal die föderalistisch-regionalistische Struktur. In Süd- und Westdeutschland war das politisch-soziale Klima bürgerlicher, liberaler, weniger untertanenhaft gewesen als im Norden und Osten. Die Bürokratie war libe-

raler. Die Abgeordneten dieser Regionen vor allem stellten, zum Beispiel 1912, die progressiven Elemente der Parteien im Reichstag. Aber auch in den nord- und ostdeutschen Teilen Preußens gab es scharfe Unterschiede, gab es den Widerstand der 1864/66 annektierten Provinzen Schleswig-Holstein und Hannover gegen Berlin, den Gegensatz der altliberalen Städte gegen das konservative Land.

Wichtiger war die religiöse Segmentierung. Die Katholiken, ein gutes Drittel der Bevölkerung, Bauern, Bürger, Arbeiter, Aristokraten, bildeten eine Welt für sich – sie hatten ihre eigene Kultur, ihre eigene Sozialmoral, ihre eigenen Vereine für alle Arbeits- und Lebensbereiche, vom Handwerker- oder Gesangsverein bis zum Krankenhaus, und zwei Drittel von ihnen hatten ihre politische Heimat in einer eigenen Partei, im Zentrum. Diese Katholiken waren nicht kritisch, nicht intellektuell, nicht sonderlich modern, nicht sonderlich liberal und schon gar nicht republikanisch: ein bißchen paternalistisch, ein bißchen bürgerlich, ein bißchen sozial; sie waren für die Autorität, die der Kirche, und es gab viel sozialen Druck und viel Anpassung. Aber dem Staat, dem Deutschen Reich, dem protestantisch-preußisch-bürokratisch-militärischen Establishment gegenüber war ihre Stimmung, ihr Sentiment vor allem oppositionell. Der Kaiser war für sie keine prägende Wirklichkeit, Kaiser-Denkmäler haben sie nicht gebaut, so wenig wie Bismarck-Denkmäler. Sie waren Masse, Volk, Anhänger und Verteidiger des allgemeinen Wahlrechts, insofern demokratisch. Sie waren keine Untertanen – sie passen nicht in das Schema Untertan versus citoyen, sie standen quer dazu. Die kritischen Literaten hatten es darum schwer mit ihnen. Entweder haben sie sie ignoriert – wie Heinrich Mann und viele seiner Nachfolger. Oder sie haben sie bekämpft, zumal ihre Führer, den volksverdummenden Klerus – wie die Redakteure des Simplicissimus, Spezialisten in Majestätsbeleidigung und Kritik des Obrigkeitsstaates wie der Untertanengesellschaft. Aber deshalb war ihnen die Einführung des allgemeinen Wahlrechts in Bayern ein Greuel, denn es führte zur Mehrheit der Klerikalen, und die obrigkeitlichen Beamten, die über die Unvernunft des Untertanen regierten, wurden fast ein bißchen zu Anwälten des Progressismus. Die Bürokratie entschädigte die Journalisten mit einigem Wohlwollen. Antiklerikalismus, antiborussische Kritik am Zentralismus war ihr lieb, das konnte ein paar Majestätsbeleidigungen schon kompensieren. Kurz, das Schema vom Untertanen versagt für dieses große Segment der bürgerlichen Gesellschaft.

Schließlich muß man im protestantischen Bereich hinweisen auf die Trennung zwischen alten Gesellschaftselementen, die der Obrigkeitsparole vom Bündnis von Thron und Altar anhingen, und modernem Bürgertum, das sich zunehmend entkirchlichte und für das das Sozialprestige nicht mehr vom Kirchenbesuch abhing. Die Gesellschaft folgte der obrigkeitlichen Zumutung, die Religion zu bewahren, nicht mehr, schon deshalb, weil das Herrschaftsestablishment selbst in dieser Frage nicht mehr homogen war.

Auch die neue Parole von Nation und Altar konnte dafür keinen Ersatz bieten. Im ganzen ist die Tatsache der Segmentierung der deutschen Gesellschaft in unterschiedliche Sozialmilieus und Sozialmoralen für das Schicksal der deutschen Demokratie nach 1918 wichtiger als die oft beschworene Untertanenmentalität, vor allem wenn man die Segmentierung der sozialdemokratischen Arbeiterschaft mit einbezieht, die ich hier nicht behandeln kann.

3. Die wilhelminische Gesellschaft war eine pluralistische Gesellschaft. Sie war eine Wirtschaftsgesellschaft im Zeitalter des Hochkapitalismus, im Übergang vom Überwiegen des Agrarsektors zu dem der Industrie, vom Überwiegen der Selbständigkeit zu dem der Angestellten und Arbeiter, im Übergang vom liberalen Staat zum modernen Interventionsstaat, der über Zölle, Steuern, Sozialpolitik und Wettbewerbs- und Kartellrecht regulierend in die Wirtschaft eingriff, im Übergang zum «organisierten Kapitalismus», wie manche heute sagen. In dieser Situation organisierten sich die ökonomischen und sozialen Interessen, um sich mit aller Vehemenz politisch durchzusetzen. Die Agrarier, Junker wie kleine Bauern, wollten die Agrarzölle immer wieder erhöhen und kämpften dabei auch gegen die bürokratische Regierung. Ein Lieblingsprojekt des Kaisers, der Mittellandkanal, scheiterte daran, daß gerade die Konservativen Opposition machten. Und der bürgerliche, der industrielle, kommerzielle, finanzielle Sektor stand in Distanz, ja in Opposition zu den Agrariern; seit 1909 hat es eine große allgemeine Protestbewegung gegeben. Aber natürlich waren auch diese Interessen vielfach differenziert und gegensätzlich. Die Regierung hat versucht, diese Interessen auszugleichen oder gar zu integrieren, das war die Politik der «Sammlung». Im Zeichen des Flottenimperialismus und des Antisozialismus ist das auch zeitweise gelungen, das war eine Art sozialer Kitt des Kaiserreichs, der Bürgertum und alte Eliten verband. Aber das hielt nicht auf Dauer. Wichtiger und charakteristischer ist, daß sich divergierende und antagonistische Interessen ausbilden, daß sich die bürgerlich-pluralistische Gesellschaft des 20. Jahrhunderts entwickelt, das ist ein herausragendes Charakteristikum der wilhelminischen Zeit. Die unterschiedlichen Gruppen waren in die Verteilungs- und Machtkämpfe einer modernen Gesellschaft eingetreten, sie suchten die Regierung, je nachdem, zu beeinflussen oder zu bekämpfen. Die Obrigkeit, der Staat, der Kaiser, die Parole von Ruhe und Ordnung – das half da nichts. Das Konzept der Untertanengesellschaft kann dieses Phänomen des Pluralismus einander bekämpfender Interessen, bei dem die Regierung nicht mehr führen, sondern nur noch ein Parallelogramm der Kräfte ziehen kann, nicht erklären. Hier ist etwas anders, etwas Neues.

4. Die wilhelminische Gesellschaft ist eine Gesellschaft der Reformbewegungen und der Reformen gewesen. Zu ihr gehört der Aufstand gegen das 19. Jahrhundert, der quasi revolutionäre Protest gegen das viktorianische Normensystem, gegen den Wilhelminismus, gegen das Etablierte, das für

selbstverständlich Geltende, gegen das Bürgerliche, gegen Geld und Kommerz, gegen das herrschende Wertsystem – ein Aufstand, der zweifellos ganz modern ist und jenseits des Untertanensystems, so sehr er auch seit Nietzsche Aufstand gegen die liberaldemokratischen Lieblingsüberzeugungen von Fortschritt, Rationalität und Wissenschaft ist. Die Zeit seit der Jahrhundertwende ist – intellektuell, kulturell, ästhetisch – die Zeit des Auf- und Durchbruchs zur Moderne, der Grundlegung der Moderne – mit einer merkwürdig revolutionären Abkehr vom Beschränkten und Gegebenen, dem revolutionären Willen zum Unbedingten. Das bestimmte Sentiment und Mentalität, das bestimmte das intellektuell-philosophische Klima, keineswegs nur im Kreise der Avantgarde. In der Kunst und Literatur ist der Ausbruch aus Tradition und Konvention der Väterwelt deutlich, etwa in der Entstehung der deutschen Moderne und des Expressionismus in der Malerei. Im Jahrzehnt vor 1914 hat das eine große, keineswegs nur snobistische, Resonanz gefunden. Noch stärker gilt das für Literatur und Theater. Das Weltbild des theaterorientierten Bildungsbürgertums blieb von der gesellschaftskritischen und psychologischen Modernität in Deutschland eingebürgerter Autoren wie Ibsen und Strindberg, von den Naturalisten wie Gerhard Hauptmann und den Symbolisten nicht zu reden, keineswegs unberührt. Die moderne Architektur, im Ruf des Revolutionären und Antiwilhelminischen, hat sich relativ rasch durchgesetzt: von Privathäusern über kommunale Bauten, Siedlungen, große Industriebauten; Emil Rathenau, Gründer und Chef der AEG, war der Auftraggeber für Peter Behrens, einen der Väter der Bauhausarchitektur; und schließlich haben das Auswärtige Amt und sein Chef, Kiderlen-Waechter, in einer großen Aktion gegen den Kaiser mit seinem theatralisch neobarocken Geschmack durchgesetzt, daß einer der großen Repräsentationsbauten vor 1914, die deutsche Botschaft in Petersburg, von Behrens, und also ganz modern gebaut wurde. Es gab die große an Ruskin und den Jugendstil anknüpfende Bewegung des Deutschen Werkbunds zur Reform der Inneneinrichtung, des Wohnens, der Gebrauchsgegenstände: also den Anfang des modernen Designs, und das stand durchaus in einem großen gesellschaftspolitischen Zusammenhang. Es gab eine Menge von Bewegungen zur sogenannten Lebensreform, oft skurril, Reformen der Kleidung, des Essens, des Trinkens, des Verhältnisses zur Natur, des Verhältnisses zwischen den Geschlechtern, der Moral, gespeist doch vom Unbehagen am Bestehenden, wider den Stachel des Establisments löckend. Es gab den Aufstand der Schüler und Studenten: die deutsche Jugendbewegung, Rebellion gegen väterliche, gesellschaftliche, obrigkeitliche Autorität und den unwahren bürgerlichen Lebensstil, sicher nicht patentdemokratisch, ganz sicher aber gegen die Welt Diederich Heßlings – eine Bewegung, deren dominierende Elemente auf merkwürdige Weise zugleich bei Sozialisten, Nationalisten, Nazis, Zionisten und Demokraten in den 20er und 30er Jahren fortlebten. Es gab die Anfänge der Frauenbewegung und die Veränderung der Stellung der Frau. Es gab die großen Bewegungen der pädagogischen Reform, deren Kernpunkt es gerade war, die autoritär obrigkeitliche Gesinnungs- und Lernschule durch eine Schule der Selbstgestaltung und Selbstverantwortung abzulösen, und diese Bewegung reichte tief in das damalige Schul- und Schulverwaltungsestablishment hinein. Kerschensteiner war nicht nur einer der großen Schulreformer, sondern auch einer der großen Schulbeamten der Zeit. Von den Gartenstädten, von Hellerau, von den Volkshochschulen, den Sportbewegungen will ich nicht weiter reden.

Man kann gegenüber diesen Veränderungs- und Reformbewegungen einwenden, daß sie esoterisch waren, nur die Kultur, die Lebensauffassung, die Mentalität betrafen. Noch einmal «machtgeschützte Innerlichkeit»? Und man kann Thomas Manns Stichwort aus dem Ersten Weltkrieg aufnehmen, mit dem er seine kritische Apologie der wilhelminischen Gesellschaft begründet: Betrachtungen eines Unpolitischen. Diese Reformen waren in der Tat unpolitisch; der oft beschriebene Typus des unpolitischen Deutschen gehört in diesen Zusammenhang, fern vom Ideal des citoyen und gegen die Politik eingestellt, gegen das schmutzige Geschäft der Politik. Diese unpolitsiche Haltung, ein Ergebnis der schwierigen deutschen Geschichte, kam objektiv zunächst sicher der bestehenden Herrschaft, dem politischen Status quo zugute und später der Widerstandslosigkeit gegenüber den Nazis: Der unpolitische Deutsche war eine Gefahr für eine deutsche Demokratie, kein Zweifel. Aber er war nicht der Typus des Untertan; die politische Unterwerfung oder Anpassung, die Einstellung zur bestehenden Herrschaft, die spielte für ihn gerade keine Rolle. Und mehr noch: Der Bereich der unpolitischen Veränderungen war zugleich ein Bereich des Vorpolitischen, der letzten Endes mit Vehemenz auf die Politik selbst durchschlagen mußte. Das beweist die Geschichte der 20er Jahre.

Zwei große Bereiche der Reformen gingen auch damals schon weit über den Bereich der Innerlichkeit hinaus und veränderten die soziale Wirklichkeit, wenn sie auch die Herrschaftsordnung nicht, noch nicht, erschütterten. Das war einmal die Kommunalpolitik: Hier wurden z. B. die öffentlichen Versorgungseinrichtungen (Gas und Strom, Krankenhäuser und Verkehr) kommunalisiert; im Zusammenwirken von kommunaler Verwaltung und bürgerlicher Initiative sind hier moderne Kommunen, sind hier funktionierende Daseinsvorsorge und die Ansätze der Planung entstanden. Zum anderen war es die Sozialreform. Natürlich: Die deutsche Gesellschaft der Zeit war eine bürgerliche Klassengesellschaft mit starken feudalen Relikten. Die Arbeiterklasse war in ihrem Lebensstandard, in ihrer Rechtsstellung, z. B. im Koalitions- und Steuerrecht, in ihren Aufstiegs- und Bildungschancen massiv benachteiligt, ihre Organisationen wurden bekämpft und geächtet. Trotzdem ist die soziale Reform eines der zentralen Themen dieser Gesellschaft gewesen. Es ging um Arbeiterversicherung und Arbeiterschutz, Arbeitszeitregelung, Unfallvorsorge, hygienische und gesundheitliche Maßnahmen, Arbeitsvermittlung, Arbeitslosenfürsorge, Wohnungsbau und Wohnungsvermittlung, um eine reformistische Verbesserung der Situation der Arbeiter und darum, ihnen Mitverantwortung zuzugestehen. Die öffentliche Meinung stand bei fast allen großen Streiks auf seiten der Arbeiter, die Unternehmer fühlten sich gerade in der akademisch gebildeten bürgerlichen Führungsschicht unverstanden und isoliert. Alle Versuche, das Streikrecht der Arbeiter einzuschränken, von der Zuchthausvorlage der 90er Jahre bis zur Vorlage eines Gesetzes zum Schutze der Arbeitswilligen (Streikbrecher), sind am ziemlich einhelligen Widerstand der bürgerlichen Parteien und der öffentlichen Meinung gescheitert. Das Engagement für die Sozialreform hatte bei den Bürgern eine relativ hohe Bedeutung, während Wachstum und Produktivität der Wirtschaft sich von selbst verstanden. Es war eine Art schlechten Gewissens des Bürgertums und zugleich natürlich der Versuch, die revolutionäre Tendenz der Sozialdemokraten durch Reformen im Rahmen der bestehenden bürgerlichen Gesellschaft und der bestehenden Herrschaftsordnung aufzufangen, nationale Einheit und Klassenversöhnung herzustellen. Für die Studenten hatte das soziale Engagement fast die gleiche Priorität wie das national-imperialistische (und sie waren übrigens zu weit weniger als 50% in den berüchtigten Korporationen, und auch von denen waren nicht alle so, wie Heinrich Mann es beschreibt). Der Liberalismus, der 1890 als manchesterlich-bourgeois und darum als altmodisch galt, hat gerade durch seine soziale Wendung nach 1900 wieder Resonanz gewonnen, und die Wirkung eines demokratisch-sozialen Imperialisten wie Friedrich Naumann auf die Jugend erklärt sich gerade von daher. Die Sozialreform ist im Zusammenwirken von bürgerlichen Initiativen, Kommunen, Reichstag und Verwaltung weitergekommen, und zwar durchaus im Gegensatz zum monarchisch-aristokratisch-militärischen Establishment. Das Modell vom Untertanen ist nicht geeignet, dergleichen zu erklären. Alle diese Reformen und Veränderungen, die nicht von oben, sondern von unten kamen, mußten in ihrer Wirkung darauf hinauslaufen, das soziale Klima einer hierarchischen Gesellschaft und ihre institutionelle Absicherung zu verändern, mußten darauf hinauslaufen, die Gesellschaft zu modernisieren, zu verbürgerlichen, zu pluralisieren, zu zivilisieren.

Nun kann man sagen: Mag das mit den Reformen und Veränderungen auch richtig sein und mag man insofern Heinrich Mann korrigieren müssen, mögen diese Reformen auch langfristig politische Effekte bewirkt haben – zunächst scheint es doch so, daß in der eigentlichen Politik nicht der Bürger, der citoyen, die führende Figur war, der freie Mann, aufrechten Gangs, der selbständige Kopf, der Anteil an den Dingen der res publica nehmen, das System liberal-demokratisch entwickeln wollte. Und insofern würde es im eigentlichen Kernbereich der politischen Herrschaftsordnung doch beim Typus des Untertanen bleiben, trotz vieler Modifikationen, bei dem Typus, für den Autorität und Ordnung, nicht Selbstverantwortung, Freiheit die herrschenden Normen waren und der sich durch Nationalismus und Antisozialismus ganz in den Obrigkeitsstaat integrieren ließ. Mit dieser Meinung befassen sich meine beiden letzten Thesen.

5. Die wilhelminische Gesellschaft war auch politisch eine kritische Gesellschaft. Das gilt zunächst für das Verhältnis zum Kaiser, zu Wilhelm II. Die anfängliche Begeisterung, die mit einem Überdruß an Bismarck und der alten Generation zusammenhing, ist bald in Kritik umgeschlagen. Bücher voll schärfster Kritik wie Quiddes «Caligula» von 1899 und Limans «Der Kaiser» von 1904, wurden Publikumserfolge. Als der Kaiser dem Daily Telegraph das berühmte Interview gewährte, im November 1908, kam der lang aufgestaute Unmut der Öffentlichkeit über das unverantwortliche persönliche Regiment und die Taktlosigkeit des Kaisers in einem einhelligen Sturm der Entrüstung zum Ausdruck; nicht einmal die Konservativen und kaum der Reichskanzler stellten sich vor den Kaiser (und seither hielt der sich wesentlich mehr zurück). Der Prozeß des Journalisten Harden, des Augstein von damals, gegen den politischen Berater und Freund des Kaisers, Philipp Eulenburg, wegen Homosexualität hatte eine ähnliche Wirkung. Der dynastische Kult, den Wilhelm für seinen Großvater inszenieren wollte, kam nie über den Bereich des Offiziellen heraus. In der Masse der patriotischen Denkmäler, mit denen die Bürger in Deutschland – wie anderswo – die Städte zierten und verschandelten, waren die Kaiser-Wilhelm-Denkmäler die amtlichen, die veordneten. Die spontan errichteten Denkmäler waren seit 1898 die Bismarck-Denkmäler, sie waren auch der Form nach modern, manchmal avantgardistisch; der Bismarck-Kult war auch eine oppositionelle Abkehr von Wilhelm und dem Wilheminismus. Was man vor 1914 verteidigte, wenn man vom Kaiser sprach, war nicht die Person, sondern das System der Monarchie.

Aber das kritische Potential reicht über die Person hinaus. Kritische Literatur und satirische Presse – Heinrich Mann und der Simplizissimus – hatten hohe Auflagen und ein breites Publikum, ja wie beim Simplizissimus ein gewisses Wohlwollen der Bürokratie. Eingriffe von Staatsanwälten und Gerichten erhöhten die Auflage und wurden in sehr vielen Fällen von der nächsten Instanz wieder rückgängig gemacht. Vehemente Kritiker des Systems wie Max Weber, der vom Kaiser und seiner Kamarilla nur mit Verachtung sprach, die Unfähigkeit des Systems und die überholte Privilegierung der absinkenden Junkerklasse schonungslos analysierte, gehörten selbstverständlich zum intellektuellen und beamteten Universitätsestabilshment der Zeit, und ähnliches gilt für Troeltsch oder Hans Delbrück. Der Übergriff von Offizieren gegen Zivilisten in Zabern im Elsaß 1913, ein klassischer Fall des preußischen Militarismus, löste einen fast einhelligen Entrüstungssturm in der Öffentlichkeit und im Reichstag aus; auch das Verhalten der Regierung wurde formell mißbilligt.

6. Die wilhelminische Gesellschaft war eine Gesellschaft auch der politi-

schen Veränderung, in der die Kräfte des Status quo erheblich an Gewicht verloren. Die Spannungen der bürgerlichen Gesellschaft und die Opposition gegen das Herrschaftssystem konnten schon in den 90er Jahren nicht mit repressiv-korrumpierenden Methoden aufgefangen werden, wie sie im «Untertan» geschildert werden, sondern nur mit dem agrarisch-industriellen Kompromiß der sogenannten Sammlung und mit dem Imperialismus der Flotten- und Weltpolitik. Aber auf die Dauer konnte die notwendige Zustimmung so nicht gesichert werden. Der Trend der deutschen Politik im Jahrzehnt vor 1914 geht nach links, und das gilt auch, wenn man die 34% Sozialdemokraten von 1912 außer Acht läßt. Die Empörung über feudalagrarische Steuerpolitik hat 1909 die ganze deutsche Innenpolitik in Bewegung gebracht; nicht nur die bürgerliche Linke, sondern auch die bürgerliche Mitte (ja ein Teil der Rechten) rebellierte gegen die Vormacht der Feudalität, das System der Agrarier, der Militärs. 1912 schlossen Linksliberale und Sozialdemokraten für den zweiten Wahlgang eine Koalition: Die Liberalen im ganzen gewannen immer noch über ein Viertel der Wähler, während die Konservativen von 20% in den 90er Jahren auf 12% absanken. Auch innerhalb der bürgerlichen Parteien verschieben sich die Gewichte nach links. 1913 wird – gegen die Konservativen – vom Reichstag des allgemeinen Wahlrechts eine Vermögenssteuer durchgesetzt, und die allgemeine Empörung über den Militarismus anläßlich der Vorfälle von Zabern führt zu einer Einschränkung der Militärgewalt. Diese Veränderung der politischen Orientierung hing mit zwei sozusagen objektiven Veränderungen der Machtlage zusammen. Einmal gewann der Reichstag ganz erheblich an Bedeutung. Im modernen Gesetzgebungsstaat ging nichts mehr ohne ihn; die Regierung war zwar nicht juristisch, aber faktisch auf eine Mehrheit angewiesen, und eine folgsame Mehrheit konnte sie sich auch durch Reichstagsauflösung nicht mehr beschaffen. Zum anderen übte gerade die imperiale Politik einen erheblichen Modernisierungsdruck aus, sie veränderte, sie demokratisierte das System. 1912/13 war die Führung der Armee gegen eine weitere Verstärkung des Heeres, weil sie eine Verstärkung des bürgerlichen Anteils am Offizierskorps bedeuten mußte. Der bürgerliche Generalstabsoffizier Ludendorff – rechts gewiß – hat die Aufrüstung gegen diese feudalen Bedenken durchgesetzt, das war neu. Zugleich aber konnten die enormen Kosten nur noch durch eine Vermögenssteuer der oberen Klassen aufgebracht werden. Auch der Militarismus hatte, wie der Zwang zur Effektivität, unter dem die Regierung stand, seine modernisierenden, die Untertanengesellschaft umwandelnden Konsequenzen. Der Kaiser sogar wählte als Reichskanzler zuletzt nicht die schneidigen Junker, sondern Bülow, der bei allem Opportunismus ein deutscher Disraeli sein wollte, und dann einen reformkonservativen und moderaten zivilen Beamten wie Bethmann-Hollweg.

Die Konservativen haben diese Verschiebung in der politischen Orientierung und im Machtgefüge, die Krise des Obrigkeits-Untertanen-Systems sehr wohl gespürt. Ihr Führer Heydebrandt, der ‹ungekrönte König› von Preußen, bemerkte zu einem Führer der Liberalen, daß die Zeit der Konservativen ablaufe und die Liberalen an die Macht kämen, aber solange er lebe, wolle er das hinausschieben.

Zugleich bildete sich eine *neue* Rechte, alldeutsch, antidemokratisch, vielleicht präfaschistisch, die das bestehende monarchische Obrigkeitssystem in Grund und Boden kritisierte, weil es seine eigene Auflösung vorantreibe, weil es den Untertanenstatus auflöse, ohne die Untertanen in die Einheit der Nation und ihre Klassenhierarchie zu integrieren. «Wenn ich der Kaiser wäre», so hieß der Titel des Buches des alldeutschen Führers Claß, und der Sinn war, daß er das alles ganz anders machen würde.

Die Situation in Deutschland vor 1914 ist durch eine eigentümliche Stagnation und Blockade gekennzeichnet. Niemand im bürgerlichen Lager wollte eine Revolution des Herrschaftssystems oder gar der Gesellschaft, das verhinderte einstweilen ein Bündnis mit der Sozialdemokratie. Die Reform stand auf der Tagesordnung, aber die Institutionen vor allem Preußens (Wahlrecht und Herrenhaus) und ein Teil der alten Herrschaftsgruppen blockierten die Reformen, ohne die die Regierung auf die Dauer doch nicht regieren konnte. Das bisherige Herrschaftssystem funktionierte nicht mehr; es stand in Frage. Natürlich war die Mehrheit der Deutschen, der angeblichen Untertanen, nicht plötzlich zu Anhängern der Demokratie geworden, aber die Möglichkeit einer Parlamentarisierung, einer demokratischen Koalition zeichnete sich ab, wie sie dann im Weltkrieg, noch vor der Revolution, wirklich geworden ist. Die Gesellschaft war im Übergang, war auf dem Wege zur Parlamentarisierung. Diese Konstellationen sind mit dem Entweder/Oder (Status quo/Revolution, Untertan/citoyen), mit dem jeder Radikalismus eine historische Lage polarisiert, nicht zu begreifen. Die bürgerliche Gesellschaft war vor 1914 gerade durch eine Entwicklung der Mitte, einen dritten Weg, eher charakterisiert als durch Untertanen und Revolutionäre, auch wenn dieser dritte Weg durch die Herrschaftsordnung blockiert schien. 1914 haben sich auch die Opfer und Kritiker der Gesellschaft, Sozialdemokraten, Juden und Katholiken, Max Weber und der Simplicissimus zur Einheit der Nation bekannt, trotz ihrer unbefriedigenden Verfassung. Aber das war alles andere als die nationalistische Zementierung der Untertänigkeit.

Natürlich, ich wiederhole zum Schluß, was ich anfangs gesagt habe: Die deutsche Gesellschaft ist auch Untertanengesellschaft gewesen, an Autorität und Gehorsam orientiert; der Komplex des Militarismus ist keinesfalls zu verharmlosen. Weniger Repression und Korruption, wohl aber Imperialismus und Anti-Sozialismus der Bürger selbst haben die Herrschaftsposition der alten Eliten und das alte System noch aufrechterhalten oder wenigstens bestehen lassen. Der Mangel an politisch-bürgerlicher Kultur ist eine der großen Belastungen der Weimarer Zeit gewesen. Aber: die deutsche Gesellschaft vor 1914 war auch eine Gesellschaft des Rechts, der relativen Liberalität und der Arbeit; sie war altmodisch segmentiert und zugleich auf dem Weg zum modernen Pluralismus; sie war eine Gesellschaft der Reformen, des Abschieds vom 19. Jahrhundert und der Sozialreformen vor allem, sie war eine Gesellschaft der Kritik; sie hat sich verbürgerlicht und liberalisiert, und sie entwickelte aus sich auch das wachsende Potential einer kommenden Demokratie. Wenn das alles so ist, dann scheint es mir heute viel wichtiger, als gebannt wie seit 80 Jahren auf das Phänomen des Untertanen zu starren, die Krise des Obrigkeits-Untertanensystems und auch das Erneuerungspotential zu analysieren. Dann erst werden wir das eigentliche historische Charakteristikum der wilhelminischen Gesellschaft und Epoche erfassen.

## 1933 und die Kontinuität der deutschen Geschichte

Unser Thema wird man nur dann jenseits des Trivialen und also mit Aussicht auf Gewinn an Erkenntnis erörtern können, wenn man es als Problem versteht, d. h. mit Hilfe des logischen Gegenbegriffes Diskontinuität Inhalt, Gewicht und Grenzen der Kontinuität zu präzisieren sucht. Unsere erste Frage ist, wieweit sich *1933* aus so etwas wie der Kontinuität der deutschen Geschichte erklären läßt, und die zweite Frage, wieweit sich von 1933 her die vorangegangene deutsche Geschichte verstehen läßt.

Eine Erörterung, die Kontinuität nicht als Selbstverständlichkeit, sondern als Problem behandelt, setzt sich dem Verdacht aus, gegenüber den Traditionen, die im weiteren Sinn zur Vorgeschichte des Nationalsozialismus gehören, apologetisch zu sein. Man erinnert sich mit Unbehagen der eigentümlichen Mischung aus Selbstmitleid und Selbstrechtfertigung, die einen Teil der einschlägigen deutschen Nachkriegsliteratur charakterisierte. Ist nicht gegenüber der deutschen Geschichte allein die sogenannte «kritische» Perspektive legitim? Ich werde am Schluß zeigen, warum ich die Alternative Kritik versus Apologie für wissenschaftstheoretisch unbrauchbar halte. Vorweg möchte ich aber darauf verweisen, daß unsere Situation heute eine ganz andere ist als nach 1945. Kein Historiker meiner Generation würde wie die drei berühmtesten anti-nationalsozialistischen Historiker, die nach 1945 zu unserem Thema geschrieben haben, Friedrich Meinecke, Gerhard Ritter oder Ludwig Dehio, davon sprechen, daß «wir» Deutsche 1870 oder 1890 das und das taten oder dachten. Diese selbstverständliche Identifizierung ist bei uns vergangen. Wir stehen der deutschen Geschichte mit großer Distanz gegenüber, und zumal die imperiale Phase zwischen 1871 und 1945 ist zumeist nicht mehr nostalgisch erinnerte Nähe, sondern, wo nicht gespenstisch und feindlich, einfach fremd. Sie ist nicht mehr Tradition, sie ist Geschichte, und das ist ein durchaus normaler und verständlicher Prozeß. Unterschiedliche Ansichten über die Geschichte setzen offensichtlich kaum noch wirksame Kräfte und Emotionen in Bewegung. Darum scheint mir die reale, nämlich politische Basis für eine Apologie der deutschen Geschichte einfach weggeschmolzen. Das gibt der Wissenschaft eine neue, eine andere Freiheit.

### I

Ich beginne mit einer Reihe von Abgrenzungen, und zwar erörtere ich zunächst Gesichtspunkte, die gegen die Akzentuierung der Kontinuität vorgebracht werden können und die darum das Diskontinuierliche, das Epochale an 1933 betonen. Mit offensichtlich apologetischen Meinungen, 1933 sei eine Art Betriebsunfall der deutschen Geschichte, brauchen wir uns nicht aufzuhalten: Sie haben keinen Erklärungswert, für die Wissenschaft existieren sie schlechterdings nicht mehr. Ähnlich und doch wesentlich anders steht es mit Versuchen, 1933 aus der singulären («dämonischen») Person Hitlers zu erklären oder aus singulären Konstellationen der Weimarer Republik – der Wirtschaftskrise nach der vorangegegangenen Inflation oder den Belastungen durch Niederlage und Versailles – oder aus beidem. Solche Erklärungsversuche beantworten nicht die Frage, warum denn das exzeptionelle Individuum Hitler gerade in Deutschland Erfolg hatte, warum die Wirtschaftskrise, die doch alle Industrieländer betraf, gerade in Deutschland zum Ende der Demokratie führte und warum eine Niederlage wie die von 1918 vierzehn Jahre später gerade die nationalsozialistische Machtergreifung bewirkt haben soll. Insofern sind sie unbrauchbar. Dennoch ist es nicht überflüssig, diese Erklärungen hier zu erwähnen. Sie erinnern uns an eine fundamentale Wahrheit, nämlich daran, daß der geschichtliche Prozeß, bevor das zu erklärende Ereignis eingetreten ist, nicht voll determiniert ist. Daran zum einen, daß es in der Geschichte das Element der Kontingenz, des Zufälligen gibt und daß exzeptionelle Persönlichkeiten herausragende Fälle solcher Kontingenz sind. Es ist offensichtlich Unsinn zu sagen, Hitler sei eine historische Notwendigkeit gewesen: Das gerade war er nicht. Und es fällt mehr als schwer, sich 1933 und die nationalsozialstische Machtergreifung ohne Hitler (oder mit einem 1932 gestorbenen Hitler) zu denken. Zum anderen erinnern uns jene Erklärungen nachdrücklich an die oft verdrängte Trivialität, daß in der Folge von Determinanten die nächsten Ursachen ein viel erheblicheres Gewicht haben als die ferneren. Ohne die Wirtschaftskrise zum Beispiel ist 1933 wirklich kaum denkbar. Daraus folgt, daß es bei der Frage der Kontinuität nicht darum gehen kann, eine Art deterministischer Notwendigkeit aufzuweisen (und nicht jeder, der das als logisch einräumt, verfährt auch in seiner historischen Praxis so). Worum es gehen kann, ist allein der Aufweis von Wahrscheinlichkeiten, von Voraussetzungen, die erklären, warum in singulären, nicht vorausbestimmten Konstellationen gerade diese Konsequenzen eintraten. Das Gewicht der singulären Konstellation kann – das ist unter Historikern unbestritten – keine strukturanalytische Betrachtung wegeskamotieren.

Eine andere Erklärung für 1933 – jenseits der Kontinuität, genauer: jenseits der spezifisch deutschen Kontinuität – bietet die Zuordnung zum Phänomen Faschismus. Denn der Faschismus ist zum einen eine europäische, keineswegs allein deutsche, Erscheinung, und noch mehr trifft das natürlich auf die Krise der Demokratie zu, für die 1933 ebenfalls Symbol ist: Von den 25 europäischen Demokratien von 1919 zum Beispiel waren 1938 noch 11 übriggeblieben. Und der Faschismus ist zum anderen ein epochales Phänomen;

ausgelöst durch die einschneidenden Ereignisse des Ersten Weltkrieges, der Russischen Revoluton, des prekären Sieges der liberalen Demokratie ist er eine Antwort auf diese besondere Lage. Darum ist er ein Phänomen sui generis, nicht auf Früheres reduzierbar, nicht aus Früherem herleitbar, er ist etwas Neues. Kontinuität, der Zusammenhang mit dem Früheren, ist demgegenüber sekundär, und nationalgeschichtliche schon gar. Nicht was das Besondere an der deutschen Geschichte ist, sondern was ihr zum Beispiel mit der italienischen gemeinsam ist, darauf kommt es dann an. Kein Zweifel, die wissenschaftliche Erneuerung des Faschismus-Begriffs und die darauf beruhende vergleichende Forschung ist aus unseren Erklärungen für 1933 gar nicht mehr wegzudenken, wobei man freilich den verbreiteten Etikettenschwindel, von nichts als dem Nationalsozialismus zu sprechen und das Faschismus zu nennen, beiseite lassen muß. 1933 also läßt sich aus der Epoche und aus der Parallelität der europäischen Bewegungen dieser Epoche erklären. Die Bezugnahme auf den Faschismus relativiert insofern die Erklärungskraft aller Theorien, die von der Kontinuität der deutschen Geschichte ausgehen. Aber damit ist unser Problem mitnichten erledigt. Auch auf dem Boden des Faschismusmodells bleibt die Frage nach der Kontinuität bestehen, und zwar in doppelter Hinsicht. Einmal: Warum hat sich der Faschismus, wenn auch nicht nur in Deutschland, so doch anders als in den Industrieländern des Westens oder den Demokratien des Nordens, anders auch als in den autoritären Nichtdemokratien Ost-, Mittel- und Südeuropas gerade in Deutschland durchgesetzt? Und zum anderen: Warum ist der Nationalsozialismus die radikalste und gewalttätigste Form des Faschismus gewesen? Beide Fragen verweisen auf eine singuläre Erklärung aus besonderen deutschen Bedingungen. Das Epochale und Neue des Faschismus relativiert zwar die Bedeutung der Kontinuitätsfrage, aber es hebt sie nicht auf.

Man muß sich nun freilich hüten, den Begriff der Kontinuität zu weit auszudehnen. Natürlich steht 1933 im Zeit-Kontinuum aller früheren Ereignisse der deutschen Geschichte, ja der Vergangenheit überhaupt; aber wenn man so formuliert, rekurriert man eigentlich auf den Kausalzusammenhang der Welt und setzt Kontinuität gleich Kausalität; die Diskontinuität, die doch die Bedingung der Möglichkeit ist, von Kontinuität zu reden, scheidet als Kategorie dann aus. Solche Allkontinuität aber ist trivial. Doch das meinen wir gar nicht, wenn wir von Kontinuität sprechen. Die Tatsache zum Beispiel, daß es in Deutschland eine starke marxistische Arbeiterbewegung gegeben hat, ist sicherlich eine der Ursachen für den Aufstieg des antimarxistischen Nationalsozialismus: ohne Sozialismus kein Nationalsozialismus; aber es wäre Unsinn, hier von Kontinuität zu sprechen. Oder: Das Kaiseramt der deutschen Könige des Mittelalters hat die Partikularisierung Deutschlands begünstigt, und von daher kann man viele der Besonderheiten des deutschen Nationalismus zwischen 1789 und 1933 erklären. Auch hier aber ist es offenbar Unsinn, von einer Kontinuität zu sprechen. Kontinuität ist mehr als Kausalität. Kontinuität setzt die Ähnlichkeit der Glieder voraus, zwischen denen Kontinuität bestehen soll, setzt partielle Identität voraus.

Spricht man in diesem Sinn von Kontinuität, so scheinen mir drei Abgrenzungen notwendig. Zunächst: 1933 steht selbstverständlich in europäischen Kontuniutäten. Einerseits: Das Unbehagen an der Modernität, das Phänomen der Entfremdung, die Krise des Liberalismus, die revolutionäre Mobilisierung der Massen, die totalitäre und anti-institutionelle Tendenz der radikalen Demokratie (auch sie gehört zu dem, woran der Nationalsozialismus anknüpft, selbst wenn viele das heute nicht wahrhaben wollen), Sozialdarwinismus, Imperialismus, die Entchristianisierung, schließlich – das sind europäische Phänomene und europäische Kontinuitäten, die man bei der Interpretation des Nationalsozialismus nicht übersehen kann. Aber dergleichen erklärt nicht, warum der Faschismus gerade in Deutschland sich durchgesetzt hat; und darum haben solche Argumente, wenn sie isoliert oder überakzentuiert werden, leicht etwas Apologetisches.

Andererseits: 1933 steht im Zusammenhang mit der – allgemeinen – Entwicklung des Kapitalismus. Die orthodox-marxistische Interpretation führt 1933 auf den monopolistischen Kapitalismus zurück. Hier gilt nun paradoxerweise Ähnliches wie gegenüber der eher konservativen These von der europäischen Kontinuität. Daß die Mehrheit der kapitalistischen Systeme gerade nicht faschistisch geworden ist, daß Italien wiederum noch nicht im eigentlichen Sinne kapitalistisch war und Rumänien oder Kroatien erst recht nicht, das zeigt die Schwäche dieses Ansatzes; zur Erklärung von 1933 müssen Zusatzannahmen gemacht werden, die nicht aus der Struktur des Kapitalismus, sondern aus der Kontinuität der deutschen Geschichte folgen, und so verfahren die orthodox-marxistischen Erklärungen, ohne das Verhältnis des «Allgemeinen» und des «Besonderen», des Kapitalismus und der eigentlich deutschen Kontinuitäten wirklich zu klären. Das gleiche gilt für die esoterischere Interpretation der frühen «kritischen Theorie», 1933 sei der «notwendige Zusammenbruch der bürgerlich-liberalen Rationalität» – eine angesichts der angelsächsischen Welt sehr deutsche Hypostasierung der deutschen Geschichte zur Weltgeschichte. Die heterodoxe marxistische Interpretation – die Bonapartismustheorie – entgeht dieser Schwierigkeit zwar, aber sie konzentriert sich ganz auf die Weimarer Zeit und gibt für die Kontinuitätsfrage wenig her.

Sodann: Wendet man sich den Kontinuitätsmodellen zu, die sich wirklich auf die deutsche Geschichte konzentrieren, so findet man zunächst einen Typ von Erklärungsversuchen, die man mit R. Dahrendorf ironisch Tacitushypothesen nennen kann, weil sie so weit zurückgehen. E. Vermeil hat aus der Kaiserpolitik eine nationalistische Sendungsidee, aus der Parallelität von Hanse und Mystik im Spätmittelalter die explosive Mischung von Expansion und irrationaler Innerlichkeit herauszuarbeiten versucht. Ein anderer Autor geht bis zur Hermannsschlacht zurück, weil mit der Romanisierung

Deutschlands letzten Endes die Zivilisierung und Demokratisierung verhindert worden sei. A. J. P. Taylor hat in seinem vielgelesenen Buch zur deutschen Geschichte immerhin die letzten 450 Jahre dieser Kontinuität zugerechnet, und Barrington Moore vermutet im Bauernkrieg eine der Hauptursachen für den Nationalsozialismus. Die Linie von Luther, der den Untertanen-Gehorsam, die spezifisch deutsche unpolitische Innerlichkeit, die Autonomie der Politik jenseits des christlichen Ethos, die Trennung von Seele und Welt und den Vorrang der Seele begründet haben soll, über Friedrich den Großen, den – so meint man dann – Protagonisten des preußischen Militarismus und Machtstrebens, zu Bismarck, Nietzsche und Hitler ist öfter behauptet worden; Augstein hat noch vor kurzem mit seinem Friedrich-Buch dazu beigetragen, und im Hintergrunde des öffentlichen Bewußtseins spukt dergleichen noch herum. In der gegenwärtigen Wissenschaft spielen solche Ansätze freilich kaum noch eine Rolle. Daß es langfristige Zusammenhänge gibt, ist natürlich ganz unbestritten, aber hier Kontinuitäten anzunehmen, ist unhistorisch, ist anachronistisch. Das Luthertum im demokratischen Skandinavien, die absolutistische Machtpolitik im nichtpreußischen Europa des 18. Jahrhunderts, selbst die fin de siècle-Philosophie des nichtdeutschen Europa – dergleichen widerlegt solche Konstruktionen. Freilich, wie weit man zurückgehen soll, das ist schwierig. Daß das Bismarckreich und seine Gründungsgeschichte und die deutsche Sonderform der industriellen Revolution mit dem Hitlerreich in einer Kontinuität stehen, ist unbestritten. Aber weiter zurück: Soll man das Scheitern der Liberalen in der Revolution von 1848, den Abbruch der Reformen nach 1815, die am Ende negative deutsche Reaktion auf die französische Revolution, die Idealisierung des Staates, das Vertrauen in die Evolution, die frühe Fixierung auf nationale Ziele, soll man das alles miteinbeziehen? Und muß man dann nicht mit Rudolf Stadelmann die ausgebliebene Revolution und die Tatsache, daß der aufgeklärte Absolutismus in Deutschland mit seinen Reformen eben eine revolutionäre Situation, eine «schöne» und hinterher eigentlich erwünschte Revolution gerade verhindert hat, oder mit Leonard Krieger die eigentümlichen Verschränkungen von Staat und Freiheit im Reich des 17. und 18. Jahrhunderts miteinbeziehen? Ich breche hier ab. Ich will mit diesen Beispielen zeigen, daß es hier notwendig einen regressus ad infinitum gibt und daß es darum nicht simpel polemisch ist, auf die «Tacitushypothesen» hinzuweisen. Es scheint schwierig, in diesem Argumentationszusammenhang Kriterien anzugeben, wo und wie denn das Sinnvolle vom Absurden zu scheiden sei. Ich werde am Schluß noch darauf zurückkommen. Fürs erste werden wir uns auf die Kontinuität von der Bismarckzeit bis 1933 konzentrieren. Das Wie der Reichsgründung und das Wie der industriellen Revolution – das sind sichere Ausgangsstationen.

Die letzte Abgrenzung schließlich: Es gibt natürlich auch eine Gegen-Kontinuität, eine Kontinuität der demokratischen Bewegung. Auch die Weimarer Republik war eine Alternative der deutschen Geschichte. Auch der Widerstand gegen Hitler hat seine Kontinuität wie die Bundesrepublik die ihre, das werden nur schreckliche Vereinfacher vom Schlage William Shirers bestreiten. Zumeist waren das freilich nicht die dominierenden Linien der deutschen Geschichte, sie gehörten eher zur Geschichte der Besiegten von damals. Wir können diese Gegenkontinuität – sei es marxistisch, radikaldemokratisch, föderalistisch oder auch konservativ – heute stärker ins historische Bewußtsein zu rücken suchen. In der wirklichen, der geschehenen Geschichte aber sind es zunächst die Sieger, die die Wirklickeit prägen, und an sie denken wir, wenn wir 1933 in eine Kontinuität stellen. Trotzdem: Die Gegenkontinuität erinnert uns noch einmal daran, daß auch die länger zurückreichenden Linien der deutschen Geschichte nicht so einheitlich, so deterministisch sind, daß Kontinuität für die kausalen Erklärungsversuche nur einen bestimmten Grad von Wahrscheinlichkeit ergibt.

II

Nach diesen Abgrenzungen will ich mich nun einigen der Sachzusammenhänge der deutschen Geschichte vor 1933 zuwenden, die gemeinhin unter der Kontinuitätsperspektive erörtert werden.

a) Zwischen 1866/71 und 1945 besteht der preußisch-deutsche Nationalstaat, das Deutsche Reich. Dieses Reich ist eine Großmacht, deren Politik unter dem Gesichtspunkt der Großmachtpolitik eine hohe Kontinuität aufweist. L. Dehio hat diese Kontinuität als Hegemonialpolitik beschrieben. A. Hillgruber hat sie moderner und detaillierter auseinandergelegt: Wie die Machtbehauptung, die Behauptung außenpolitischer Souveränität, dieses Reich im Zuge des europäischen Imperialismus angesichts seiner Mittellage zur Weltpolitik, zur Machtsteigerung notwendig treibt; wie sie sich, modifiziert zwar, doch in der revisionistischen Außenpolitik der Republik mit dem Ziel der Wiedererringung der Großmachtstellung durchhält und in Hitlers «Weltmacht»politik kulminiert; wie ein Konsens der Führungsschichten über die Selbstverständlichkeit von Großmachtpolitik vom Kaiserreich über die Republik bis zu Hitler reicht. Selbst die radikale Lebensraumpolitik Hitlers stand in einer mehr spezifischen Kontinuität, sie knüpfte an an die Vorstellungen nicht nur der Alldeutschen, sondern auch der Obersten Heeresleitung OHL im Ersten Weltkrieg, die Vorstellungen vom blockadefesten autarken Großraum: Das war eine «Brücke» von der klassischen Kontinuität der Großmacht zu der revolutionären Wendung, die ihr Hitler gab. Die Wähler und die Bundesgenossen Hitlers von 1933 jedenfalls konnten kaum anders, als ihn in der Kontinuität der deutschen Großmachtpolitik zu sehen. Diese Politik hatte ihre *eigene* Kontinuität; sie läßt sich nicht auf soziale Gruppen, auf innenpolitische Herrschaftsverhältnisse, auf sozialimperialistische Ablenkungsstrategien zurückführen, so wichtig das alles war; denn die Hitlersche Weltpolitik war etwas Neues, die läßt sich von einem altmodischen Primat der Innenpolitik oder von Klasseninteressen her gerade nicht erklären.

b) Klar ist, daß es Teile der alten Machteliten gewesen sind, die den Untergang der Republik betrieben und Hitlers Machtergreifung ermöglicht haben in der Meinung, er sei einer der Ihren oder ihr Instrument. Junker, Militärs, hohe Bürokratie, die Führung der Deutschnationalen, ein gut Teil des alten Deutschland, für das der Name Hindenburg symbolisch stehen mag – diese alten Eliten hatten zwar in der Republik die politische Führung verloren, aber doch erheblichen, im Falle des Militärs mehr noch als in dem der Bürokratie, institutionell abgesicherten Einfluß behalten: Man kann mit dieser Einschränkung von einer Kontinuität ihrer Machtstellung sprechen; diese Kontinuität verbindet 1933 vielleicht am stärksten mit der früheren deutschen Geschichte, mit der institutionellen, sozialen, sozialökonomischen und sozialkulturellen Prägung und Absicherung dieser Einflußpositionen. Schwieriger ist es, mit den führenden Vertretern des Kapitalismus, den Unternehmern. Ihre Machtposition reicht ja kontinuierlich in das Kaiserreich zurück. Sie standen der Republik mit Distanz gegenüber, sie haben die Demokratie nicht stabilisiert, sie haben mit autoritären Modellen geliebäugelt.

Am Aufstieg des Nationalsozialismus und an der Machtergreifung wiederum haben sie nicht den entscheidenden Anteil gehabt, das hat die neuere Forschung, hat zumal Henry A. Turner bewiesen; das Verhältnis dieser Gruppe zum Nationalsozialismus war durchaus ambivalent. Die hier gerne behauptete Kontinuität ist eine ideologische Konstruktion. Daß wir zwischen dem in Deutschland herrschenden System des Kapitalismus, dem durch Konzentration, Kartelle, Verbände und Staatsintervention charakterisierten «organisierten Kapitalismus» und 1933 eine Kontinuität (also eine partielle Identität) herstellen können, erscheint mir unwahrscheinlich: Das ist nicht singulär deutsch, man denke an die USA, und das ist bisher auch nicht nachgewiesen, ja kaum nachweisbar. Die deutsche Sozialstruktur schließlich ist, wenn wir zunächst nur die statistisch-ökonomische Seite ins Auge fassen, nicht sonderlich auffallend – sie ist der der westlichen Industrieländer ähnlicher als der Italiens –, eine Kontinuität, die 1933 erklären könnte, ergibt sich daraus – zunächst – nicht.

c) Die Kontinuitäten, von denen ich im Folgenden spreche, lassen sich unter Begriffen wie politische Kultur, politische Verhaltensweisen, Mentalitäten zusammenfassen. Es geht um kollektive Wertvorstellungen und Dispositionen, an die der Nationalsozialismus appellieren konnte. An das meiste – oft erörtert und wohlbekannt – brauche ich hier gerade nur zu erinnern. Da ist der deutsche Nationalismus, der sich zum großen Teil von den liberal-universalistischen Wurzeln abgelöst hatte, sich ins Reizbar-Aggressive,

Chauvinistische der in ihrer Identität Unsicheren, der vermeintlich zu spät und zu kurz Gekommenen, der verspäteten und unvollendeten Nation gewandelt hatte und nach rechts orientierte und der sich nach 1918 noch radikalisierte. Hitler hat ihn dann, das muß man deutlich unterscheiden, mit einem anderen Nationalismus, dem anti-etatistisch-irredentistischen großdeutsch-völkischen Nationalismus der Besiegten von 1866, der Österreicher, zusammengefügt. Da ist der Militarismus, der bis in die älteren preußischen Traditionen reicht, die Sonderstellung des Militärs und das Prestige militärischer Werte und Lebensformen: Befehl, Gehorsam, Disziplin, Entschlossenheit, Kampf – und die Übersteigerung und soziale Absicherung solcher Werte in der wilhelminischen Zeit: die Ideologisierung, die Verharmlosung oder die Verherrlichung des Krieges, und die Machiavellisierung (und Militarisierung) der Politik, ihre Reduktion auf das Element des Machtkampfes. Der Nationalsozialismus stand in dieser Tradition und konnte zumal an sie appellieren; die Masse seiner Anhänger konnte zwar den ihm inhärenten absoluten Entschluß zum Kriege nicht erkennen, aber das offensichtliche Spiel mit dem Kriege löste keine Abwehrreaktionen aus.

Da ist natürlich die obrigkeitsstaatliche Konintuität: das Vertrauen in den «Dr. v. Staat», in den Sachverstand, die Interessenunabhängigkeit und die Überparteilichkeit der staatlichen Bürokratie, in straffe Organisation, Effizienz und Fürsorge, das Verlangen nach Autorität und Führerschaft, die Priorität der Ordnung vor der Freiheit, weil die Gefahren der Freiheit – Anarchie und Ineffizienz – bedrohlicher schienen als die der Ordnung. Und umgekehrt dann die entsprechende Reserve, ja Abneigung gegen Demokratie, Parlamentarismus und Parteien, gegen liberalen Individualismus und gegen die pluralistisch-antagonistische Gesellschaft. Dazu gehört der oft beschriebene Sonderweg des deutschen politischen Denkens: die Wendung gegen Aufklärung, Naturrecht, Rationalismus, common sense, gegen Universalismus und Individualismus, die polemische Entgegensetzung von Kultur gegen Zivilisation, Gemeinschaft gegen Gesellschaft, Eliten gegen Massen, organische Vielfalt gegen nivellierende Egalität, die Wendung also gegen 1789 und gegen die westliche Tradition – wie sie in der Mißgeburt der sogenannten «Ideen von 1914» oder sehr viel verführerischer in Thomas Manns «Betrachtungen eines Unpolitischen» zum Ausdruck kommen. Dazu gehört das harmonistische, gegen Konkurrenz, Konflikt, Pluralismus gerichtete Gesellschaftsmodell; dahin gehört das, was Thomas Mann polemisch «machtgeschützte Innerlichkeit» genannt hat, die Hochstilisierung des Unpolitischen und die Negativwertung des Politischen, kurz die spezifische Verinnerlichung einer lange geübten, lange erfahrenen obrigkeitsstaatlichen Praxis. Der Anti-Parlamentarismus und Anti-Liberalismus des Nationalsozialismus knüpfte an diese Wertvorstellungen und Verhaltensnormen an; diese Traditionen haben überdies Hemmungen und

Widerstände gegen den Nationalsozialismus, wie sie aus dem Geist der Freiheits- und Menschenrechte erwachsen konnten, erheblich abgeschwächt.

Zu dieser Kontinuität gehört die Erwartung bestimmter Klassen und Gruppen, vom Staat in ihrem Status geschützt zu werden, eine Erwartung, die der wilhelminische Staat bewußt gefördert hatte. Das gilt zumal für die sogenannten Mittelschichten, Bauern, alten städtischen Mittelstand, Handwerker und Einzelhändler, und zum Teil auch für die Angestellten. Als die Nationalsozialisten ihre Mittelstandsparolen entwickelten, konnten sie an solche protektionistischen Erwartungen, durch die Enttäuschung über das Versagen der Demokratie in der Krise gesteigert, anknüpfen.

Weiterhin gibt es eine sozialpsychologische Kontinuität, die zur Erklärung des Nationalsozialismus selbst wie zu seiner Resonanz beiträgt. Das ist die «Gleichzeitigkeit des Ungleichzeitigen», das komplexe Gemenge von vormodernen und modernen Elementen und zumal Einstellungen. Sozialpsychologisch geht es um die durch das Tempo der Modernisierung verursachten Verunsicherungen und Verwerfungen, um Unbehagen und Widerstand gegen die Modernität, der man gleichzeitig doch zugehörte und zugehören wollte. Der Nationalsozialismus gehört mit seiner Mischung moderner und vor- und antimoderner Züge, mit der ihm spezifischen Antwort auf die Modernitätskrise in diese Kontinuität. Und die Situation, in der er Erfolg hatte, steht in eben dieser Kontinuität.

Man könnte, wenigstens zur Erklärung der Schwäche der Demokratie, auch auf die Kontinuität des spezifisch deutschen Konfessionsgegensatzes und die daraus stammende Reserve beider Konfessionen gegenüber der Demokratie verweisen; oder auf die von M. R. Lepsius herausgearbeitete Kontinuität der Segmentierung der deutschen Gesellschaft in unterschiedlichen Sozialmilieus, die auf Grund ihrer Pattkonstellation die Funktionsfähigkeit von Parteien und Parlament wesentlich beeinträchtigten. Aber hier müssen solche Andeutungen genügen.

d) Zwei Kernelemente des Nationalsozialismus neben Antiliberalismus und Krieg habe ich bisher noch nicht erwähnt, den Antisemitismus und den Antimarxismus. Natürlich, der Antisemitismus, der schauerlichste Zug des Nationalsozialismus, steht in einer reichsdeutschen wie österreichischen Kontinuität. Aber obwohl in dieser Vorgeschichte Hemmungen gegen den Antisemitismus abgebaut worden sind – zu den dominanten Kontinuitäten der deutschen Geschichte, wie es die sind, von denen bisher die Rede war, zählt der Antisemitismus nicht. Und 1933 kam Hitler nicht primär an die Macht, weil er Antisemit war, das nahm man zumeist und eher nur (schlimm genug) in Kauf.

Anders steht es mit dem Antimarxismus. Der Nationalsozialismus ist geradezu als neuer militant-radikaler Antimarxismus zu definieren; sein Antiparlamentarismus rührte daher, daß Parlamentarismus und Liberalismus der Boden der marxistischen Erfolge gewesen waren. Und Antimarxismus war ein Stück vitaler politischer Tradition in Deutschland. Der antisozialistische Affekt, der sich in der Republik intensivieren mußte, als die Sozialdemokraten Anteil an der Macht beanspruchten und die Kommunisten – Geschöpf, Bruder und Todfeind der Sozialdemokraten zugleich – die bürgerliche Welt mit Vernichtung bedrohten, trägt wesentlich zur Erklärung von 1933 bei. Ich sehe aber nicht, daß dieser Antisozialismus eine spezifisch deutsche Kontinuität darstellt. Die heute gängige Meinung geht dahin, daß der Klassenkampf in Deutschland wegen der Überlagerung von kapitalistischen und feudalen Privilegien, wegen des Sozialistengesetzes, wegen der Nichtintegration der Arbeiterschaft in die Nation eigentümlich verschärft gewesen sei und sich daraus die Polarisierung einer marxistischen Arbeiterbewegung und eines antimarxistischen Bürgertums, die Abneigung der Bürger, auch nur den demokratischen Sozialismus in den pluralistischen Konsens wirklich einzubeziehen, ergeben habe. Diese Meinung erweckt in mir immer stärkere Zweifel, wenn ich mir die europäischen Klassenkämpfe, die Revolutionsfurcht und den Antisozialismus der europäischen Bourgeoisie ansehe. Spezifisch deutsch, wie der Antiliberalismus, ist dieser Antimarxismus doch offenbar nicht. Was hier eher zur charakteristisch deutschen Kontinuität gehört, ist etwas anderes, nämlich das Unbehagen am Klassenstaat, die Tendenz zur Synthese von Nationalismus und Sozialismus, die Volksgemeinschaftsideologie und ihre eigentümliche Mischung egalitärer und elitärer Momente. Indem sie daran appellierten, mobilisierten die Nationalsozialisten allerdings eine spezifisch deutsche und genauer: mittelständische Kontinuität.

e) Aus dieser Zusammenfassung bekannter Dinge ziehe ich jetzt zwei Konsequenzen. So sehr diese Kontinuitäten zur Erklärung von 1933 beitragen – zumal zum Verhalten des alten Deutschland und zum Verhalten der Wähler –: Für Hitler und für den Nationalsozialismus gilt, daß er an diese Kontinuitäten anknüpft und sie doch zerbricht. Diesen qualitativen Bruch gilt es zu beachten. Es gibt die spezifische Nähe des alten Deutschland zum Nationalsozialismus, aber diese Nähe ist nicht einfach Identität, sie schlägt in Todfeindschaft um. Es ist kein Zufall, daß Hitler gegen Kriegsende noch bemerkt, das Arrangement von 1933 mit den Konservativen, den etablierten Kräften, sei sein großer Fehler gewesen; kein Zufall, daß der Kampf gegen eine der Bastionen der Tradition, das Christentum, für die Zeit nach dem Endsieg in aller Radikalität in Aussicht genommen war, daß der Widerstand aus der gleichen Kontinuität des alten Deutschland kommt. Hitlers Konzeption einer Weltmacht auf Rassenbasis stellt einen Bruch der klassischen Großmachtkontinuität dar. Den Unterschied zwischen Bismarck, Bethmann und Stresemann einerseits, Hitler andererseits kann man nicht relativieren: Hier ist nicht ein quantitatives Mehr, sondern ein qualitativ Anderes. Ähnliches gilt für seine totale Formierung der Innenpolitik von einem außenpolitischen Ziel her oder besser: für die Aufhebung der Unterscheidung von Innen- und Außenpolitik – das ist neu. Das Rassenimperium war zuletzt gerade die Negation der Nation. Die Sonderstellung des Militärs ist gerade aufgehoben worden; es ist politischen Kommissaren und der ideologischen SS ausgeliefert worden. Der totalitäre Staat war, auch in seiner anarchischen Gestalt, nicht der autoritäre Staat der Tradition, der sich auf Institutionen, Bürokratie und nicht zuletzt doch auch auf das Recht gründete. Die totalitäre Gesellschaft mit ihrer politischen Religion war nicht die autoritäre mit ihrer Trennung von Politik und Nichtpolitik. Die zentralistische Kommandowirtschaft der späteren Jahre des Regimes war nicht die kapitalistische Unternehmerwirtschaft. Die Erwartungen des Mittelstandes haben sich sowenig erfüllt wie die der alten Eliten. Diese Eliten haben die Machtergreifung ermöglicht. Den Nationalsozialismus geschaffen oder seinen Aufstieg ermöglicht, das haben sie nicht.

Man mag Begriffe wie Brücke, dialektischer Umschlag oder Aufhebung verwenden; mit der vom Bruch, vom Gegensatz abstrahierenden Perspektive der Kontinuität ist nichts begriffen, sowenig freilich wie mit dem – in dieser Hinsicht apologetischen – Gegenbegriff der Diskontinuität. Wir werden also die Kategorie der Kontinuität in einem engeren Sinne eher auf all das, was die Machtübernahme ermöglicht hat – Mitglieder, Wähler, alte Eliten – anwenden als auf den Kernbestand des Nationalismus selbst, hier kann nur im eben beschriebenen Sinn von einer partiellen Kontinuität, einer Mischung von Anknüpfung und radikaler Unterscheidung die Rede sein.

Kontinuität – das ist in Wahrheit eine Mehrzahl von Kontinuitäten, von unterschiedlichen Kontinuitäten, und die Beteiligten stehen in unterschiedlicher Weise und in unterschiedlichem Grade in solchen Kontinuitäten. Nicht nur ist die Kontinuität, in der der Aufstieg des Nationalsozialismus und die Machtergreifung stehen, von der antidemokratischen Kontinuität, der Kontinuität, die zur Auflösung der Republik führt, zu unterscheiden. Vielmehr besteht gerade die letztere, die antidemokratische Kontinuität, wiederum aus einer Mehrzahl unterschiedlicher, ja gegensätzlicher Kontinuitäten. Der borussische Etatismus und der völkische Nationalismus, der Autoritarismus alter Eliten und der Protektionismus des Mittelstandes, der kapitalistische und der mittelständische Antisozialismus, jugendbewegte und ständestaatliche Demokratiekritik, die Tradition des Unpolitischen und die höchst politische Demokratiefeindschaft – das sind eben unterschiedliche Kontinuitäten. Und manche Kontinuitäten umgriffen Nationalsozialisten wie Anti-Nationalsozialisten: Der nationale Revisionismus und der Anschluß Österreichs zum Beispiel gehörten zum außenpolitischen Konsens der Weimarer Koalition, also keineswegs allein in die prä-nationalsozialistische oder auch nur die rechte Traditionslinie. Kurz, die unterschiedlichen Kontinuitäten, die zum Nationalsozialismus führen, stellen keinen einheitlichen Zusammenhang, kein «Syndrom», dar. Und umgekehrt: Der Erfolg des Nationalsozialismus erklärt sich gerade aus dem, was ich seine «Omnibusstruktur» nennen möchte – aus der Tatsache, daß er eine Reihe von Kontinuitäten miteinander verband und jedem die seine versprach. Es wäre natürlich Narretei, zu übersehen, daß es Vorläufer dieser Verbindung, antidemokratische, rechte Konstellationen und «Sammlungen» gibt, daß es größere und geringere Nähe der hier genannten Faktoren gibt und daß sich die Unterschiede historisch geändert haben. Die Verbindung der Kontinuitäten ist nicht beliebig. Aber es ist eine Abstraktion, mit Hilfe von Entweder-Oder-Einteilungen (Revolution oder Konterrevolution, Demokratie oder Antidemokratie, Fortschritt oder Reaktion) eine Einheit der Kontinuitäten zu konstruieren, die 1933 kulminieren. Damit erklärt man nichts mehr. Denn der Nationalsozialismus verbindet gerade traditionell konservative und revolutionäre, elitäre und egalitäre Momente. Und die Machtergreifung ist 1933 und nicht früher eingetreten; es macht gerade die Geschichte der Jahre vor 1933 aus, daß da jene Kontinuitätslinien zusammentreffen. 1933 bedeutet nicht nur eine Steigerung und Radikalisierung, sondern eine neue Kombination von Kontinuitäten, bedeutet etwas Neues.

Mit diesen Differenzierungen können wir sagen, daß 1933 sich zwar nicht aus «der» Kontinuität der deutschen Geschichte ergibt, wohl aber, daß 1933 mit der Mehrzahl der dominanten (wenn auch unterschiedlichen) Kontinuitäten der deutschen Geschichte eng verknüpft ist und ohne den Rekurs auf diese Kontinuitäten keine historische Erklärung möglich ist. Dieses Ergebnis – in trivialisierter Form ja fast eine Selbstverständlichkeit – gilt es festzuhalten, wenn ich in meiner dritten Überlegung nun die generelle Anwendbarkeit der Kontinuitätskategorie kritisch einschränke.

## III

Es wäre naiver Realismus, zu meinen, die Kontinuität läge simpel in den Dingen. Kontinuität ist eine Kategorie des historischen Bewußtseins, unter der wir das Material der historischen Überlieferung auswählen und organisieren. Die Wirklichkeit kann sich einem solchen Organisationsversuch widersetzen, aber die Kontinuität bleibt eine Kategorie des nachgeborenen Beobachters. Nun haben wir bisher nach den Kontinuitäten von 1933 aus zurückgefragt, um 1933 zu erklären; unsere Richtung ging vom Späteren zum Früheren, und unsere Geschichte müßte eigentlich eine von 1933 aus rückwärts schreitende, eine der wirklichen Zeitfolge entgegengesetzte sein. Jetzt drehen wir diese Fragerichtung um. Wir wollen, zum Beispiel, 1871 erklären, und die Frage ist, ob und wie wir uns dabei der Kontinuität der wirklichen Zeitfolge auf 1933 hin bedienen können. Also nicht wie bisher: Was trägt 1871, das Frühere, zur Erklärung von 1933, dem Späteren, bei, sondern was trägt 1933, das Spätere, zur Erklärung von 1871, dem Früheren, bei, das ist jetzt die Frage. Man mag auch sagen, es geht nicht mehr um die Vorgeschichte (von 1933), sondern um die Wirkungsgeschichte (von 1871).

Es gibt nun heute eine weitverbreitete Richtung (keineswegs nur in Deutschland, keineswegs nur in bezug auf die deutsche Geschichte), die dieser Fragerichtung folgt, darin den eigentlichen Schlüssel zum Aufschließen der Vergangenheit sieht. Für die neuere deutsche Geschichte ist 1933 die leitende aufschließende Frage; diejenigen Tendenzen in der deutschen Geschichte, die zu 1933 hinführen, sind die wichtigen, die dominierenden Tendenzen. Die logische Unterscheidung, die ich eben gemacht habe zwischen dem Historiker, der von 1933 zurückfragt bis hin zu 1871, und demjenigen, der von 1871 vorausfragt auf 1933 hin, löst sich dann auf, beide haben den gleichen Gegenstand und müssen zum gleichen Ergebnis kommen – weil sie nach 1945, weil sie 1977 schreiben. Solche Erklärung aus dem Späteren, aus der Wirkung, steht unter dem Gesichtspunkt der Kontinuität. Wir können die Richtung in unserer Wissenschaft, die so verfährt, Kontinuitätshistorie nennen. Sie nimmt einerseits – nicht immer bewußt – das Erbe eines Stranges der klassischen Historie auf: die quasi-teleologische Erklärung der Vergangenheit aus einem Prinzip, auf dessen Seite man sich fühlte. Die nationale Geschichtsschreibung, im Extremfall die kleindeutsche Historie etwa Droysens, die in der Vollendung der eigenen Nation das leitende Prinzip sah, ist dafür charakteristisch, aber nicht minder – nicht-deutsch und unter ganz anderen politischen Vorzeichen – die Whig-Interpretation der englischen Geschichte oder die fortschrittsgläubige Interpretation der Weltgeschichte. Sie unterscheidet sich freilich von ihren Vorgängern in Sachen (Quasi-)Teleologie dadurch, daß sie nicht mehr eine Gegenwart positiv legitimieren will und darum einer Linie der vergangenen Ereignisse affirmativ gegenübersteht, die Linie der Kontinuität ist vielmehr für sie eine Linie des Mißlingens, des «Unglücks». Wissenschaftstheoretisch andererseits ist die moderne Kontinuitätshistorie in einer stärkeren Position, weil für alle Historiker inzwischen nicht mehr nur die Erklärung aus dem Früheren – aus den Absichten der Handelnden oder den Kausalitäten von Zuständen und Prozessen – Gültigkeit hat, sondern die wirkungsgeschichtliche und funktionale Erklärung ebenfalls als legitim anerkannt ist – freilich nicht in der Weise der Kontinuitätshistorie, die diesen Erklärungen de facto Priorität zuspricht. Diese neue Kontinuitätshistorie ist heute vielfach verbunden mit dem sogenannten «kritischen» Ansatz, d. h. einem Ansatz, der die Vergangenheit an Werten und an sogenannten Aufgaben, die sie zu erfüllen hatte (zum Beispiel der Aufgabe, Deutschland zu einer friedlichen, fortschrittlichen Demokratie zu machen) mißt und von daher kritisiert. Wer sich der Vergangenheit gegenüber nicht in diesem Sinne verhält, sei, so meint man, affirmativ und damit apologetisch. Die kritische Historie verfährt gegenüber der Vergangenheit nach der Art eines Prozesses, in dem der Historiker als Staatsanwalt fungiert, am Ende freilich auch die Rolle des Richters (ja eigentlich auch die des Gesetzgebers) übernimmt. Und in diesem Prozeß wird dann Schuld, allenfalls mit mildernden Umständen, zugeteilt: Nach Junkern und Militärs sind heute das angepaßte Bürgertum und die sozialdemokratische Führung besonders beliebte Schuldige. Begleitet wird solche kritische, anklagende und richtende Geschichte von einer Art implizierten Gegengeschichte, einer Konstruktion der Wünschbarkeiten, des Wie-es-hätte-sein-sollen. Doch will ich mich auf die prozessual-moralistische und die konjunktivische Komponente der kritischen Historie nicht weiter einlassen, sondern auf das Kontinuitätsproblem konzentrieren.

Meine These ist nun: Die kritische Kontinuitätshistorie, die das Frühere vom Späteren her erklärt, ist nicht sachgerecht. Das versuche ich zu begründen.

a) Ich beginne mit einer Reihe von fremden und eigenen Feststellungen. Ernst Fraenkel hat bemerkt, daß dem deutschen Parlamentarismus die Periode von Patronage und Korruption gefehlt habe, um ihn regierungsfähig zu machen. Dahrendorf meint, die Sozialversicherungspolitik Bismarcks habe die Chance der Freiheit zugunsten des Staates geschwächt. Friedrich Sell, der im Nationalismus die Tragödie des Liberalismus gesehen hat, betrachtete den Antinationalisten Metternich als Quasiliberalen. Stadelmann sah die Schwäche der deutschen Demokratie in den – für sich positiv zu wertenden – Reformen des aufgeklärten Absolutismus begründet, die die demokratische Revolution verhindert hätten. Entscheidungen der Reichsgründungszeit, die sich im nachhinein als verhängisvoll erwiesen, die Annexion des Elsaß und der Kulturkampf zum Beispiel, wären von einem liberal-demokratischen Deutschland nicht anders getroffen worden als vom borussisch-obrigkeitlichen. Die frühe Einführung des allgemeinen Wahlrechts gerade ist es gewesen, die den deutschen Liberalismus entscheidend geschwächt hat. Die obrigkeitliche Regierung in Bayern war vor 1914 fortschrittlicher als das demokratisch gewählte Parlament. Die soziale Mobilität war bei den Studenten im undemokratischen Deutschland höher als in den westeuropäischen Demokratien. Die egalisierende Modernisierung der deutschen Gesellschaft, die „braune" Revolution, ist eines der wichtigsten Ergebnisse der antisozialistischen Diktatur des Nationalsozialismus.

Was sollen diese Feststellungen in unserem Zusammenhang besagen? Offensichtlich ist das von unseren Wertungen her Positive und das Negative, letzten Endes das Gute und das Böse, vielfach miteinander verschränkt, und zwar sowohl unter dem Gesichtspunkt der Gleichzeitigkeit (das demokratische Wahlrecht schwächt die objektiv demokratisierende Macht, die Liberalen) wie unter dem Gesichtspunkt der Zeitfolge (der Nationalsozialismus, der unter anderem aus dem Unbehagen an der Modernität geboren ist, hat die Gesellschaft modernisiert, hat sie – demokratischer gemacht). Wir finden unsere Wertvorstellungen, wie im Leben so auch in der Geschichte, nicht auf einer Seite vereint: Die Guten tun Böses, die Bösen Gutes, und bei den meisten mischt sich das; was wir nicht mögen, taucht bei denen auf, in deren Traditionen wir uns gerne stellen oder stellen würden – und umgekehrt. Die

Demokratie steht zum Nationalismus, zum Krieg, ja zum Antisemitismus in einem viel weniger eindeutigen, nämlich ablehnenden Verhältnis, als unsere Wunschweisheit es haben möchte; in Wien z. B. waren es die konservativen, die antidemokratischen Mächte, die die Juden schützten. Nimmt man die angelsächsischen Demokratien, so beruhen sie nicht, wie die Lieblingswerte der aufgeklärten Moderne es wollen, auf Rationalität, sondern durchaus auf nicht-rationalen, vor allem natürlich religiösen Grundlagen. Die berühmtberüchtigte «autoritäre Familie», die gelegentlich zur Erklärung des Nationalsozialismus herangezogen wird, existierte fröhlich mit dem radikal-demokratischen Frankreich und dem liberalen England zusammen, korrupte Städte mit der amerikanischen Demokratie, die freie Wissenschaft mit dem deutschen Obrigkeitsstaat. Der liberale Staat war doch wohl keinen Deut weniger Klassenstaat als der Obrigkeitsstaat. Bismarck war kein Nationalist; seine Gegner, Großdeutsche und Sozialisten, Katholiken und Demokraten, die Burckhardts und Liebknechts, mitnichten eines Sinnes; das Kaiserreich war nicht, wie es bei einem der Protagonisten der kritischen Kontinuitätshistorie, H.-U. Wehler scheinen mag, ein riesiger Kommentar zu Heinrich Manns «Untertan». Die Aufklärung hat andere Folgen, «dialektische» zum Beispiel, als das Gros ihrer Verehrer meint. Und so fort. Die Wirklichkeit ist nicht so eindeutig, sie ist nicht, wie es die Kontinuitätsperspektive verlangt, sonderlich homogen; sie ist widersprüchlich und ambivalent, sie ist, um ein heute verfemtes Wort zu benutzen, tragisch, d. h. von unlösbaren Widersprüchen erfüllt. (Keine Vokabel hat – nebenbei gesagt – bei meinem Vortrag solche negativen Emotionen ausgelöst wie diese sehr beiläufige Benutzung von «tragisch»). Die Wirklichkeit ist nicht ein System, in dem alles einheitlich geordnet ist, wie die Wissenschaft es gerne möchte. Sie fügt sich nicht unserem Entweder-Oder. Sie ist von anderen Konflikten bewegt, als die – auf progressiv/antiprogressiv, demokratisch/nichtdemokratisch eingestimmte – Kontinuitätsperspektive sehen läßt, vom Kulturkampf und dem Konflikt zwischen Sozialisten und Liberalen zum Beispiel, und in Folge dessen gibt es auch andere Koalitionen als die, die sich unter der Kategorie Fortschritt ergeben. Wir können Sozialversicherung und allgemeines Wahlrecht nicht unter der 1933-Perspektive begreifen.

Kein ernst zu nehmender Historiker wird die Bedeutung des preußischmilitaristisch-junkerlichen, des bürokratisch-obrigkeitlichen Komplexes, der ökonomisch-sozialen Absicherung einer älteren Herrschaftsordnung, niemand die Bedeutung der sogenannten Anpassungen von Teilen des Bürgertums an die herrschende Ordnung unterschätzen – Komplexe, die gerade von der Kontinuitätsfrage her ihre scharfe Beleuchtung gewinnen. Und – von der Methode her gesehen –: Niemand wird die großen Errungenschaften der neueren Wissenschaftsentwicklung, Folgen von Handlungen und zumal unbeabsichtigte Folgen, Ergebnisse von Prozessen und strukturelle Funktionen in die historische Analyse gleichgewichtig neben Motive und

Ursachen einzubeziehen, aufgeben wollen. Niemand wird bestreiten, daß man die uneindeutige und ambivalente Wirklichkeit unter bestimmten Schwerpunkten ordnen könnte und daß zum Beispiel auch der Gegensatz Demokratie: Obrigkeitsstaat aufschließende Kraft hat. Aber jene anti- oder undemokratischen Komplexe, jenes Urteil von einem (und nur einem) Ergebnis her, jene Polarisierung der historischen Wirklichkeit unter einen, und nur einen «Haupt»-Gegensatz – das reicht nicht hin, die Wirklichkeit zu erfassen, ja das alleine vergewaltigt die Wirklichkeit. Es geht mir also nicht darum, den Blick auf 1933 auszuschließen – das wäre schon von der Logik unserer Wissenschaft her absurd –, wohl aber darum, daß dieser Blick für 1871, 1890, 1914 oder 1928 nicht genügt.

Wehler hat gemeint, in der Frage der Beurteilung mit dem Begriff der Kosten, der sozialen Folgekosten operieren zu können, und von daher die Bilanz zu erstellen, die natürlich, das liegt an der gewählten Metapher, ins Positive und Negative zerfällt. Ich glaube nicht, daß man auf diese Weise dem Problem entkommt. Denn wer berechnet die Kosten (quis iudicabit) und wie? Es hat zwischen 1871 und 1945 eine lange Diskussion um die «Kosten» der Reformation für die deutsche Geschichte gegeben, normalerweise unter der altmodischen Frage, ob sie ein Glück oder ein Unglück war, und also den Versuch einer Bilanz. Das ist nicht unsinnig; nur zeigt das Ergebnis eines mit Sicherheit: daß eine abschließende, gewichtete Bilanz wissenschaftlich nicht möglich ist. Und das gilt auch für spätere Zeiten.

Die Kontinuitätshistorie muß nach dem Gesetz, nach dem sie angetreten, die vergangene Wirklichkeit eindeutig und polarisierend zuordnen. Damit aber verfehlt sie letzten Endes die komplexe Wirklichkeit. Und sie ist ihr gegenüber ungerecht. Sie geht über Motive hinweg, wenn die unbeabsichtigten Wirkungen die Kontinuitätsthese stützen, und wenn das nicht der Fall ist, wie zum Beispiel bei der Sozialversicherung, dann interessiert sie sich plötzlich nur noch für die Motive, für Bismarcks Motive, und analysiert sie unter der Herrschaft des Verdachts. Sie legt anachronistisch unsere Maßstäbe an die Vergangenheit an, mit der eifernden oder beckmesserischen Besserwisserei der Nachgeborenen, dem Gestus der permanenten und allumfassenden Anklage. Sie wird unmenschlich, wo sie Ungerechtigkeit, Unvollkommenheit, Widersprüche, Krisen allein aufrechnet, als ob es eine Gesellschaft der Vollkommenheit gäbe oder je gegeben hätte. Sie verweigert jedem, der der patent-demokratischen Utopie nicht zustimmte, Katholiken, die ihre Kirche, Väter, die ihre Familie, Angestellte, die ihre Versicherung, Bauern, die ihre Gesellschaft nicht «demokratisieren» wollten, die eigentliche Legitimität, und da wird dann solche monistische Kontinuitätshistorie auch leicht antipluralistisch, sie erkennt unterschiedliche Motive nicht mehr an. Es hat doch etwas Kleinkariertes, Wagner oder Nietzsche oder Max Weber auf das Prokrustesbett unserer Demokratievorstellung zu spannen und sie auf ihre präfaschistischen Züge abzuklopfen. Das ist es, was Hegel bei der Analyse der Jakobiner als die Herrschaft des Verdachts beschrieben hat. Das ist ungerecht, das verzerrt. Oder solche Historie wird trivial: Daß Junker Junker, Liberale Liberale, Bauern Bauern sind und ihre Interessen (und nicht die unserer Kontinuitätstheorie) vertreten, ist so neu auch wieder nicht und langweilt ein wenig.

b) Die Ambivalenz, ja die Vieldeutigkeit der Wirklichkeit und ihre Widerständigkeit gegen unser wertend eindeutiges Kontinuitätsbegehren macht nun die Offenheit der Wirklichkeit, ihr Entwicklungs- und Möglichkeitspotential aus. Hier liegt mein zweiter Einwand. Die Kontinuitätshistorie tendiert in der Praxis – trotz gegenteiliger Versicherungen – dazu, den Notwendigkeitsgrad der Entwicklung über-, die Chancen einer anderen Entwicklung unterzubewerten. Die Weimarer Republik hatte noch Chancen – die Nazis waren bis 1928 nur eine Splittergruppe; die Integration selbst von Konservativen in die Demokratie schien, wie sich am Westarp-Flügel zeigt, möglich; die Ideen von 1914 waren nicht so mächtig, daß nicht Thomas Mann, Ernst Troeltsch sich neu orientiert hätten. Die Republik hatte im Kaiserreich, im Aufstieg des Reichstags ihre Vorgeschichte; die Bedeutung des deutschen Sonderwegs muß gegen die europäischen Gemeinsamkeiten genauer als bisher abgewogen werden: Waren die Deutschen nicht etwas zurückgeblieben hinter dem Westen, aber doch auf seinem Wege, wie viele Engländer 1914 meinten? Die Determination des Prozesses ist vom jeweiligen Moment her gesehen nicht so überwältigend, wie es der Post-factum-Analyse erscheint. – Es ist vielleicht möglich, auch innerhalb des kontinuitätshistorischen Ansatzes die Uneindeutigkeit und die Undeterminiertheit der Wirklichkeit viel stärker zu berücksichtigen, als das zumeist geschieht, ja selbst dem «historistischen» Postulat: Gerechtigkeit gegenüber vergangener Wirklichkeit etwas mehr zu entsprechen. Der Gegensatz einer kontinuitätsorientierten und einer nicht-kontinuitätsorientierten Historie würde deshalb nicht verschwinden, wohl aber gemildert werden. Schwieriger ist es mit meinen beiden weiteren Einwänden gegen die Kontinuitätshistorie.

c) Es gibt viele Kontinuitäten, nicht beliebig viele, aber viele, je nachdem welchen Einschnitt ich wähle, je nachdem wovon ich in der Gegenwart ausgehe. Von heute her stellen sich andere Fragen als die nach 1933. Die französische Geschichte sieht im Lichte des Gaullismus anders aus als im Lichte der Abwehr des Faschismus, die englische anders, je nachdem wir die Unanfälligkeit für den Faschismus oder die Krise der heutigen Sozialverfassung als Thema wählen. Man kann die Geschichte der wilhelminischen Zeit als Vorgeschichte der sozial-liberalen Koalition (Zmarzlick) schreiben, man kann die Kontinuität vom Problem der Unregierbarkeit, der Sinn- oder Legitimationsdefizite, der Modernisierungsverluste, der Umweltgefährdung schreiben und wer weiß wie noch. Die Kontinuitäten überlagern und überlappen sich, die Vergangenheit wird ein Netzwerk von Vorgeschichten, sinnvoller und legitimer Vorgeschichten gewiß. Aber diese Mehrzahl der

Kontinuitäten relativiert jede einzelne. Jede einzelne Kontinuität erschöpft nicht die Vergangenheit, vereinseitigt, ja deformiert sie vielmehr. Wenn wir – soweit das möglich ist – die Vergangenheit selbst zu Gesicht bekommen wollen, können wir uns nicht dieser und jener Kontinuitätsfrage allein anvertrauen.

d) Die Kontuinitätshistorie wertet, sie nimmt Partei. Wie kann man eine solche Wertung wissenschaftlich legitimieren, wo doch die Gegenwart vom Konflikt um Wertungen wie eh und je bewegt ist. Soll Wissenschaft parteilich sein? Es gibt einen der Wissenschaft immanenten Grundkonsens (eine Ethik als Existenzbedingung der Wissenschaft selbst), und es gibt einen demokratischen Grundkonsens, von dem aus wir intersubjektive Übereinstimmung über Wertungen und über Strukturierung bestimmter Kontinuitäten erzielen können. Wir können auch die Überlebensbedingungen eines modernen politisch-sozialen Systems, das die individuelle Freiheit achtet, seine Konfliktbewältigungs- und Innovationsfähigkeit im Sinne der Demokratie zu formulieren suchen. Aber diese Konsense sind doch sehr allgemein, und sie lösen die drängenden Wertkonflikte, nach der Gewichtung von Gleichheit und Freiheit zum Beispiel oder dem Ausmaß der Staatstätigkeit, nicht. Sie können nicht verhindern, daß es eine Vielfalt von Kontinuitätshistorien gibt. Sollen wir – gebrannte Kinder der Exzesse des Nationalismus, so oft postnational gesonnen – zum Beispiel den Nationalismus unter den ‹Blick zurück im Zorn› stellen, oder seine sogenannte Perversion? Gibt die Renaissance des Nationalismus von de Gaulle über Quebec und Schottland bis zur Wiederentdeckung der ethnic identity oder bis zu den bürokratischen nationalen Auseinandersetzungen in der Europäischen Gemeinschaft und zumal natürlich die Wucht, mit der er die dritte Welt formiert, nicht eine ganz andere Perspektive, muß sie nicht die Perspektive ändern – und zwar ganz unabhängig davon, was wir mögen, was wir nicht mögen? Und die Situation der Demokratie in der Welt heute ändert nicht unsere Wertung der Demokratie, wohl aber vielleicht das Gewicht, das wir der Demokratie als «Normalstufe» der Entwicklung zugeschrieben haben. So eindeutig ist es nicht mit Konfliktlösung und Innovation. Die Kontinuitätshistorien selbst zeigen im Wechsel, wie sie von zum Beispiel naturrechtlichen, liberal-konservativen, emanzipatorischen, sozialistischen Wertsetzungen bestimmt sind: Friedrich Ebert ist für manche vom Repräsentanten der Republik zu ihrem Verräter geworden, der die wahre demokratische und 1919 mögliche Revolution verhindert hat. Je nachdem laufen die Kontinuitätslinien anders. Die Historie ist nicht – das war ein historisch-apologetisches Mißverständnis – die Geschichte der Sieger, weder der von gestern oder von damals, noch der von heute oder morgen, sie ist jenseits von Siegen und Niederlagen. Es geht mir überhaupt nicht darum, welche politischen Wertsetzungen man für richtig hält, sondern darum, daß man sie nicht in die Wissenschaft einführen kann, ohne deren Anspruch auf Allgemeingültigkeit zu zerstören. Das aber tut die Kontinuitätshistorie, und sie tut es von ihren eigenen Voraussetzungen her mit logischer Notwendigkeit.

e) Aus diesen kritischen Überlegungen ziehe ich nun zum Abschluß zwei grundsätzliche Folgerungen.

Zuerst: Ich plädiere für die Rehabilitierung der Idee der Objektivität – der Objektivität als Allgemeingültigkeit unter den Zeitgenossen, als Gerechtigkeit gegenüber der Vergangenheit. Der triviale Einwand, daß es solche Objektivität nicht gäbe, besagt nichts, weil es sich nicht um eine empirische Feststellung, sondern um eine regulative Idee handelt. Die Wirklichkeit der Wissenschaft, die sich in der community of investigators konstituiert, beruht auf der Voraussetzung der Möglichkeit von Objektivität; ohne diese Voraussetzung gäbe es weder Diskussion noch Kritik. Wertungen und die heute so beliebten Erkenntnisinteressen sind für die Entstehung wissenschaftlicher Aussagen wichtig; für die davon streng zu unterscheidende Geltung dieser Aussagen sind sie irrelevant. Die Soziologie der Wissenschaft ist nicht ihre Logik. Die Wissenschaft kann – oberhalb jenes Basiskonsens – bei Gefahr der Selbstaufgabe die Wertkonflikte nicht entscheiden, das haben Max Weber und der kritische Rationalismus erwiesen; sie ist der Idee der Wertfreiheit, der Idee der Objektivität verpflichtet. Von daher ist die Alternative Kritik oder Apologie eine Scheinalternative, und Max Webers wissenschaftliches Werk zum Beispiel widerlegt sie konkret.

Und sodann: Die Frage nach der Kontinuität, mit der das Spätere aus dem Früheren erklärt werden kann, ist notwendig und legitim. Die Richtung der Frage aber ist nicht umkehrbar: Ich kann das Frühere vom Späteren her allein – als ob es eine Quasi-Teleologie gäbe – nicht erklären. Sonst verkürze, vereinseitige ich die vergangene Wirklichkeit, trimme sie auf ein Ergebnis hin, das doch nur eines unter möglichen Ergebnissen ist. Schon die Pluralität sinnvoller Kontinuitäten muß solche Vergewaltigung der Vergangenheit, solche Deformierung des historischen Urteils hindern. Gegen die Konstruktionsansprüche der Kontinuitätshistorie geht es um die Rettung der Phänomene, und dazu scheint mir nicht nur die Vielfalt der Kontinuitäten nötig, sondern heuristisch sogar zunächst ihre Einklammerung: Dann befreien wir uns von der Deformation der Vergangenheit; dann ist das Problem, zum immer Früheren zurückgehen zu müssen, ein Scheinproblem; dann gewinnt unsere Erkenntnis größere Objektivität, größere Fülle, größere Differenziertheit. Oder: Vergangenheit ist mehr, als es in jeder Kontinuitätsperspektive scheint, und sie ist anderes und anders. Vergangenheit ist mehr als Vorgeschichte. Jede Epoche vor 1933 ist mittelbar zu Hitler – manche mehr, manche weniger –, aber unmittelbar ist sie noch ganz anderes, ist sie sie selbst. Das ist der unmythologische Sinn des Ranke-Worts, jede Epoche sei unmittelbar zu Gott. Wir müssen den vergangenen Generationen das zurückgeben, was sie einmal besaßen, so wie jede Gegenwart es besitzt: die Fülle der möglichen Zukunft, die Ungewißheit, die Freiheit, die Endlichkeit, die Widersprüchlichkeit. Damit gerade leistet die Geschichtswissenschaft der Gesellschaft einen notwendigen Dienst: Sie hält gegen alle Absolutheitsansprüche technischer oder ideologischer Art die Zukunft offen, sie stabilisiert das Bewußtsein unserer Pluralität, unserer Endlichkeit, unserer Freiheit.

# Die deutsche Einheit in historischer Perspektive

Der 8. Mai ist nach 40 Jahren etwas auffällig in den Rang eines Gedenktages aufgestiegen – für die Deutschen der Tag von Niederlage *und* Ende der Nazityrannei, Tag des Untergangs von Reich und Nationalstaat der Deutschen, der deutschen Teilung *und* des Neuanfangs einer deutschen Demokratie auf Grund der Teilbefreiung im Westen. Das ist Anlaß, über ein Grundproblem der Geschichte wie der gegenwärtigen Existenz der Deutschen nachzudenken: über Einheit und Freiheit. Der scheinbar weit ausholende Rückgriff in die Geschichte erhellt die Gegenwart.

Im Mittelalter sind aus Stämmen Völker geworden, Deutsche, Franzosen, Engländer, und am Ende des Mittelalters haben sich einige dieser Völker, Engländer, Franzosen und Spanier, in handlungsfähigen Staaten zusammengefunden, die Schutz nach außen, Sicherheit nach innen boten. Nicht aber die Deutschen und nicht die Italiener. Hier hat sich die Tendenz der feudalen Systeme durchgesetzt, großräumige politische Einheiten aufzulösen, eine Tendenz, die auch Frankreich im hundertjährigen Krieg und England in den Rosenkriegen bedroht hatte. Daß Deutschland so partikularisiert wurde, lag vor allem an der Rolle, die es im Mittelalter zu spielen hatte, an der Schutzherrschaft des Imperiums über die Kirche; denn die zog es in die Dauerkämpfe mit dem Papst und um Italien hinein und hat bewirkt, daß die Partikularisierung öffentlicher Gewalt in Recht und Verfassung zementiert wurde. Das Reich der Deutschen war überfordert worden, darum die Aufspaltung gerade zu der Zeit, als sich im Westen der frühmoderne Staat mit der Basis eines großräumigen Territoriums und eines Volkes bildete. Die Lebensform der Deutschen war eine Vielzahl mittlerer, kleiner und kleinster Territorien, und die Sonderinteressen dieser partikularen Herrschaften waren so stark, daß es zu einem Bund, einer föderalen Organisation öffentlicher Gewalt, die Recht und Frieden hätte sichern können, nicht gekommen ist. Weder die Könige und Kaiser, noch die Fürsten und Städte haben das zuwege gebracht. Aber weil diese Gebiete so ineinander verzahnt waren, konnten sie sich auch nicht auseinander entwickeln, von der Schweiz und den Niederlanden abgesehen. Das Problem der politischen Existenz der Deutschen blieb ungelöst.

Die territoriale Vielgestaltigkeit hat zunächst Verlauf und Erfolg der Reformation bestimmt. Das Selbstverständlichste bis dahin und das Gemeinsame wurden plötzlich zum wichtigsten Unterscheidungsmerkmal: die Religion – wichtiger als Staat, als Nationalität, als soziale Gruppe; der europäische Bürgerkrieg hat als konfessioneller Bürgerkrieg begonnen, ehe er seit

1789 und erst recht seit 1917 ideologisch-politischer Bürgerkrieg geworden ist, der die Geschichte der Nation gleichsam kontrapunktisch überkreuzt. Weil die Deutschen territorial geteilt waren, sind sie konfessionell geteilt worden – nicht mit einem Dissent, wie in England, sondern verfassungsmäßig, sozusagen ganz offiziell. Und die Konfessionsverschiedenheiten haben die territorial-parikulare Existenz auch in der Seele der Menschen befestigt. Das was den größten Teil des von deutsch Sprechenden besiedelten Raum verband, das alte Reich, war noch schwächer geworden. Es war zwar kein Leichnam; im Westen und Süden wahrte es noch ein Stück weit Friede und Recht und die Erinnerung politischer Zusammengehörigkeit. Aber den Tests politischer Existenz, den Spannungen und Krisen, war dieses Gebilde nicht gewachsen. Es war ein «Monstrum». Der Aufstieg der beiden nord- und südostdeutschen Großmächte im 18. Jahrhundert, der Aufstieg Wiens und Berlins vollzog sich gerade jenseits des alten Reiches. Aber es war ja nicht Naturgesetz, daß Staaten Nationalstaaten sein sollten und Nationen ein Staat. Darum war der bestehende Zustand für die Deutschen und die Europäer ringsum kein akutes, kein gefährliches Problem.

Für das Entstehen einer deutschen Frage war aus dieser Frühzeit noch etwas anderes wesentlich. Zwischen 1500 und 1800 ist Deutschland aus einem fortgeschrittenen zu einem zurückgebliebenen Land Europas geworden. Nicht nur politisch, sondern auch ökonomisch wurden die Deutschen eine verspätete Nation. Mit der Entdeckung Amerikas hatte sich das wirtschaftliche Schwergewicht der Welt von der Mitte nach dem Westen Europas verlagert, der Dreißigjährige Krieg hatte die wirtschaftliche Existenz der Deutschen auf lange Zeit ruiniert. Die Partikularisierung nun hinderte die wirtschaftliche Entwicklung. Sie begünstigte zudem das agrarisch-feudale Element und schwächte das städtisch-bürgerliche. Darum war in Deutschland nicht das wirtschaftende Bürgertum Treibsatz der Modernisierung, sondern das viel schwächere beamtete und gebildete Bürgertum. Das war für die Nationalbewegung in Deutschland dann entscheidend.

Erst um 1800 werden Nation und nationale Einheit bestimmende Kräfte der Zeit. Das hat, wie die meisten wichtigen Dinge des Lebens, mehrere Gründe. Wir wollen hier drei besonders wichtige herausgreifen.

Der Paukenschlag, mit dem das Zeitalter des Nationalismus beginnt, ist die Französische Revolution. Die Franzosen, Untertanen des Königs von Frankreich, Bewohner seiner Provinzen, verbinden sich untereinander zur einen und unteilbaren Nation, zur *nation une et indivisible;* sie wollen nicht mehr Objekt politischer Herrschaft sein, sondern Subjekt, sie wollen sich selbst bestimmen. Die Nation als ethnischer Naturbestand, quasi objektiv vorgegeben, konstituiert sich als politischer Wille. Und zugleich zu einem Ziel der Politik: Die Nation ist das gemeinsam Gewollte; in ihrem Namen muß der Einzelne Opfer bringen, sein Leben geben, ja der Nation wird, zuerst bei den Jakobinern, eine besondere Sendung (Befreiung der Menschheit zum Beispiel) zugeschrieben. Das Prinzip des Selbstbestimmungsrechts derer, die sich als ein Volk fühlen, ein Volk zu sein beanspruchen, ist damit in die Welt getreten. Es ist heute ganz wichtig, sich diesen revolutionären, demokratischen, «linken» Ursprung der Nation und des Nationalismus klarzumachen. Die Deutschen übernehmen den revolutionären Anspruch auf Selbst- oder wenigstens Mitbestimmung, auf ein Stück Souveränität des Volkes. Und sofern sie sich nicht als Kurbayern und Kölner und Hamburger verstehen, sondern als Deutsche, heißt das, sie wollen die Einheit der Deutschen. Das ist revolutionär, und die Konservativen nennen es «Kronenraub und Nationalitätenschwindel».

2. In Deutschland ist das moderne Nationalbewußtsein nicht nur die Aufnahme des Freiheitsfanals von 1789, sondern zugleich die Antwort auf die napoleonische Unterdrückung und Ausbeutung, Fremdherrschaft und Tyrannei. Denn mögen wir heute auch die positiven Wirkungen der napoleonischen Herrschaft sehen – das war die unmittelbare Erfahrung derer, die politisch bewußt lebten. Das ging in die Idee der Nation ein. Bis dahin hatte diese Idee einen weltbürgerlichen Charakter; die Nation war etwas, was kulturell zusammengehörte, aber doch, wie die Griechen einst, einer politischen Einheit nicht bedurfte. Das wird nun politisiert. Vor der Notwendigkeit, die eigene Existenz gegen äußere Bedrohung zu sichern, bedurfte es einer handlungsfähigen Einheit der Nation, und da man sie nicht hatte, mußte man sie schaffen. Das richtete sich gegen einen doppelten Gegner, nach außen gegen den Eroberer und sein Volk, die Franzosen, und nach innen gegen die Fürsten, weil sie eigensüchtig die Partikularisierung Deutschlands aufrecht erhielten. Demokratische Selbstbestimmung nach innen und Selbstbehauptung nach außen, Freiheit und Einheit, das stand gleichzeitig auf der Tagesordnung, nicht wie im Westen: im Nacheinander von nationaler Souveränität und nationaler Demokratie, von Einheit und Freiheit. Das war die tragische Belastung im Prozeß der deutschen Nationsbildung.

3. Das dritte Moment war der «romantische Nationalismus», das Bewußtsein einer eigenen sprachlich geprägten Kultur, eines eigenen Volkstums. Die Reflexion auf die kulturelle Identität, abgehoben von der abstrakten Weltkultur, hat sich von der deutschen Klassik über Herder bis zur Romantik hin entfaltet. Die Sprache wird angesehen als elementare Form der menschlichen Weltbegegnung; nationale Identität ist kein ästhetischer, intellektueller, sondern ein elementarer und vitaler Tatbestand, freilich so, daß es die Menschheit ist, auf die die je eigene Stimme eines Volkes bezogen ist. Das ist die universale Rechtfertigung der eigenen Nationalität, das bindet den nationalen Egoismus noch (in den ersten beiden Dritteln des Jahrhundert) ein; das ist der Internationalismus der Nationalisten. Nation ist unter diesem Aspekt etwas objektiv Vorgegebenes, in das man hineingeboren wird, sie ist nicht Ergebnis subjektiven politischen Willens, eines täglichen Plebiszits, wie E. Renan klassisch definiert hat. Nation ist mehr von der Herkunft als von der Zukunft bestimmt.

Daß die nationale Bewegung seit Beginn des 19. Jahrhunderts so gewaltig an Gewicht gewinnt, erkärt sich einmal aus dem Zusammenschließen des Willens zur demokratischen Selbstbestimmung, zur außenpolitischen Souveränität und zur kulturellen Identität. Das potenzierte sich gegenseitig. Es erklärt sich zum andern aus einer fundamentalen Veränderung der Gesellschaft. Die traditionelle Gesellschaft löst sich, in der bürgerlichen Mittelschicht zuerst, auf; Mobilität und Rationalität schwächen die Bindungen ab, modernisieren das Verhalten. Die Normen und Werte, nach denen der Einzelne lebt, sind nicht mehr in der Überlieferung der Region, des Standes, der Familie anschaulich präsent und vorgegeben. Der Einzelne wird autonom. Was ihm Normen und Sinn, Heimat und Gemeinsamkeit vermittelt, das ist die sprachliche Reflexion, sind die Hervorbringungen der literarischen Kultur und die sie tragende Gruppe der Gebildeten im Sprachverband. Die nationale Kultur und die Großgruppe Nation gewinnen darum für die aus den lokalen Traditionen heraustretenden Bürger einen bis dahin unerhörten Rang, der tief ins Emotionale reicht. Ganz konkret: Die Zerstörung der Regionen in der napoleonischen Zeit führte zur Nation. Wenn man schon nicht mehr Franke oder Osnabrücker oder Rheinländer sein durfte, sondern Muß-Bayer, Muß-Hannoveraner, Muß-Preuße wurde, dann wollte man sich damit nicht identifizieren, dann wollte man sich doch gleich als Deutscher fühlen. Schließlich schaffte die langsame Lockerung der religiösen Bindungen ein Bedürfnis nach anderen Formen von Lebenssinn, nach säkularen, nach politischen Religionen. Der Nationalismus, der Herkuft und Zukunft verbindet, Sinn stiftet und Gemeinschaft, den Einzelnen in sie einbezieht, ja den Tod rechtfertigt, erfüllte diesen Anspruch; das Enthusiastische gab ihm seine jahrhundertprägende Kraft.

Als der große Aufbruch Europas vorbei war, 1815, war es nicht zu einem national organisierten Deutschland gekommen, wie es die sogenannten Patrioten – Beamte, Schriftsteller, Studenten – erhofft hatten, vielmehr war nur ein wenig handlungsfähiges Etwas entstanden, ein Staatenbund der Fürsten, der Deutsche Bund. Das hatte dreieinhalb Gründe. Einmal war da der Souveränitätswille der von Napoleon neu formierten Einzelstaaten, von dem sie nichts (oder möglichst wenig) ablassen wollten. Nichts anderes als ein Bund war möglich. Aber die Intransigenz des Selbstbehauptungswillens, vor allem Bayerns und Württembergs, hat das notwendige und mögliche Maß von Einheitlichkeit und Handlungsfähigkeit eines solchen Bundes verhindert. Aus der Perspektive der Nationalbewegung war das der Partikularismus. Man darf freilich nicht verkennen, daß nicht nur Adel und Klerus, sondern auch Bauern und kleinstädtische Bürger noch lange so regionalistisch dachten und fühlten.

Zum zweiten war da der deutsche Dualismus, die Existenz zweier deutscher Großmächte, Österreichs und Preußens. Beide konnten sich weder der Mehrheit der mittleren und kleineren Staaten noch der anderen Großmacht unterordnen, insofern konnte es nur so etwas wie eine kollektive Führung geben, die bei jeder aktiven Politik von der Rivalität der Großmächte blockiert wurde. Partikularismus und Dualismus, das Erbe der Geschichte, trieb das Streben nach Einheit von vornherein in schier unauflösliche Widersprüche.

Zum dritten: Es waren die Fürsten, die neugestärkten obrigkeitlichen Staaten, die Deutschland 1815 neu ordneten, nicht die Völker. 25 Jahre lang hatte man doch erfahren, so schien es, wie die demokratische und nationale Revolution in Krieg, Chaos und Unterdrückung geführt hatte. Die siegreichen alten Mächte waren gegen Liberalismus und Demokratie und gegen die Revolution der Nationen, die die bestehende Ordnung bedrohte, den Bestand des multinationalen Österreich, ja jedes Friedens in Ostmittel- und Südosteuropa.

Schließlich der halbe Grund: Die Neuordnung Deutschlands war nicht nur eine deutsche, sondern eine europäische Frage. England und Rußland hatten durchaus Interesse an einer Konsolidierung des deutschen Raumes, um ihn zu einem krisenfesten, gegen französische Intervention geschützten Teil einer Friedensordnung zu machen. Ein stärker national geeintes, fester organisiertes Deutschland aber lag, weil das wahrscheinlich machtpolitische Ambitionen entwicklen würde, nicht in ihrem Interesse. So haben sie, dynastisch mit den deutschen Staaten verbunden, deren relative Souveränität gestärkt. Freilich, das hat die Dinge mehr indirekt als direkt beeinflußt.

Der Bund von 1815 war für die politisch bewußt werdenden Deutschen eine Enttäuschung. Er hatte wenig Kompetenzen, aber auch die hat er nicht genutzt: Weder eine Rechts- noch eine Wirtschaftseinheit kam zustande; gemeinsame Außenpolitik gab es nicht. Das einzige, was er tat, war die Unterdrückung der Bewegungen gegen den status quo: der liberalen und nationalen Bewegung. Bund war Reaktion, das Streben nach Einheit war Opposition und Fortschritt. Angesichts dieser Lage war an eine Trennung zwischen liberaler und nationaler Bewegung nicht zu denken, wie sie superkluge «Nachgeborene» den Urgroßvätern ansinnen. Einheit und Freiheit gehörten selbstverständlich zusammen, nur die nationale Einheit konnte Freiheit erringen und sichern. Jede Freiheitsfrage in einem Land hing über den Bund mit der nationalen Frage zusammen. Die Überlegung, ob Freiheit oder Einheit wichtiger sei, war ganz akademisch; politisch kam es darauf an, ein Auseinanderklaffen, wo es um Prioritäten gegangen wäre, gerade zu vermeiden.

Bis 1848 ist die nationale Bewegung zur Volksbewegung geworden; Burschenschaften, Sänger, Turner und Schützen waren die großen Vermittler. 1848 war die Forderung nach der deutschen Einheit so lebendig wie die nach Verfassung, und wer mehr an sozialer Gerichtigkeit wollte, wollte gerade deshalb auch den Nationalstaat. Dieser Versuch, die Einheit in Freiheit zu schaffen, ist bekanntlich gescheitert. Man sagt heute oft vorwurfsvoll: weil die liberalen Bürger aus Angst vor Massen und Demokraten sich mit den

Thronen liiert hätten. Das ist eine Legende. Natürlich waren die Liberalen gegen eine radikale soziale Revolution, aber sie haben sich nicht mit den Thronen liiert, und die Revolution ist nicht an diesen Spannungen gescheitert, nicht an Schuld und Versagen des Bürgertums, sondern an der unlösbaren Verknotung der Probleme. Einen Staat zu gründen, eine Verfassung durchzusetzen und die soziale Ordnung zu reformieren, das war zu viel auf einmal. Und das Problem der Einheit führte in ein dreifaches Dilemma. Einmal in das Problem kleindeutsch-großdeutsch: Die Idee des Nationalstaats der Deutschen forderte den Einschluß der deutschen Teile Österreichs und den Ausschluß seiner nichtdeutschen Teile, also die Teilung des Gesamtstaates, im Grunde die Selbstaufgabe Österreichs. Das war mehr als unwahrscheinlich. Der Eintritt des gesamten Österreich hätte durch den Einschluß fremder Nationen kraß gegen das Prinzip des Nationalstaates verstoßen und hätte den Verzicht auf ein nationales Parlament bedeutet, den Verzicht auf die demokratische Selbstbestimmung. Der Ausschluß Österreichs aber bedeutete eine Teilung Deutschlands und die Hegemonie eines nur zum Teil geliebten Preußen. Die Mehrheit, die sich schließlich für diese Lösung fand, war schmal und wenig homogen, sie war ohne Enthusiasmus. Aber nun war es auch aus anderen Gründen zu spät. Hätte selbst ein König von Preußen die Krone der Paulskirche angenommen, es ist unwahrscheinlich, daß sich eine solche Lösung gegen Österreich und Rußland hätte durchsetzen lassen.

Das zweite Dilemma der Nationalstaatsgründung war die Frage nach den Grenzen der Nation. Die Deutschen von 1848 haben sich in ihrer großen Mehrheit entschieden, sowohl die Polen in Posen, die Tschechen in Böhmen, die Italiener in Trient wie auch die Deutschen im dänischen Schleswig zu «beanspruchen», einmal das historisch-territoriale Prinzip, einmal das ethnische anzuwenden, kurz, jeweils die pro-deutsche Lösung zu fordern. Im Osten und Südosten spielten dabei die Vorstellung einer kulturellen Überlegenheit und das Sicherheitsinteresse eine wesentliche Rolle; gerade die Linke hat in ihrer Mehrheit diese Ansprüche besonders vehement vertreten. Die liberalen Nationalisten glaubten, die entstehenden Probleme durch eine großzügige Minderheitenpolitik lösen zu können. Es ist falsch, hier nur den chauvinistischen Sündenfall des Nationalismus zu sehen. Die Probleme der gemischtsprachigen Gebiete, die Gefahr einer Balkanisierung Ostmittel- und Südosteuropas, das waren Realitäten; nationale Kompromisse hätten einen langen Lernprozeß vorausgesetzt, und die nationale Leidenschaft war gerade eine Folge der Demokratisierung. Aber es bleibt das Dilemma der staatlichen Einigung der Deutschen: Die unklaren Grenzen, der Konflikt mit anderen Nationen, der Umschlag des Selbstbestimmungsrechts in die Machtträume von einem Reich, das von Nord- und Ostsee bis zu Adria und Schwarzem Meer reichen sollte – das belastete den werdenden Nationalstaat schwer.

Das dritte Dilemma war, daß die deutsche Einheit mit Europa zusammenstieß. Der nationale Anspruch auf Schleswig mobilisierte die Gegnerschaft Rußlands wie Englands und führte zur ersten Niederlage der Nationalversammlung und zur Krise der Revolution. Die deutsche Einheit war – angesichts der Mittellage und der Größe Deutschlands – ein europäisches Problem, eine revolutionäre Machtveränderung, eine Herausforderung der bestehenden Mächte. Die Deutschen waren, viel mehr als die Italiener, in das europäische Mächtegleichgewicht verstrickt. Ob die Einheit der Deutschen für Europa erträglich sei, das war eben eine Frage, und für Europa war sie wichtiger als die Frage, ob der neue Nationalstaat stärker demokratisch oder stärker obrigkeitlich war; gefährlich war er auch für nichtdeutsche Demokraten allemal.

Der Sieg der Reaktion, der Konservativen und der Partikularisten, war nicht von Dauer; dem Sog der nationalen und liberalen Bewegung, die noch einen Großteil der bürgerlichen Gesellschaft, endlich auch die entstehende Arbeiterbewegung ergriff, konnten sich die Regierungen nicht entziehen, so wenig wie den objektiven Notwendigkeiten, die sich aus der europäischen Lage einerseits, der ökonomischen Entwicklung andererseits ergaben. Seit 1859 spätestens, dem Beginn der italienischen Einigung, stand die Lösung der deutschen Frage wieder auf der Tagesordnung. Das Rezept hieß zunächst Bundesreform. Das wäre eine Lösung gewesen, nicht mit Krieg, mit Blut und Eisen, mit Militarismus und Machtstaatsgetöse, sondern friedlich, föderalistisch, eine Reform von oben zwar, aber nicht ohne Zustimmung der öffentlichen Meinung. Nach 1945 hat man das oft für eine realistische Alternative gehalten. Aber sie war es nicht. Sie ist nicht nur am Machtwillen Bismarcks und seinem Verständnis preußischer Staatsräson gescheitert. Ein reformierter Bund, der Teile Österreichs einschloß und die Integrität des österreichischen Gesamtstaates achtete, war auf nationaldemokratischer Grundlage, das heißt mit einem Parlament, nicht möglich. Ein Nationalstaat und ein Nationalparlament mit Österreich, das war die Quadratur des Zirkels. Die Vorstellung, damals hätte eine übernationale Ordnung entstehen können, ist ein postnationaler Traum. Die Sprengkraft der Nationalismen im Habsburgerreich bis 1918 spricht erst recht dagegen.

Gab es andere Alternativen? Eine revolutionäre demokratische Lösung, von der die großdeutsche Linke bis hin zu Liebknecht und Bebel träumte, war nicht möglich, dazu waren die alten Gewalten zu stark, dazu waren die Deutschen viel zu sehr in Konfessionen und Klassen, in politische Richtungen und regionale Milieus aufgespalten. Der liberale Wunschtraum, eine kleindeutsche Lösung im Bündnis mit einem liberalen preußischen König dagegen war keine Utopie. Wilhelm I. wäre 1862 ohne Bismarck zurückgetreten, dann hätte sich eine solche Lösung abgezeichnet. Aber real hat sich diese Alternative eben doch nicht geboten. Man konnte natürlich auch die deutsche Frage ungelöst lassen, aber das hätte zu einem Stau von Problemen und unerfüllten Erwartungen mit unübersehbaren Folgen geführt. Die scheinbare Unlösbarkeit der deutschen Frage gehört zu den tragischen Verknotungen unserer Geschichte. Das schuf die Lage, in der Bismarck die stärkste Chance hatte, diese Frage zu lösen. Der konservative Revolutionär Bismarck hat die preußische Tradition mit dem Geist des Jahrhunderts, der liberal-nationalen Bewegung verbunden. Er hat über die erste deutsche Teilung von 1866 das Ziel der Liberalen, den Nationalstaat, 1870/71 erreicht, mit ihnen, aber nicht zu ihren, sondern zu seinen Bedingungen.

Man hört heute oft, daß die Liberalen die Freiheit um den Preis von Einheit und Macht verraten hätten. Das ist ein moralistisches Fehlurteil derer, die nach hundert Jahren klüger sind. Es bestand 1867 oder 1871 begründete Aussicht, durch eine Politik der kleinen Schritte, der Kooperation mit einer Ausnahmegestalt wie Bismarck doch die eigenen Ziele zu befördern, durch die Einheit zu mehr Freiheit zu kommen, das militärische und feudale Element Preußens in einem modernen deutschen Gesamtstaat aufzuheben. Der Thronfolger Friedrich III. stand bereit für einen englisch-belgischen Weg der deutschen Politik – das lange Leben seines Vaters und sein schneller Tod waren Zufälle. Dennoch, die Liberalen waren einstweilen gescheitert.

Der Nationalstaat von 1871 war belastet. Er trat ins Leben durch eine Revolution von oben; der Kanzler und die Armee der preußischen Militärmonarchie, die obrigkeitlichen Elemente und die alten Eliten blieben stark. Einheit und Freiheit traten für Jahrzehnte auseinander; der Nationalismus wurde aus einer linken Sache zu einer rechten. Das war zwar überall in Europa so, aber in Deutschland besonders stark, das hinderte die liberal-demokratische Weiterentwicklung. Die Umstände der Reichsgründung, Bismarcks polarisierende Innenpolitik und die frühe Einführung des allgemeinen Wahlrechts haben auch die Integration der Nation erschwert: Sie haben die konfessionellen, sozialen, ideologischen Sonderungen von «Lagern», die sozial-kulturellen Milieus, wie das katholische, das sozialdemokratische, verstärkt. Das Maß von Homogenität, das einer pluralistischen Gesellschaft in allem Konflikt normalerweise eigen ist, war prekär; das hat die Demokratiefähigkeit geschwächt und dem Nationalismus auch nach innen eine reizbare ständige Sorge um Einheit und Identität eingebracht, einen Mangel an Selbstverständlichkeit und Gelassenheit. Die Deutschen waren eine unvollendete Nation, mit Deutschen außerhalb der Reichsgrenzen und mit nichtdeutschen Minderheiten innerhalb. Daran hat sich die Reizbarkeit des deutschen Nationalismus immer wieder entzündet, der Komplex von Leiden und Überheblichkeit, Unbefriedigtsein und expansivem Chauvinismus. Endlich: Die Deutschen, spät zur Nation geworden, haben unter dieser Verspätung gelitten, glaubten, in der Welt zu kurz gekommen zu sein, und diese Verwundung kompensierten sie mit einem massiven nationalen Machtegoismus. Das machte das europäische Problem noch größer: Würde Europa eine solche Großmacht, nach Zahl und Wirtschaftskraft noch wachsend, ertragen, würde dieses Reich – ganz unabhängig von seinen inneren Zuständen – in eine stabile Weltordnung hineinwachsen? Für die Deutschen war die deutsche Frage einstweilen gelöst, für Europa aber hatte sie eigentlich erst recht begonnen.

Trotz dieser Belastungen der nationalen Einheit muß man aber auch den Erfolg des neuen Nationalstaates sehen: Er hat das Verhältnis von Ländervielfalt und Gesamtstaat glücklich gelöst, der Föderalismus zehrt heute noch davon. Und das Reich hat doch die Nation integriert: Nicht nur 1914 wurde das deutlich, sondern erst recht 1918/19; die Opposition von 1871 war es, die nun dieses Reich als nationale Demokratie gerade konsolidierte.

1918 ist der imperiale Versuch des Deutschen Reiches, europäische Teilhegemonie und Anteil an der Weltherrschaft zu sichern, in einer massiven Niederlage geendet. Aber der Nationalstaat blieb erhalten, nun als demokratische Republik; Friedrich Ebert wurde der «Nachfolger» Wilhelms II. Die Demokratie war nationale Demokratie (und alle wollten z. B. den Anschluß des deutschen Österreich). Aber wir wissen, daß die nationale Demokratie diese Republik nicht stabilisieren konnte, nicht gegen den Druck eines Teils der Sieger, gegen die Reparationen und die ökonomischen Katastrophen, nicht gegen die Woge des Anti-Liberalismus von Rechts und von Links, und, das ist hier entscheidend, nicht gegen den revisionistisch-imperialen, verwundeten Nationalismus der antidemokratischen Konservativen und nicht gegen den revolutionär-imperialen, verwundeten Nationalismus der Nazis. Die Idee der Selbstbehauptung der Nation und ihr imperialer Anspruch haben die nationale Demokratie überwältigt. Hitler ist auch auf den Wogen des wilden, absolut gesetzten Nationalismus an die Macht gekommen, auch wenn er sich dann, rassistisch und imperialistisch, von den nationalen Traditionen gerade gelöst hat.

Der deutsche Nationalismus und der deutsche Nationalstaat waren nicht außer der Ordnung Europas gewesen, aber sie waren belastet von den tragischen Verstrickungen der Geschichte und dem Erbe der Gründungsphase, der Unruhe des Zuspätgekommenen, der gespannten Beziehung von Einheit und Freiheit, besonders anfällig gegenüber den Chauvinismen der europäischen Großnationen im 20. Jahrhundert. Auf Bismarck folgte nicht Hitler, aber die ultranationalen Tendenzen der Deutschen haben Hitlers ungeheuerliche Übersteigerung und Perversion des Nationalismus mit ermöglicht und unterstützt. Darum ist es nicht unverständlich, daß die totale Niederlage des NS-Systems auch den Untergang des deutschen Nationalstaates zur Folge gehabt hat. Die bedingungslose Kapitulation – sie galt nicht nur für die Nazis, sondern auch für die Deutschen und ihr Reich, das alte Deutschland, im Bösen wie im Guten. Die Loslösung Österreichs von Deutschland war nun auch für die Beteiligten selbstverständlich. Aber auch das um die Ostgebiete amputierte Rumpfreich ist als machtloser mittlerer Nationalstaat nicht davongekommen. Es wurde geteilt. Das Provisorium von Besatzungszonen wurde zum Definitivum, zumal weil die östliche Zone sofort sowjetisiert wurde. Die Teilung Deutschlands war zwar 1945 so noch nicht absehbar, aber sie war angelegt.

Im Rückblick sieht man, wie sehr die Einheit der Nation, nationale Selbstbestimmung und nationaler Staat für die aktive Generation von 1945, nämlich die Gegner Hitlers, noch zentrale politische Wirklichkeit und Aufgabe war. Obwohl Hitlers rassenimperialistischer Vernichtungskrieg den Nationalismus diskreditiert hatte, obwohl die heimatliche Region einerseits und Europa andererseits neue Integrationsziele wurden – der nationale Staat schien doch noch selbstverständlich. Daß der Attentäter vom 20. Juli, Stauffenberg, mit dem Ruf in den Tod gegangen ist: «Es lebe das heilige Deutschland» klingt wie eine Mythe aus uralten Zeiten, aber die ganze nationale Leidenschaft Kurt Schumachers, des Führers der Sozialdemokratie, sein «nationaler» Kampf gegen Adenauers Politik der Westintegration, die bewegende Kraft der Parole von der Wiedervereinigung und der Symbolтag der deutschen Einheit sind Zeugnisse dieses Willens zur nationalen Demokratie. Aber es war nun die neue Weltkonstellation, die dagegen stand, die Teilung der Welt in Ost und West. Man braucht keineswegs Nationalsozialismus und Kommunismus als Totalitarismen unbedingt gleichzusetzen, um festzustellen, daß der totalitäre Polizeikommunismus unter dem Schutz sowjetischer Panzer zwar ein anderes, aber eben doch ein freiheitsfeindliches Gewalt- und Unterdrückungssystem war. Die Sozialdemokraten, die nach einem Jahr der Sowjetisierung Mitteldeutschlands in den alten Konzentrationslagern Hitlers saßen, konnten die Befreiungsrhetorik nur als bitteren Hohn empfinden, und Kurt Schumacher ist nicht müde geworden, davon zu sprechen. Deutschland war eben nur zum Teil befreit. Davon heute noch schweigen, ist blanker Opportunismus. Es gehört zu den Absurditäten deutscher Ideologiepolitik, daß viele Progressive die klare Absage an den Kommunismus und die Politik friedlicher Koexistenz nicht zusammendenken mögen, den ‹Antikommunismus› mit dem schrecklichen McCarthyismus verwechseln, als Gefährdung des Friedens verdächtigen und von Freiheit und Unterdrückung (z. B. in Polen) nur noch ganz leise reden – während die Franzosen von de Gaulle bis zur demokratischen Linken antikommunistische Entschiedenheit und entspannungspolitischen Realismus ohne Schwierigkeiten verbinden.

Wir können in der Nachkriegsgeschichte nach Alternativen zur deutschen Teilung fragen – z. B. nach Wiedervereinigung und Neutralisierung; aber in Wahrheit waren sie nicht gegeben; Deutschland war nicht wie Österreich ein Randland, über das die Weltmächte sich einigen konnten. Vor allem: Einheit und gesicherte Freiheit, das war in Widerstreit geraten; und Adenauers Entscheidung für die gesicherte Freiheit im westlichen Bündnis ist die Entscheidung der Deutschen der Bundesrepublik geworden. Das fiel den einen leichter als den anderen, aber aus dem, was ein Provisorium war, wurde über Jahrzehnte ein Definitivum, in dem neue Generationen geboren wurden und aufwuchsen.

Das Thema von der staatlichen Einheit der Deutschen scheint heute verblaßt, eine Sache der älteren Generation, der Außenseiter, der Gesamtdeutschen von Beruf, der politischen Rhetorik oder Sache der linken (und rechten) Neutralisten, die Deutschland vom Westen distanzieren wollen und von einer Zwischenstellung zwischen Ost und West träumen. Historiker sind keine Propheten. Wir kennen unter den Bedingungen einer Teilung die Fortdauer wie die Neubildung von Nationen; Österreich ist von 1866 bis 1938 ein Beispiel für das eine, die fortdauernde Verbundenheit, und seither für das andere, die anerkannte Trennung und Selbständigkeit. Es ist durchaus möglich, daß sich die Deutschen in den Nachfolgestaaten des Reiches von 1871 so eingerichtet haben, freiwillig-unfreiwillig, daß sie den Status quo hinnehmen und daß es mit der einen deutschen Nation zu Ende geht. Aber einstweilen ist diese Frage dispensiert, in einer merkwürdigen Schwebelage. Trotz aller Abkehr von den Exzessen des Chauvinismus, trotz aller wirtschaftlichen und weltpolitischen Kooperation und der Angleichung von Lebensbedingungen, Europa ist ein Europa der Vaterländer (und der Anteile an der Agrarprotektion) geblieben; die dritte Welt ist die Welt der nationalen Befreiung, die UNO die Vereinigung von Nationen. Nation hat Legitimität behalten; gemeinsames Erbe und kollektive Identität von nichtuniversalem und nichtkontinentalem Umfang bringen das, was uns auch von anderen unterscheidet und diese von uns, zu Anerkennung und Geltung. Aber uns ist die Frage der nationalen Identität unsicher und ungeklärt – wir sind Teil der Nation der Deutschen und wir sind Bürger der Bundesrepublik, beides steht in Spannung zueinander.

Das hat mehrere Gründe; ich nenne zwei. Das Verhältnis der Deutschen zur Geschichte ist seit Hitler nachhaltig gestört. Die Geschichte kam auf die Anklagebank, nach 1945 zuerst und dann nach 1968; jetzt gab es für die jüngere Generation auch kein Erbe und keine Tradition mehr, die wie für die Älteren zustimmungsfähig waren. Die Deutschen stehen seit dem 8. Mai 1945 unter dem langen Schatten eines Hypermoralismus: Der gefährdet durch seine Polarisierung pragmatische Politik und zerstört ein mögliches relativ ausgeglichenes Verhältnis zur Geschichte, denn in der Geschichte geht es um die Widersprüchlichkeit und Endlichkeit von Groß- und Urgroßvätern und um Gerechtigkeit nach ihren Maßen und nicht den unseren. Die zustimmungsfähigen Traditionen der deutschen Geschichte sind nicht als gemeinsames Erbe anerkannt; darunter leidet die Identität. Und dann: Auch die Nach-Hitler-Tradition, die nun schon existierende Tradition Bundesrepublik steht unter dem Verdacht des Hypermoralismus. Sie habe – so heißt es – den Nationalsozialismus, den Faschismus nicht vollständig überwunden oder stehe in Traditionen, die ihn ermöglicht hätten. Die Deutschen identifizieren sich wenig mit der Bundesrepublik, sie ist kein Vaterland im emphatischen Sinn, zumal wir in den letzten 40 Jahren, geschreckt von den Übersteigerungen zuvor, keinen Sinn für Staat und Institutionen entwickelt haben.

Man mag fragen, ob die Sache mit der nationalen Identität denn so wichtig sei (und nicht nur eine Erfindung von intellektuellen Sinnsuchern und -deutern). Für die pragmatisch-konsumorientierte, die futuristische, die alternative Identifikation der Jugend scheint das Problem der Nation irrelevant. Aber der Schein trügt. Die fehlende nationale Identität hat ihren Preis. Sie ist der Grund für die politische Labilität unserer politischen Kultur und unseres seelischen und intellektuellen Gleichgewichts, für die Krisen- und Moden- und Hysterieanfälligkeit, für die seltsame Mischung von Unbehagen, Weltangst, Welttrauer einerseits und realem Wohlergehen, relativem Glück andererseits, für die fast einmalige Verschärfung des Generationenkonflikts und die Radikalität des Wertewandels (im Vergleich zu anderen Gesellschaften des Westens), für die moralisierten Absolutheitsansprüche, für die Erosion des demokratischen Grundkonsens: Es gibt keine Traditionen und keine Gründungsväter, auf die alle – wie auf 1776, 1789, 1830 – zurückgreifen, über Konflikte und über Generationen hinweg. Es mangelt den Deutschen an Selbstverständlichkeit politischer Identität – trotz des so erfolgreichen freiheitlichen Neuanfangs. Das ist der lange Schatten des Verlustes der Nation. Das ist keine Aufforderung zu einer bestimmten Politik, das ist nur die Diagnose eines Defizits. Daß dieses Defizit sich auf Dauer ausgleichen läßt, das können wir nur hoffen. Nicht mehr, nicht weniger.

# Kann Geschichte objektiv sein?

In einer seiner ersten Schriften über die romanischen und germanischen Völker zu Beginn des 16. Jahrhundert macht Ranke 1824 die berühmte Bemerkung über das, was seine Absicht als Historiker sei. Er bezieht sich auf die damals noch führenden Aufklärungshistoriker: Sie urteilen über die Vergangenheit, ihre Menschen, Handlungen, Absichten und ihre Charaktere, ja beanspruchen über die «Vergangenheit zu richten und die Mitwelt zum Nutzen künftiger Jahre zu belehren». Mit altmodischer Ironie sagt er, «solch hoher Dinge vermesse» er sich nicht, er wolle «bloß zeigen, wie es eigentlich gewesen ist». Und später heißt es in seinem klassischen Buch über die englische Geschichte: «Ich wünschte, mein Selbst gleichsam auszulöschen und nur die Dinge reden, die mächtigen Kräfte erscheinen zu lassen.» Das, was wir bei einem solchen Verfahren gewinnen, ist objektive Geschichte.

Die Versicherung der Geschichtsschreiber, sie wollten unparteilich die Wahrheit berichten, jenseits von Fälschung und Willkür, ist alt, ist ein klassischer Topos; und dem entspricht die Erwartung des Publikums, der Leser: Sie wollen vom Historiker etwas über die Wirklichkeit erfahren, sie wollen eine objektive Historie. Ranke meint mehr. Denn seine Vorgänger, auch wenn sie unparteilich die Wahrheit sagen wollten, verteilten selbstverständlich Zensuren über gut und böse. Das gerade sollte die objektive Historie Rankes nicht mehr tun. Aber das mag uns im Augenblick nicht weiter interessieren. Heute gehen wir jedenfalls davon aus, daß die historische Disziplin ein Teil der Wissenschaften ist. Historiker sind Wissenschaftler, gehören zur scientific community. Und das bedeutet: Die Aussagen der Historiker sind wissenschaftliche Aussagen; sie sind nicht subjektiv, nicht einfach Meinungen oder Überzeugungen, sondern sie stellen den Anspruch, objektiv zu sein, Wahrheit über die Vergangenheit zu enthalten. Sie sind nachvollziehbar, verifizierbar, vermittelbar, kommunizierbar. Der Anspruch, objektiv zu sein – daran prüfen, daran messen wir jede historische Aussage. Die Wahrheit über die Vergangenheit, das ist nicht eine Erfindung oder Konstruktion der Historiker, sondern die Historiker suchen und finden oder entdecken diese Wahrheit. Das ist auch der Fall, seitdem wir nicht mehr nur wie Ranke wissen wollen, wie es eigentlich gewesen ist, sondern auch, warum es so gewesen ist. Wir können umgekehrt sagen: Wenn die Historiker keine objektiven Aussagen über die Vergangenheit machen können, dann ist die Historie keine wissenschaftliche Disziplin, dann ist es nicht möglich, eine Wahrheit oder gar die Wahrheit über die Vergangenheit zu erreichen. Das aber erwartet der Laie, der Leser gerade vom Historiker. Der

Terminus «objektiv» hat dabei zwei Bedeutungen: Objektiv heißt unsere Erkenntnis, weil sie aus dem Gegenstand entspringt, sich auf ihn bezieht und in gewisser Weise ihn widerspiegelt. Und sie heißt objektiv, weil sie intersubjektiv gültig ist, für jeden Teilnehmer an der wissenschaftlichen Diskussion nachvollziehbar und einsichtig ist.

Das erste Argument zu unserem Thema lautet also: Historie soll und kann objektiv sein, objektive Wahrheit über die Vergangenheit geben. Dagegen steht das zweite Argument, das Gegenargument, das heute besonders verbreitet ist: Geschichte kann nicht objektiv sein, sie ist notwendig immer subjektiv. Oder: Sie soll auch gar nicht objektiv sein. Oder gar: Nur wer parteilich ist, ist objektiv. Ich möchte in diesem Vortrag diese beiden Positionen erörtern. Und zwar werde ich zunächst 1. die Argumente der Antiobjektivisten behandeln, dann 2. das Problem der Werturteile in unserer Disziplin und endlich 3. zeigen, daß es in einem eingeschränkten Sinn doch Objektivität gibt. Zum Schluß werde ich kurz auf das Problem von Verantwortung und Engagement der Historiker und ihrer Disziplin eingehen.

1. Zunächst will ich also die Argumente präsentieren, die gegen die Objektivität sprechen. Das grundlegende Argument ist: Historie ist an den Standort des Historikers gebunden, ja, die Wahrheit über die Vergangenheit kann nur gefunden werden, weil und wenn man einen Standpunkt einnimmt. Was bedeutet das, warum ist das so?

a) Dieses Prinzip ist zunächst ein Ergebnis der Geschichte der Geschichtsschreibung. Historiker sind Protestanten, Katholiken, Nonkonformisten, Agnostiker und Atheisten; sie sind aristokratisch, bourgeois, Mittelklasse oder proletarisch, oder sie gehören zu der Randgruppe, die wir Intellektuelle nennen. Sie sind konservativ, liberal, progressiv, sozialistisch; sie sind weiß, gelb oder schwarz, englisch, deutsch, japanisch; ja jeder einzelne ist eine Individualität, geprägt durch seinen Charakter, durch seine Biographie. Die Historiker sind Kinder ihrer Zeit. Diese Tatsache ist – anders als bei Naturwissenschaftlern – von außerordentlicher Bedeutung für das, was Historiker machen. Historische Sätze sind von der Persönlichkeit des Historikers, dem Ort und der Zeit des historischen Satzes abhängig, sie sind nicht objektiv. Und dabei ist es wenig wichtig, ob der Historiker sich bewußt und dezidiert zu seinem Standort bekennt oder nur unbewußt von diesem Standpunkt geprägt ist (wie Ranke). Aus dieser Situation ergibt sich das wohlbekannte triviale Faktum, daß jede Gegenwart die Geschichte neu schreibt, ihre eigene Geschichte schreibt. Und mehr noch: daß es auch in jeder Gegenwart eine Menge von Historikern mit gegensätzlichen Meinungen, die offenbar von ihrem verschiedenen Standpunkt abhängen, gibt.

b) Das sind Fakten, die wir feststellen können. Warum aber ist das so? Zunächst: Die Darstellung, sei es Erzählung, sei es Analyse, eines Historikers über die Vergangenheit ist nicht eine Widerspiegelung, eine Reproduktion, ein Abbild der Vergangenheit, das wäre, philosophisch gesprochen, ein naiver Realismus. Dafür gibt es eine Reihe von Gründen. Was wir aus der Vergangenheit haben, um überhaupt etwas von ihr wissen zu können – Überreste und Quellen –, ist unvollständig. Es gibt große Bereiche des menschlichen Lebens, die uns nicht in sprachlicher Form zugänglich sind und die nicht in die Zeugnisse, die wir haben, eingegangenen sind und über die wir allenfalls Mutmaßungen anstellen können. Darüber hinaus: Die Vergangenheit ist wie jede menschliche Welt eine Totalität aus einer unendlichen Anzahl von Momenten. Eine solche Totalität, eine solche Unendlichkeit ist für unser Wissen nicht erreichbar, nicht erschöpfbar. Wir entdecken neue Quellen, und in bekannten Quellen entdecken wir immer Neues und immer Anderes. Schon wegen dieser Totalität jeder vergangenen Welt gibt es eine Pluralität von Perspektiven gegenüber der Vergangenheit. Wenn objektiv heißen soll: Reproduktion der Vergangenheit, dann gibt es keine objektive Historie. Historie reproduziert nicht Vergangenheit. Aber, vorweg sei es gesagt, sie konstruiert auch nicht Vergangenheit. Was sie leistet und tut, ist etwas anderes: Sie bezieht sich auf Vergangenheit.

c) Wenn wir uns mit der Vergangenheit beschäftigen, so wählen wir aus. Wir wählen zunächst ein Thema, z. B. den Imperialismus oder die Inflation, oder den Wandel von einer landzentrierten zu einer stadtzentrierten Kultur, oder die Frage, ob Hitlers Außenpolitik von einem systematischen Plan bestimmt war oder nicht. Wir haben ein bestimmtes Interesse an diesem Thema, das oft mit praktischen Rücksichten zusammenhängt. Auch der «reine» Gelehrte ist bei der Wahl seines Themas davon abhängig, was er für normal und was er für auffällig und darum erklärungsbedürftig hält, und das hängt wieder von seiner Situation in seiner Zeit ab. Wenn wir uns mit unserem Thema beschäftigen, wählen wir aus der unendlichen Zahl von Informationen über einen vergangenen Gegenstand aus: Wir wählen aus, was dazugehört und was nicht, was wichtig ist und was nicht. Das gilt schon für die Feststellung der Fakten, die wir aus Quellenstücken, aus Fragmenten rekonstruieren, das gilt erst recht für ihre Verknüpfung und schließlich für die Frage, welches Gewicht, welche Bedeutung wir ihnen zumessen. Diese Selektion ist logisch unvermeidbar und sie hängt vom Standpunkt des Historikers ab, sie ist subjektiv.

Aber die Subjektivität geht noch weiter. Was wir fragen und wonach wir suchen, wie wir die Quellen interpretieren, welche Antworten uns befriedigen, was und wie wir erzählen, analysieren, beschreiben oder erklären, das hängt von den Begriffen, Kategorien und Definitionen ab, die wir verwenden, von einem vorgegebenen Bezugsrahmen. Und beides hängt von unserem Standort in unserer Gegenwart ab. Wir können die Zeit zwischen 1933 und 1945 in Deutschland als Hitlerzeit, als Zeit des Nationalsozialismus, des Faschismus, des Totalitarismus beschreiben und das Jahr 1933 als Auflösung der Republik, als Hitlers Machtergreifung, als Revolution oder als Konterrevolution. Wenn wir über Absichten und Handlungen vergangener Menschen sprechen, so greifen wir dabei auf unsere eigene Lebenserfahrung zurück. Wir haben das Leben und die Welt, das menschliche Wesen und die Gemeinschaft, den sozialen Wandel, die Zukunft und die Institutionen, wir haben, was eine Ursache ist, was eine Funktion, was vernünftig ist, was möglich ist – all das haben wir immer schon interpretiert, und das wenden wir selbstverständlich bei unserer Beschäftigung mit der Vergangenheit durch unsere Begriffe und unseren Bezugsrahmen an. Weiterhin haben wir es in der Geschichte sehr oft mit Ereignissen, Prozessen, sozialen Gebilden zu tun, in denen es um Werte geht. Zum Objekt unserer Disziplin gehören die sogenannten Wertbeziehungen der vergangenen Menschen. Die Interpretation solcher Wertbeziehungen ist offenbar nicht unabhängig von unserem eigenen Wertsystem. Es kommt in dieser Hinsicht wiederum gar nicht so sehr auf das bewußte Verhalten der Historiker an, darauf was sie wollen. Entscheidend ist, daß sie schon vorbewußt durch ihren Standort geprägt sind: Danach richten sich Selektion, Begriffsinstrumentarium, Bezugsrahmen. Die Wahrheit hängt dann davon ab, von wem, wann und wo Aussagen gemacht werden. Die Meinung, man könne auf die sogenannten Fakten als objektive und unbezweifelbare Dinge zurückgreifen, hält nicht stand. Der reine Gegenstand, die reine Wirklichkeit, vor der unser Ich ausgelöscht würde, den gibt es für uns nicht.

d) Man kann dieses Resultat auch noch unter einem anderen Aspekt demonstrieren. Historiker erzählen eine Geschichte. Die Struktur einer Geschichte, die handelnden Personen, das Wichtige und das Unwichtige, die Art der Aufeinanderfolge, die Interdependenz und die kausale Verkettung, das hängt alles vom Ende der Geschichte ab. Der Geschichtenerzähler wählt all das aus, was für das Ende relevant ist; er weiß immer schon, wie das Ende sein wird, und er organisiert das Material unter dieser Perspektive. Die Geschichte gibt nicht ein angebliches Ganzes, das ist eine Illusion, sondern sie erzählt einen Strang der Realität in einer Retrospektive. Mit historischen Geschichten ist es auch so, aber es hat mit ihnen noch eine zusätzliche Bewandtnis. Eine historische Geschichte, sagen wir die Geschichte des Ersten Weltkrieges, hat nicht nur ihr eigenes Ende, 1918/19, sondern sie steht in einer Kontinuität mit unserer Gegenwart, für die der Historiker die Geschichte erzählt. Die Tatsache, daß wir die Geschichte in diesem bestimmten Jahr erzählen, ist wesentlich; das eigentliche Ende der Geschichte, von dem her wir unsere Fragen stellen und die Perspektiven wählen, hängt an diesem Jahr. Wir können von unserem Wissen um die Folgen des Ersten Weltkrieges, um die kommunistische und die nationalsozialistische Revolution, den Zweiten Weltkrieg, die Dekolonisierung, nicht absehen. Auch hier hat die Perspektive des Historikers eine entscheidende Wichtigkeit.

Das Resultat dieser Erörterungen ist: Der Historiker stellt die Vergangenheit in seiner Perspektive dar, ein standortfreier Historiker (ohne Perspektive) ist unmöglich. Der Historiker bezieht sich nicht einfach auf die Vergangenheit, wie der Physiker auf die physikalische Natur, sondern seine Beziehung zur Vergangenheit ist von seiner Gegenwart geprägt: Das Objekt des Historikers ist nicht unabhängig von dieser Beziehung der Gegenwart auf die Vergangenheit. Der Historiker gehört selbst zu der Geschichte, mit der er sich beschäftigt.

e) Neben diesen logischen Argumenten gibt es ein moralisches Argument. Wie immer es mit der Unmöglichkeit der Objektivität stehen mag, so lautet es, Objektivität sei gar nicht erstrebenswert. Droysen hat in diesem Sinn die Objektivität Rankes «eunuchenhaft» genannt. Der Mensch könne in den Konflikten der Gegenwart nicht neutral sein. Das Engagement für die eigene Sache sei eine moralische Pflicht. Weil Geschichtswissenschaft mit der Praxis unseres Lebens verbunden ist, unser Handeln anleiten oder legitimieren soll und weil die Geschichtswissenschaft immer einen Einfluß auf unser Handeln wirklich hat, ist der Historiker verantwortlich; er soll die Vergangenheit aufgrund seines Engagements darstellen, nicht sine ira et studio, sondern cum ira et studio. Die neutral und parteilos dargestellte Vergangenheit ist blutleer, irrelevant, sinnlos für die Gegenwart. Der Historiker ist politischer Erzieher seiner Kommunität; das war in vielen Kulturen des 19. Jahrhunderts seine eigentliche Rolle; seine Verantwortung für die eigene Gruppe war dem Streben nach einem objektiven Bild der Vergangenheit übergeordnet. Und heute gibt es in der westlichen Welt eine Richtung von Historikern, die das gleiche Verfahren in umgekehrter Richtung einschlagen; sie wollen nicht mehr bestimmte Züge der Vergangenheit preisen, um ihre Gegenwart zu rechtfertigen; sie verdammen vielmehr die Vergangenheit, die immer schlecht war, sie führen einen Prozeß gegen die Vergangenheit, in dem sie Staatsanwalt und Richter zugleich sind. Die Vergangenheit ist nichts als Schuld und Versagen – und das wird an einem vermeintlich progressiven Ideal gemessen. Die Perspektive ist die der absoluten Kritik – auch das freilich ist nur eine Perspektive.

f) Es gab freilich ein Argument, mit dem man versuchte, Engagement und Objektivität zu versöhnen. Man wollte aus der Geschichte ein Gesetz ableiten, wollte beweisen, daß die eigenen Ziele auch die objektiven Ziele der Weltgeschichte seien: der nationale Staat, die liberale Verfassung, die Demokratie, der Imperialismus oder der Sozialismus. Es gebe einen objektiven Fortschritt in der Geschichte, und der Historiker sei der Partisan dieses Fortschritts oder der Agent der praktischen Vernunft. Die eigene Perspektive und die Objektivität sind dann identisch. Das gilt noch heute für die orthodoxe marxistische Historie. Der Klassenkampf und der Sieg des Kommunismus sind angeblich das Gesetz der Weltgeschichte: Objektiv ist, wer für die Kommunisten Partei nimmt; Parteilichkeit und Objektivität sind identisch. Für die Mehrheit der Historiker im Westen freilich gibt es eine solche Identität von eigenem Standpunkt und objektivem Gang der Weltgeschichte nicht mehr. Wir sind Relativisten. Die Wertsysteme früherer Generationen wie unserer Zeitgenossen sind zeitgebunden. Wir wissen, daß wir zum Beispiel mit nationalen oder demokratischen Perspektiven, wenn es die unseren sind, andere Zeitalter und andere Gesellschaften nicht erklären können. Ja, die ganze Annahme, man könne ein Gesetz und ein Ziel der Weltgeschichte konstruieren, ist, weil man dann ein «Ende» voraussetzen müßte, unhaltbar geworden. Unsere jeweilige Perspektive und das Prinzip der Objektivität können nicht identisch sein.

g) Das Ergebnis unserer bisherigen Überlegungen ist: Historiker sehen die Vergangenheit in einer bestimmten Perspektive, von einem bestimmten Standpunkt her. Das ist faktisch so, und das ist logisch notwendig. Der Versuch, jeweils eine Perspektive als die allein objektive anzugeben, ist gescheitert. Die Vergangenheit ist nicht reproduzierbar. Die Vergangenheit an sich, das, wie es eigentlich gewesen ist, das käme dann nur in einer Vielzahl unterschiedlicher Perspektiven zum Bewußtsein einer jeweiligen Nachwelt. Aus diesen allgemein anerkannten Argumenten ziehen die Historiker aber unterschiedliche Schlüsse. Einige betonen allein die Perspektivität und sagen: Die Perspektive des Historikers konstituiert, ja konstruiert die Vergangenheit, die das Objekt der Historiker ist. Das ist eine Art erkenntnistheoretischer Idealismus; die Vergangenheit liefert nur das Material, die Historiker aber sind es, die es formen. «To select and affirm even the simplest complex of facts is to give them a certain place in a certain pattern of ideas and this alone is sufficient to give them a special meaning ... it is ... not the undiscriminated fact, but the perceiving mind of the historian that speaks. The special meaning which the facts are made to convey emerges from the substance-form, which the historian employs to recreate imaginatively a series of events not present to perception.» (C. Becker) Diese Ansicht führt zu einem historischen Relativismus, wie zum Beispiel dem amerikanischen sogenannten Präsentismus der dreißiger und vierziger Jahre. Objektive Aussagen über die Vergangenheit gibt es dann nicht. Und der radikale Schluß des totalen Skeptizismus und Subjektivismus lag nahe: «Every man his own historian.» (C. Becker) Freilich, die meisten praktischen Historiker schrecken vor einem solchen logischen Schluß zurück, er würde ihre Profession vernichten.

Andere Historiker ziehen aus der Tatsache, daß alle Historiker an wertgeladene Perspektiven gebunden sind, den Schluß, daraus eine Norm zu machen: Historiker sollen nicht nur unbewußt, sondern eben bewußt für das Gute und Gerechte Partei nehmen – auch wenn darüber Streit besteht, was denn objektiv gut und gerecht sei. Auf der einen Seite die Relativisten, auf der anderen die Moralisten.

2. In einem kurzen zweiten Abschnitt will ich mich zunächst, ehe ich zum Problem der Objektivität im allgemeinen zurückkehre, mit dem Problem der Werturteile beschäftigen. Zunächst muß man scharf unterscheiden zwischen Urteilen, die sich auf ein Sein beziehen, und solche, die sich auf ein

Sollen beziehen, zwischen deskriptiven und präskriptiven Urteilen also. Werturteile in der Geschichtswissenschaft oder -darstellung implizieren immer Aussagen darüber, daß etwas sein soll(te) oder daß es nicht sein soll(te). Wir haben es zwar in der Geschichte immer damit zu tun, daß das Leben der Menschen der Vergangenheit an Werten orientiert war, mit Werten zu tun hatte, und daß wir also – mit H. Rickert und Max Weber zu reden – Wertbeziehungen antreffen. Aber Aussagen über Wertbeziehungen sind nicht selbst Werturteile. Ich kann über den hohen Wert, den die Wallfahrten oder die Kreuzzüge für die Menschen im Mittelalter hatten, sprechen, aber damit gebe ich kein Werturteil über Wallfahrten oder Kreuzzüge ab. Ein solches Werturteil über die Vergangenheit würde im übrigen keine einzige zusätzliche Information über die Vergangenheit geben, wir könnten es – ohne Schaden für die Erkenntnis – gegebenenfalls auch weglassen.

Die hier getroffene Unterscheidung zwischen Wertbeziehungen und Werturteilen ist freilich nicht ganz so einfach, wie es zunächst scheint. Wenn wir sagen, das Verhalten von Gladstone bei der Besetzung Ägyptens 1882 war richtig oder falsch, so meinen wir damit meistens nicht, es war in einem absoluten Sinne richtig oder unrichtig, billigens- oder tadelnswert; wir meinen vielmehr: Wenn Gladstone die politischen Ziele verfolgte, die er verfolgte, dann war es richtig oder falsch, d. h. klug oder töricht, Ägypten zu besetzen; richtig, weil diese Mittel zu seinem eigentlichen Ziele führten oder dem wenigstens nicht widersprachen, falsch, weil sie nicht zum Ziele führten oder weil die unbeabsichtigten Folgen seiner Aktion für sein Ziel kontraproduktiv waren. Wir könnten zum Beispiel auch sagen, Demokratien waren besser geeignet, auftretende Konflikte friedlich zu lösen als Nichtdemokratien, oder sie waren in Entwicklungsländern weniger geeignet, Probleme der Modernisierung von Gesellschaft und Wirtschaft zu lösen als Erziehungsdiktaturen. Wir machen in diesen Fällen eine Wenn-dann-Aussage; wir sagen etwas über die Angemessenheit von Mitteln zum Erreichen bestimmter Zwecke, über die Verträglichkeit verschiedener Zwecke miteinander, oder schließlich über die unbeabsichtigten Konsequenzen bestimmter absichtsgeleiteter Handlungen. Aber über die obersten Werte und Zwecksetzungen selbst machen wir dabei keine Aussagen.

Das Problem mit der Objektivität der Wissenschaft jedoch besteht gerade darin, ob wir über oberste politische und soziale Werte, zum Beispiel über die konkrete Verwirklichung von Freiheit, Gleichheit, Gerechtigkeit, über die richtige Gesellschaft und die richtige Politik wissenschaftliche Aussagen machen können. Ich teile hier die Position von Max Weber und Karl Popper. Die Wissenschaft ist zunächst inkompetent, ethische, ethisch-politische Probleme zu lösen, sie kann nicht über letzte Werte entscheiden, über die Wahrheit von Wertsystemen urteilen oder Werturteile begründen. Die Wissenschaft kann den Streit der politischen Götter, wie Max Weber das genannt hat, den Konflikt um die richtige Politik nicht lösen, sie kann uns die Entscheidung über die gerechteste Regierungsform oder Gesellschaftspolitik nicht abnehmen. Wer von der Wissenschaft wissen will, was wir tun sollen, den muß sie leider enttäuschen. Ihr Anspruch ist bescheidener: Sie sagt, was ist und was war. Politische und moralische Entscheidungen sind Sache der menschlichen Verantwortung. Ein Glaube, eine Weltanschauung, ein politischer Wille sind nicht durch Wissenschaft zu ersetzen oder zu bestätigen, das gerade wäre standpunktlos. Und alle Versuche, aus der Geschichte ein Endziel der Menschheit zu begründen, sind falsch, sie setzen die Werte schon voraus, die sie doch erst aus der Geschichte herauslesen wollen. Und selbst wenn wir heute uns alle über Werturteile einig wären, so wissen wir, daß wir fremde Gesellschaften, frühere Zeiten mit unseren Werten nicht angemessen beurteilen können. Es ist anachronistisch, unsere Werte auf fremde Zeiten anzuwenden, Vergangenheit mit unseren Werten zu messen. Wenn aber die Wissenschaft Werturteile nicht begründen kann, dann sind solche Urteile keine wissenschaftlichen Urteile, sie sind subjektiv, nicht objektiv. Wenn unsere Erkenntnis der Vergangenheit Anspruch auf Objektivität macht, dann kann sie nicht von Werturteilen ausgehen, ja sie muß sich solcher Werturteile enthalten.

Hier sind freilich drei Einschränkungen notwendig. Zunächst: Obwohl wir wissen, daß verschiedene Gesellschaften zu verschiedenen Zeiten verschiedenes für das Gute gehalten habe, gibt es einen ethischen Basiskonsens der Menschheit. Er entspricht nicht nur unseren religiösen oder humanen Überzeugungen, sondern er kann auch wissenschaftlich begründet werden. Es gibt eine Ethik der Wissenschaft, die aus der Logik der Wissenschaft folgt. Jeder Wissenschaftler muß wollen, daß Wissenschaft existiert. Wissenschaft ist nicht möglich ohne die Kommunität der Forscher, wie die analytische Philosophie seit Peirce gezeigt hat. Jeder Wissenschaftler muß darum auch wollen, daß die Kommunität der Forscher existiert. Das heißt aber, daß es ethische Regeln gibt, zum Beispiel über die Diskussion unter den Forschern. Argumente müssen, wenn sie begründet werden, unabhängig davon gewürdigt werden, ob sie von Katholiken, Juden, Marxisten oder Konservativen, von Frauen, Schwarzen oder Weißen, von Bürgern, Proletariern oder Aristokraten geäußert werden. Hier gibt es keine Diskriminierung. Aus der Logik der Wissenschaft folgt also eine Basisethik. Ausnahmeerscheinungen der Weltgeschichte, wie Hitler zum Beispiel, wird man nicht ohne moralisches Urteil behandeln können, ich halte das für wissenschaftlich gerechtfertigt, weil hier gegen den Basiskonsens verstoßen wird. Aber diese Basisethik ist eine Minimalethik. Daraus folgt zum Beispiel nicht, wie eine linke Schule will, der Gelehrte müsse für eine egalitäre und «herrschaftsfreie» Gesellschaft Partei nehmen. Der Streit über die richtige Gesellschaft unter den Bürgern kann nicht von einigen (oder im Grenzfall allen) Gelehrten zugunsten eines radikalen Ideals entschieden werden.

Sodann kann man gegen die unparteiische, werturteilsfreie objektive Wissenschaft einwenden, sie sei in Wirklichkeit apologetisch, sie rechtfertige die Vergangenheit, sie sei affirmativ gegenüber den Siegern, in Wahrheit nehme sie doch Partei. Das Prinzip der Objektivität sei in Wirklichkeit konservativ. An die Stelle der affirmativen Historie solle darum eine kritische Historie treten, die die Vergangenheit an der Elle der besseren Zukunft mißt, ich habe davon gesprochen. Zu diesem Argument sage ich: Es gibt eine Gefahr, daß die Darstellung der Vergangenheit, die sich am Ideal der Objektivität orientiert, einen apologetischen Zug bekommt. Die Redewendung, alles verstehen ist alles verzeihen, weist den Historiker auf diese Gefahr hin. Aber jede Apologie der Vergangenheit impliziert wieder Werturteile. Sie folgt logisch gerade nicht aus dem Prinzip der wertfreien Wissenschaft, nicht aus dem Prinzip der Objektivität. Wertfreie historische Wissenschaft kann die Gefahr der Apologie vermeiden, und zwar gerade dann, wenn sie nicht Geschichte der Sieger ist, das heißt aber weder der Sieger von gestern, noch von heute, noch von morgen: Geschichte umgreift, wenn sie objektiv ist, Sieger und Besiegte.

Schließlich: Wenn die Wissenschaft nicht endgültig entscheiden kann, was wir tun sollen, so ist sie deshalb praktisch doch nicht nutzlos. Geschichte klärt die Alternativen zwischen Wertsystemen, klärt das Verhältnis von Mitteln und Zwecken, klärt konkret in der Analyse der großen Probleme zum Beispiel das Verhältnis von Gleichheit und Freiheit, von Gleichheit und Terror, von Nation und Staat. Damit dient sie unserer Orientierung im Leben. Und die Debatte über die vernünftige Ordnung unserer politischen und sozialen Verhältnisse geht natürlich, auch wenn die Wissenschaft sie nicht entscheiden kann, nicht nur nach Glaubensüberzeugungen oder Interessen, sondern hier haben Argumente der Plausibilität, der praktischen Vernünftigkeit, die aus der Kenntnis der Geschichte sich ergeben, eine hohe Bedeutung. Ich komme zum Schluß darauf zurück.

3. Die Historiker und die Mitglieder der scientific community sind bei fast allen aktuell strittigen Fragen für Werturteile inkompetent – solche Werturteile sind nicht objektiv. Das Ideal der Wissenschaft ist Objektivität und das heißt: Wertfreiheit. Die Historiker sind aber, wie wir im ersten Teil dieses Vortrags uns wieder vergegenwärtigt haben, an ihren Standpunkt gebunden. Ist Objektivität deshalb unmöglich? Ich möchte jetzt beweisen, daß es trotz der Perspektivität Objektivität gibt, wenn auch in einem eingeschränkten Sinn.

Zunächst ist es klar, daß Objektivität nicht ein Faktum, sondern eine Norm, ein Ideal ist. Das hat zum Beispiel auch Ranke gewußt und gesagt. Die empirische Tatsache, daß die Historiker nicht objektiv sind, bedeutet nicht, daß die Geltung dieser Norm außer Kraft gesetzt wird. Daß wir als Menschen die Normen einer Religion oder einer Moral nicht erfüllen, besagt, zumindest in Gesellschaften, die nicht total libertinär oder permissiv sind, nichts gegen die Geltung der Normen. Sodann: Die antiobjektivistische Argumentation führt alle Aussagen über Vergangenheit auf den Standort des Historikers zurück, alle Aussagen sind darum relativ (every man his own historian). Für die Reduktion historischer Aussagen auf die soziale Position des Historikers aber wird absolute Geltung beansprucht. Der Relativismus will absolut sein: Das ist ein Zirkelschluß. Doch damit wollen wir uns nicht weiter aufhalten und gleich zu den Hauptargumenten kommen.

a) Das Argument von der Standortgebundenheit (Perspektivität) der Historie beruht darauf, daß man den Prozeß untersucht, in dem es zu wissenschaftlichen Aussagen kommt. Man muß nun aber unterscheiden zwischen dem Kontext der Entdeckung und dem Kontext der Geltung oder Begründung (context of discovery – of justification), zwischen der Genese einer historischen Aussage und dieser Aussage selbst. Die Frage, ob eine Aussage über die Vergangenheit wahr ist, ist prinzipiell verschieden von der Frage, wie sie zustande gekommen ist. Man kann zum Beispiel aus ganz unterschiedlichen Motiven zu demselben Urteil kommen: aus dogmatischem Glauben, politischem Willen, kritischer Polemik, reinen gelehrten Absichten, oder aus einem gewissen Maße von Phantasie, und das ist ganz legitim. Historiker mit unterschiedlichen politischen Zielen benutzen dieselben Begriffe; Historiker der gleichen politischen Ansicht kommen zu unterschiedlichen Resultaten. Politisch Konservative können als Historiker progressiv sein, politisch Progressive wissenschaftlich konservativ. Die Motive und Interessen, die Wertkonzepte und die Perspektiven der Historiker sind zwar wichtig für den Prozeß, in dem sie zu einem Urteil über die Vergangenheit kommen. Die Aussage über die Vergangenheit selbst aber ist davon ganz unabhängig. Das Engagement eines Historikers, sagen wir von Marx oder von Hobson, kann entscheidend dafür sein, daß er Entdeckungen macht. Aber ob seine Resultate wahr sind, das ist unabhängig von seinem Engagement. Newton wollte mit seiner astronomisch-physikalischen Forschung die Güte Gottes beweisen, der den Kosmos so vernünftig eingerichtet hat. Wenn wir heute sagen, daß Newtons Gesetze wahr sind, so ist dieses Motiv für uns irrelevant; die Wahrheit seiner Gesetze ist unabhängig davon, wie es mit den Motiven und Interessen bei der Entdeckung stand. Um einen Satz von Marx richtig zu finden, muß ich nicht Marxist sein. Die Atomtheorie ist unabhängig davon, ob die Forscher Waffen oder Energiequellen herstellen wollten. Die Soziologie einer Wissenschaft ist etwas ganz anderes als ihre Logik.

b) Wesentliche Elemente im Prozeß der scientific community sind Diskussion und Kritik. Wenn wir untereinander diskutieren, dann setzen wir voraus, daß es ein Ideal objektiver Aussagen über die Vergangenheit gibt. Sonst könnten wir gar nicht über unterschiedliche Meinungen argumentieren, sondern müßten wir sie alle als gleich gültige Perspektiven anerkennen. Wenn wir ein historisches Buch kritisieren, dann setzen wir wiederum voraus, daß es idealiter eine objektive Wahrheit gibt, an der wir die Versuche der Historiker prüfen. Nur deshalb können wir zwischen guten und schlechten historischen Büchern unterscheiden. In Diskussion und Kritik bringen wir Einwände vor – weil wir voraussetzen, daß die community der Forscher auf dem Wege zur Wahrheit fortschreiten wird.

Diese Voraussetzung wird durch einen Blick auf die Geschichte der Historiographie bestätigt. Zwar gibt es die Abfolge unterschiedlicher und unversöhnlicher Perspektiven. Aber es gibt doch durch die Abfolge perspektivischer Geschichtsbilder hindurch einen Fortschritt unserer Erkenntnis der Vergangenheit. Neue Perspektiven sind nicht einfach etwas anderes gegenüber den bisherigen, sondern sie stehen mit ihnen im Zusammenhang. Kein Historiker kann von dem absehen, was bisher über sein Thema gesagt worden ist, er muß sich damit auseinandersetzen, er nimmt die bisherige Forschung kritisch auf und sucht sie weiterzuführen. Es geht nicht simpel um eine neue Perspektive neben der alten, sondern es geht um bessere, reichere Erkenntnis, um Korrektur, Revision oder Erweiterung unserer bisherigen Erkenntnis. Ein großer Teil neuer Erkenntnis, neuer Interpretation, neuer Perspektiven ergibt sich auch gar nicht aus den neuen Interessen einer neuen Gegenwart, sondern aus den immanenten Entwicklungen der Disziplin, daraus, daß bisherige Antworten die Historiker nicht befriedigen. Historiker fühlen sich durch die bisherigen Erklärungen provoziert und fordern die bisherige herrschende Meinung durch eine neue These heraus. Der Gang der historischen Wissenschaft beweist also wiederum, daß es nicht einfach unterschiedliche Perspektiven gibt, sondern bessere und weniger gute Historie und daß unsere Zeit nicht andere, sondern eine bessere Erkenntnis der Vergangenheit (oder doch einen Beitrag dazu) besitzt. Die bessere Erkenntnis, um die es uns geht und die wir auch bis zu einem gewissen Grade erreichen, ist die objektive Erkenntnis.

Auch angesichts von antagonistischen Perspektiven gibt es einen Fortschritt der Erkenntnis, also der objektiven Erkenntnis. Vor 50 Jahren waren Protestanten und Katholiken ganz gegensätzlicher Meinung über die Reformation, heute – im Zeitalter ökumenischer Verständigung – hat sich dieser Gegensatz stark abgeschwächt, es gibt eine objektivere Beurteilung. Ähnliches gilt für den englischen Imperialismus, nachdem er keine aktuelle Realität mehr ist.

c) Wir messen also historische Aussagen am Maßstab einer idealen Objektivität. Das gilt nun auch für die Perspektiven und den Bezugsrahmen selbst. Wenn wir diskutieren und kritisieren, wenn wir über die Werke unserer Vorgänger wie unserer gegenwärtigen Kollegen argumentieren, dann beurteilen wir auch ihre Perspektiven, ihren Bezugsrahmen. Wenn wir so urteilen, dann setzen wir wiederum voraus, daß es bessere und schlechtere Perspektiven gibt, daß Perspektiven nicht subjektiv und willkürlich sind, sondern der Vergangenheit besser oder schlechter korrespondieren. Die Bedeutung der Religion zu betonen, das ist offenbar für die Interpretation des

Mittelalters wichtiger als für die des 20. Jahrhunderts; das ist aber nicht eine Perspektive, die davon abhängt, ob der Historiker Christ oder Marxist oder was sonst immer ist, sondern das liegt am Mittelalter selbst. Wenn ein Historiker eine neue Perspektive wählt, die bisher nicht benutzt wurde oder für unwichtig galt, begründet er diese Perspektive und rechtfertigt sie; und wir anderen diskutieren darüber, ob die Begründung richtig ist, ob diese neue Perspektive die Vergangenheit nicht nur neu, sondern auch besser aufschließt als bisher. Wir bestätigen die Geltung der Perspektive, oder wir widerlegen sie. Eine Perspektive, die sich bestätigt hat – der ökonomische Ansatz von Marx oder die Ansätze Max Webers, der nach den religiösen Bedingungen wirtschaftlichen Verhaltens fragte oder die universalgeschichtliche These von der Rationalisierung aufstellte –, muß von allen späteren Historikern in ihre eigene Perspektive integriert werden: Nur dann können ihre Resultate in der Gemeinschaft der Historiker Geltung beanspruchen. Wir wechseln nicht einfach die Perspektiven oder Paradigmen, wie Thomas Kuhn glaubt für die Naturwissenschaften nachweisen zu können; wenn wir eine neue Perspektive entwickeln, widerlegen wir einen Teil der bisherigen Perspektiven, wir korrigieren bei anderen die Einseitigkeit, und wir summieren die gut bestätigten Perspektiven unserer Vorgänger. Eine moderne Erklärung des Imperialismus ist eine pluralistische Synthese der bisherigen approximativ bestätigten Erklärungen. Die Geschichte einer Gesellschaft in einem bestimmten Zeitalter ist idealiter die Summe wahrer Geschichten über diese Vergangenheit, die bisher nicht falsifiziert sind. Die Perspektivität führt nicht so hoffnungslos zur Nicht-Objektivität und zum Relativismus, wie es zuerst scheinen mochte.

d) Ich will nur nebenbei erwähnen: Das, was ich über den Unterschied des Kontextes der Entdeckung vom Kontext der Geltung gesagt habe, ist genauso gültig für die Wirkung oder die Funktion historischer Aussagen. Natürlich, was Historiker machen, ist ein soziales Faktum in der Gesellschaft, das zum Beispiel über Schulbücher das Verhalten der Menschen beeinflußt, und die Rücksicht darauf ist für die Historiker durchaus legitim. Aber die soziale Wirkung geschriebener Geschichte ist wiederum unabhängig von ihrer Geltung. Eine historische Wahrheit, wie den deutsch-sowjetischen Geheimvertrag von 1939 zu unterschlagen, weil sie eine schädliche Wirkung haben würde, das wird wohl jedermann verdammen. Aber das Argument, eine bestimmte historische Betrachtung werde konservative oder progressive Kräfte stärken und müsse von daher verurteilt werden, ist prinzipiell nichts anderes. Ein solches Argument ist irrelevant. Denn es kommt nur darauf an, ob eine historische Aussage der Vergangenheit entspricht, ob sie also wahr ist.

Wenn wir die wissenschaftliche Diskussion analysieren, finden wir also, daß wir das Ideal der Objektivität notwendig immer voraussetzen und daß wir ihm auch mit der Unterscheidung von besserer und weniger guter Geschichte näherkommen, ohne es freilich je zu erreichen. Was wir erreichen ist nicht objektive Geschichte, aber objektivere Geschichte.

e) Nun zu einem weiteren Hauptargument. Alle historischen Aussagen werden von uns in einem eigenen Verfahren getestet: Wir überprüfen sie an den Quellen, den Überresten und Berichten aus der Vergangenheit, die wir haben. Wir suchen festzustellen, ob sich eine historische Aussage an den Quellen bewährt oder nicht: Danach entscheiden wir über ihre Wahrheit und Objektivität, darüber, inwieweit sie sich auf vergangene Wirklichkeit bezieht und intersubjektive Gültigkeit hat, danach unterscheiden wir zwischen besseren und weniger guten historischen Urteilen. Die Testfragen, denen die historischen Aussagen unterworfen werden, heißen zum Beispiel: Entspricht die historische Darstellung eines Komplexes der Menge der uns bekannten Quellen zu diesem Komplex? Werden die unterschiedlichen und widersprüchlichen Quellenaussagen berücksichtigt und in einen Zusammenhang gebracht? Läßt sich die Selektion und die Perspektive mit Hilfe der Quellen rechtfertigen? Widersprechen die Quellen der Entscheidung des Historikers über das Wichtige und das weniger Wichtige, über die Hierarchie der Ursachen etc.? Noch genauer zielt der Test darauf, ob eine historische Aussage durch die bisher bekannten Quellen falsifiziert werden kann. Ist das nicht der Fall, so hat die Aussage einstweilen einen bestimmten Grad von Objektivität. Aus den Quellen ergibt sich zum Beispiel, daß es für den Imperialismus ökonomische, nationalistische, machtpolitisch-strategische oder soziale Ursachen und Motive gab. An diesem Befund aus den Quellen prüfe ich jede Erklärung des Imperialismus. Wenn gesagt wird, die Ursache des Imperialismus sei das Monopolkapital, muß ich an den Quellen prüfen, ob es in imperialistischen Ländern Monopolkapital gab und welchen Einfluß es hatte. Im Ergebnis schließt die Überprüfung an den Quellen jede monokausale, z. B. ökonomistische oder strategische Erklärung des Imperialismus aus. Eine historische Aussage ist besser als eine andere, wenn sie von mehr Quellen, von unterschiedlichen Quellen bestätigt wird, wenn sie die Widersprüche zwischen den Quellen auflösen kann, wenn sie es ermöglicht, neue Quellen zu finden. Der Bezug auf die Quellen sichert die Historie doch vor dem subjektiven Relativismus: Er macht die Unterscheidung von größerer und geringerer Objektivität möglich.

f) Ein weiteres Hauptargument. Es gehört zum Verfahren der Historiker, daß sie sich kunstvoll und kritisch von ihren eigenen Voraussetzungen und Perspektiven distanzieren, eine Tatsache, die die Theorie der Perspektivisten nicht beachtet. Was heißt das? Wenn wir uns mit älteren Zeiten der Geschichte beschäftigen, dann kommen wir mit unserer Lebenserfahrung, unseren Selbstverständlichkeiten, unseren Ansichten über Ursachen, Zwecke und Mittel, über rationales Handeln etc. nicht weiter. Die antiken oder mittelalterlichen oder prä-modernen Menschen verhielten sich ganz anders, als wir das von unserer Lebenserfahrung anzunehmen geneigt sind. Die

Wirklichkeit eines Konzeptes wie Ehre oder Ruhm oder Familie war prinzipiell unterschiedlich von dem, was wir mit solchen Begriffen verbinden. Die Geschichte der Erforschung älterer Zeiten zeigt uns nun sehr deutlich, daß die Historiker sich in immer steigendem Maße von der Befangenheit in ihrer eigenen Zeit gelöst haben, also mindestens ein Stück ihrer Standortgebundenheit aufgegeben haben. Und dasselbe gilt, wenn wir uns mit einer uns fremden Welt, sagen wir der indischen oder chinesischen, beschäftigen. Die Wissenschaft gerade hat die naive Zuwendung zu vergangenen und fremden Gesellschaften zerstört, die Meinung, daß dort alles nach ähnlichen Prinzipien ablaufe wie bei uns. Wir können uns von unserem Standort lösen oder jedenfalls diesen Standort relativieren. Das geschieht schließlich auch, wenn wir uns mit unserer eigenen Geschichte beschäftigen. Wir stehen dann zunächst in einer vorwissenschaftlichen lebensweltlichen Beziehung zu unserer Vergangenheit, in einer gemeinsamen Erinnerung, in einer gemeinsamen Tradition. Sie verbindet die Zeitgenossen mit den Historikern. Im Zeitalter von Liberalismus und Nationalismus diente die wissenschaftliche Historie der Bewahrung oder Vitalisierung solcher Tradition. Die Whig Interpretation der englischen Geschichte ist dafür ein klassisches Beispiel. Aber die wissenschaftliche Historie löst im Laufe der Zeit diese lebende Tradition mit all ihren wertbeladenen Implikationen auf. Wissenschaftliche Geschichte verhält sich kritisch gegenüber der Tradition, sie zerstört oft genug liebgewordene Legenden, die uns von den Großvätern überliefert sind. Die gelehrte Historie distanziert sich mit ihren kritisch-rationalen Verfahren, ihrer Skepsis gegenüber überlieferten Selbstverständlichkeiten von der Tradition; in einem kunstvollen Verfahren zeigen wir, wie fremd die Welt auch vor 100 Jahren war, damit wir das Anderssein, die zeitliche Distanz wirklich zur Kenntnis nehmen. Die Historiker entmächtigen die Gewalt der Tradition, sie singen nicht mehr das Heldenepos der Vergangenheit. Sie betonen die Veränderungen der Welt. Und damit transformieren sie das vorrationale Verhältnis der Gesellschaft zur Tradition in ein rational distanziertes Verhältnis. Man mag das bedauern oder begrüßen: In jedem Fall zeigt es, wie die Historiker sich von der vorgegebenen Perspektive lösen.

g) Ein letztes Argument. Die Historiker erzählen, ich habe es gesagt, eine Geschichte; das Ende der Geschichte, das ihre Struktur gestaltet, ist von dem eigenen Standpunkt, der eigenen Perspektive, der eigenen Gegenwart bedingt. Die Geschichte, die wir erzählen, ist darum Vorgeschichte unserer Gegenwart, sie steht in einer spezifischen Kontinuität zu unserer Gegenwart. Soweit scheint dieser Tatbestand den Perspektivismus zu begründen. Aber wenn wir Geschichte schreiben oder über Geschichtsschreibung urteilen, begnügen wir uns damit ganz und gar nicht. Unsere Gegenwart ist nicht das Resultat einer, nur einer Vorgeschichte; sie steht vielmehr in einer Fülle von Vorgeschichten, einem Netzwerk von Kontinuitäten. Und umgekehrt: Die Geschichte einer Vergangenheit hat nicht nur ein Ende, sondern viele

Enden, ja die Geschichte einer Vergangenheit ist noch mehr als all solche Vorgeschichten. Im Fall der deutschen Geschichte zum Beispiel kann ich Bismarck und sein Reich als ein Stück Vorgeschichte des Nationalsozialismus ansehen, aber auch als Vorgeschichte des modernen Wohlfahrtsstaates oder des Staates, in dem der Frieden der miteinander lebenden Konfessionen hergestellt ist, und zuletzt ist sie auch mehr und anderes als eine Sammlung aller solcher Vorgeschichten. Wir Historiker müssen die Vielfalt solcher Kontinuitäten berücksichtigen, und wir müssen berücksichtigen, daß eine Vergangenheit mehr ist, als ein Stück Vorgeschichte. Geschichte ist, noch einmal sei es betont, mehr als Geschichte der Sieger von damals, aber sie ist auch mehr und anderes als die Geschichte der Sieger von heute oder die Geschichte der möglichen Sieger von morgen. Ranke hat gemeint, jede Epoche sei unmittelbar zu Gott, sei nicht mediatisiert durch unsere Perspektive von unserer Gegenwart her. Wir können in diesem religiösen Ton nicht mehr reden. Aber wir können den Satz entmythologisieren. Die Geschichte ist mehr als Vorgeschichte für unsere Gegenwart, jede Vergangenheit war auch sie selbst, sie hatte eine offene Zukunft, die wir, die Historiker, ihr zurückgeben müssen. Der noble Traum der Historiker bleibt es, eine Vergangenheit aus ihren eigenen Möglichkeiten zu begreifen und nicht aus unseren Möglichkeiten oder unseren Perspektiven. Indem wir einerseits ein Netzwerk von Vorgeschichten und Kontinuitäten berücksichtigen, andererseits berücksichtigen, daß jede Vergangenheit mehr ist als ein Stück Vorgeschichte, lösen wir uns wiederum von unseren Perspektiven, unserem Standort, wir relativieren ihn, wir bewegen uns zu auf das Ziel größerer Objektivität.

Als Ergebnis halten wir fest: Die Historiker sind an ihren Standort gebunden, an ihre Perspektive. Aber die Historiker sind Mitglieder der Kommunität der Forscher, das ist eine Bedingung für die Forschung, in dieser Kommunität wird diskutiert und kritisiert, sie setzt das Ideal der Objektivität notwendig voraus. Die Historiker verfügen über ein Testverfahren, die Überprüfung an den Quellen, sie sichert ein gewisses Maß an Objektivität. Sie überprüfen auch ihre Perspektiven, sie unterscheiden zwischen fruchtbaren und besseren Perspektiven. Sie können sich von ihren eigenen Perspektiven distanzieren. Es gibt das Faktum von mehr oder weniger Objektivität; insofern gibt es in einem eingeschränkten Sinne eine Objektivität, Geschichte kann in diesem Sinne objektiv, nämlich objektiver und weniger objektiv sein. Der Historiker bezieht sich auf die vergangene Wirklichkeit, er entwirft nicht Bilder, er konstruiert nicht seinen Gegenstand, sondern er sucht dieser Wirklichkeit näherzukommen.

Man hat lange Zeiten nur und immer wieder die Standortgebundenheit der Historiker betont – um dem naiven Realismus zu begegnen. Heute scheint in der Theoriedebatte inzwischen der Perspektivismus fast alleinherrschend. Man ist dabei in Gefahr, aus einem Faktum eine Norm zu machen; und damit verhindert man, was möglich ist: den Fortschritt zu mehr Objektivität. Ich glaube, daß man das Prinzip der Objektivität, die regulative Idee der Objektivität als die Norm unseres Verhaltens als Historiker heute wieder besonders akzentuieren muß. Nur so kann man gegenüber der gleichsam natürlichen Gebundenheit der Historiker an ihre eigenen Voraussetzungen eine Bewegung des Intellektes in Gang setzen, die zur größeren Objektivität führt. Wissenschaftsmoralisch ist die Behauptung, alle historische Erkenntnis sei primär standortgebunden, folgenschwer: Sie hat zum Resultat, daß die historische Forschung auch in Wirklichkeit primär standortgebunden wird; es ist eine sich selbst erfüllende Prophezeiung. Sie ist geeignet, die parteiliche Stellungnahme zu rechtfertigen und den möglichen Grad von Objektivität zu untergraben. Geschichte kann aber in dem eingeschränkten Sinne, den ich zu beschreiben suche, objektiv sein, sich auf die wirkliche Vergangenheit beziehen und intersubjektiv Geltung haben.

4. Zum Schluß noch eine letzte Frage. Vernichtet dieses Postulat der Objektivität nicht das Engagement der Historiker, ist die Wertfreiheit nicht die blutleere und irrelevante Doktrin eines der Gesellschaft nicht mehr verantwortlichen langweiligen Gelehrten? Was soll Geschichte überhaupt für einen Sinn haben? Wie soll sie als kollektive Erinnerung noch zu unserer Identität beitragen und zur Lösung unserer politischen und sozialen Probleme, wenn wir ihr auferlegen, nach absoluter unparteilicher Objektivität zu streben? Ist Objektivität dann überhaupt noch für die Gesellschaft ein Wert? Ich beantworte diese Frage positiv. Die Geschichte soll zweifellos auch der Gesellschaft dienen. Aber wenn sie das, jenseits der Objektivität tut, also Partei nimmt für die Interessen der Gesellschaft, der Gegenwart, der jeweiligen Gruppen und der herrschenden Wertsysteme oder auch für revolutionäre Wertsysteme, dann wiederholt sie eigentlich nur die vorhandenen Vorurteile. Sie sagt, was die Gesellschaft sowieso schon weiß, oder mindestens fühlt. Und sie fixiert und zementiert die jeweilige Gegenwart oder ihre Zukunftserwartungen. Sie vergewaltigt nicht nur die Vergangenheit, sondern auch die Zukunft. Was die Gesellschaft aber von der Geschichte erwarten kann, ist etwas anderes, ist nicht der pragmatische Nutzen der Parteinahme, der Aussage über das Richtige. Wenn die Geschichte frei ist davon, gesellschaftlichen Zwecken direkt dienen zu müssen, kann sie ihre eigentliche Aufgabe, die Verfolgung der unverzerrten Wahrheit über die Vergangenheit erfüllen. Gerade aber damit dient sie der Gesellschaft. Sie belehrt sie nämlich wirklich über die Gründe, warum die Gegenwart so geworden ist, wie sie ist, und darüber, was in gegebenen Situationen den Menschen und der Gesellschaft möglich ist, was die voraussichtlichen Folgen unserer Handlung sein werden, welche Werte miteinander verträglich sind, wie das Verhältnis der Zwecke zu den Mitteln ist, was eine Nation ist, was es mit der Identität und der Identitätskrise, der Stabilität und der Stabilitätskrise unserer Gesellschaft auf sich hat und zuletzt mit der Endlichkeit des Menschen. Die parteiliche Geschichte ist eine Waffe, die bald stumpf wird. Die objekti-

ve, nach Objektivität strebende Geschichte gibt unserem Willen und unserem Sein einen Halt in der Erfahrung der Vergangenheit, in der nicht erdichteten oder konstruierten, sondern in der wirklichen Erfahrung der Vergangenheit, und sie hält die Zukunft – gegen alle Ansprüche von Ideologen und Technokraten – offen. Das ist die Verantwortlichkeit der Historiker für die Gesellschaft.

# Nachwort

Die hier ausgewählten Stücke beruhen zum größten Teil auf Vorträgen, die ich jeweils vor einem historisch interessierten, aber nicht zunftmäßig gelehrten Publikum, häufig gerade im Ausland, gehalten habe. Sie wollen allgemein und für jedermann Wichtiges hervorheben, gelöst aus dem Dickicht der Forschungsdiskussion. Sie riskieren den Vorwurf, die Beweise nicht mitzuliefern, und sie setzen sich, wie alle allgemeineren Einsichten, dem Streit der Meinungen stärker aus als gelehrte Abhandlungen. Sie sind Essays. Aber die Wissenschaft muß in all ihrer notwendigen Spezialisierung auch die Einsicht in Grundphänomene und Hauptprobleme, in prägende Kräfte und in durchlaufende Entwicklungslinien leisten und vermitteln, zur Anschauung bringen und auf Begriffe. Insoweit dienen diese Essays der historischen Bildung. Ich habe, so hoffe ich wenigstens, die Auswahl so getroffen, daß die Stücke sich zu einer Einheit zusammenschließen. Es geht um Triebkräfte der modernen Geschichte und vor allem der schwierigen Geschichte der Deutschen, von den mittelalterlichen Grundlagen bis heute, von der Religions- und Geistesgeschichte über die Sozialgeschichte bis zur politischen Geschichte. Am Anfang und am Ende geht es um unseren Umgang mit der Vergangenheit, in der Wissenschaft und im Leben; das gibt den Ort an, an dem die Zugriffe auf die Sachen stehen.

Diese Essays wollen die Neugier ins unverfügbar Andere und Fremde verlocken und doch aufs Bedeutungsvolle konzentrieren. Sie wollen unsere Vergangenheit mit der skeptischen Liebe des Historikers wiederholen, sie mit Gerechtigkeit und ohne eiferndes Besserwissen vergegenwärtigen, uns über unser so ambivalentes Erbe aufklären, uns zu unserer Herkunft in Beziehung setzen. Sie wollen nicht Ansichten und Perspektiven nur bieten, sondern auch Einsichten, bessere, objektivere Einsichten in die Geschichte. Sie sind Stücke des Nachdenkens. Sie verlangen vom Leser kein Vorwissen, aber sie wollen ihm Lust aufs Mitdenken machen und Lust auf Geschichte. Über die Einsichten erhoffen sie sich zuletzt auch Einsicht in Geschichte, in unsere Geschichte.

Was uns gelingt, ist nicht allein unser Verdienst. Wenn mir als Autor etwas gelingt, dann bin ich dafür dankbar, dankbar für das Glück der Einsicht und dankbar erst recht, wenn die Leser solche Einsicht einsichtig finden.

Ostern 1986                                           Thomas Nipperdey

# Drucknachweise

Neugier, Skepsis und das Erbe. Vom Nutzen und Nachteil der Historie für das Leben. Revidierte Fassung des Vortrags aus Anlaß der Verleihung des Historikerpreises der Stadt Münster am 2. Dezember 1984 (Dokumentation der Stadt Münster 1985).

Die Aktualität des Mittelalters. Über die historischen Grundlagen der Modernität. In: Geschichte in Wissenschaft und Unterricht, 32, 1981, S. 424-431.

Luther und die moderne Welt. In: Geschichte in Wissenschaft und Unterricht, 36, 1985, S. 803-813; ursprünglich ein Vortrag, den ich im Lutherjahr 1983 an einer Reihe von Goethe-Instituten lateinischer Länder (Rom, Paris, Salamanca und einiger Städte Lateinamerikas) gehalten habe.

Probleme der Modernisierung in Deutschland. In: Saeculum 30, 1979, S. 292-303 (Festschrift Oskar Koehler).

Der Föderalismus in der deutschen Geschichte. In: J. C. Boogman und G. N. van der Plaat (eds.), Federalism. History and Current Significance of a Form of Government, Den Haag, 1980, S. 125-175.

Auf der Suche nach der Identität: Romantischer Nationalismus. Unveröffentlicht; eine erste englische Fassung als: In Search of Identity. Romantic Nationalism, its Intellectual, Political and Social Background. In: J. C. Eade (ed.), Romantic Nationalism in Europe, (Humanities Research Center Australian National University), Canberra 1983.

Christliche Parteien. Ursprünglich unter dem Titel: Christliche Parteien und Öffentlichkeit. In: E. Schreiber u. a. (Hrsg.): Kommunikation im Wandel der Gesellschaft, (Festschrift O. Roegele), Düsseldorf 1980, S. 233-247.

Preußen und die Universität. In: Preußen. Seine Wirkung auf die deutsche Geschichte, (Thyssen-Vorträge), Stuttgart 1982, S. 65-85.

Der Kölner Dom als Nationaldenkmal. (Hermann Heimpel zum 19. September 1981) In: Historische Zeitschrift 233, 1981, S. 595-613.

War die Wilhelminische Gesellschaft eine Untertanen-Gesellschaft? In: K. Hildebrand und R. Pommerin (Hrsg.), Deutsche Frage und europäisches Gleichgewicht, (Festschrift A. Hillgruber), Köln 1985, S. 67-82.

1933 und die Kontinuität der deutschen Geschichte. In: Historische Zeitschrift 227, 1978, S. 86-111.

Die deutsche Einheit in historischer Perspektive. Unveröffentlichter Vortrag auf einer Tagung des „Politischen Clubs" der Evangelischen Akademie Tutzing, 15./17. Juni 1985.

Kann Geschichte objektiv sein? In: Geschichte in Wissenschaft und Unterricht, 30, 1979, S. 329-342.

Buchanzeigen

# Weitere Bücher zur deutschen und europäischen Geschichte

*Thomas Nipperdey*
## Deutsche Geschichte 1800–1866
Bürgerwelt und starker Staat
3., überarbeitete Auflage. 1985. 838 Seiten mit 36 Tabellen. Leinen

*Gordon A. Craig*
## Deutsche Geschichte 1866–1945
Vom Norddeutschen Bund bis zum Ende des Dritten Reiches
Aus dem Englischen von Karl Heinz Siber
58. Tausend. 1985. 806 Seiten. Leinen

*Gordon A. Craig*
## Geschichte Europas 1815–1980
Vom Wiener Kongreß bis zur Gegenwart
Aus dem Englischen von Marianne Hopmann
17. Tausend. 1984. 707 Seiten mit 101 Abbildungen
Sonderausgabe in einem Band. Leinen

*Gordon A. Craig*
## Über die Deutschen
Aus dem Englischen von Hermann Stiehl
82. Tausend. 1984. 392 Seiten. Leinen

*Gordon A. Craig*
## Das Ende Preußens
Acht Porträts
Aus dem Englischen von Karl Heinz Siber
18. Tausend. 1985. 140 Seiten mit 8 Porträtabbildungen. Leinen

*James J. Sheehan*
## Der deutsche Liberalismus
Von den Anfängen im 18. Jahrhundert bis zum
Ersten Weltkrieg 1770–1914
Aus dem Englischen von Karl Heinz Siber
1983. 454 Seiten. Leinen

## Verlag C. H. Beck München

# Die Neue Deutsche Geschichte
Herausgegeben von Peter Moraw, Volker Press
und Wolfgang Schieder

*Band 1*
## Grundlagen und Anfänge
Deutschland bis 1056
Von Friedrich Prinz. 1985. 443 Seiten mit 2 Karten. Broschiert

*Band 2*
## Aufbruch und Gestaltung
Deutschland 1056–1273
Von Alfred Haverkamp. 1984. 359 Seiten mit einer Karte. Broschiert

*In Vorbereitung:*
*Band 3*
## Wahlreich und Territorien
Deutschland 1273–1500
1986. Etwa 320 Seiten mit einer Karte. Broschiert

*Band 4*
## Reich und Glaubensspaltung
Deutschland 1500–1600

*Band 5*
## Kriege und Krisen
Deutschland 1600–1715

*Band 6*
## Das Reich, Österreich und Preußen
Deutschland 1715–1806

*Band 7*
## Staatenbund und Revolution
Deutschland 1806–1866

*Band 8*
## Machtstaat und Industriegesellschaft
Deutschland 1866–1918

*Band 9*
## Republik und Diktatur
Deutschland 1918–1945

*Band 10*
## Teilung und Wettbewerb
Deutschland seit 1945

Verlag C. H. Beck München